Michael Dell

Nett sein und trotzdem gewinnen

Übersetzung aus dem
Englischen von Jordan Wegberg

REDLINE | VERLAG

»Das ist ein Buch für Gründer,
Unternehmer und Träumer!«
SATYA NADELLA

Michael Dell

Nett sein und trotzdem gewinnen

Mein Weg vom Gründer zum CEO

Bibliografische Information der Deutschen Nationalbibliothek:
Die Deutsche Nationalbibliothek verzeichnet diese Publikation in der Deutschen Nationalbibliografie; detaillierte bibliografische Daten sind im Internet über http://d-nb.de abrufbar.

Für Fragen und Anregungen:
info@redline-verlag.de

1. Auflage 2022

Übersetzung: Jordan Wegberg
Redaktion: Marijke Leege-Topp
Umschlaggestaltung: Marc Fischer
Umschlagabbildung: Dustin Cohen
Satz: ZeroSoft, Timisoara
Druck: GGP Media GmbH, Pößneck
Printed in Germany

ISBN Print 978-3-86881-869-7
ISBN E-Book (PDF) 978-3-96267-379-6
ISBN E-Book (EPUB, Mobi) 978-3-96267-380-2

Wir produzieren nachhaltig
www.m-vg.de

Weitere Informationen zum Verlag finden Sie unter

www.redline-verlag.de

Beachten Sie auch unsere weiteren Verlage unter www.m-vg.de

INHALT

Für Mama, die mir beigebracht hat, stets neugierig zu sein.
Für Papa, den Gründer des Gründers.
Und für Susan, auf immer und ewig die Liebe meines Lebens.

Eine Firma ist ein lebender Organismus; sie muss sich immer wieder häuten. Methoden müssen sich verändern. Der Fokus muss sich verändern. Werte müssen sich verändern. Die Gesamtsumme dieser Veränderungen ist Transformation.

Andy Grove

Stimmen zum Buch

»In diesem äußerst offenherzigen Buch voller aufschlussreicher Geschichten zeigt Michael Dell, wie eng seine persönliche Entwicklung an den Aufbau des Unternehmens geknüpft war, das er in seinem College-Wohnheim gegründet hat. Es ist eine rasante Erzählung darüber, wie ein Unternehmen an die Börse geht, privatisiert wird und schließlich wieder an die Börse geht, in ständigem Kampf gegen schillernde Persönlichkeiten wie Carl Icahn. Dell bietet nicht nur eine Fülle von geschäftlichen Einblicken, sondern etwas noch Wichtigeres: Er zeigt, wie entscheidend Neugier und Wertvorstellungen sowohl für den persönlichen als auch für den unternehmerischen Erfolg sind. Das ist eine Lektion, die er von seinen starken Eltern gelernt hat und mit seiner Frau in der gemeinsamen Arbeit für ihre Stiftung teilt, die Kindern bessere Chancen gibt. Das Ergebnis ist ein spannendes, erkenntnisreiches und wertvolles Buch.«

Walter Isaacson, Autor des Bestsellers *The Code Breaker*

»Michael Dell führt uns in die reale Welt des Aufbaus und der Verwandlung eines Imperiums, und er beschreibt Gespräche und Verhandlungen mit zentralen Playern so lebendig, dass man das Gesamtbild erkennen kann. Ein tolles Geschenk für alle, die sich auf demselben Weg befinden.«

Ray Dalio, Gründer von Bridgewater Associates
und Autor von *Principles: Life and Work*

»*Nett sein und trotzdem gewinnen* ist genau richtig. Ausnahme-Unternehmer wie Michael Dell haben die Welt unter großem Druck, aber auch mit großem Erfolg verändert. Michael sagt uns in diesem ehrfurchtgebietenden Narrativ des Notwendigen, wie man erfolgreich sein und seinen Werten treu bleiben kann.«

Eric Schmidt, Mitgründer von Schmidt Futures
und früherer CEO und Vorstandsmitglied von Google

»Michael Dell ist ein Ausnahme-Leader, der seine Firma durch das Gleichgewicht von innovativer Strategie und konsistenten Werten auf einen langfristigen Erfolgskurs gebracht hat. In *Nett sein und trotzdem gewinnen* erinnert er uns daran, dass Mut und Überzeugung die Schlüssel zum transformativen Wandel in jeder Organisation sind.«

Indra Nooyi, früheres Vorstandsmitglied und
CEO von PepsiCo und Autorin von *My Life in Full*

»Viele haben tolle Geschäftsideen. Entrepreneure ziehen sie durch. Das ist die Geschichte von Michael Dell, dessen Buch uns mitnimmt auf eine fesselnde Reise vom Wohnheim der University of Texas zur Vorstandsetage einer der weltweit größten Technologiefirmen. Es ist eine Geschichte über Weitblick und Beharrlichkeit, die jeder angehende Entrepreneur lesen sollte.«

Sir Richard Branson

»Das ist Dell direkt. Mit erkenntnisreicher Offenheit und Humor erzählt Michael Dell seine Geschichte, die seines Kultunternehmens und des Mutes, der notwendig ist, um in der weiterhin wachsenden Technologiebranche zu bestehen. Dies ist ein Buch für Entrepreneure, Führungskräfte und Träumer.«

Satya Nadella, CEO von Microsoft

»Michael Dells Weg ist Teil der historischen Struktur des amerikanischen Business. Seine Geschichte zahlreicher Transformationen im Laufe der Jahrzehnte bietet Erkenntnisse für Führungskräfte auf jeder Ebene, vom Entrepreneur bis zum CEO.«

Howard Schultz, Mitgründer der Schultz Family Foundation,
ehemaliges Vorstandsmitglied und CEO von Starbucks

»Mit seltener Freimütigkeit und Erkenntnis erzählt Michael von seinem unglaublichen Weg als Gründer und CEO eines der ikonenhaftesten und meistbewunderten Technologieunternehmen. Es ist die ungeschminkte Geschichte von einem der größten Entrepreneure der Welt, einem Visionär mit beispielloser Entschlossenheit und Hingabe, der durch Mitgefühl und Integrität führt.«

Marc Benioff, Vorstandsvorsitzender und CEO von Salesforce

»Wie Michael Dell gern sagt: Leben heißt, einen Schlag einstecken, zu Boden gehen, wieder aufstehen und weiterkämpfen. *Nett sein und trotzdem gewinnen* ist ebenso sehr eine Geschichte über Resilienz wie über das Business. Michael spricht offen über die Rückschläge und Herausforderungen, mit denen er in seinem Privatleben und in seiner Karriere konfrontiert wurde. Die Lektionen, die er dadurch gelernt hat, sind wichtig für jeden, der eine Führungsposition anstrebt.«

Sheryl Sandberg, COO von Meta Platforms und
Autorin von *Lean In* und *Option B*

»*Nett sein und trotzdem gewinnen* ist ein autobiografischer Thriller, und Michael Dell ist der Gangster-Held – niemals auf der Suche nach einer Auseinandersetzung, aber wenn er dann mal in eine verwickelt ist, genießt er sie. Indem er Tyrannen, Übernahmen und Sackgassen austrickst, kann Michael unermüdlich das Produkt schützen, transformieren und erweitern, an dem er als Teenager herumgebastelt und aus dem er das multinationale Unternehmen entwickelt hat, das Dell heute ist. Michael gewinnt fortgesetzt, nicht indem er Schlupflöcher ausfindig macht, sondern immer, indem er die Regeln zu seinem Vorteil nutzt. *Nett sein und trotzdem gewinnen* ist ein Zaubertrick und die abenteuerliche Reise eines Umhang tragenden Kreuzritters.«

Matthew McConaughey, Oscar-Preisträger und
Autor des Bestsellers *Greenlights*

»*Nett sein und trotzdem gewinnen* gehört auf die Liste der großen Memoiren des digitalen Zeitalters. Der stillste der Entrepreneure, die das moderne Computerbusiness begründet haben, erzählt endlich seine Geschichte.«

Malcolm Gladwell, Moderator des Podcasts *Revisionist History*

»Dies ist die Saga, wie einer der großen Gründer unserer Zeit sein Unternehmen schuf, erweiterte, zurückeroberte und verjüngte. Michael Dells Unternehmergeist ist ansteckend und seine Hintergrundstorys sind voller wichtiger Lektionen über Führung, Zusammenarbeit, Wettbewerb und Innovation.«

Adam Grant, Autor des Nr.-1-Bestsellers der *New York Times*
Think Again und Moderator des TED-Podcasts *WorkLife*

»In seinem neuen Buch *Nett sein und trotzdem gewinnen* zeichnet Michael Dell ein beeindruckendes Porträt seines Lebens – die frühen Jahre, die Hindernisse und Herausforderungen, die Erfolge und Triumphe. Das gedankenvolle und erkenntnisreiche Buch gibt einen Einblick, was nötig ist, um ein guter Leader zu werden – und, was noch wichtiger ist, ein guter Mensch.«

Jamie Dimon, Vorstandsmitglied und CEO von JPMorgan Chase

»Dieses Buch gewährt unglaubliche Einblicke in das wahre Leben eines Gründers und in die schwierige Arbeit, ein Unternehmen zum Wachstum zu führen. Michael Dell ist nicht nur Innovator, sondern auch Führungskraft, und in *Nett sein und trotzdem gewinnen* zeigt er, was wirklich nötig ist, um die Zukunft aufzubauen.«

Marc Andreessen, Mitgründer von Netscape
und Andreessen Horowitz

TEIL 1

Abschied von der Börse

1

Gegenwind

Ich saß mit Carl Icahn und seiner Frau an ihrem Abendbrottisch und aß Mrs. Icahns Hackbraten. Es war ein schöner Frühlingsabend, Mittwoch, der 29. Mai 2013, und Carl Icahn versuchte, mir meine Firma wegzunehmen.

Es war ein echt surrealer Moment, und das in mehreren Hinsichten.

Dieser Maiabend war ziemlich genau der Mittelpunkt eines neunmonatigen Dramas, in dem mir das Personal-Computer-Unternehmen, das ich 1984 im Erstsemester-Wohnheim an der Universität Texas gegründet hatte und das meinen Namen trug, mit dem zur Seite geneigten E und allem, fast entglitt – und sich dann für immer veränderte, während ich mich mit ihm veränderte.

Diese Geschichte möchte ich Ihnen gern erzählen, zusammen mit ein paar weiteren.

Das Jahr 2005 schien voller Verheißungen für Dell Inc. Abgesehen vom kurzen Aufleuchten des Dotcom-Booms fünf Jahre zuvor – einer Kurskorrektur, die nicht nur uns betraf, sondern Technologieunternehmen quer durch die Bank – erfreute Dell sich seit 20 Jahren eines praktisch ununterbrochenen Zuwachses der Umsätze, der Gewinne und des Cashflow. Im Januar 2005 lag unser Anteil an verkauften PCs bei robusten 18,2 Prozent. Im Februar bezeichnete *Fortune* uns als die beliebteste Firma Amerikas. »Dell floriert in einer Branche, die rein technisch gesehen möglicherweise im schlechtesten Zustand ist«, schrieben sie. »Seine

Gewinne in diesem gebeutelten Business sind 2004 auf 15 Prozent hochgeschossen, ein Umstand, den Dell wie langweilige Routine aussehen lässt. Und jetzt ist es der erste PC-Hersteller, der den Titel des beliebtesten Unternehmens in Amerika trägt, seit der Original-‚PC'-Hersteller IBM sich 1986 ausgeloggt hat.«

Doch im September sah die Sache schon anders aus. Ganz anders. Obwohl unsere Gewinne im zweiten Quartal auf 28 Prozent gestiegen waren, lag der Gesamtumsatz einige Hundert Millionen Dollar unter den Erwartungen. Wir kämpften, schrieb die *New York Times*, »mit derselben Frage wie andere reife Technologieunternehmen, die mal zu den Überfliegern der Neunziger gehörten: Wie kann man die Umsätze steigern, wenn man bereits so groß ist?« Ein Bestandteil dieses Problems war die Tatsache, dass PCs und Laptops, die rund 60 Prozent unserer Verkäufe ausmachten, nicht mehr die sprudelnde Gewinnquelle früherer Zeiten waren. Da die Preise im Laufe des Jahres gesunken waren, mussten wir wesentlich mehr PCs verkaufen, um nur allein die Umsätze des Vorjahres zu erreichen.

In einem Interview mit der *Times* gab unser CEO Kevin Rollins sich selbst die Schuld für das Versäumnis. »Ehrlich gesagt ist es uns nicht gut gelungen, die Verkaufspreise im Griff zu behalten«, sagte er – besonders bei den Geräten, die direkt an den Endverbraucher verkauft wurden.

Ja, Sie haben richtig gelesen, das war kein Tippfehler. Kevin Rollins war in jenem Herbst CEO von Dell Inc., nicht ich. Ich hatte den Posten im Juli 2004 geräumt und Kevin hatte ihn übernommen – obwohl das nicht ganz das richtige Wort dafür ist. Ich blieb Vorsitzender und wir beide führten die Firma weiterhin gemeinsam, wie wir das schon seit zehn Jahren taten; mit Ausnahme unserer Titel änderte sich nicht viel.

Wenn also jemanden die Schuld an diesem Umsatzverlust traf, so trug ich sie mit. Doch Ende 2005 wurde schnell deutlich, dass die Rückgänge nichts Unübliches waren: Dell erhielt massiven Gegenwind. Zum einen wurden unsere Mitbewerber cleverer. Unternehmen wie Hewlett-Packard, Acer und Lenovo, die wir mit unserem Build-to-Order-Modell immer bezwungen hatten, waren in ihre Höhlen zurückgekehrt und hatten ausgetüftelt, wie sie viele unserer Lieferketten-Innovationen kopieren konnten. Unterdessen hatte das Build-to-Order selbst, das so effektiv die zahlreichen Kombinationen und Verknüpfungen von Desktop-Computern berücksichtigte, seine Vorteilsposition verloren, denn der Branchenschwerpunkt hatte sich von Desktops zu den weniger leicht modifizierbaren Notebooks verlagert. Die Kunden begannen sich mehr auf Dienstleistungen und Lösungen zu konzentrieren, weil ein Wertewandel vom grundlegenden Kundenprodukt, dem PC und den damit zusammenhängenden Peripheriegeräten, hin zu Software, Servern und Rechenzentren erfolgt war.

Wir brauchten ein bisschen länger, als uns lieb war, um das alles herauszufinden. Und dann gab es noch einen Dell-Vorteil, der sich allmählich in einen Nachteil verwandelte: Einige Jahre lang hatten wir dem Gewinn Vorrang gegenüber Wachstum und Aktienkursen eingeräumt, doch der Erfolg eines Unternehmens ist immer ein Gleichgewicht zwischen allen dreien. In den 2000er-Jahren waren unsere Gewinne stark, doch nun brachen unsere Aktienwerte weg. Und das kann eine heikle Angelegenheit sein.

Wir mussten neue Kapazitäten aufbauen, wir mussten in neue Geschäftsfelder investieren und wir mussten rasch handeln.

Im Jahr 2007 kehrte ich als CEO zurück – sowohl ein symbolischer als auch ein praktischer Akt – und wir starteten eine große Fusions- und Übernahmeinitiative, die mit dem Kauf des Datenspeicherunternehmens EqualLogic für 1,4 Milliarden Dollar begann. Die Finanzkrise von 2008 durchkreuzte unsere Pläne vorübergehend, aber im darauffolgenden Jahr setzten wir das Programm wieder in Gang und kauften Perot Systems (für 3,9 Milliarden Dollar). 2010 legten wir richtig los, erwarben Datenspeicherungs-, Systemmanagement-, Cloud- und Softwareunternehmen wie Compellent, Boomi, Exanet, InSite One, KACE, Ocarina Networks und Scalent.

Zur Abrundung unserer Firmenkapazitäten kauften wir 2011 noch Secureworks, RNA Networks und Force10 Networks. Und 2012 nahmen wir weitere große Akquisitionen in Sachen Software und Sicherheit vor, darunter Quest Software, SonicWALL und Credant Technologies. Das Steuerjahr 2012 bescherte Dell Umsätze, Einnahmen, ein Betriebsergebnis, einen Cashflow und Aktienerträge in nie da gewesener Höhe.

Vielleicht war das die Ruhe vor dem Sturm.

Doch unterdessen lief bei Dell keineswegs alles rund. Wir hatten erfolglos versucht, auf den Smartphone- und Tablet-Markt vorzustoßen. Wir hatten sogar etwas erfunden, das seinerzeit als »Phablet« bekannt war – ein fünf Zoll großes Android-Gerät namens Streak. Es erwies sich nicht gerade als Kassenschlager. (Im Übrigen ging ein Großteil des Gewinns an Google.)

Bis 2012 lagen die Einbußen beim PC-Verkauf im zweistelligen Bereich, unsere Aktienwerte fielen kontinuierlich weiter – bis zum Jahresende waren sie unter der schweren Last des Scheiterns von Windows 8 auf 10,5 Prozent gesunken –, und nun gingen auch die Gewinne zurück. Unsere Marktkapitalisierung war auf unter 20 Milliarden Dollar gefallen.

Ende 2012 schrumpfte unser Aktienkurs beinahe auf Pennystock-Niveau: weniger als neun Dollar, ein weiterer Sturz von dem 15- bis 17-Dollar-Niveau, das er von 2009 bis 2011 erzielt hatte. Die allgemeine Überzeugung, die im Internet ebenso wie bei *CNBC* und anderen Medienanstalten mit tausend Megafonen verkündet wurde, lautete, dass der PC dem Untergang geweiht sei und Dell deshalb ebenso.

Unsere Anteilseigner waren nicht glücklich, mich eingeschlossen.

Trotz unseres spektakulären Erfolgs der vergangenen Jahre – jeder, der gleich zu Anfang Dell-Aktien gekauft und daran festgehalten hatte, hatte seine Investition um 13 500 Prozent vervielfacht, das war 27-Mal so viel wie die 500 Prozent Ertrag des S&P 500 im selben Zeitraum – waren unsere Aktionäre besorgt über die Zukunft des Unternehmens. Dennoch genoss ich weiterhin ihre volle Unterstützung, im Juli 2012 wählten sie mich mit 96 Prozent der Stimmen erneut zum CEO und Vorstandsvorsitzenden von Dell.

Und ich versuchte, ihre Bedenken zu zerstreuen. »Wir sind wirklich kein PC-Unternehmen mehr«, sagte ich dem *Fortune*-Herausgeber Andy Serwer im Juli 2012 bei der *Fortune*-Brainstorm-Tech-Konferenz in Aspen. Aber Andy war nicht leicht zu überzeugen. »Ist es wirklich so, dass Sie kein PC-Unternehmen mehr sind, oder ist es eher so, dass Sie in Zukunft keines mehr sein *wollen*?«, fragte er mich.

Ich erinnerte ihn daran, dass wir während der letzten fünf Jahre einen maßgeblichen Geschäftswandel vollzogen hatten, hin zu End-to-End-IT-Lösungen: ein Komplettpaket für die Kunden, von Rechenzentren über Client-Systeme, Sicherheit, Softwaresystemmanagement, Datenspeicherung und Server bis zu den Netzwerken.

Ich sagte Andy, dass Dell jetzt tatsächlich in vier Geschäftsbereichen aktiv sei. Als Erstes kam das Client-Geschäft, das bei all den Vorgängen in Sachen Mobilität und Client-Virtualisierung einem Wandel unterlag, der wiederum neue Sicherheitsanforderungen mit sich brachte.

Dann waren da die Firmenrechenzentren. Ich erinnerte Andy daran, dass wir ein umfangreiches Datenspeicherungs- und Netzwerkgeschäft aufgebaut hatten, angetrieben von all jenen Akquisitionen – rund 25 in den letzten drei oder vier Jahren. Ich sagte für den Fall, dass jemand es vergessen hatte, dass ungefähr ein Drittel der Server in Nordamerika von Dell stammten. Cloud- und virtuelle Infrastrukturen waren äußerst bedeutsam für uns geworden.

Zudem gab es noch unseren Software-Geschäftsbereich, der sich um Systemmanagement und IT-Sicherheit drehte. Ich sagte, dass wir rund 29 Milliarden Sicherheitsereignisse täglich erlebten; wir schützten Werte im mehrstelligen Billionenbereich für die größten Banken und Finanzdienstleister der Welt.

Ich lenkte Andys Aufmerksamkeit auf die Tatsache, dass fast die Hälfte der 110 000 Beschäftigten bei Dell – nämlich 45 000 – in unserem vierten Geschäftsbereich tätig waren, den Dienstleistungen, mit denen wir Unternehmen dabei halfen, aus all jenen IT-Anforderungen Wert zu schöpfen.

»Wir stecken also mittendrin in einer der schwierigsten Herausforderungen«, sagte ich zu Andy. »Wie verbindet man ältere Anwendungen mit Cloud-Anwendungen? Wie sichert und modernisiert man IT-Umgebungen und bringt sie von Mainframes auf X86-Plattformen? Mit der Dell-Cloud lässt sich das effizienter erledigen.«

Dell war, so sagte ich voller Stolz, ein ganz anderes Unternehmen als noch vor vier oder fünf Jahren.

Andy sah etwas verwirrt aus. »Täusche ich mich oder haben Sie in Ihrem gesamten kleinen Monolog gerade PCs überhaupt nicht erwähnt?«

Selbst kluge Menschen schienen sich an diesem Thema festzuklammern.

Andy projizierte eine Umfrage an die Leinwand hinter uns: »Letztes Jahr machten Desktops und Laptops 54 Prozent der Umsätze von Dell aus, 2008 waren es noch 61 Prozent gewesen. Wie groß wird das PC-Geschäft von Dell in fünf Jahren sein?«

Mögliche Antworten waren: a) 50 bis 54 Prozent (ungefähr gleich viel wie heute), b) 40 bis 50 Prozent und c) 39 Prozent oder weniger. Weitaus die meisten Stimmen entfielen auf die letzte Option.

Die richtige Antwort lautete A.

Mit allem Respekt für seine Umfrage, sagte ich Andy, sei die Gegenüberstellung mit unseren anderen Geschäftsbereichen im Hinblick auf Umsatz und Gewinne der bessere Ansatz in Bezug auf die Frage nach unserem PC-Geschäft. Angenommen, man verkaufe PCs im Wert von einer Milliarde Dollar versus Software im Wert von einer Milliarde Dollar: Diese beiden Transaktionen hätten sehr unterschiedliche Merkmale in Bezug auf Cashflow und Marge. Das mache es so schwierig, Dell lediglich unter dem Umsatzaspekt zu betrachten. Unsere geschäftliche Mischung verändere sich fortwährend, wiederholte ich in der Hoffnung, dass die Botschaft nun ankam.

Ich glaubte leidenschaftlich an alles, was ich Andy in Aspen erzählt hatte. Und in den folgenden Tagen, Wochen und Monaten verbreitete die Business-Presse weiterhin das Narrativ, Dell sei gleich PC und der PC liege im Sterben.

Und unsere Aktien fielen weiter.

Ich gebe offen zu, dass es mich schmerzte, unsere Aktienpreise so abstürzen zu sehen. Das Unternehmen trug meinen Namen; nach meiner Familie bedeutete es mir alles. Doch mein weiseres Ich erkannte darin eine Chance für die Firma. Ich hatte 2010 ein großes Dell-Aktienpaket am freien Markt erworben im Vertrauen darauf, dass der Preis steigen würde. (Es gibt sehr strenge Regeln, wann und wie ein Insider wie ich unsere Aktien kaufen oder verkaufen kann: kurz, aber nicht zu kurz nachdem die Quartalsgewinne veröffentlicht worden sind. Überflüssig zu erwähnen, dass ich mich daran gehalten habe.) Doch es kam mir auch in den Sinn, dass unser Unternehmenswandel ohne die Tyrannei, die ständig tickende Uhr der Quartalsberichte fortgesetzt werden könnte, wenn ich – natürlich mit der Hilfe anderer – *alle* Aktien zurückkaufte. Der Rückzug von der Börse würde die Möglichkeit schaffen, das Unternehmenswachstum dramatisch zu beschleunigen und uns eine viel größere Wirksamkeit in der Welt verschaffen.

Denselben Gedanken hatten auch andere. Bei einer Sanford-Bernstein-Konferenz 2010 hatte mich ein Analyst namens Toni Sacconaghi gefragt, ob ich über eine Privatisierung des Unternehmens nachdächte.

»Ja«, sagte ich. Meine einsilbige Antwort hing in der Luft. Es gab Gekicher im Saal.

Sacconaghi lächelte. »Das ist knapper, als ich erwartet hatte«, sagte er. »Was wäre denn für Sie ein entscheidendes Ereignis, um das wesentlich ernsthafter in Betracht zu ziehen?«

»Kein Kommentar«, erwiderte ich und hatte das Gefühl, schon zu viel verraten zu haben. Ich lächelte zurück.

Zwei Jahre später, Ende Mai 2012 und damit anderthalb Monate vor der Aspen-Konferenz, hatte ich in unserer Hauptniederlassung im texanischen Round Rock ein Treffen mit einigen führenden Mitarbeitern von Southeastern Asset Management, einer Firma aus Memphis, die der zweitgrößte Anteilseigner (rund 130 Millionen Aktien) von Dell nach meiner Frau Susan und mir war. Diese Treffen fanden regelmäßig unmittelbar nach der Bekanntgabe der Quartalsergebnisse statt, aber dieses war anders, denn mitten in dem üblichen Palaver über Zahlen und Erwartungen teilte Staley Cates, der Chief Investment Officer von Southeastern, mir mit, er sei der Meinung, wir sollten uns von der Börse verabschieden.

»Können Sie mir das näher erläutern?«, bat ich.

»Ich melde mich bei Ihnen«, sagte Cates.

Das machte mich ehrlich gesagt nervös. Es war nicht die Idee der Privatisierung selbst, die mir Sorgen bereitete, sondern vielmehr die Tatsache, dass unser zweitgrößter Anteilseigner sie vorbrachte. Ich hatte keine Ahnung, worauf Cates hinauswollte. Offensichtlich wollte er den Wert seiner Aktien erhöhen, aber meinte er, dass ich ihn auskaufen sollte? Oder wollte er mir helfen, das Unternehmen von der Börse zu nehmen? Was meinte er? Ich ging hinüber auf die andere Seite des Gebäudes und sprach mit Larry Tu, unserem Justitiar, und Brian Gladden, unserem CFO. »Was machen wir jetzt?«, fragte ich.

»Frag ihn, wie das gehen soll«, sagte Brian. »Frag ihn, ob er ein Finanzmodell hat, das er uns vorlegen möchte.«

Ich fragte ihn also und Cates schickte mir eine einfache Tabelle, die seine Idee skizzierte. Ich leitete die Tabelle an Gladden weiter und Brian schickte sie einem ihm bekannten Banker bei einer der großen Investitionsbanken. Der Banker analysierte die Idee und sagte uns, sie tauge nichts. »Zu kompliziert, zu hohe Verschuldung; das läuft so nicht«, sagte er. »Vergessen Sie's.«

Darum vergaßen wir es. Dann geschah etwas sehr Interessantes.

Als ich im Backstagebereich nach der Aspen-Fragerunde mein Mikrofon abnahm, kam ein Mann auf mich zu – einige Jahre jünger als ich und fit aussehend – und stellte sich vor. Sein Name sei Egon Durban, sagte er, und er arbeite für Silver Lake Partners. »Hey, ich würde mich gern mal mit Ihnen treffen wegen einer Idee von mir«, sagte er. »Ich habe ein Haus auf Hawaii ganz in der Nähe von Ihrem – können wir mal einen Termin ausmachen?«

Nun, ich werde ständig von Leuten angesprochen, und ich bin höflich, aber … ich werde ständig von Leuten angesprochen. Wenn dieser Egon Durban von einem Unternehmen gekommen wäre, von dem ich noch nie gehört hatte, hätte ich ihm gesagt: »Klar, rufen Sie in meinem Büro an«, und wir hätten nie miteinander gesprochen. Aber Silver Lake war eine große Privatkapitalgesellschaft mit ausgezeichneter Erfolgsbilanz und hervorragender technologischer Kompetenz (und ich hatte bei meinen Anfängen 1999 in ihren ersten Fonds investiert), deshalb gab ich Durban meine Mailadresse. Als ich mich über ihn informierte, fand ich heraus, dass er einer der vier Geschäftsführer von Silver Lake war.

Das war am 16. Juli 2012. Gegen Nachmittag mailte Durban mir und wiederholte seine Bitte, mich auf Hawaii zu treffen, und ich leitete die Mail an meine langjährige Assistentin Stephanie Durante weiter mit der Bitte, einen Termin für ein Treffen mit Egon Durban zu machen, am 10. August in einem Strandcafé in der Nähe meines Hauses auf Hawaii.

Ich hatte keine Ahnung, warum Durban mit mir sprechen wollte. Vielleicht wollte Silver Lake eins unserer Unternehmen kaufen? Oder uns eins der ihren verkaufen? Vielleicht wollten sie, dass ich in einen ihrer neuen Fonds investierte? Es konnte aber auch ein halbes Dutzend andere Gründe haben.

Der 10. August war ein Freitag, ein herrlicher Tag auf Hawaii – okay, auf Hawaii sind alle Tage herrlich. Aber ich war gerade besonders froh, dort zu sein. Ich witzele gern, dass meine texanische Heimatstadt Austin wie die FM-Skala am Radio ist: mit einer Bandbreite von 88 bis 108 Grad Fahrenheit (was ungefähr 31 bis 42 Grad Celsius entspricht). An diesem Morgen auf der Insel wehte eine kühle Brise vom Meer herüber; die Temperatur lag bei perfekten 26 Grad. Durban und ich hätten uns ins Café setzen und dort reden können, aber warum sollte man an so einem Tag drinnen sitzen? »Lassen Sie uns einen Spaziergang machen«, sagte ich. Beim Gehen kommen mir die besten Ideen und die Umgebung tat dem keinen Abbruch. Es gab einen Spazierweg, der an der Küste entlangführte; unten am Strand brachen sich die schaumigen Wellen, blaugrün und klar wie Glas.

»Also, worum geht's?«, fragte ich Durban, nachdem wir losmarschiert waren.

»Wir haben uns Ihr Unternehmen angeschaut und wir meinen, Sie sollten über eine Privatisierung nachdenken«, erwiderte er.

»Ach!«, sagte ich. Als wäre dies das erste Mal, dass mir diese Idee begegnete. Tatsächlich hatte ich schon oft darüber nachgedacht – besonders als die weltweite Ersparnisschwemme, die auf die Dotcom-Blase von 2000 gefolgt war, für fallende Zinssätze gesorgt hatte, was immer von Vorteil ist, wenn man Geld für Akquisitionen leiht.

»Und wir glauben, wir könnten Ihnen dabei behilflich sein«, fuhr er fort.

Da bin ich aber neugierig, drückte meine Miene aus. Ich stellte mich naiv, weil ich einen Plan hatte, ich wollte, dass er mit der Sprache herausrückte. »Ach!«, sagte ich erneut. »Tatsächlich!«

»Tatsächlich«, bekräftigte er.

»Okay«, entgegnete ich. »Dann erzählen Sie mir mal, warum Sie das für eine gute Idee halten.«

Eine Stunde lang liefen und redeten wir. Es war eine Art sokratischer Dialog, bei dem ich eine Menge Fragen stellte, wie diese Idee funktionieren (und was schiefgehen) könne, und Egon klar und freimütig antwortete, jede Möglichkeit gründlich erwägend. Ich mochte ihn auf Anhieb. Er kam mir sehr klug, zielstrebig und kühn vor. Er wusste, warum er mit mir sprechen wollte; er war sehr von der Idee überzeugt, doch er versuchte nicht, mir irgendetwas aufzuschwatzen. Er sagte nicht: »Wir, Silver Lake, sind bereit, in diesen Deal einzusteigen.« Sie hatten eine Hypothese; Durban und ich erörterten sie.

Das Erste, was er sagte, beruhte auf dem Gespräch, das ich bei der *Fortune*-Brainstorm-Konferenz geführt hatte, sowie auf Recherchen, die sein Unternehmen ausschließlich unter Verwendung öffentlich verfügbarer Informationen vorgenommen hatte. Silver Lake war über die Transformationsstrategie von Dell völlig im Bilde. Sie begriffen, warum wir all diese Unternehmen aufgekauft hatten. Durban sagte, er und seine Partner hätten keine Minute daran geglaubt, dass der PC dem Untergang geweiht sei – sie waren der Meinung, Personal Computer und Peripheriegeräte würden weiterhin ein wichtiger Bestandteil unserer Einnahmen sein, selbst wenn wir das Geschäft in neue Richtungen ausweiteten. Und sie glaubten an diese neuen Richtungen.

»Insofern finden wir«, sagte Egon, »dass Dell massiv unterbewertet ist.«

»Da stimme ich zu«, sagte ich. Ich hätte noch weit mehr sagen können. Tatsache war, dass ich mich auf eine Art von den Aktionären im Stich gelassen fühlte nach allem, was wir in den letzten fünf Jahren getan hatten, um die Firma neu aufzustellen, und nach allem, was wir darüber geäußert hatten. Doch das war eine emotionale Reaktion und so behielt ich sie einstweilen für mich.

Und dann war da noch die Tatsache, fuhr Durban fort, dass Dell sehr viel liquide Mittel in seiner Bilanz aufwies. Ich war mir dessen natürlich durchaus bewusst und kannte auch die Nachteile. Andererseits ist es für Technologieunternehmen nicht günstig, sich hoch zu verschulden. Ein Nettobestand mit einer hohen Liquidität wird als das Richtige betrachtet, und genau den hatten wir.

Aus kapitalstruktureller Finanzperspektive jedoch wird der Marktwert eines Unternehmens mit starker Liquidität nicht so hoch angesetzt, weil er in gewisser Weise durch die Barmittel abgeschwächt wird. Barmittel werden nicht geschätzt. Kann man sie dagegen nutzen, um Aktien zurückzukaufen, werden diese Anteile wesentlich mehr geschätzt. Das ist allerdings risikobehaftet: Die Aktienkurse können fallen und zwar aus allen möglichen unvorhersehbaren Gründen. Doch wenn man ein Unternehmen hat, das sehr beständig eine Menge Cashflow hervorbringt, könnte sich ein Aktienrückkauf als ausgezeichnete Sache entpuppen.

Und ein Buyout, sagte Durban, könne sich sogar als ganz hervorragende Sache erweisen – besonders da die Dell-Aktien so einen historischen Tiefstand verzeichneten.

Und das Sahnehäubchen war, dass die Zinssätze zu diesem Zeitpunkt zufällig sehr niedrig waren. Die Ertragskraft von Dell würde die Bereitschaft der Banken steigern, uns Kredite einzuräumen – plötzlich sprach Durban über uns –, und die geringen Zinssätze würden die Kredite schmerzfrei machen.

Wenn es aber darum ging, *sämtliche* Aktien von Dell zurückzukaufen, dann sprachen wir über eine sehr große Summe – im Bereich von 25 Milliarden Dollar. Dennoch sei er sicher, sagte Egon, dass Silver Lake und ich und vielleicht ein paar weitere interessierte Parteien mit Leichtigkeit das benötigte Kapital aufbringen könnten, und der Rest lasse sich problemlos leihen. Eine fremdfinanzierte Übernahme sei vorzuziehen, weil alle Beteiligten dann sehr viel weniger Barmittel aufbringen müssten – und angesichts der Profitabilität von Dell die Schulden rasch zurückzahlen könnten.

Ich fragte ihn, wie hoch der Verschuldungsgrad seiner Meinung nach sein werde. Er nannte mir eine grobe Vorstellung. Und dann bekam ich eine Vorstellung von dem Ganzen. »Meine Güte, das ist eine riesige Transaktion. Haben Sie jemals etwas so Gewaltiges gemacht?«

Hätten sie nicht, erklärte Durban, aber sie seien absolut zuversichtlich, dass es gelingen könne. Ich war fasziniert, dass eine große Privatkapitalgesellschaft diesen Vorstoß unternahm. Sollte es einen Börsenrückzug geben, so würde er nicht von Investmentbankern ausgehen, das wusste ich; er würde von einer Firma wie Silver Lake ausgehen und von jemandem wie Egon Durban. Investmentbanker sind im Wesentlichen Vermittler. Privatkapitalgesellschaften wie Blackstone, Apollo,

TPG, KKR und Silver Lake dagegen investieren ihr eigenes Geld. Durban sprach davon, eigenes Kapital von Silver Lake aufzuwenden – und zwar ziemlich viel davon –, und er wollte das tun, weil er glaubte, dass seine Firma daraus einen maßgeblichen Gewinn ziehen würde.

Das ist Kapitalismus in Reinkultur.

Alles, was Durban sagte, schien mir sinnvoll. Ich mochte ihn und ich mochte Silver Lake, und ich wusste instinktiv, dass die Zeit für einen großen Schritt gekommen war. Aber es stand enorm viel auf dem Spiel, zu viel, um etwas Unüberlegtes zu tun (oder zu sagen). Zu viel, um nicht alle möglichen Wege zu erforschen: Die Privatisierung war die letzte in Betracht zu ziehende Entscheidung. Ich glaube aber auch nicht, dass Egon eine impulsive Reaktion von mir erwartet hatte. Als ich ihm sagte, ich werde über seine Worte nachdenken und mich dann bei ihm melden, erklärte er mir, dass er dafür volles Verständnis habe. Wir schüttelten einander die Hand und gingen in verschiedene Richtungen davon, um den Rest dieses wunderbaren Tages zu genießen.

Ich hatte noch einen Nachbarn auf Hawaii und ich konnte sein Haus von meinem aus sehen: George Roberts, das »R« von KKR – Kohlberg Kravis Roberts, der weltweit tätigen Investmentfirma. George und sein Co-CEO Henry Kravis waren Cousins und gemeinsam aufgewachsen – und sie waren so etwas wie die grauen Eminenzen des Privatkapitalbusiness. Sie hatten die moderne Privatkapitalfirma mehr oder weniger erfunden und sie waren zwei der Pioniere des Leveraged-Buyout gewesen: zentrale Figuren der RJR-Nabisco-Übernahme, die als Vorlage für das Buch (und den Film) *Barbarians at the Gate* diente.

Ich ging zu George rüber und nahm meinen Laptop mit. Ich klappte den Rechner auf und zeigte ihm ein paar Fakten und Zahlen in Bezug auf Dell: nur öffentlich zugängliche Informationen, keine Prognosen oder geschützten Daten. »Glaubst du, dass wir auf dieser Grundlage der Börse den Rücken kehren könnten?«, fragte ich.

George ging die Zahlen durch und stellte ein paar Fragen. »Ja, das halte ich durchaus für möglich«, sagte er. »Und wir würden dir gern dabei helfen.«

Nun, das ist ja interessant, dachte ich. Jetzt habe ich also schon zwei Personen aus führenden Privatkapitalgesellschaften, die mir sagen, dass es nicht nur möglich, sondern *sehr gut* möglich sei. Und das sind bloß meine Nachbarn auf Hawaii! Ich habe noch nicht mal Kontakt zu irgendjemand anderem aufgenommen – nicht zu Steve Schwarzman bei Blackstone oder David Rubenstein von Carlyle oder David Bonderman bei TPG.

Aber als Allererstes, erkannte ich augenblicklich, musste ich mit Larry Tu reden.

Am 14. August flog ich nach Austin zurück und traf mich mit Larry, der mir mit ernster Miene mitteilte, wenn ich dabei sei, einen Börsenrückzug in Angriff zu nehmen, müsse einiges geschehen. Erstens müsse ich mich mit meinen eigenen Ratschlägen zurückhalten. Einem grundlegenden Prinzip folgend könne das Unternehmen mich nicht in einem Vorhaben repräsentieren, das den eigentlichen Kern von Dell als Konzern verändern könnte – einem Vorhaben, das der Vorstand oder die Anteilseigner von Dell oder beide befürworten mochten oder nicht.

Und zweitens müsse ich dem Vorstand natürlich mitteilen, was ich beabsichtigte. Sofort.

Was den ersten Punkt anging, so rief ich Marty Lipton an, den Gründungspartner der Anwaltskanzlei Wachtell, Lipton, Rosen & Katz und einen der weltweit führenden Experten für komplexe Unternehmenstransaktionen. »Was soll ich machen?«, fragte ich.

»Als Erstes müssen Sie mit dem Vorstand reden«, sagte Marty.

»Okay, verstanden.«

»Und dann müssen Sie sich bei allem, was Sie tun, ganz genau an die Vorgaben halten«, fuhr er fort. »Ich bringe Sie mit Steve Rosenblum hier in der Firma zusammen; er kennt diesen Prozess in- und auswendig.«

Anschließend rief ich Alex Mandl an – den Vorstandsvorsitzenden des niederländischen Digitalsicherheits-Giganten Gemalto und führendes unabhängiges Mitglied des Dell-Vorstands – und erzählte ihm von meiner Idee. Ich beschrieb Staley Cates' Vorschlag vom Juni und meine Treffen mit Durban und Roberts. Ich sagte, ich sei noch in der Findungsphase: dass ich noch nicht entschieden hätte, ob ich weitermachen wolle, aber falls ja, würde ich mich gern mit jedem verbünden, der den bestmöglichen Deal für die Aktionäre anbieten könne. Ich sagte Alex, ich brauche Zugang zu bestimmten geschützten Unternehmensinformationen, um die Machbarkeit eines Börsenrückzugs von Dell zu untersuchen. Alex sagte, er müsse den Vorstand fragen.

Dann ging alles sehr schnell. Es wäre zu umständlich gewesen, alle zwölf Vorstandsmitglieder (mit mir) kurzfristig zu einem persönlichen Treffen zusammenzutrommeln, schließlich waren das Menschen, die überall in der Welt verteilt große Unternehmen leiteten. Deshalb traf sich der Vorstand am 17. August zu einer Telefonkonferenz, und nachdem ich nun gründlich von Steve Rosenblum vorbereitet worden war, teilte ich den Mitgliedern alles mit, was ich Alex gesagt hatte, und mehr:

- Dass der fundamentale Grund für meinen Wunsch, ein Übernahmeangebot für die Firma zu prüfen, in meiner Überzeugung lag, dass Dell als privates Unternehmen besser geführt werden konnte, ohne den kurzfristigen Leistungsdruck der Börsennotierung und die anderen damit einhergehenden Nachteile. (Das Verändern und Weiterentwickeln eines Geschäfts – seine Transformation – ist ein ungewisser Prozess, zu dem finanzielle Schwankungen gehören. Und Aktionäre mögen keine Ungewissheiten und Schwankungen.)

- Dass ich separate Vorgespräche mit George Roberts von KKR und Egon Durban von Silver Lake geführt hatte. Nur auf der Grundlage öffentlicher Informationen, so sagte ich, sei jeder der beiden überzeugt, dass sich ein für das Unternehmen und seine Anteilseigner attraktives Angebot entwickeln lasse.

- Dass Staley Cates von Southeastern Asset Management (SEAM) außerdem in einer Unterhaltung vor einigen Wochen angedeutet hatte, Southeastern könne daran interessiert sein, mit mir gemeinsam ein Firmenübernahmeangebot zu prüfen.

- Dass ich weder mit Silver Lake noch mit KKR noch mit Southeastern irgendwelche Vereinbarungen getroffen hatte, dass ich mit allen einzeln gesprochen hatte, nicht gemeinsam, und dass keinerlei vertrauliche Informationen preisgegeben worden waren.

- Dass ich keinen Investmentbanker eingestellt hatte und den Vorstand gegebenenfalls vorher benachrichtigen würde.

- Dass ich Wachtell, Lipton, Rosen & Katz darum gebeten hatte, mir in dieser Angelegenheit als persönliche Berater zur Seite zu stehen.

- Dass ich ohne die Kenntnis und das Einverständnis des Vorstands keine weiteren Gespräche führen und Unternehmensinformationen verwenden würde, um die Möglichkeit eines Angebots zu prüfen.

- Dass mir bewusst war, dass jedwede Transaktion zu einem fairen Preis stattzufinden hatte und für die Aktionäre der höchstmögliche vernünftigerweise erzielbare Preis ausgehandelt werden musste – und dass dieser Preis letztlich einer Marktprüfung unterzogen würde.

- Dass ich mir darüber im Klaren war, dass jeder meiner Vorschläge von den unabhängigen Vorstandsmitgliedern oder einem Sonderausschuss unabhängiger Vorstandsmitglieder geprüft und verhandelt würde und ihrer Zustimmung bedurfte, dass jeder Prozess von den unabhängigen Vorstandsmitgliedern oder einem Sonderausschuss unabhängiger Vorstandsmitglieder entschieden wurde und dass die unabhängigen Vorstandsmitglieder oder ein Sonderausschuss unabhängiger Vorstandsmitglieder sich das Recht auf unabhängige Beratung und einen unabhängigen Banker vorbehielten.

- Dass mein nächster Schritt mit der Genehmigung des Vorstands sei, mit Beratern und potenziellen Partnern zusammenzuarbeiten, um die Möglichkeit eines Angebots zu prüfen.

- Dass Larry Tu den Vorstand in puncto Vertraulichkeit, Handelsverkehr und anderen rechtlichen Angelegenheiten beraten würde.

Alex erklärte, der Vorstand müsse darüber sprechen, und dies müssten sie in meiner Abwesenheit tun.

Ich verließ das Konferenzgespräch.

Nach dem Meeting rief Mandl mich an und sagte mir, der Vorstand sei darauf vorbereitet, die Möglichkeit eines Börsenrückzugs in Erwägung zu ziehen – oder die Möglichkeit einer strategischen Alternative, die Dell aus seiner Zwickmühle befreien könnte. Zu diesem Zweck würden sie befürworten, dass ich Gespräche über ein mögliches Börsenrückzugsangebot führte. Ich rief Egon Durban und George Roberts an und gab ihnen Bescheid. Einzeln. Keiner von beiden wusste, dass ich mit dem jeweils anderen gesprochen hatte.

Staley Cates rief ich nicht an.

Es gibt sehr konkrete Regeln, was Investoren und Firmeneigentümer tun dürfen und was nicht. Wenn ein Hauptinvestor irgendwohin geht und sagt: »Hm, vielleicht sollten wir dieses Unternehmen privatisieren«, tja, dann spricht er eben einfach mit sich selbst. Aber wenn ich als größter Dell-Shareholder und Southeastern als zweitgrößter Shareholder sich trafen und darüber sprachen, konnte dies als Gruppenbildung betrachtet werden und würde somit eine Einreichung bei der Börsenaufsichtsbehörde erfordern. Diese Einreichung wiederum wäre eine öffentliche Information und Nachrichten über den potenziellen Deal wären jedermann zugänglich. Wenn solche Dinge publik werden, ehe sie unterschrieben und bekannt gegeben sind, haben sie im Allgemeinen geringere Chancen auf Verwirklichung.

Weder Silver Lake noch KKR – beide Privatkapitalgesellschaften – besaßen Anteile an Dell Inc., einem börsennotierten Unternehmen.

Wir (damit meine ich an dieser Stelle nur mich und meine juristischen Mitarbeiter bei Wachtell Lipton) vereinbarten, dass wir Kontakt zu Southeastern aufnehmen würden, wenn wir den Punkt der Unterzeichnung und Bekanntgabe eines Börsenrückzugs erreicht hatten, um zu schauen, ob sie noch interessiert waren.

Am 20. August führte der Vorstand eine weitere Telefonkonferenz durch, an der ich nicht teilnahm. Während des Meetings bildete sich auf Empfehlung von Alex Mandl ein vierköpfiges Sonderkomitee, um alle Möglichkeiten für Dell in Erwägung zu ziehen. Das Komitee bestand aus Alex und drei weiteren unabhängigen Vorstandsmitgliedern: Laura Conigliaro, Leiterin des Fachdienstleistungsunternehmens Genpact, Janet Clark, CFO der Marathon Oil Corporation, und Ken Duberstein, ehemaliger Stabschef des Weißen Hauses während der Reagan-Ära.

Im Proxy Statement, das Dell letztlich bei der Börsenaufsichtsbehörde einreichen würde, stand: »Der Vorstand hat dem Sonderkomitee die umfassende und ausschließliche Vollmacht übertragen, 1.) jeden Vorschlag zur Übernahme des Unternehmens unter Beteiligung von Mr. Dell zu prüfen sowie alternative Angebote von Dritten zu erwägen, 2.) für das Sonderkomitee unabhängige Rechts- und Finanzberater hinzuzuziehen, 3.) dem Vorstand hinsichtlich solcher Transaktionsvorschläge Empfehlungen auszusprechen und 4.) andere potenzielle strategische Alternativen zu evaluieren, zu prüfen und zu berücksichtigen, die dem Unternehmen zur Verfügung stehen. Der Vorstand hat beschlossen, keine Privatisierungstransaktion oder Alternative zu einer solchen Transaktion zu empfehlen, ohne eine vorherige zustimmende Empfehlung des Sonderkomitees einzuholen. In der Folge hat das Sonderkomitee Mr. Mandl als Vorsitzenden bestimmt.«

Am nächsten Tag, dem 21. August, kamen unsere Zahlen für das zweite Quartal des Steuerjahrs 2013 heraus (unser Steuerjahr endet am letzten Januartag, weshalb der Großteil des Steuerjahrs 2013 mit dem Kalenderjahr 2012 zusammenfiel). Die Zahlen waren nicht berauschend. Dells Umsatz im zweiten Quartal betrug 14,5 Milliarden Dollar, rund 300 Millionen Dollar weniger als Anfang Juli vorhergesagt und rund 800 Millionen Dollar weniger als Anfang Juni vorhergesagt. Daher senkten wir unsere Anteilsgewinnrichtlinie (ein schicker Begriff für Prognose) für die Erträge des Steuerjahrs 2013 von 2,13 auf 1,70 Dollar. Wir begründeten die gesunkenen Erwartungen mit dem unsicheren wirtschaftlichen Umfeld, der Wettbewerbsdynamik anderer Unternehmen und der rückläufigen Nachfrage im EUC-Geschäft – das sind die Geräte für den Endverbraucher wie Desktops, Laptops, Bildschirme und andere Peripheriegeräte.

Sie können sich vorstellen, wie unser Aktienkurs darauf reagiert hat. (Interessanterweise hatten wir einen Tag nach dem Gewinnbericht unser regelmäßiges Quartalstreffen mit Southeastern Asset Management und

Staley Cates erwähnte die Idee des Börsenausstiegs mit keinem Wort. Daran habe ich eine ganze Zeit lang herumgerätselt.)

Mittlerweile hielten sowohl der Vorstand als auch das Sonderkomitee Besprechungen hinter verschlossenen Türen ab. Und zwar eine Menge. Verschlossene Türen bedeutete zweierlei: Erstens hatte die Öffentlichkeit (einschließlich der Dell-Shareholder) keine Ahnung, dass sie stattfanden, und zweitens war die Tür auch für mich verschlossen. Kein Zutritt für den Gründer und CEO. Sie hätten genauso gut ein Schild an den Besprechungsraum hängen können: BLEIB DRAUßEN, MICHAEL. Ich wusste, dass all diese Meetings stattfanden, aber ich wusste weder wann noch was dabei vorging. Ich fragte mich bloß die ganze Zeit, was zum Teufel da passierte und warum alles so lange dauerte. Zwei große Privatkapitalgesellschaften standen in den Startlöchern, um diesen Deal mit mir durchzuziehen; ich war sicher, dass auch andere bereit wären. Wie kompliziert konnte das denn sein?

2

Andere Orte

Anfangs war alles einfacher gewesen. Oder nicht? Vielleicht kommt es einem rückblickend immer so vor. In Wirklichkeit war mein in der Entstehung begriffenes Computerunternehmen im Herbst 1983 beinahe vorbei, bevor es überhaupt begonnen hatte – es war fast am Ende in meinem Erstsemester-Studentenzimmer, Dobie 2713, an der University of Texas in Austin. Oder genauer gesagt in einem Hotelzimmer im Hyatt Regency von Austin. Aber ich greife vor.

Zunächst ein paar Hintergrundinformationen. Ich bin ein stolzer gebürtiger Texaner, geboren und aufgewachsen in Houston. Meine ersten 14 Lebensjahre verbrachte ich mit meiner Familie – Mutter, Vater und meinen Brüdern Steven und Adam – in einem bescheidenen einstöckigen Haus auf der Grape Street 5619 in Meyerland, in einem stark jüdisch geprägten Viertel im Südwesten der Stadt. Nachdem meine Eltern etwas Geld verdient hatten, zogen wir 1979 in einen schickeren Stadtbezirk namens Memorial.

Meine Eltern Lorraine und Alex waren ehrgeizige Menschen. Sie waren in den Sechzigern von New York City nach Houston gezogen, weil mein Vater gehört hatte, dass die größte Stadt von Texas nicht nur vielfältig und gastfreundlich sei, sondern auch voller Chancen. Und das stimmte. Houston boomte. Wenn man damals in den sechziger Jahren als Arzt dort auftauchte, war die Reaktion mehr oder weniger: »Okay, wir borgen Ihnen Geld; hier ist Ihr Haus – und los geht's.« Mein Vater arbeitete sehr viel, um seine Praxis in Gang zu bringen, und er ging klug dabei vor: Er entschied sich für Räumlichkeiten in einem Gebäude, das direkt neben der Synagoge Congregation Beth Yeshurun lag. Wer schiefe Zähne hatte und Jude war, kam mit größter Wahrscheinlichkeit zu meinem Vater, um sie sich richten zu lassen.

Neben meinem Vater hatten noch viele andere Gewerbetreibende ihre Büros in diesem Gebäude neben der Synagoge: unter anderem ein Zahnarzt, ein Versicherungsmann und ein Augenarzt, und viele davon waren ebenfalls Juden. Recht bald gelang es meinen Eltern, einen Großteil des Gebäudes zu kaufen und sie vermieteten die Räumlichkeiten an all diese anderen Leute. Nicht lange, nachdem mein Vater weitere Praxen in ganz Houston eröffnet hatte, wurde er zum wohl erfolgreichsten Kieferorthopäden der Stadt – hauptsächlich, weil er mehr arbeitete als alle anderen. Er nahm ständig Berechnungen vor, wo er seine Praxen einrichten sollte, welche Tage er in welcher verbrachte, wie er die Abläufe effizienter gestalten konnte. Konnte er in dieser Praxis einen anderen Stuhl einbauen? Brauchte er in jener eine andere Assistentin? War es sinnvoll, einen Juniorpartner mit einzubringen?

Inzwischen arbeitete seine Frau in Vollzeit als meine Mutter und die meiner Brüder und in Teilzeit für einen Immobilienmakler.

Ehrgeizige Leute.

Wenn meine Brüder und ich uns mit unseren Freunden zum Fußballspielen trafen, sagten meine Eltern immer: *»Nett sein und trotzdem gewinnen.«*

Meine Mutter war eine brillante Frau mit besonderen Fertigkeiten in Mathematik und Finanzwesen. Ich stelle mir gern vor, dass sie einen kleinen Teil ihres Talents und ihrer Neugierde an mich vererbt hat. Sie war tatsächlich das finanzielle Gehirn unserer Familie. Kurz nachdem sie und mein Vater nach Houston gekommen waren, begann sie, in Aktien und Immobilien zu investieren, und die Investitionen zahlten sich aus – so gut, dass sie, als ich in der Junior High School war, eine Effektenhändlerlizenz machte und Brokerin wurde, erst für E. F. Hutton, dann für Paine Webber.

Ich war der mittlere Sohn. Der zwei Jahre ältere Steven war der Kluge, strebsam und ernst. Er wurde ein sehr erfolgreicher Augenchirurg in Austin. Adam ist fünf Jahre jünger als ich und wurde eine Art

Einzelkind, nachdem Steven und ich ausgezogen waren. Er war der Familienvermittler. Auch er ist äußerst intelligent und wurde ebenfalls sehr erfolgreich. Nach seinem Jurastudium befasste er sich mit Risikokapital, gründete ein, zwei Unternehmen und entwickelte dann vor ein paar Jahren eine App für die persönliche Finanzverwaltung, die von Goldman Sachs aufgekauft wurde. Er wurde in diesem Prozess zum Partner gemacht.

Eine kleine Geschichte über die drei Dell-Jungs. Es gibt eine fantastische Privatschule in Houston namens St. John's mit sehr strengen Zulassungsbeschränkungen. Steven bewarb sich für die siebte Klasse am St. John's und wurde angenommen. Adam ging dort in den Kindergarten. Ich bewarb mich für die vierte Klasse und wurde nicht angenommen. Eine Zeit lang war ich deshalb etwas verunsichert – ich weiß noch, wie ich dachte: Ich bin wohl nicht gut genug. Aber eigentlich machte es mir nicht so viel aus. Ich kümmerte mich einfach um meine Angelegenheiten.

Ich war ein lebhaftes Kind. Sehr lebhaft. Bei einem Probe-Abendessen für meine Hochzeit mit Susan hielt meine Mutter eine Rede, die mit den Worten begann: »Michaels Mutter zu sein war nicht leicht.« Sie lächelte dabei, und alle lachten, aber sie meinte es ernst. Sie erzählte gern die Geschichte, wie ich als Dreijähriger – ich habe keine Erinnerung daran, aber sie versichert, dass sie wahr ist – das Portemonnaie meines Vaters klaute und zum Lebensmittelladen ging, um Süßigkeiten zu kaufen. Das hätte ziemlich übel enden können. Aber stattdessen sah mich eine der Freundinnen meiner Mutter dort Süßigkeiten essen und fragte: »Wo ist denn deine Mama?«

»Weiß nicht«, sagte ich.

Also brachte sie mich nach Hause, aber mir war klar, dass ich etwas Böses getan hatte, deshalb vergrub ich das Portemonnaie im Garten. Der Gärtner fand es dort eine Woche später.

Mit sechs Jahren war ich einmal über irgendetwas total aufgeregt, rannte durchs ganze Haus und krachte mitten durch eine Fensterscheibe, wobei ich mir übel das Bein aufschnitt. Es war alles voller Blut. Ich weiß noch, dass ich meine Mutter fragte, ob ich jetzt Ärger bekäme. Papa war nicht zu Hause, deshalb fuhr ein Nachbar, der auch Arzt war, mich ins Krankenhaus, während Mama mit mir auf dem Rücksitz saß, mein Bein hielt und mir sagte, ich solle wach bleiben. Ich musste einen Monat lang mit dem Rollstuhl zur Schule fahren.

Noch eine Geschichte: Einmal saß ich vor 20 Jahren gerade in meinem Büro bei der Arbeit, als meine Assistentin hereinkam und sagte, eine Frau wolle mich sprechen, die behaupte, meine Lehrerin aus der ersten Klasse zu sein. Nun gab (und gibt) es leider eine Menge Trickbetrüger und Menschen von zweifelhaftem Ruf, die alles behaupten würden, nur um einen Termin zu bekommen – die große Mehrheit der Leute, die angeben, erst gestern mit mir gesprochen zu haben auf einem Kontinent, auf dem ich gar nicht war, sind einfach Schwätzer. (Übrigens, das funktioniert niemals.)

Jedenfalls bat ich meine Assistentin, die Frau nach ihrem Namen zu fragen. Sie kehrte zurück und sagte: »Mrs. Watson.« Das war tatsächlich der Name meiner Lehrerin in der ersten Klasse. Wir machten also einen Termin. Mrs. Watson fragte, ob sie eine Freundin mitbringen könne. Ich sagte, klar. Und so kam meine Grundschullehrerin, die jetzt in einer Seniorenwohnanlage in Austin lebte, mit einer ihrer Freundinnen in mein Büro. Sie waren beide um die 80. Während wir über alte Zeiten an der Woodland Hall School plauderten und ich nach über 30 Jahren wieder ihre Stimme hörte, konnte ich mich an nichts anderes erinnern als an: »Michael, setz dich hin! Michael, setz dich hin!« Ich brachte es nicht über mich, ihr das zu sagen.

Ich hatte eine unerschöpfliche Energie und war immer in alle Richtungen gleichzeitig unterwegs. Als ich in der zweiten oder dritten Klasse war, schickten meine Eltern mich zu Dr. Pesikoff, einen Kinderpsychiater. Ich weiß noch, dass ich mit ihm Tischkicker spielte und Puzzles legte. Später fragte ich Mama und Papa, warum sie mich dorthin geschickt hatten, und sie sagten, sie seien nicht recht schlau aus mir geworden. (Ich war zudem Stotterer; ungefähr zur gleichen Zeit schickte meine Mutter mich auch zu einem Logopäden.) Die Rückmeldung von Dr. Pesikoff lautete: »Der Junge ist gesund.« Er sorgte sich eher, dass meine Eltern mit meiner ganzen Neugierde nicht zurechtkamen.

Ich war extrem neugierig, vielleicht am meisten von allen Familienmitgliedern. Es war eine Eigenschaft, die meine Eltern wirklich bei uns allen bestärkten. Viele Unterfangen, für die andere Kinder womöglich bestraft worden wären, quittierten sie nur mit einem Lächeln. Meine Brüder und ich nahmen ständig alle möglichen Haushaltsgegenstände auseinander, um herauszufinden, wie sie funktionierten. Meine Spezialität war alles Elektronische – Telefone, Fernseher, Radios. Meist setzte ich sie anschließend wieder zusammen.

Meine Eltern interessierten sich nicht für Sport; wir saßen am Wochenende nicht herum, um uns Spiele anzusehen. Wenn meine Mutter und mein Vater sich unterhielten, war das kein Klatsch oder Geplauder. Sie diskutierten andauernd über wirtschaftliche Themen: Was machte die Federal Reserve? Wie verhielten sich der Ölpreis, die Zinssätze, die Wechselkurse und der Aktienmarkt? Wir hatten *Forbes*, *Fortune* und *Barron's* zu Hause; wir guckten gern Louis Rukeysers *Wall Street Week*. Schon bevor meine Mutter als Aktienbrokerin zu arbeiten begann, besaß sie diese riesigen Value-Line-Bücher mit Seite um Seite Informationen über einzelne Firmen. Ich saugte das alles in mich auf.

Houston war in den siebziger Jahren eine florierende Stadt, überall wurden Neubauten errichtet. Wenn meine Familie und ich den Loop 610 entlangfuhren, schaute ich manchmal aus dem Fenster auf all die glänzenden neuen Gebäude mit Fahnenmasten davor und dachte mir, eines Tages würde ich auch ein Unternehmen leiten und draußen Fahnenmasten aufstellen lassen. Ich wusste zwar nicht, was für ein Unternehmen das wäre, aber von so etwas träumte ich.

Wie man sich vorstellen kann, war ich kein sportliches Kind. Ich sammelte Briefmarken und Baseballkarten; Hank Aaron war einer meiner frühen Helden, aber bald bestanden meine Helden eher aus Geschäftsleuten, besonders Unternehmern, die den Status quo infrage stellten und Firmen aus dem Nichts aufbauten – Leute wie Charles Schwab, Fred Smith (FedEx), Ted Turner und William McGowan (MCI). Ich las über sie in Business-Zeitschriften und verfolgte den kometenhaften Aufstieg ihrer Aktien.

Meine wahren Leidenschaften waren Business, Wissenschaften und Mathe. Eine meiner frühesten Erinnerungen ist meine Faszination für eine altmodische Victor-Rechenmaschine, die mein Vater besaß, so eine mit Handhebel. Ich liebte das satte metallische »Chink«, wenn man den

Hebel drehte, und die Zahlenreihen, die sie auf ihre kleine Papierrolle druckte. Als ich in der dritten Klasse war, bekam ich einen elektronischen Taschenrechner von National Semiconductor, ein großer Schritt von der Victor. Ich war fasziniert von den komplizierten Problemen, die dieses kleine Gerät lösen konnte. In der Siebten war ich dann in einem Mathe-Leistungskurs und gut genug in diesem Fach, dass die Lehrerin, Mrs. Darby, mich in den exklusiven Number Sense Club einlud. Und bei einem der Clubtreffen im Klassenzimmer tauchte eines Tages ein neues Gerät auf: ein Computer-Fernschreiber-Terminal.

Eigentlich war das kein Computer – es hatte weder Festplatte noch Bildschirm, nur eine Tastatur. Aber die anderen Schüler im Club und ich entdeckten, dass man darauf mathematische Gleichungen oder sehr einfache Programme tippen und sie an irgendeinen Zentralrechner schicken konnte, und dann kam die Antwort zurück. Das war die coolste Sache, die ich je gesehen hatte.

Meistens fuhr ich mit dem Rad zur Schule. Auf halber Strecke lag der RadioShack. Dieses mittlerweile verschwundene landesweite Elektronikgeschäft bot eine kurze Zeit lang nicht nur Polizeiscanner, ferngesteuerte Modellflugzeuge und Helme mit Sirenen an, sondern baute und verkaufte auch mehr Personal Computer als jedes andere Unternehmen auf der Welt. Der TRS-80 war ihr Pioniergerät. Auf meinem Heimweg von der Schule hielt ich immer dort an, um mit ihrem Bildschirmmodell herumzuspielen. Ich blieb so lange, bis sie mich rauswarfen.

Es waren die Anfänge des Mikroprozessoren-Zeitalters und natürlich wollte ich unbedingt einen eigenen Computer haben. In Mrs. Darbys Kurs hatte ich von *Byte* gehört, dieser Zeitschrift über Mikrocomputer und Mikroprozessoren. Ich abonnierte sie, las jede Ausgabe von der ersten bis zur letzten Seite und fing dann wieder von vorne an. Einmal gab es einen Beitrag des Apple-Mitgründers Steve Wozniak über den bevorstehenden zweiten Eintritt der Firma in den Personal-Computer-Markt mit dem Apple II. »Für mich muss ein Personal Computer klein, zuverlässig, leicht bedienbar und preiswert sein«, schrieb Wozniak.

Er hatte meine volle Aufmerksamkeit.

Im nächsten Absatz folgte eine ausführliche technische Beschreibung des Apple II. Anders als der TRS-80 (und der Commodore PET 2001, der dritte große Mitspieler auf dem nagelneuen Personal-Computer-Markt) werde das neue Apple-Gerät einen Farbbildschirm haben. Und anders als der Apple I, fuhr Wozniak fort, verfüge der Apple II über »mehr Speicherkapazität, einen Read-only-Memory(ROM)-BASIC-Interpreter, Farbvideo- sowie Punkt- und Zeichengrafikdatenverarbeitung und eine erweiterte Systemsoftware.« Ganz zu schweigen von (optionalen) Spielkonsolen.

So einen musste ich haben.

Ich bettelte, flehte und bedrängte meine Eltern, mich einen kaufen zu lassen. Der Listenpreis lag bei heftigen 1298 Dollar – in heutigem Geld sind das rund 5000 Dollar –, aber das Schöne war (wie ich meine Mutter und meinen Vater erinnerte), dass ich ihn mit meinen eigenen Ersparnissen bezahlen konnte.

Wie konnte es sein, dass ein 13-Jähriger so viel Geld herumliegen hatte?

Unternehmerisches Denken war für meine Familie das tägliche Brot. Ich fand früh heraus, dass ich gern Geld verdiente: Ich fand es lustig! Also ging ich arbeiten. Frühzeitig. In den Sommerferien arbeitete ich, wenn ich nicht in einem Camp war, in der kieferorthopädischen Praxis meines Vaters. Ich sterilisierte die Instrumente und half dabei, die Räumlichkeiten für all die täglichen Patienten vorzubereiten. Es machte mir Freude, mit Papa zur Arbeit zu gehen und zu sehen, wie vielen Patienten er half: Einige Fälle waren echt schwierig. Seine Arbeit war extrem präzise – er ging sehr wissenschaftlich an seine Tätigkeit heran, machte Berechnungen, plante und prüfte, um sicherzustellen, dass jeder Patient die bestmöglichen Resultate erhielt.

Im Camp Ramah in Wisconsin (da war ich mit zehn und mit elf) entdeckte ich, dass die Camp-Bibliothek das *Wall Street Journal* abonniert hatte. Dort hielt ich mich gern auf und blätterte mich durch die Seiten des *Journal*, um die Preise der Aktien zu prüfen, in die ich investiert hatte, sowie die von Gold, Silber und Devisen, mit denen ich spekulierte.

Kein Witz.

Mit zwölf bekam ich einen Job im nahe gelegenen China-Restaurant »Four Seasons« (das in keinerlei Verbindung zur gleichnamigen Hotelkette steht). Ich begann als Tellerwäscher und stieg dann zum Wasserverteiler auf, der die Gläser der Gäste füllte. Offenbar war ich darin so gut, dass ich zum Assistenten des Oberkellners befördert wurde – sie steckten mich in einen schicken Anzug und ich platzierte die Gäste. Ich habe vergessen, wie viel ich dort verdiente, wahrscheinlich ein, zwei Dollar pro Stunde. Damals kam mir das wie eine Menge Geld vor.

Und dann wollte es eine Fügung des Schicksals, dass ich regelrecht abgeworben wurde von einem benachbarten mexikanischen Restaurant, »Los Tios«. Ich vermute, jemand aus dem »Los Tios« hatte eines Abends im »Four Seasons« gegessen und gedacht, dass ich mich beim Kellnern recht ordentlich anstellte. Sie boten mir einen höheren Stundenlohn und ich nahm an.

Einmal fuhr während meiner Schicht beim »Los Tios« ein Auto vor: die Einwanderungspolizei. Alle meine Kollegen machten sich aus dem Staub – sie hasteten schneller durch die Hintertür hinaus, als ich gucken konnte. Ich blieb als Einziger übrig. Die Polizisten kamen herein und ich sagte: »Guten Tag, meine Herren. Darf ich Ihnen einen Tisch anbieten?«

»Nein, wir wollen sehen, wer hier arbeitet«, sagten sie sehr ernst.

»Tja, jetzt gerade bin ich der Einzige«, erklärte ich ihnen.

Sie starrten mich an. »Wirklich? Du bist der Einzige, der hier arbeitet?« Einer von ihnen ging hinten nachschauen. Nichts.

»Ja, bloß ich«, sagte ich. »Was darf ich Ihnen bringen?« Wohlgemerkt, ich war zwölf.

In meinen Klamotten hing ein starker Geruch von meinen Restaurant-Jobs, wenn ich nach Hause kam. Manchmal ließ meine Mutter mich schon in der Einfahrt alles ausziehen, damit sie mich mit einem Schlauch abspritzen konnte, ehe ich ins Haus durfte.

Ich hatte auch einen Job in einem Münzen- und Schmuckgeschäft, wo ich die Preise von Goldmünzen aushandelte, die hier ge- und verkauft wurden: Der Inhaber gab mir einen Anteil von jedem Geschäftsvorgang. Und ich sammelte nicht nur Briefmarken, ich verkaufte auch welche, bei den Briefmarkenauktionen, die ich als Kind oft besuchte – bis ich erkannte, dass die Auktionatoren einen Anteil der Erträge einbehielten. Warum nicht den Vermittler weglassen?, dachte ich mir. Ich überredete einige meiner Freunde, mir ihre Briefmarken auf Kommission zu geben, und tippte dann auf einer Schreibmaschine mit einem Finger einen zwölfseitigen Katalog, der ihre und meine Marken aufführte. Dann schaltete ich eine Anzeige in *Linn's Stamp News* mit dem Titel »Dells Briefmarken« und versandte fotokopierte Kataloge an jeden, der sich darauf meldete. Ich verkaufte haufenweise Marken und machte einen ziemlich guten Reibach.

Somit hatte ich einiges Geld angehäuft. Und schließlich gaben meine Eltern meinem Betteln und Flehen nach. Zu meinem 14. Geburtstag hatte ich die Erlaubnis, fast 1300 Dollar meiner hart verdienten Ersparnisse von der Bank zu nehmen und einen Apple II zu bestellen. Ich war vor Aufregung ganz aus dem Häuschen, während ich auf seine Ankunft wartete – die Tage fühlten sich wie Wochen an. Dann erhielt ich einen Anruf von UPS, dass der Computer angekommen sei, aber aus irgendeinem Grund in der örtlichen Verteilstelle festhing. Die Auslieferung würde noch etwas dauern, keiner sagte, wie lange genau. Das war nicht hinnehmbar. Ich brachte meinen Vater dazu, mich hinzufahren, um ihn abzuholen. Als wir zurückkehrten, hatte das Auto kaum in der Auffahrt gehalten, da sprang ich schon heraus, sorgfältig die kostbare Fracht tragend, schleppte sie in mein Zimmer, packte den wunderschönen Computer aus – er roch sogar herrlich – und nahm ihn augenblicklich auseinander, um zu sehen, wie er funktionierte.

Meine Eltern waren entsetzt. Und wütend. Aber – so dachte ich, ohne es laut zu sagen – wie konnte man denn etwas verstehen, wenn man es nicht auseinandernahm? Ob zusammengebaut oder zerlegt, der Apple II war etwas Wunderbares. Und eine der wunderbaren Sachen daran war seine offengelegte Bauweise: Jeder Schaltkreis hatte seinen eigenen besonderen Chip, sodass man mit diesen Schaltkreisen spielen und sie modifizieren konnte. Man konnte das BIOS umprogrammieren (das Basic Input/Output System: das Programm auf einem Chip im Motherboard, das alle anderen Geräte innerhalb des Computers steuerte) und aufrüsten.

Das ist irre, dachte ich. Ich kann meinen eigenen Computer programmieren.

Und da war noch mehr. Vor dem Internet-Zeitalter, vor CompuServe oder Prodigy oder AOL, gab es das sogenannte Computerized

Bulletin Board System (CBBS): Mithilfe eines Hayes-Modems (einer damals nagelneuen Erfindung) konnte man sich einwählen und mit Menschen im ganzen Land kommunizieren – lernen und schwatzen und spielen. Das kam mir unheimlich verlockend vor, deshalb kaufte ich ein Modem und richtete selbst ein Bulletin Board ein. Aber es ging natürlich nicht, dass meine Mutter oder mein Vater ans Telefon gingen und statt des Freizeichens einen Modemton hörten, deshalb fand ich es absolut logisch, bei Southwestern Bell anzurufen und sie um die Installation eines zweiten Telefonanschlusses im Haus zu bitten.

Zu meinem Glück waren meine Eltern eher amüsiert als sauer.

Es sprach sich schnell herum, dass ich Ahnung von Computern hatte. Bald gab ich den Kindern der Nachbarschaft Nachhilfe darin, wie sie am meisten aus ihren Apple-II-Geräten herausholen konnten. Das wurde ein recht lukratives Nebengeschäft. Ich trat auch HAAUG bei, der Houston Area Apple User Group – Hunderte von Technik-Nerds, die sich ein-, zweimal im Monat in einer örtlichen Bibliothek trafen, um über Upgrades zu sprechen, mit Zubehörteilen zu handeln und Geschichten auszutauschen. Mit diesen Jungs (es waren fast nur Jungs) verbrachte ich viel Zeit und erhielt alle möglichen Anregungen, wie ich meinen Apple II modifizieren konnte. HAAUG versandte auch einen am Nadeldrucker erstellten monatlichen Newsletter mit wichtigen Informationen wie der folgenden:

> Eins der preiswertesten (und von daher überraschend wenig bekannten) Zubehörteile für den APPLE II ist das Programmer's Aid #1. Das PA#1 ist ein einzelner 2K-Byte-ROM-Chip, der in die D0-Steckbuchse des APPLE gesteckt wird. Er enthält eine »Bibliothek« von Programmen, die geübte BASIC-Nutzer häufig brauchen, auf die sie aber nicht immer leicht zugreifen können …

Ich ging total in der Sache auf. Bei den Gruppentreffen lernte ich einen Computertechniker um die 30 kennen, einen echt klugen, technisch begabten Burschen. Ich dachte: Okay, ich hefte mich mal an seine Fersen und schaue, was ich lernen kann.

Und gemeinsam brachten wir etwas echt Cooles hervor.

Damals arbeiteten Entwickler an Software für den Apple II. Das Problem war: Wenn sie eine Kopie der Software verkauft hatten, kopierte jeder sie und sie verdienten kein Geld daran. Man brauchte nichts weiter als zwei Floppy-Disk-Laufwerke: In eins schob man die Software und in das andere eine leere Diskette, dann gab man »Copy« in die Befehlszeile ein. Bildungsanbieter gehörten zu den schlimmsten Raubkopierern – sie waren der Meinung: Wir sind doch Bildungsanbieter, deshalb sollten wir wirklich nicht für die Software bezahlen müssen.

Mein Technikerfreund und ich erfanden also einen Kopierschutz. Jede Floppy-Disk hatte eine bestimmte Anzahl von Spuren – ich glaube, es waren 35. Wir fanden heraus, wie man die Software so programmieren konnte, dass sie einige Daten auf eine Halbspur schrieb, die sich zwischen den Spuren befand. Wenn man das Kopierprogramm ausführte, kopierte es nur die Daten, die auf den Spuren waren, nicht die dazwischen. Ergebnis: keine Kopie. Wir verkauften das einer Reihe von Firmen, die Lernsoftware anboten. Eine Zeit lang war das ein nettes kleines Geschäft und wir kamen gut klar.

Dann las ich, dass Steve Jobs nach Houston kommen sollte, um vor unserer Gruppe eine Rede zu halten.

Es war im Frühjahr 1980. Jobs faszinierte mich, nicht nur als Computerpionier, sondern auch als Unternehmer: Ich hatte mit derselben tiefen Bewunderung über ihn in den Business-Magazinen gelesen, die bei mir auch die Geschichten über Fred Smith und Charles Schwab, Ted Turner und William McGowan auslösten. Genau wie diese Männer hatte Jobs mit nichts als einer kleinen Idee angefangen und der unbedingten Motivation, diese Idee umzusetzen. Und genau wie sie veränderte er erfolgreich das Geschäftsleben in Amerika. Jobs war erst 25 und das Unternehmen, das er mit Wozniak gegründet hatte, schien 1980 auf steilem Erfolgskurs zu sein, auf dem Scheitelpunkt des Börsengangs und der Einführung des Apple III, der für den Apple II das sein sollte, was der Apple II für den Apple I gewesen war.

Jobs persönlich war sogar noch faszinierender als in den Artikeln über ihn. Als er bei unserem Treffen den Raum betrat, war es, als würden sich die Wogen teilen. Er sprach voller Leidenschaft darüber, wie der Personal Computer – *sein* Personal Computer – die Welt revolutionierte. Er verwendete hoch hinaufragende Metaphern: »Für den Kapitalaufwand eines Passagierzugs ist es jetzt möglich, eintausend Volkswagen zu kaufen«, sagte er. »Der Unterschied ist, dass diese tausend Menschen die Freiheit besitzen, zu fahren, wohin, wann, wie und mit wem sie wollen.« Mit PCs, sagte er – mit *seinen* PCs –, hätten Menschen die Möglichkeit, das Unvorstellbare zu erreichen.

Ich war 15 und hingerissen. Nicht mal im Traum hätte ich mir vorstellen können, das Jobs und ich fünf Jahre später nicht nur Kollegen sein würden, sondern Freunde.

Zu Beginn meines ersten Highschool-Jahrs zog meine Familie von der Grape Street in ein schickeres Haus im Bezirk Memorial. Wie man sich vorstellen kann, haben solche gehobenen Viertel eine wirklich schöne Highschool, und die Memorial High School war in dieser Hinsicht keine Enttäuschung. Es gab sogar einen Computerraum, was zu dieser Zeit alles andere als gewöhnlich war. Natürlich wählte ich einen Computerkurs. Der Lehrer war Mr. Haynes.

Mr. Haynes brachte uns Programmierung bei – ein Fach, in dem ich mich schon recht gut auskannte. Zu dieser Zeit meines Heranwachsens hatte ich keine Scheu, mein Wissen zu zeigen. Um ehrlich zu sein, ich war ein ziemlicher Klugscheißer.

Eines Tages verkündete Mr. Haynes der Klasse mit einiger Aufregung, er werde ein Programm mit der Programmiersprache BASIC schreiben, um eine Sinuskurve zu erzeugen, und wir könnten ihm alle dabei zusehen und lernen. Nun, das war nichts Neues für mich: Ich hatte bereits gelernt, in Maschinensprache zu programmieren. Das ist so, als würde man direkt mit dem Mikroprozessor sprechen und ein ziemlich komplizierter Vorgang. Es war nicht einfach (ich kann es heute nicht mehr), und ich war stolz darauf, es gemeistert zu haben.

Gleich nachdem Mr. Haynes der Klasse seinen Plan mitgeteilt hatte, ergriff ich daher das Wort. Es gebe eine viel bessere Methode als die Programmsprache BASIC, um eine Sinuskurve zu erzeugen, sagte ich. Man könne das auch in Maschinensprache tun, das gehe viel schneller.

Mr. Haynes warf mir einen bösen Blick zu. »Okay«, sagte er. »Dann schreib du das doch in Maschinensprache und ich schreibe es in BASIC, und nächsten Dienstag sehen wir dann, was schneller ist.«

Am nächsten Dienstag kamen wir wieder zusammen und er startete sein Programm. *DIT-DIT-DIT. DIT-DIT-DIT. DIT-DIT-DIT. DIT-DIT-DIT.* Sinuskurve.

Dann startete ich meins. *SCHWUPS* – Sinuskurve.

Von diesem Tag an hasste Mr. Haynes mich. Und ich bedaure sagen zu müssen, dass es mir nichts ausmachte.

Am 12. August 1981 führte IBM seinen PC vor, den 5150, eine flache beigegraue Kiste mit einem kistenförmigen beigegrauen Monitor obendrauf. Er wog schlanke 25 Pfund und verfügte über einen 4,77-MHz-Intel-8088-Prozessor mit 29 000 Transistoren. Ohne Extras hatte der PC nur 16 kB RAM und kein Datenspeicherlaufwerk. Die Grundmodelle kosteten lediglich 1565 Dollar (das wären heute rund 3900 Dollar). Wenn man sich für die Standardversion mit 64 kB RAM (erweiterbar auf 256 kB) und ein paar 5,25-Zoll-Floppy-Laufwerken entschied, stieg der Preis auf 2880 Dollar (heute 7150 Dollar). Zur verfügbaren Software gehörte das Tabellenkalkulationsprogramm VisiCalc, ein Textverarbeitungsprogramm namens EasyWriter 1.0 und Adventure, das erste Spiel, das von einer schäbigen kleinen Bude in Redmond, Washington entwickelt worden war, die damals erst sechs Jahre alt war und Microsoft hieß.

Ja, der Apple II hatte viele Spiele, aber der 5150 war nicht nur viel leistungsstärker als das Apple-Gerät, sondern auch viel ernsthafter. Der Vorstoß von IBM auf den PC-Markt war eine richtig große Sache. Jahrelang hatte Big Blue eine Dominanz im Technologiebereich gehabt, die von keinem anderen Unternehmen erreicht werden konnte; während der achtziger Jahre war IBM das bei Weitem erfolgreichste und wertvollste Unternehmen der Vereinigten Staaten. Und die Software des 5150 war speziell auf Geschäftskunden zugeschnitten, von denen es, wie sich herausstellte, eine Menge gab. Wie die Zeitschrift *Wired* später schrieb, sollte der Markteintritt von Big Blue »den Wettbewerb regelrecht vom Platz fegen und das Feld allein behaupten, eine Zeit lang«. (Beachten Sie die letzten drei Wörter.) IMB vertrieb den 5150 über ComputerLand und Sears, Roebuck; es wurden innerhalb von vier Monaten 65 000 PCs verkauft und bis Weihnachten 100 000 Bestellungen entgegengenommen. Und bei allem Respekt für den faszinierenden Steve Jobs, einer dieser Verkäufe ging an mich. Am 12. August 1981.

Ich wurde augenblicklich zum IBM-Konvertiten. Der Personal Computer als Geschäftsmaschine (*Business Machine* waren schließlich zwei Drittel des Namens von IBM) war, so glaubte ich, die Welle der Zukunft. Sobald ich meinen 5150 auseinandernahm – was ich natürlich sofort tat –, entdeckte ich eine Reihe von Auffälligkeiten. Erstens war die Architektur des 5150 offen, genau wie die des Apple II: Man konnte buchstäblich verstehen, was jeder Chip tat.

Außerdem entdeckte ich beim Auseinandernehmen des IBM-PCs, dass innendrin nichts von IBM war! Die Teile kamen alle von anderen Firmen. Da war dieser Prozessor von Intel und jeder Chip trug die Namensbezeichnung seines Herstellers. Ich konnte einfach zu Radio Shack oder einem anderen Elektronikladen gehen und die notwendigen Chips kaufen. Auch das Betriebssystem des PCs, MS-DOS, war nicht von IBM entwickelt worden, sondern von dieser schäbigen kleinen Bude Microsoft.

Es gab bloß eine Ausnahme von dieser seltsamen Fremdhersteller-Masche, nur eins, das an diesem Gerät eigen war: das Basic-Input/Output-System, also das BIOS. Aber dieses ganze Outsourcing fand ich ziemlich merkwürdig. Später kam heraus, dass IBM den PC rasch und mit wenig zweckmäßigen Komponenten von der Stange entwickelt hatte, weil sie insgeheim besorgt waren über den Einzug von Apple in den Konsumenten- und Schulungsmarkt. Statt also ein eigenes Betriebssystem zu schaffen, was sie ebenso sicher gekonnt hätten, und ihren eigenen Mikroprozessor zu entwickeln, was sie sicherlich ebenfalls gekonnt hätten, entschieden sie sich für DOS von Microsoft und den Intel-8088. Sie waren ein so gewaltiges und starkes Unternehmen, eine solche amerikanische Institution, ein so vollständiges Synonym des Wortes »Computer«, dass ich nicht glaube, sie gingen davon aus, dass irgendjemand sie jemals herausfordern könnte.

Der Sommer zwischen der Mittel- und der Oberstufe an der Memorial High war ereignisreich, und das nicht nur wegen des PCs. Zum einen hatte ich jetzt den Führerschein, was meinen Horizont deutlich erweiterte. Ich war daran gewöhnt, mit dem Fahrrad durch ganz Houston zu fahren, um Briefmarkengeschäfte aufzusuchen oder meinen diversen Jobs nachzugehen oder an den Apple-Nutzer-Treffen teilzunehmen – manchmal radelte ich 20 oder 30 Meilen bis ganz ans andere Ende der Stadt. Aber das wurde allmählich anstrengend und manchmal regnete es. Jetzt kam ich wirklich weit herum: Mein Vater ließ mich das alte Familienauto fahren, einen schweren, hellblauen Oldsmobile Cutlass von 1975. »Wenn du irgendwo gegenfährst, ist das wahrscheinlich kein Problem«, sagte mein Vater. »Das Ding ist wie ein Panzer.«

Das Autofahren erweiterte auch meine ökonomischen Möglichkeiten enorm. In diesem Sommer bekam ich einen neuen Job: Zusammen mit Hunderten weiteren Teenagern verkaufte ich Abonnements der (mittlerweile eingestellten) *Houston Post*, indem ich zufällig ausgewählte Leute anrief und versuchte, ihnen die Zeitung aufzuschwatzen. Da ich von Natur aus ehrgeizig bin, wollte ich so viele Abonnements wie möglich verkaufen. Und mir fielen fast augenblicklich drei Dinge auf: Erstens, wenn man sich so anhörte wie die Menschen, denen man ein Abo verkaufen wollte, war die Kaufwahrscheinlichkeit viel höher. Ich sprach mit einem schweren texanischen Akzent, wenn ich meine potenziellen Kunden anrief, und verwickelte sie in Gespräche. Das Ergebnis folgte oft auf dem Fuße.

Die zweite Sache, die mir auffiel, war eine erhöhte Abonnementwahrscheinlichkeit bei Menschen, die in eine neue Wohnung zogen. Und drittens bemerkte ich eine Art Folgeerscheinung des Zweiten, nämlich dass Menschen, die heirateten, mit viel höherer Wahrscheinlichkeit ein Abonnement abschlossen – vielleicht aus Vorfreude darauf, zur Ruhe zu kommen und das Leben von Erwachsenen zu führen.

Die ersten Grundzüge eines Plans reiften in mir.

Wenn man in Texas eine Heiratslizenz haben will, muss man die im Amtsgericht beantragen und die Adresse angeben, an die man sie geschickt haben will. Und ich nahm an, dass ich als texanischer Bürger aufgrund des Freedom of Information Act (FOIA) berechtigt sei, zu jedem beliebigen Amtsgericht des Staates zu gehen und zu sagen: »Ich möchte alle Anträge auf Heiratslizenzen sehen, die Sie während des letzten Jahres erhalten haben.« Ich weiß noch genau, wie ich das zum ersten

Mal tat, im Amtsgericht Harris in der Innenstadt von Houston. Der Typ jenseits des Schalters guckte mich an, als wollte er sagen: Ach, du meine Güte. Dann sagte er: »Sind Sie sicher?« Anschließend verschwand er für eine gefühlte Stunde und kam mit riesigen Aktenordnern zurück.

Und ich dachte: Jackpot.

Mit einem Schlag hatte ich die Ungewissheit der Kaltakquise hinter mir gelassen und stattdessen eine Goldader von Menschen angezapft, die mit viel größerer Wahrscheinlichkeit die Zeitung abonnieren würden.

Zuerst musste ich mich hinsetzen und alle Namen und Adressen abschreiben. Doch dann erkannte ich, dass ich meinen treuen Apple II mitbringen (er war viel leichter als der IBM-PC), ihn anschließen und die ganzen Daten abtippen konnte.

Und dann ging mir auf, dass es 16 Bezirke in Houston gab, sie alle hatten Amtsgerichte, und jedes Amtsgericht hatte Aufzeichnungen über Heiratsanträge. Jackpot mal 16. Ich war motorisiert, ich hatte einen Computer und ich hatte Freunde. Also engagierte ich meine Highschool-Kumpels, zu all diesen Amtsgerichten zu fahren und sich die Informationen zu beschaffen (einige von ihnen hatten einen eigenen Apple II, den sie mitnehmen konnten, um alles abzutippen, manche borgten sich auch meinen), und dann startete ich eine umfangreiche Direct-Mail-Kampagne und verschickte Abonnementangebote an jedes jung verheiratete Paar auf dieser ellenlangen Liste.

Der Bauboom in Houston beruhte zum Teil auf dem Neubau vieler sehr großer Apartment- und Eigentumswohnanlagen. Dort ging ich hin und sagte: »Ich komme von der *Houston Post* und wir haben ein tolles Angebot, bei dem all unsere Neubürger die Zeitung zwei Wochen lang kostenlos bekommen. Sie müssen nur dieses kleine Formular ausfüllen.«

Mit all diesen Jungvermählten und Zugezogenen verdiente ich in jenem Sommer etwas über 18 000 Dollar.

Eine Geschichte.

In meinem ersten Jahr an der Memorial High hatte ich einen Kurs »Verwaltung und Wirtschaft«. Die Lehrerin war Mrs. Miller und genau wie Mr. Haynes hasste sie mich. Warum? Ich muss leider sagen, dass ich ihr gute Gründe dafür gab. Von den ersten Tagen in ihrem Kurs an war der Ablauf immer derselbe: Ich kam herein, setzte mich in eine der hinteren Reihen und las Computerzeitschriften. Das tat ich nicht, um ein Klugscheißer zu sein; ich war einfach bloß gelangweilt – Mrs. Miller redete über die Grundlagen von Verwaltung und Wirtschaft, die ich bereits sehr gut beherrschte. Aber das wusste sie nicht; sie sah bloß, dass ich offenkundig faulenzte, und das erboste sie. Genug, um meinen Vater anzurufen.

»Hey, Ihr Sohn passt im Unterricht nicht auf«, sagte sie. »Können Sie ihm mal sagen, er soll sich benehmen?«

»Haben Sie ihn schon mal geprüft?«, fragte mein Vater.

Mrs. Miller erklärte, das habe sie nicht.

»Dann prüfen Sie ihn doch erst mal, und wenn er nicht gut abschneidet, rufen Sie mich noch mal an«, sagte mein Vater.

Also ließ sie mich einen Test schreiben und ich bestand ihn sehr gut. Das machte mich bei ihr nicht gerade beliebter. Aber das Schlimmste kam erst noch.

Ein paar Monate später stellte Mrs. Miller den Kursteilnehmern eine Aufgabe: Füllt eure Steuererklärung für 1981 aus. Ich füllte meine also aus und gab sie rechtzeitig ab.

Beim nächsten Mal gab sie uns die benoteten Formulare zurück, und als sie zu mir kam – ich saß immer noch in der hintersten Reihe mit meinen Ausgaben von *Byte* und *PC Magazine* –, hielt sie inne. Sie hielt meine Steuererklärung mit einer Art Grinsen in die Höhe. »Sieht aus, als hätte Michael bei seinem Antrag einen dicken Fehler gemacht.«

Alle Kursteilnehmer zeigten plötzlich großes Interesse.

Sie sah sich das Formular an. »Hier steht, du hättest im letzten Jahr über 18 000 Dollar verdient, Michael! Meine Güte! Wenn das stimmte, hättest du im Jahr 1981 mehr verdient als ich!«

Es wurde sehr still im Raum. Dann sagte ich: »Na ja, das ist tatsächlich meine Steuererklärung.«

Wenn irgendjemand mich noch mehr hassen konnte als Mr. Haynes, dann war es Mrs. Miller.

Praktisch im selben Augenblick, da ich meinen neuen IBM-PC öffnete und hineinschaute, dachte ich: Wie kann ich das Ding aufbrezeln? Dank meiner ständigen Lektüre von *Byte* und *PC* hatte ich viele Ideen. Ich wollte wirklich das Beste aus dem Gerät herausholen. Interne Modems waren eine ganz neue Sache – ich musste ein Modem installieren. Und der PC hatte keine Festplatte: Ich musste eine Festplatte einbauen. Und jede Menge zusätzlichen Speicher.

Die neue IBM-Nutzergruppe, der ich beitrat, brachte mich noch auf weitere Ideen. Die Apple-Gruppe war technisch begabt und schräg, aber immer sozusagen im Apple-Geist der künstlerischen Rebellion: Glücksspiele und Fantasy-Spiele – dieses Wizard- und Warlocks-Zeug – waren wichtige Teile der Tagesordnung. Die IBM-Gruppe war da eine ganz andere Hausnummer. Ihre Mitglieder waren Ingenieure, Wissenschaftler und Geschäftsleute, und das Einzige, was sie interessierte, war die Frage: Wie können wir dieses Ding geschäftlich einsetzen? Ich war fasziniert davon, was für ein nützliches Werkzeug der PC war. Bis vor Kurzem hatte man Rechenschieber, Taschenrechner und Stifte benutzt, um etwas auszurechnen, und plötzlich gab es Tabellenkalkulation und Textverarbeitung. Plötzlich konnte jeder ungeheure Datenmengen in kürzester Zeit verarbeiten – das war nicht länger die Domäne der EDV-Abteilung.

Ich fand sogar einen neuen Computerfreund: Sein Name war John Hart und er arbeitete als Ingenieur in der IT-Abteilung von Shell Oil. Ein supernetter Typ, ungefähr 40 und mit unheimlich viel Wissen. Ich besuchte ihn häufig im Büro oder bei ihm zu Hause und wir redeten über nichts anderes als Computer: Wie konnten wir unsere PCs leistungsstärker machen? Wie konnten wir dieses Programm oder jene Software für geschäftliche Zwecke nutzen? Was immer wir betrachteten und erwogen, war nagelneu und aufregend; dieses Feld schien keine Grenzen zu haben. Ich war 17: eine gute Zeit, um Grenzenlosigkeit zu genießen.

Dann geschah etwas Wundersames: Im Juni 1982 kam die National Computer Conference, ein jährlich stattfindendes Großereignis, nach Houston. Im Mai tauchten die ersten Anzeigen in der Zeitung auf: »Professionalität steigern … 80 Technik-Veranstaltungen … Über 650 Unternehmen an rund 3200 Ständen bieten Ihnen ein Panorama der neuesten Produkte und Dienstleistungen der Branche!«

Aufgeregter hätte ich gar nicht sein können. Die viertägige Konferenz sollte im Astrodome stattfinden – oder genauer gesagt in zwei zum Astrodome gehörenden Zentren: der Astrohall (das frühere Houston Livestock Exposition Building) und der Astroarena nebenan. Offen gestanden waren beide Gebäude ein bisschen runtergekommen, die Klimaanlage war bloß ein Gerücht, es war Juni in Houston – mit anderen Worten unerträglich heiß und schwül –, und Zehntausende Teilnehmer würden sich dort drängen und schwitzen, aber für mich war das wie Disneyland. Es gab so viele herrliche Dinge an diesen Ständen zu sehen: Peripheriegeräte und Terminals und Systeme und Software. Neue Horizonte taten sich auf. Besonders faszinierend war die elegante (und nicht zu teure) Shugart ST412, eine 10-Megabyte-Festplatte, die, weil sie genau das gleiche Format hatte wie eine 5,25-Zoll-Floppydisk, über eines der Diskettenlaufwerke direkt in meinen PC eingebaut werden konnte. Zehn Megabyte klingt heutzutage lachhaft, aber damals war das gigantisch viel. Ich musste eine haben. Ich kaufte mir eine.

Nachdem ich meinen PC aufgerüstet hatte, passierte etwas Interessantes: Der Vater eines der Kinder, denen ich Computer-Nachhilfe gab – ein Anwalt – bekam Wind davon, was ich mit meinem Gerät gemacht hatte, und bat mich, mit seinem dasselbe zu tun. Eine interne Festplatte und mehr Speicherplatz könnten seine Büroarbeiten wirklich beschleunigen, sagte er. Also brachte ich seinen PC auf Trab und er war sehr zufrieden mit dem Ergebnis. Er bezahlte die Zubehörteile und fügte noch eine nette Gebühr für meinen Zeitaufwand hinzu – und da die ganze Angelegenheit mich nur etwa 45 Minuten gekostet hatte, war das eine sehr kosteneffiziente Arbeit gewesen. Der Anwalt war so angetan, dass er mich einigen weiteren ihm bekannten Anwälten und Ärzten empfahl, und so bekam ich noch mehr Arbeit. Dann geschah etwas noch Interessanteres.

Ein Arzt rief mich an und sagte, er wolle einen IBM-PC kaufen, den ich dann anpassen sollte; welches Modell er nehmen solle? Ich sagte ihm, er solle sich keine Mühe machen – ich würde den Computer kaufen, alles einbauen, was er brauchte, und ihn mit einem vernünftigen Aufpreis an ihn weiterverkaufen. Damit war er einverstanden. Also kaufte ich einen neuen PC, bestellte die notwendigen Teile von den

Rückseiten der *Byte*, installierte sie und lieferte dem Doktor einen Michael Dell Spezial. Er war sehr froh, und ich ebenfalls.

Dann passierte dasselbe erneut. Und noch mal. Plötzlich war ich im Geschäft.

Ich war es leid, mit diesem Schlachtschiff von Oldsmobile herumzugondeln, deshalb ging ich zu Beginn meines Abschlussjahrs an der Memorial mit meinen Eltern zu einer BMW-Niederlassung in der Innenstadt von Houston und entschied mich für einen nagelneuen weißen 320i mit Schaltgetriebe: ein wunderschönes Auto, der Traum eines jeden Jugendlichen. Als es ums Bezahlen ging, wandte der Verkäufer sich natürlich an meine Eltern in der Annahme, dass diese wohlhabenden Leute ihren verwöhnten Sohn finanzierten – und so durfte ich seinen schockierten Gesichtsausdruck genießen, als ich ihm einen Barscheck über den größten Teil der über 15 000 Dollar sowie ein Bündel Bargeld für den Rest hinlegte. Ich hatte meine Eltern eigentlich nur zur Absicherung mitgebracht, weil ich wusste, dass man einem 17-Jährigen möglicherweise nicht zutraute, das nötige Geld zu haben. Ich hatte es aber, und sogar noch mehr, dank meiner Zeitungsabo-Einnahmen und meines neuen Geschäfts mit maßgeschneiderten Computern.

War es ein bisschen schräg, dass ich meine Eltern mitnahm, als ich mir meinen BMW kaufte? Für mich nicht. Ich stand meinen Eltern sehr nahe; andererseits kennt jeder 17-Jährige die gemischten Gefühle, die mit einer solchen Nähe einhergehen. Ich liebte meine Mutter und meinen Vater von Herzen, aber zu behaupten, dass sie in mein Leben involviert waren, ist noch milde ausgedrückt. Steven war zum Studium weggezogen, Adam, der Nachzügler – damals erst zwölf – schien in einem Zustand der Anarchie zu leben. Also musste ich zum Fokus meiner Eltern werden. Und es gab eine Menge Fokus. Als ich an die Highschool kam, fing ich an zu rebellieren. Zwischen der Computergruppe und den Computerfreunden, ganz zu schweigen von all meinen verschiedenen Jobs, hatte ich eine Menge am Laufen, und meine Eltern fragten mich dauernd aus, was ich machte und mit wem und wohin ich ging.

Auf die letzte Frage hatte ich eine Standardantwort: »Hierhin und dahin.«

Um ehrlich zu sein, so sehr ich meine Eltern liebte und so bequem es auch war, zu Hause zu wohnen, ich konnte es kaum abwarten, verdammt noch mal endlich da wegzukommen.

Ich war an der einzigen Uni angenommen worden, bei der ich mich beworben hatte, der University of Texas in Austin, und mein Leben war ziemlich vorgeplant: Ich sollte Medizin studieren und Arzt werden. Egal, was für einer, solange ich ein Praxisschild aufhängen und meine Eltern sagen konnten: »Oh, Michael – der ist jetzt Internist« oder was auch immer. Ich folgte einem Programm wie auf Autopilot. Unterdessen war da diese andere Sache, Computer, für die ich mich leidenschaftlich interessierte – und davon konnte ich meinen Eltern nicht so richtig erzählen, weil es so weit von dem entfernt war, was sie im Sinn hatten.

Den Abschluss an der Memorial High sollte ich im Mai 1983 machen, aber schon im März fuhr ich nach Austin, um eine Wohnung zu mieten, mit meinem eigenen Geld – eine Rettungsinsel, eine Oase der Freiheit, 150 herrliche Meilen von zu Hause entfernt. Auf dem Rücksitz meines BMW lagen drei aufgepimpte IBM-PCs und im Kofferraum zwei weitere.

3

Börsenausstieg

CEO: ein großer, wichtig klingender Titel. Gründer und CEO erst recht. Richtig?

Gewissermaßen.

Tatsache ist, dass die CEOs von börsennotierten Unternehmen, sogar die Gründer-CEOs, ihren Aktionären und Vorständen zu Diensten sind. Der Vorstand hat Verpflichtungen gegenüber den Aktionären, der CEO untersteht dem Vorstand. Der Vorstand legt das Gehalt des CEO fest, überwacht seine Aktivitäten und hat die Macht, ihn zu feuern.

Es gibt zahlreiche Beispiele für Chief Executive Officers, die gegen die Interessen ihrer Shareholder verstoßen haben und vom Vorstand abgesetzt wurden. Manchmal war das sogar bei großen, wichtigen Unternehmensgründern der Fall – wir alle erinnern uns, wie Steve Jobs 1985 von Apple vor die Tür gesetzt wurde.

Als ich mich also dem Vorhaben stellte, mit Dell der Börse den Rücken zu kehren, machte ich mir keine Illusionen. Ich fühlte mich nicht unverwundbar oder allmächtig. Ich hatte nie auch nur eine Minute lang angenommen, auf eigene Faust oder ungestraft agieren zu können. Ich musste dem Vorstand Rede und Antwort stehen, und sobald sich die Nachricht von meinem Bestreben verbreitete, würden auch die Aktionäre sich einschalten.

Der Vorstand hatte mir die Erlaubnis erteilt, Gespräche mit Privatkapitalgesellschaften aufzunehmen. Ich musste auch herausfinden, welche

Bank oder Banken bei der Finanzierung des Deals helfen konnten. Und ich musste all diese Gespräche unbedingt so vertraulich wie möglich halten. Wenn große Geschäftsvorgänge durchsickern, ehe sie bekannt gegeben werden – und das hier wäre ein extrem großer Vorgang –, haben sie für gewöhnlich eine viel geringere Chance auf Umsetzung.

Wenn eine große Transaktion durchsickert, gibt es plötzlich eine Geschichte, die wahr sein mag oder auch nicht – und es gibt nur wenig, was man (also ich) dagegen tun kann. Man kann eigentlich nur sagen: »Kein Kommentar.« Sie haben die Kontrolle über das Narrativ verloren. Noch haben Sie keine Transaktion, Sie wissen auch nicht, ob es eine geben wird, und alles, was Sie sagen können, wird wahrscheinlich fehlinterpretiert und gefährdet damit die Möglichkeit des Vorgangs. Bei einer öffentlichen Bekanntgabe nutzen Sie eine Vielzahl von Kommunikationskanälen: zu den Investoren, zu den Beschäftigten, zu den Kunden. Sie können die Angelegenheit erklären. Sie können jedem versichern, der betroffen ist – und das sind viele, viele Personen –, dass seine Interessen durch die Transaktion gewahrt werden. Sie können jedem in Bezug auf das künftige Geschehen Gewissheit geben.

Gibt es dagegen eine undichte Stelle, können Sie das alles nicht tun. Eine undichte Stelle schafft Besorgnis und Aufruhr und stellt eine potenzielle Gefahr für die Moral der Beschäftigten dar. Es besteht ein echtes Risiko, Leute zu verlieren, die sich Sorgen darüber machen, was aus ihrem Arbeitsplatz wird. Und es gibt ein echtes Risiko, Kunden an die Konkurrenz zu verlieren, die Angst, Ungewissheit und Zweifel in Bezug auf Ihr Unternehmen sät.

Nehmen Sie ein Unternehmen von der Börse, bieten Sie es im Prinzip zum Verkauf an. Ich wollte – und musste – derjenige sein, der Dell kaufen würde, gemeinsam mit einer oder mehreren Privatkapitalgesellschaften: wer auch immer unseren Shareholdern den höchsten Preis bieten würde. Aber wenn die Firma zum Verkauf angeboten wurde, lag es durchaus im Bereich des Möglichen, dass irgendjemand versuchte, sie mir wegzuschnappen.

Meine Firma. Es war paradox: Ich konnte nicht mal wirklich behaupten, dass Dell mir gehörte, weil es ein Börsenunternehmen war. Ich besaß weniger als 16 Prozent der ausstehenden Aktien. Aber ich hatte die Firma gegründet, deshalb konnte ich sie mir nun mal nur als meine Firma vorstellen. Ich empfand, so könnte man sagen, eine gewisse Verbundenheit mit ihr.

Am 13. September 2012 nahm das Sonderkomitee eine Konferenzschaltung vor, um unseren CFO Brian Gladden über die Aussichten des Managements im Hinblick auf die zukünftige finanzielle Performance von Dell sprechen zu hören. Auch Vertreter von Debevoise & Plimpton waren dabei, jener Firma, die das Komitee zu ihrer Rechtsberatung gemacht hatte. Ich aber nicht.

Wie das ausführliche Protokoll des SEC später sagen würde, präsentierte Brian die aktualisierte Prognose für das Steuerjahr 2013, in der sich die enttäuschenden Zahlen und das schwierige Verbraucherumfeld widerspiegelten, das wir bereits im Juli bemerkt hatten. Doch er sagte, dass die Managementaussichten für das Unternehmen, anders als die notwendigen Anpassungen, um diese bittere Realität abzubilden, bis zum Steuerjahr 2016 unverändert blieben.

Das Sonderkomitee bat um eine Differenzierung.

Das Komitee bat Brian, den Plan zu überarbeiten, um eine weniger rosige Darstellung der künftigen finanziellen Performance von Dell wiederzugeben. Sie forderten ihn auch auf, die Prognose bis zum Steuerjahr 2018 zu erweitern, um potenziellen Kaufinteressenten genügend Informationen für Wertanalysen an die Hand zu geben.

Dann traf sich das Komitee in einer Vorstandssitzung – ohne Brian und ohne mich –, um die Aussichten des Managements zu besprechen. Wie das Protokoll später wiedergab: »Angesichts der Ungewissheit in Bezug auf die künftige Performance des Unternehmens und der Schwierigkeiten, denen die Firmenleitung während der vorangegangenen Quartale beim Einhalten der Einschätzung begegnet ist, hat das Sonderkomitee beschlossen, weitere potenzielle strategische Alternativen auszuloten, darunter auch die Fortführung des langfristigen Plans der Geschäftsleitung und eine fortgesetzte Börsennotierung des Unternehmens, potenzielle Veränderungen dieses Plans sowie Anpassungen des Führungsteams.«

Mit anderen Worten: Alle Möglichkeiten lagen auf dem Tisch. Darunter der Verbleib an der Börse – und darunter auch die Möglichkeit, mich zu ersetzen.

Das war kein Krieg. Das war Corporate Governance, wie Corporate Governance nun einmal sein sollte. Ich hatte immer eine offene, transparente Beziehung zum Vorstand gepflegt: Ich mochte und respektierte jedes seiner Mitglieder, und ich bin ziemlich sicher, dass es ihnen umgekehrt genauso ging. Ich wollte niemals der Torwächter von Informationen oder Zugangsrechten sein. Immer hatte ich dem Vorstand gesagt, sie könnten und sollten mit jedem im Unternehmen sprechen, mit dem sie zu sprechen wünschten, jederzeit, über mich oder irgendjemand anderen oder über egal was. Aber die ultimative Loyalität des Vorstands galt Dell Inc. und seinen Shareholdern, nicht mir. Das traf insbesondere auf das neue Sonderkomitee zu, das im Wesentlichen eine Aufgabe hatte – mit Argusaugen über jede mögliche Entwicklung zu wachen, wenn ich versuchte, das Unternehmen von der Börse zurückzuziehen. Diese Aufgabe erfüllten sie mit konzentrierter Entschlossenheit.

Und so setzten sich die Meetings fort: Meetings über Meetings. Meetings mit mir, Meetings ohne mich. Meetings über die Abhaltung weiterer Meetings. Einige waren rein verfahrensorientiert; andere erwiesen sich als tatsächlich bedeutsam.

Als der Sommer in den Herbst überging, fragte ich mich, warum das Ganze sich so hinzog. Wenn das Sonderkomitee wirklich dachte, wir sollten keine Privatisierung vornehmen, konnten sie es dann nicht einfach sagen? Wir könnten doch alle mit dem weitermachen, was wir auch zuvor gemacht hatten, und uns um unsere Arbeit kümmern. Doch man muss dem Komitee zugutehalten, dass es überaus gründlich zu Werke ging.

Ein paar Tage nach dieser Konferenzschaltung hatten wir ein Vorstandstreffen, ausgerechnet in Schanghai. So oft wie möglich trafen wir uns an internationalen Standorten, die für das Unternehmen von Bedeutung waren, und das war (und ist) China zweifellos. Wir hatten dort eine sehr intensive Geschäftstätigkeit, unter anderem existierten unter unserem Namen gut 12 000 Filialen, die unsere Produkte verkauften. (Das Dell-Logo mit seinem auffällig gekippten E ist unverkennbar, selbst in Ländern, die nicht das lateinische Alphabet verwenden.)

Kurz nach unserer Ankunft fragte ich Alex Mandl, ob wir miteinander reden könnten.

Um nicht abgehört zu werden – immerhin befanden wir uns in China –, beschlossen wir, während des Gesprächs in der Nähe des Hotels spazieren zu gehen. Ich wollte meine Frustration über die Langwierigkeit des Prozesses nicht zeigen, konnte sie aber zugleich auch nicht vollständig verbergen. Also fragte ich Alex so höflich wie möglich: »Wie lange dauert es denn herauszufinden, ob wir nun einen Börsenrückzug machen können oder nicht?«

Alex ist ein starker Mann, selbst Unternehmensführer – ehe er Gemalto leitete, war er CFO und COO bei AT&T – mit altweltlichem Benehmen und einem leicht österreichischen Akzent, denn dort wurde er geboren. Er war sich seiner Verantwortung als führender unabhängiger Vorstandsdirektor und insbesondere als Vorsitzender des Sonderkomitees durchaus bewusst, daher antwortete er: »Michael, wir ergreifen jede nur denkbare Maßnahme, um sicherzustellen, dass die Aktionäre gut dabei wegkommen, egal, was aus diesem Prozess hervorgeht.«

Es braucht eben seine Zeit, sagte Alex mir im Wesentlichen.

Ich drängte ihn. Höflich. Er parierte meine Fragen, höflich. Gentlemen, alle beide. Wir spazierten um das Hotel herum, und als wir wieder hineingingen, war ich genauso schlau wie zuvor.

Ohne mein Wissen nahmen derweil die vom Sonderkomitee bestellten Experten ein paar ziemlich apokalyptische Einschätzungen des Zustands von Dell vor.

Bei einer wichtigen Versammlung im September (ich war nicht eingeladen) sagte J. P. Morgan, der Finanzberater, den das Sonderkomitee engagiert hatte, der Leveraged-Buyout-Markt sei zwar stark, doch er bezweifle, dass irgendjemand am Kauf von Dell interessiert sei in Anbetracht unserer großen Marktkapitalisierung, unserer starken Ausrichtung auf den sich immer weiter verschlechternden PC-Markt, des jüngsten Rückgangs unserer Betriebsleistung und im Übrigen auch des Fehlens jeglicher Übernahmeabsichten Dritter während der vergangenen Jahre.

In einem Meeting nach dem anderen, so erfuhr ich später, konfrontierten die Experten das Sonderkomitee mit etwas, das sie als nackten Realismus empfanden – über die Zukunftsaussichten des Gründungsprodukts von Dell und seiner jahrzehntelangen Cashcow, den PC. Der PC war tot. Oder lag im Sterben. Oder stagnierte bestenfalls. Wie (wiederum) J. P. Morgan dem Sonderkomitee Anfang Oktober mitteilte, sagten Branchenanalysten voraus, der PC-Markt werde »wegen der Kannibalisierung der PC-Nutzung aufgrund einer zunehmenden Akzeptanz von Tablets und Smartphones stagnieren«.

Kannibalisierung!

Und wenn man dem entgegenhielt – wie ich es versucht hatte –, dass wir eigentlich gar nicht mehr im PC-Geschäft aktiv waren, dass wir uns in Richtung End-to-End-IT-Lösungen, Software und Services verlagert hatten … Nun, die vom Sonderkomitee bestellten Experten teilten dem Komitee weiterhin mit tiefer, ernster Stimme mit, es sei ein großes Risiko, sich auf dieses zurückgehende PC-Geschäft zu verlassen, um das Wachstum unserer neuen Geschäftsfelder zu finanzieren.

Wenn man also den Experten glauben durfte, saßen wir ganz schön in der Klemme.

Aber ich glaubte nicht, dass wir in der Klemme saßen; überhaupt nicht. Der einzige Grund, warum ich damals im Jahr 2010 über eine Privatisierung nachgedacht hatte, und der Grund, warum ich immer noch daran glaubte, war, dass ich Chancen erkannte, wo die Welt (und der Aktienmarkt) Verwundbarkeit sahen. Wo die Experten Untergang und Verdammnis witterten, erkannte ich faszinierende Möglichkeiten. Ich wusste, dass Chancen oft entstehen, wenn man die Dinge anders betrachtet – wenn man eine entgegengesetzte Perspektive einnimmt. Es wäre unvorstellbar für mich gewesen, mit dem Börsenrückzug weiterzumachen, wenn alle, darunter auch die Branchenprognostiker, gesagt hätten: »PCs laufen weiterhin super.«

Ja, die PC-Absatzzahlen sahen in der zweiten Jahreshälfte 2012 nicht gut aus. Das schien zum Teil daran zu liegen, dass Microsoft dabei war, sein neuestes Betriebssystem Windows 8 auf den Markt zu bringen, und die Leute warteten ab, um zu schauen, ob es etwas taugte. Vor einer neuen Version stagnierte die Nachfrage häufig. Aber ich war überaus optimistisch.

Ja, Smartphones und Tablets waren derzeit angesagt (und die Windows-8-Oberfläche war speziell darauf ausgelegt, bei Tablets gut zu funktionieren, einschließlich dem Microsoft-eigenen Surface, ihrer Antwort auf das iPad). Aber ich glaubte, dass diese Geräte, so sexy sie auch sein mochten, den PC nicht ersetzen würden – sie würden ihn ergänzen. Die Leute konnten ihre Geräte jetzt aus dem Büro mitnehmen, aber ich nahm an, dass der Wert des PCs als essenzielles Produktivitätswerkzeug solide war, besonders im Businessbereich. Ich glaubte, die Leute würden auf ihren Smartphones (und in etwas geringerem Maße auf ihren Tablets) lesen und an ihren PCs arbeiten.

Auch wenn die PC-Absätze eine Zeit lang gering waren, so war ich doch überzeugt, dass dies nicht von Dauer war. Ich ging davon aus, dass die Kunden den Ersatz älterer PCs eine Weile hinauszögern konnten, aber nicht für immer. Ich glaubte, dass wir neue Produkte schaffen würden, die überzeugend genug waren, um den Ersatzkaufzyklus wieder in Gang zu setzen.*

Jeff Clarke stimmte mir zu. Unser Vizevorsitzender hatte von allen am ehesten den Status des Mitgründers verdient. Er war 1987 als Ingenieur zu Dell gekommen, nur drei Jahre nach der Firmengründung, als wir nur 150 Mitarbeiter gehabt hatten – eine fröhliche Bande von Söldnern und Sonderlingen –, und hatte sich aufgrund seiner Fachkompetenz hochgearbeitet. Rasch entpuppte er sich als brillanter Techniker und bestimmte die Entwicklung mehrerer aufeinanderfolgender Generationen unserer Desktop Produkte mit außergewöhnlichem Blick für das Detail, Schnelligkeit und Umsetzungstalent. Er besaß von Anfang an ein ungeheures Geschick dafür, beinahe oder tatsächlich makellose Motherboards zu schaffen.

Und noch eine weitere Eigenschaft zeigte sich bald: taktische Brillanz.

* Und ich wusste, dass wir – wie schon vor der diesbezüglichen Regulierung und Gesetzgebung – weiterhin Wege finden würden, alle Materialien zu recyceln, die wir für unsere Geräte verwendeten. Bei jedem von uns hergestellten Produkt überlegen wir, wie wir es so anstellen können, dass es auseinandergenommen und alle Teile wiederverwendet werden können.

Auf den ersten Blick war Jeff ein nettes, solides Landei aus San Antonio, ein ungeschliffener Air-Force-Sprössling ohne viel Substanz. Aber das war eben nur der erste Eindruck. Tatsächlich kannte er unser Business ebenso gut wie oder besser als jeder andere. Außerdem war er sehr direkt und von seiner Art her unfähig, einem Chef das zu sagen, was er gern hören wollte, bloß weil er der Chef war. Eine der größten Befürchtungen der Erfolgreichen ist, in einer Blase guter Neuigkeiten zu leben und nur das zu hören zu bekommen, was man gern hört. Jeff Clarke war (und ist) einer der Menschen, die dafür sorgen, dass dies nicht der Fall ist.

Aber als ich Jeff von meiner Absicht erzählte, das Unternehmen von der Börse zu nehmen, war er unglaublich aufgeregt. Genau wie ich liebt er den Sieg: *Nett sein und trotzdem gewinnen*. Wir beide sahen die Privatisierung als eine Befreiung für das Unternehmen an – eine Wiederbelebung des unternehmerischen Geistes seiner Ursprünge, ein viel aggressiveres Vorgehen beim Gewinnen von Anteilen und bei der Investition in F&E und zusätzliche Vertriebskapazitäten.

»Heißt das, ich habe den Freibrief, im PC-Business wieder wettbewerbsorientiert vorzugehen?«, fragte er.

»Ganz genau«, sagte ich.

Er grinste wie ein Kind am Weihnachtsmorgen.

PCs waren Jeffs Hauptschiene, seine technologische große Liebe – aus seiner Sicht das beste jemals geschaffene Allzweck-Geschäftsproduktivitäts-Gerät. (Aus meiner natürlich auch.) Und als Leiter der Produkt- und Betriebsabteilung hatte er den finanziellen Druck der quartalsmäßigen Prognosen ebenso heftig empfunden wie jeder andere im Unternehmen. Er wusste sofort, dass sich die Wettbewerbshaltung des Unternehmens durch eine Privatisierung von manchmal zu immer offensiv verändern würde.

Als privates Unternehmen hätten wir die Freiheit, unsere PCs und Server mit einer aggressiveren Preisstrategie zu verkaufen. Doch Preissenkungen allein helfen nicht weiter, wenn man keine Beziehung zum Kunden hat. Die Abkehr von der Börse würde uns die Freiheit geben, mehr Verkäufer einzustellen und unsere Vertriebsbeziehungen auszuweiten, um mehr Produkte sowohl an Bestands- als auch an Neukunden aller Schattierungen und Größen zu verkaufen. Der Aufbau von Vertriebskapazitäten war oft entscheidend gewesen für das Wachstum unserer Marktanteile.

Eine Privatisierung würde es uns auch ermöglichen, die Investitionen in F&E zu erhöhen, und das würde die Innovation vorantreiben, neue Produkte, Dienstleistungen und Lösungen hervorbringen. Doch mit jeder Woche, die verging, wurde der Weggang von der Börse zu einer größeren Herausforderung.

Und dann war da ja auch noch das Leben als solches. Unsere vier Kinder wuchsen heran und wir waren stolz auf jedes von ihnen. In diesem Herbst begann das zweite Studienjahr unserer Ältesten Kira am Vassar College mit dem Schwerpunkt auf internationale Studien und Fremdsprachen. Unsere zweite Tochter Alexa arbeitete hart am Non-Degree Special Students Program bei der School of General Studies der Columbia University. Unsere Zwillinge Juliette und Zach waren 16 und in der zehnten Klasse der Highschool, sie lebten noch zu Hause in Austin. Juliette, seit ihrem vierten Lebensjahr mit ihren Arabern im Pferdesport aktiv und Gewinnerin mehrerer Nationalmeisterschaften, hatte gerade angefangen, American-Saddlebreds zu präsentieren und bereitete sich auf ihren ersten Wettkampf bei der Weltmeisterschaft vor. Zachary hatte sein unternehmerisches Interesse bereits bei einem erfolgreichen Sommercamp während der Highschool bewiesen und arbeitete an seiner nächsten Idee für eine Geschäftsgründung.

Am anderen Ende der Generationenkette sah es ziemlich trübe aus. Als ich 1984 das Unternehmen gegründet hatte, begann meine Mutter, die immer eine äußerst dynamische Frau gewesen war, unter längeren Phasen starker Müdigkeit zu leiden. Sie ging zum Arzt, der ein Non-Hodgkin-Lymphom diagnostizierte. Nach langen, schwierigen Behandlungsrunden ging die Krankheit endlich zurück. Wir alle waren froh und dankbar.

Doch 2009 kehrte die Krankheit zurück und diesmal ging sie nicht wieder weg. Der Zustand meiner Mutter verschlechterte sich stetig, bis sie im Herbst 2012 um ihr Leben kämpfte. Susan und ich fuhren alle paar Wochen nach Houston, um sie zu besuchen, und versuchten, ihr, meinem Vater und den Kindern gegenüber tapfer zu sein und möglichst optimistisch aufzutreten. Doch jedes Mal, wenn wir wegfuhren, fühlte es sich an, als bräche alles über uns zusammen. Ich versuchte, so hoffnungsvoll wie möglich zu bleiben, und schottete mich ab.

Manche Menschen prahlen mit ihrer Multitasking-Fähigkeit – ich weiß nicht, wie gut ich darin bin, aber auf alle Fälle kann ich mich sehr gut abschotten. Wenn man 110 000 Mitarbeiter führt, ist die intensive Konzentration auf eine Sache überlebensnotwendig, und das war eine Phase, in der ungewöhnlich viel auf dem Spiel stand. Ich musste das Unternehmen leiten, die Mitarbeiter bei der Stange halten, unser ständig wachsendes Akquisitionsportfolio im Auge behalten, zu unseren weltweit verteilten Niederlassungen reisen und zudem noch Vater, Ehemann, Sohn und Bruder sein – und das alles unter absoluter Geheimhaltung meiner Pläne für den Dell-Börsenrückzug.

Es war zurückhaltend formuliert schwierig und unangenehm. Ich konnte mit meinen Eltern nicht darüber sprechen. Ich konnte mit meinen Kindern nicht darüber sprechen. Ich konnte mit meinen Brüdern nicht darüber sprechen. Es gab nur eine Handvoll Menschen bei Dell, die ich ins Vertrauen ziehen konnte. Meine Frau war wirklich die Einzige, der ich alles erzählen konnte, und ich danke Gott für sie – in vielerlei Hinsicht, aber in diesem Moment ganz besonders.

Während langer Spaziergänge und Fahrradtouren sprachen wir jeden Aspekt dieser Sache durch. Zuerst verstand Susan nicht, warum ich mir das alles überhaupt antat. Warum dem Erfolg ins Handwerk pfuschen?, war ihre Meinung dazu, und das nicht nur, weil sie meine allzeit unterstützende Lebensgefährtin ist. Sie versteht das Geschäft: Als wir uns 1988 kennenlernten, arbeitete sie für Trammell Crow, damals eine der erfolgreichsten kommerziellen Immobilienfirmen Nordamerikas. Susan war Maklerin für Gewerbeimmobilien, und zwar eine gute; sie hatte ein Gespür dafür.

Als ich ihr daher von der Wandlung des Unternehmens erzählte, von den Akquisitionen, die zwar viel kosteten, aber reiche Früchte tragen konnten, von meiner optimistischen Betrachtung der Zukunft des PCs, da erkannte sie sofort, wovon ich sprach – und wusste, wie sehr all die Schwarzmaler sich irrten. Es gab viele von ihnen und sie waren sehr herrisch und rechthaberisch, und wenn man wissen wollte, wie einflussreich sie waren, musste man sich bloß unseren Aktienpreis ansehen.

Und Susan begriff, dass sie sich irrten, so herrisch und rechthaberisch und einflussreich sie auch sein mochten. Wir liefen immer weiter und redeten.

Der Datenraum. Das klingt geheimnisvoll, wie etwas aus einem Agentenfilm – aber in Wirklichkeit ist es viel schlichter: ein gesicherter Bereich für die Online-Datenspeicherung, so was wie Dropbox oder Google Drive, in dem Dokumente so abgelegt sind, dass verschiedene Parteien sich einloggen und darin lesen können. In diesem Herbst schufen wir einen Datenraum mit tonnenweise Informationen über Dell, darunter historische Finanzinformationen jeglicher Art sowie eine Übersicht sämtlicher Aspekte des Geschäfts – Produkte, Kunden, Transaktionen, Lieferkette. Sowohl Kohlberg Kravis Roberts (KKR) als auch Silver Lake Partners (SLP) – die immer noch nichts vom Interesse des jeweils anderen wussten – erhielten Zugriff darauf. Sie machten sich mit uns vertraut und Anfang Oktober hatten wir mit jedem der beiden Due-Diligence-Meetings, erst mit KKR und dann eine Woche später mit SLP.

Um die Gespräche so vertraulich wie möglich zu gestalten, fanden sie in meinem Haus in den Bergen von Austin statt, in einem Konferenzraum im ersten Stock. Das ist ein großes Zimmer mit einem langen Tisch. Durch die breiten Fenster hat man einen hübschen Blick auf die etwas entfernt gelegene Stadt. Man sieht den Main Tower der Universität von Texas und das J. Frank Dobie Residence Center, jenes hoch aufragende Studentenwohnheim, in dem ich während meines ersten Semesters wohnte. Wenn man in mein altes Zimmer geht, Dobie 2713 (und ich habe es getan), sieht man durch das Fenster witzigerweise genau über Austin hinweg auf mein einige Meilen entferntes Haus. Ich weiß noch, wie ich damals aus dem kleinen Fensterchen meines Hochhaus-Studentenzimmers sah und dachte: O Mann, irgendwann würde ich gern mal da oben in den Bergen wohnen – das sieht echt toll aus.

Die beiden Meetings ähnelten sich und waren doch ganz unterschiedlich.

In beiden Fällen trugen die Teilnehmer legere Businesskleidung und die Atmosphäre war freundlich und kollaborativ. Schließlich würden wir eine geschäftliche Ehe eingehen, wenn eine der Firmen uns ein erfolgreiches Angebot machte. Sowohl SLP als auch KKR brachten eine Liste mit den wichtigsten Fragen oder Themen mit, über die sie sprechen wollten. Wir als Geschäftsleitung waren da, um ihre Fragen zu beantworten und ihnen zu helfen, die unternehmerischen Vorgänge gut genug zu verstehen, damit sie ihre Angebote ausarbeiten konnten.

Etwa ein Dutzend Teilnehmer hatte jedes der Meetings: von Dell waren außer mir der CFO Brian Gladden anwesend, unser Justitiar Larry Tu, unser Controller Tom Sweet, Jeff Clarke und unser Finanzdirektor Jeff Likosar. Das Sonderkomitee hatte außerdem einen Rechtsanwalt von Debevoise Plimpton und einen Banker von J. P. Morgan geschickt, um die rechtliche und finanzielle Abwicklung zu überwachen. Und jede Bewerberfirma kam mit etwa fünf Vertretern. Beim ersten Meeting begann George Roberts mit der Fragerunde für KKR. George und ich hatten bis dahin so oft miteinander gesprochen, dass wir gleich ins Thema einstiegen.

KKR wollte hauptsächlich wissen, wie unsere finanziellen Aussichten standen. Wären wir in der Lage, den Marktanteil zurückzuerlangen, der weggebrochen war? Wie sahen wir die Zukunft des PC? Was erwarteten wir im Hinblick auf den zukünftigen Cashflow? Und wie wollten wir das Unternehmen transformieren?

Als eine Woche später Silver Lake kamen, waren sie klar an unseren Finanzen interessiert – aber es gab noch weitaus mehr, über das sie sprechen wollten. Anders als KKR war SLP eine technologieorientierte Privatkapitalgesellschaft. Und jeder Teilnehmer des Meetings einschließlich Egon Durban kam aus dem SLP-Büro in Silicon Valley. Sie alle kannten sich mit Technik sehr gut aus; sie sprachen unsere Sprache.

Von Anfang an war klar, dass das Silver-Lake-Team Aspekte unseres Geschäfts verstand, nach denen KKR lediglich gefragt hatte: die Wichtigkeit von Akquisitionen, der Wert geistigen Eigentums, die Beschaffenheit der Betriebssystem-Zyklen. Weil sie als technologieorientierte Privatkapitalgesellschaft entstanden waren, kannten sie sich mit Technologie aus. Als wir also über Virtualisierung oder Mikroprozessoren oder NAND-Flash sprachen (eine Form des nicht-volatilen Datenspeichers, der keine Energie benötigt, um Daten zu speichern) oder über irgendwelche anderen komplexen Branchenangelegenheiten, verstanden sie genau, um was es ging.

Und Silver Lake wusste, was ich wusste: dass Microsoft, selbst wenn Windows 8 nicht so gut lief, wie ich es erwartete, letztlich eine Version schaffen würde, die die Kunden wollten – und dass unser PC-Geschäft sich entsprechend erholen würde. Sie begriffen, wie sehr der Aufbau von Vertriebskapazitäten und die Neukundenwerbung uns von Nutzen sein konnten. Und als wir uns darüber unterhielten, wie sich neue Entwicklungen in puncto Cloud, Speicherung, Sicherheit und Internet der Dinge oder IdD (untereinander verbundene Datenverarbeitungsgeräte, die ohne menschliche Interaktion arbeiteten) auf unsere Produktstrategie auswirkten, begriff das SLP-Team weitaus mehr davon, als es bei KKR den Anschein gehabt hatte.

Am 23. Oktober, zwölf Tage nach dem Meeting mit Silver Lake, unterbreiteten sowohl KKR als auch SLP vorläufige, nicht verbindliche Angebote für die Übernahme von Dell Inc. KKR schlug einen Kaufpreis von 12 bis 13 Dollar pro Aktie für alle unsere ausstehenden Anteile vor, mit Ausnahme derjenigen, die mir und Southeastern gehörten (die, wie sie annahmen, bei der Transaktion einem Rollover unterliegen würden), und zogen eine zusätzliche Investition von 500 Millionen Dollar durch mich in Erwägung. Silver Lake schlugen einen Kaufpreis von 11,22 bis 12,16 Dollar pro Aktie für alle ausstehenden Anteile außer meinen vor (für die sie ebenfalls von einem Rollover ausgingen) und wiesen darauf hin, dass ich die einzige Partei sei, mit der sich zusammenzuschließen sie interessiert seien.

Ich fand, dass beide Firmen es deutlich besser konnten.

Meine Aufgabe als CEO bestand schließlich darin, alles mir Mögliche zu tun, um den Firmenwert im Interesse aller Shareholder zu steigern. Und so forderte ich KKR und Silver Lake schriftlich sowie bei Folgemeetings in meinem Haus auf, ihre Angebote zu überarbeiten. Ich hob jedes Detail von Dells stattfindender Transformation hervor, das bei den Due-Diligence-Meetings vielleicht übergangen oder nicht hinreichend betont worden war. Ich forderte beide Firmen auf, ihr bestmögliches Angebot zu unterbreiten im Bewusstsein, dass der Vorstand jedes für inadäquat empfundene Angebot ablehnen würde.

In der Zwischenzeit beauftragte das Sonderkomitee eine große Firma, die Boston Consulting Group (BCG), mit der Untersuchung dieser potenziellen strategischen Alternativen, über die sie immer sprachen.

Zur selben Zeit kam Windows 8 auf den Markt.

Das hoch gelobte neue Betriebssystem von Microsoft blieb, um es zurückhaltend zu formulieren, hinter meinen Erwartungen zurück. Es hatte viel Wirbel um die neue tabletgeeignete Bedienoberfläche gegeben: Wie sich herausstellte, konnten die Nutzer ihr nichts abgewinnen. »Das ist der Edsel unter den Betriebssystemen«, schrieb ein Rezensent bei *PC-Mag.com.* »Keiner sitzt vor seinem Computer und sagt: ‚Oh, ich kann es gar nicht abwarten, endlich das Windows-8-Upgrade zu bekommen!‘« Der PC-Verkauf entwickelte sich von schlecht zu noch schlechter. Und obwohl der Cashflow von Dell Inc. recht stark war – 3,2 Milliarden Dollar für die nachfolgenden zwölf Monate –, litten die Gewinne.

Einer der Gründe dafür war, dass wir uns mitten in der Umwandlung befanden – wir investierten in all diese neuen Gebiete, von denen wir zutiefst überzeugt waren. Aber die Investoren sagten: »Warum investiert ihr in diese Bereiche? Die werfen nicht genügend Gewinn ab! Und außerdem schwächelt euer PC-Geschäft – wir halten wirklich nicht allzu viel von dem Unternehmen.«

Am 15. November 2012 wurden unsere Finanzergebnisse für das dritte Quartal des Steuerjahrs 2013 veröffentlicht. Die Zahlen waren nicht gerade schön. Unser Umsatz von 13,72 Milliarden Dollar lag 260 Millionen unter dem Durchschnitt der Bandbreite, die wir im August für das dritte Quartal prognostiziert hatten.

Am Tag darauf sank der Marktpreis der Dell-Aktie um 7,3 Prozent auf 8,86 Dollar.

In mir tobten die unterschiedlichsten Gefühle. Ich gebe zu, einerseits fühlte ich mich von den Aktionären im Stich gelassen – ich bin schließlich auch nur ein Mensch! Es schien, als hätten sie die ganze Sache einfach überhaupt nicht verstanden; sie begriffen nicht, was wir taten. Sie würdigten das Unternehmen nicht. Sie bewerteten es nicht korrekt. In meinen schlimmsten Momenten sagte ich mir: Sie sind zu doof, um hier zu arbeiten. Ich sollte das wahrscheinlich nicht zugeben – Entschuldigung, ihr Dell-Shareholder! –, aber damals, als so viel passierte, gerieten meine Gefühle ungeachtet meiner Fähigkeit zur Abschottung ein bisschen aus dem Ruder.

Inzwischen dürfte Ihnen klar geworden sein, dass ich von Natur aus optimistisch bin – im Wesentlichen finde ich, so lässt sich besser leben als mit der Alternative. Man gründet kein Unternehmen, wenn man kein Optimist ist. (Auch ein gesunder Appetit auf Risiko ist hilfreich.) Ich glaubte unbedingt an unseren Wandel; ich wusste im tiefsten Inneren, dass dieser Wühltisch-Aktienpreis keinen Tiefpunkt unseres Glücks darstellte, sondern eine wunderbare Chance. Meinen festen Standpunkt betonte ich erneut gegenüber KKR wie auch Silver Lake, doch beide Firmen hatten Vorbehalte, wenn nicht gar Befürchtungen im Hinblick auf das, was (mit den Worten des Proxy Statement von Dell) zur Litanei wurde: »das kürzliche Scheitern des Unternehmens, seine Vorgaben zu erfüllen, die zunehmende Schwäche des PC-Markts, der Anteilsverlust des Unternehmens in Wachstumsmärkten und die Umsetzungsrisiken, die mit der Entwicklung zu einem EES (Enterprise Software and Services)-Provider verbunden sind«.

Vier Tage nach Thanksgiving übergab Silver Lake mir einen überarbeiteten Angebotsentwurf, bei dem der Kaufpreis ausgelassen worden war. Vier Tage später tat KKR dasselbe. Das war für sich genommen nicht allzu bemerkenswert: Es sagte mir lediglich, dass beide Firmen noch an Bord waren und die Zahlen durchgingen. Und ich hatte mich bereit erklärt, meine Anteile – zu diesem Zeitpunkt 15,7 Prozent des Unternehmens – zu dem Preis beizusteuern, den ein erfolgreicher Nachfolger zu zahlen bereit war.

Am letzten Tag des Monats rief ich Alex Mandl an, den Leiter des Sonderkomitees, und sagte ihm, ich sei von der Privatisierung begeisterter denn je. Ich teilte ihm auch mit, ich könne so viel zusätzliches Eigenkapital aufbringen, wie für die Transaktion notwendig sei. Gleichzeitig wussten sowohl Alex als auch ich, dass es eine Grenze dafür gab, wie viel Eigenkapital ich aufbringen *sollte*.

Die spektakuläre Erfolgsgeschichte von Dell über 28 Jahre – und das bedeutet im Grunde den spektakulären Erfolg eines großartigen und ständig wachsenden Teams – hatte viele Mitarbeiter und auch mich wohlhabend gemacht. In der Theorie hätte ich das gesamte nötige Eigenkapital aufbringen können, um mein – Verzeihung, *das* Unternehmen zurückzukaufen. Doch das hätte alle möglichen potenziellen rechtlichen Probleme aufgeworfen. Wenn ich allein den Aktienpreis für den Börsenrückzug festlegte, würde das nicht als ordnungsgemäße Preisfeststellung betrachtet, weil ich der ultimative Insider bin. Ohne eine Investition von außen hätte der Vorstand nichts, mit dem mein Angebot verglichen werden konnte.

Am 29. November hatte ich eine Besprechung mit der Boston Consulting Group. Die Firmenleitung und ich waren uns schon oft über den Weg gelaufen – aber das hier war nicht die Firmenleitung. Ich erkannte niemanden im Raum. Dennoch war mir klar, dass das Sonderkomitee auf sie als Berater vertraute, und ich bekundete ihnen den ihnen zustehenden Respekt. Ich stellte ihnen meine optimistische Betrachtung der Umwandlung vor; sie zeigten ihre ernstesten Gesichter und gaben nichts preis. Sie stellten ein paar detaillierte Fragen zur Fähigkeit von Dell, die Kosten zu senken und Marktanteile zurückzugewinnen. Ich gab meiner innersten Überzeugung Ausdruck, dass wir diese Hürden nach einem Börsenrückzug vollständig würden überwinden können.

Und nach einer Stunde war die Besprechung vorüber. Die Berater brauchten mich keine zwei oder drei Stunden lang und baten auch nicht um ein weiteres Treffen. Das war das Letzte, was ich von ihnen sah.

Und ab dem 3. Dezember gab es ein Angebot weniger.

An diesem Tag rief George Roberts an und sagte, KKR werde kein zweites Angebot für Dell abgeben. Seine Begründung war keine Überraschung: der Abwärtstrend im PC-Geschäft, die Sorge der Branchenanalysten wegen des Wettbewerbsdrucks, dem Dell sich ausgesetzt sah – ein Druck, den KKR durch unsere enttäuschenden Zahlen des dritten Quartals bestätigt glaubte. Kein Ärger, es war einfach nur Business. George wünschte mir viel Glück und ich glaubte ihm, dass er es auch so meinte.

Ob ich enttäuscht war? Ich bin nur ein Mensch; natürlich war ich enttäuscht. Aber ich brauchte keine zehn Privatkapitalgesellschaften, um mir beim Börsenrückzug zu helfen, dachte ich; eine würde genügen.

Am nächsten Tag reichte Silver Lake ein aktualisiertes unverbindliches Angebot zur Übernahme der Firma für 12,70 Dollar pro Anteil ein.

Zwei Tage später, am 6. Dezember, hatte ich eine Sitzung mit dem gesamten Vorstand, einschließlich dem Sonderkomitee. Als Erstes brachte Alex Mandl alle auf den aktuellen Stand über die Arbeit des Komitees und die Beiträge von J. P. Morgan und BCG, die – und das war nicht überraschend – den Börsenrückzug weiterhin beide mit Skepsis betrachteten. Dann hielt ich eine Präsentation.

Das war mein Vorstand, ich war der Vorsitzende. Und doch hatte ich einen Graben zwischen ihnen und mir geschaffen; ich hatte neue Ideen vorgestellt, strittige Ideen, Ideen, die einigen Menschen Angst machten, und das bei einem stetigen (wenn auch problematischen) Zustand: ein sehr großer, sehr bekannter weltweiter Konzern mit zunehmenden Schwierigkeiten. Ich war der Kapitän des Dampfers, von dem man Führung und Gewissheit erwartete – doch nun war ich jemand, der Ungewissheit erzeugt hatte. Ich war mir meiner Rolle und meiner Verantwortung durchaus bewusst. Ich musste mit Gewissheit auftreten, ich musste bestärken. Aber ich fühlte mich sicher. Und deshalb sprach ich ruhig, aber mit Leidenschaft über meine Überzeugung, dass eine Privatisierung der bestmögliche Kurs für Dell sei, für unsere Aktionäre, für unsere Kunden. Und ich erklärte den Teilnehmern, was ich vorhatte, sobald wir nicht mehr an der Börse notiert waren.

Ich sagte, wir würden durch maßgebliche Investitionen in Forschung und Entwicklung sowie durch weitere Akquisitionen die Kapazitäten des Unternehmens im Bereich Unternehmenssoftware und -dienstleistungen ausbauen.

Ich sagte, wir würden in großem Umfang zusätzliches Verkaufspersonal einstellen.

Ich sagte, wir würden in Schwellenmärkte expandieren.

Ich sagte, wir würden stark in das PC-Geschäft investieren.

Diese Schritte, sagte ich, waren der sichere Weg nach oben. Doch wenn wir diese Initiativen als börsennotiertes Unternehmen durchführten, dann wusste ich – und auch alle Anwesenden wussten es –, dass dies am Aktienmarkt nicht gut aufgenommen würde, weil sie die kurzfristige Rentabilität verringerten, die Betriebs- und die Kapitalausgaben erhöhten und mit einem deutlichen Risiko verknüpft waren.

Ein Börsenrückzug war im Interesse der Aktionäre von Dell, beharrte ich, denn sie würden einen Anteil der potenziellen Vorteile dieser Initiativen in Form einer Prämie für ihre Aktien erhalten, ohne die mit ihrer Durchführung einhergehenden Risiken und Ungewissheiten tragen zu müssen.

Mit einem Nicken beendete ich meine Ausführungen und betrachtete die vertrauten Gesichter an dem langen Tisch. Ihre Mienen waren unverbindlich. Sie hatten Fragen.

Warum war Silver Lake für diesen Prozess der richtige Partner? Sollte der Vorstand versuchen, ein, zwei weitere Bewerber zu finden, solange die Diskussionen immer noch unter Ausschluss der Öffentlichkeit stattfanden? Oder sollten wir den Plan bekannt geben, auf die Gefahr hin, dass wir nicht vorhersehbare oder nicht lenkbare Reaktionen auslösten?

Ich wiederholte meine Überzeugung, dass SLP mit ihren technologischen Wurzeln und ihrer Fachkompetenz ein erstklassiger Partner seien. Andererseits sei ich, so sagte ich, völlig offen für jeden weiteren Bewerber, den der Vorstand vorschlagen wollte. Ein Börsenrückzug war ein monumentaler Schritt, wie jeder hier im Raum wisse. Keine Option, um das Bestmögliche für unsere Shareholder zu erreichen, dürfe unberücksichtigt bleiben.

Doch was, wenn trotz alledem einfach kein Abschluss zustande kam?

»Ich bin bereit, CEO zu bleiben, wenn wir börsennotiert bleiben«, sagte ich. »Ich bin bereit, weiterzumachen und unter diesen Bedingungen so viel wie möglich von meinem Plan umzusetzen. Aber eines kann ich Ihnen versprechen: Der Markt wird darüber nicht glücklich sein, und die Aktionäre ebenso wenig.«

Der Dezember 2012 war vorsichtig ausgedrückt ein ereignisreicher Monat. (Ich wusste ja noch nicht, dass die darauffolgenden Monate diesen Dezember vergleichsweise beschaulich wirken lassen würden.)

Während das Sonderkomitee, seine Berater, mein Führungsteam und ich jeden vorstellbaren Aspekt der Privatisierung erwogen, erfolgte alles unter den strengen Regeln rechtlicher und finanzieller Angemessenheit. Doch unter der Oberfläche unternehmerischer Korrektheit brodelten allerorten starke Emotionen.

Auf Empfehlung von J. P. Morgan, die es für wichtig hielten, dass dieser Prozess mehr als einen potenziellen Förderer hatte, nahm Alex Mandl am Tag nach meiner Präsentation vor dem Vorstand Kontakt zu der Privatkapitalgesellschaft TPG (Texas Pacific Group) auf und lud sie ein, ein Übernahmeangebot für Dell einzureichen. TPG willigte ein, über ein solches Angebot nachzudenken, unterzeichnete eine Vertraulichkeitserklärung und erhielt Zugang zum Datenraum. Am 11. Dezember traf ich mich mit einer Gruppe von TPG-Partnern in einer Anwaltskanzlei im Zentrum von Austin, um Dell und unsere laufende Transformation darzustellen und ihre Fragen zu beantworten. Sie waren klug, sie waren scharfsinnig, doch im tiefsten Inneren meines Herzens hielt ich Silver Lake immer noch für die einzige Firma, die wirklich unsere Sprache sprach. Jedoch …

Am Tag zuvor, dem 10. Dezember, hatte Mandl Silver Lake mitgeteilt, dass ihr Angebot von 12,70 Dollar zu niedrig sei und das Sonderkomitee SLP nur weiterhin in den Prozess involvieren werde, wenn sie ein finanziell besseres Angebot machten. Egon Durban erbat sich daraufhin die Einwilligung des Komitees, um Finanzierung von Microsoft nachzusuchen. Alex sagte Egon, er werde die Bitte mit dem Komitee und seinen Beratern besprechen. Als einer der führenden Anwälte von Debevoise Egon an diesem Nachmittag anrief, um die Microsoft-Anfrage zu besprechen, sagte Egon, Silver Lake werde nur im Spiel bleiben, wenn man ihnen erlaube, mit Microsoft zu reden.

Am nächsten Tag – während ich mich mit den TPG-Partnern traf – beschloss das Sonderkomitee, SLP die Diskussion der Schuldenfinanzierung mit Microsoft und einer kleinen Anzahl von Banken zu genehmigen, vorausgesetzt, dass alle Beteiligten Vertraulichkeitserklärungen unterzeichneten. Im Verlauf der folgenden Tage schloss Dell Geheimhaltungsverträge mit der Royal Bank of Canada, mit Credit Suisse, mit Barclays und mit der Bank of America Merrill Lynch, und ein Meeting mit Silver Lake, mir, meinem Team und den Banken wurde für den 17. Dezember anberaumt.

Am Sonntag, dem 16. Dezember, flog ich abends nach New York und kam rechtzeitig an, um mit Alexa zu Abend zu essen.

Das Meeting fand am nächsten Morgen um 8.15 Uhr im Büro von Silver Lake statt, in einem abgeschrägten gläsernen Gebäudeturm an der West Fifty-seventh Street 9. Es war ein kühler, nebliger Tag in Manhattan, die Stadt war überlaufen mit Weihnachtseinkäufern und Touristen. Wir trafen uns in einem riesigen Konferenzraum im 37. Stock und es waren viele Teilnehmer anwesend: neben mir, Brian Gladden sowie Egon und seinen Mitarbeitern hatte jede Bank rund ein Dutzend Personen geschickt. Es gab einen ganzen Schwarm an Anwälten. Und als ich mich in diesem vollen Raum umsah, bekam ich Angst.

Nicht Angst vor irgendeinem Anwesenden oder vor irgendetwas, das bei diesem Meeting passieren würde. Das war alles in Ordnung – es brachte den Prozess voran. Angst machte mir, dass ich mir absolut nicht vorstellen konnte, dass kein einziger Armleuchter aus dieser Menge von Chefs und Assistenten hinterher einer Ehefrau oder einem Ehemann, einer Freundin oder einem Freund auch nur ein Sterbenswörtchen über die Vorgänge verraten würde.

Mir schien es überaus wahrscheinlich, dass Informationen aus dem Meeting nach außen drangen, und in diesem Falle würde die Privatisierung ziemlich sicher im Ansatz scheitern.

Doch es passierte nicht. Kein Wort wurde in dieser oder der folgenden Woche darüber verloren. Nach dem großen Meeting flog ich direkt zurück nach Austin und aß mit David Bonderman zu Abend, dem Mitgründer von TPG, und mit John Marren, seinem Leiter für Technologieinvestitionen, um über die Möglichkeit ihrer Zusammenarbeit mit mir zu sprechen. Sie stellten genau die Fragen, die ich erwartet hatte; ich hatte gute Antworten für sie bereit. Die Atmosphäre war entspannt und herzlich. Doch eine Woche später riefen Jim Coulter – Davids Partner bei der Firmengründung – und Marren mich an, um mir mitzuteilen, dass sie aus einer Vielzahl von Gründen, darunter der Umfang der Eigenkapitalprüfung, der erforderlich wäre, und ihre Bedenken wegen der Bankenfinanzierung, kein Angebot für das Unternehmen abgeben würden. Ich rief Alex an und teilte ihm das mit. Später sollte ich herausfinden, was TPG wirklich gestört hatte: diese alte Kamelle, der Rückgang des PC-Geschäfts, ganz zu schweigen von unserer sinkenden betrieblichen Performance.

Damit waren wir wieder bei nur einem Bewerber. Und die Gespräche zwischen Silver Lake und dem Sonderkomitee, an denen ich nicht teilnehmen durfte, gingen weiter hin und her, hin und her.

Die Weihnachtszeit kam und ging. Wie ich später erfuhr, trafen sich die Berater von BCG am 2. Januar 2013 mit dem Sonderkomitee und gaben eine pessimistische finanzielle Prognose für Dell ab. Besonders sorgten sie sich um unsere Sparte Endverbraucher-Computing (EVC) – PCs, Monitore und anderes Zubehör. Die Consultants sagten einen kontinuierlichen Wandel des gesamten EVC-Marktes voraus von einem sogenannten gewinnträchtigen Premiumsegment, in dem wir lange Zeit unumstrittene Spitzenreiter gewesen waren, hin zu einem weniger gewinnstarken Segment – nämlich in Asien hergestellte billigere PCs. Sie prophezeiten auch, dass der EVC-Markt innerhalb der nächsten vier Jahre insgesamt um sage und schreibe zehn Milliarden Dollar zurückgehen könnte. Sie äußerten Bedenken, dass Dells Beziehungen zu vorhandenen Kunden und Händlern sich verschlechtern könnte, während wir weiterhin in andere Geschäftsbereiche wechselten. Und um das Maß voll zu machen, erinnerten sie das Komitee daran, dass 65 Prozent unseres Umsatzes nach wie vor aus unserem EVC- und dem EVC-orientierten Geschäft erzielt wurde – also eben jenem Geschäft, dem sie eine so düstere Zukunft voraussagten –, obwohl wir während der vergangenen vier Jahre gut 11,4 Milliarden Dollar unserer Ressourcen für die Übernahme von Unternehmenssoftwarefirmen aufgewendet hatten.

Frohes neues Jahr!

Und dennoch. Zwei Tage darauf, am 4. Januar, legten alle vier Banken, mit denen wir uns getroffen hatten – Royal Bank of Canada, Credit Suisse, Barclays und Bank of America Merrill Lynch – starke Angebote vor und unterstützten die Privatisierung voll und ganz. Bald sollte Microsoft sich bereit erklären, uns mit einem Darlehen von zwei Milliarden Dollar beim Abschied von der Börse zur Seite zu stehen. Streng genommen brauchten wir ihr Darlehen nicht, aber dessen Struktur ermöglichte es uns, den Zinssatz der Summe zu senken, die wir von den Banken liehen.

Es schien, dass wir auf dem besten Weg waren. In dieser Woche fühlte ich mich recht zuversichtlich.

Dann, am Montag, dem 14. Januar, kam der sprichwörtliche Schlag in die Magengrube.

»Dell Inc., der PC-Hersteller, der im letzten Jahr fast ein Drittel an Wert verloren hat«, berichtete *Bloomberg News*, »steht in Buyout-Verhandlungen mit Privatkapitalgesellschaften, wie zwei Personen aus gut informierten Kreisen erklärten.«

Mit anderen Worten: zwei Armleuchter, die an dem großen Meeting in der West 9 teilgenommen hatten. Oder zwei Armleuchter, die den teilnehmenden Armleuchtern nahestanden.

Unser Aktienwert stieg an einem einzigen Tag um 13 Prozent auf 12,29 Dollar. Gerüchte machten die Runde. Mit wem würden wir uns zusammenschließen? (Eine der unbenannten Quellen erwähnte Silver Lake und TPG, was natürlich nur die halbe Wahrheit war.) Wann würde das Geschäft bekannt gegeben? (Eine der Quellen sagte, womöglich bereits in dieser Woche, was sich als deutlich verfrüht erweisen sollte.)

Aber die Details spielten eigentlich gar keine Rolle. Unsere Privatisierung war nun voll und ganz öffentlich geworden und die Saat des Chaos war gesät.

4

Start me up

Im Sommer 1983 hatte ich Zeit zur Verfügung. Jede Menge Zeit. Eine Art unbekanntes Territorium für mich.

Manche Highschool-Absolventen nehmen sich den Sommer frei, um das Leben noch mal zu genießen, ehe am College der Ernst des Lebens beginnt und sie erwachsen werden müssen. Viele meiner Mitschüler an der Memorial High fuhren in diesem Sommer runter nach San Marcos und ließen sich im Schlauchboot den Fluss entlangtreiben.

Wie Sie sich sicher vorstellen können, war das nicht mein Ding. Es ist nicht so, dass ich etwas gegen Spaß hatte; ich hatte nur eine andere Vorstellung von Spaß als die meisten Leute meines Alters.

In diesem Jahr hatte ich keinen richtigen Ferienjob. Allem Anschein nach (und soweit es meinen Eltern bekannt war) frönte ich dem Müßiggang, ein angehender Erstsemester, der zwischen Houston und dem neuen Apartment in Austin pendelte, in meinem wunderschönen weißen BMW – ein Auto zum Schnellfahren, und ich fuhr gern schnell.

Aber ein anderes Auto eignete sich viel besser für die Unternehmungen, die ich gegründet hatte. *Unternehmungen* im Plural.

Es war von meinen Eltern auf mich übergegangen, ein Cadillac Coupe de Ville von 1978 – braun mit einem farblich abgestimmten Vinyl-Halftop, sehr schick.

Ein mächtiger Brocken aus Detroit aus einer Zeit, als Detroit stolz darauf gewesen war, große Autos zu produzieren. Er fuhr sich wie ein Kabinenkreuzer – nicht gerade wendig, aber spurtreu. Von Sparsamkeit konnte keine Rede sein: Dieses Schlachtschiff schluckte literweise Sprit.

Warum hielt ich mich mit diesem großen alten Auto auf, einem Fahrzeug, in dem sich blicken zu lassen den meisten 18-Jährigen peinlich gewesen wäre, wo ich doch einen nagelneuen BMW besaß? (Ganz zu schweigen davon, dass Braun die Schulfarbe des langjährigen Konkurrenten der UT war, Texas A&M.)

Ich mochte diesen Cadillac, weil er groß war.

Ich brachte immer noch IBM-PCs auf Vordermann: kaufte immer noch Laufwerke und Festplatten und Speicherkarten und installierte sie in den IBM-Grundmodellen, die ich im Laden kaufte, und verkaufte dann die verbesserten Computer mit Gewinn an Ärzte, Anwälte und Architekten. Sobald ich in Austin angekommen war, setzte ich kleine Anzeigen in die Lokalzeitung und erhielt sofort Anfragen, die mir das notwendige Arbeitskapital verschafften, um weitere PCs zu kaufen und einen offensichtlich wachsenden Bedarf zu decken. Und dieser Coupe de Ville war sehr gut geeignet, um das Rohmaterial zu transportieren, das ich benötigte, um diesen Bedarf zu decken – neue IBM-PCs, die in ziemlich großen Kartons verkauft wurden. Doch die Größe der Kartons war kein Problem für den geräumigen Kofferraum des Autos, in den drei davon hineingingen, und auf den Rücksitz passten vier weitere, wenn man den Vordersitz so weit wie möglich nach vorn schob, die Rückenlehne vorklappte (ein Coupe de Ville hat hinten keine Türen!) und die Kartons hineinquetschte. Zwei weitere fanden vorn auf dem Beifahrersitz Platz.

Ich war bestimmt ein denkwürdiger Anblick, wenn ich die Interstate 35 entlangfuhr: Ein pausbäckiger Junge mit Locken und dicker Brille am Steuer eines mächtigen Cadillac voller riesiger Kartons, dessen Hinterachse unter dem Gewicht all dieser Computer ganz niedrig hing.

Und dann war da noch mein anderes Geschäft.

IBM-PCs verkauften sich vom Moment ihrer Markteinführung an wie verrückt, aber diese gewaltige Nachfrage führte zu allen möglichen Lieferengpässen bei den Läden, die das Produkt führten. Houston bestellte 10 000 Stück, Dallas weitere 10 000, Phoenix noch mal 10 000. Aber IBM konnte nicht alle Bestellungen rechtzeitig ausführen, deshalb erhielten einige dieser Händler nur 4000 oder 5000 Stück pro Lieferung. Daraufhin fingen sie an, Übermengen zu bestellen – also 20 000 oder 50 000 Computer pro Auftrag –, nur um das zu bekommen, was sie brauchten. Das Ergebnis war ein Handelschaos: Eine Stadt hatte viel zu hohe Lagerbestände, die andere nicht annähernd genug.

An dieser Stelle trat ich auf den Plan.

Ich weiß nicht, ob ich damals schon den Begriff Arbitrage kannte, aber das Konzept – nämlich dass ich mit diesen Bestandsdifferenzen Geld verdienen konnte – erschloss sich mir sofort. Ich erkannte, dass ich dazu nichts weiter tun musste, als in eine Stadt zu fahren, die einen Überschuss an PCs auf Lager hatte, einige davon zu kaufen und sie dann in eine andere Stadt zu bringen, die Fehlbestände hatte, und sie zu verkaufen. Klingt einfach? War es auch.

Das war der Anfang der Fly-and-Buys.

Ich machte große Händler ausfindig, die eine Übermenge an IBM-PCs gekauft hatten, sagen wir ein ComputerLand in Phoenix, rief sie an und fragte, ob ich ihnen einige abnehmen könne. Das fanden sie gut – so gut, dass sie in vielen Fällen einwilligten, mir einen Teil ihres Überschusses für weniger als den Einkaufspreis zu überlassen. Ich buchte einen Flug mit Southwest Airlines nach Phoenix, mietete einen großen U-Haul-Lastwagen – was einem 18-Jährigen seinerzeit, ob Sie es glauben oder nicht, möglich war –, fuhr zu ComputerLand, gab ihnen einen Scheck und lud die 30 oder 40 PCs in den Lkw, um sie zu einem Laden zu fahren, der zu wenige hatte, zum Beispiel Businessland in Tucson, und ihnen meine Lkw-Ladung für 50 oder 70 oder 80 Dollar pro Stück mehr zu verkaufen, als ich dafür bezahlt hatte.

Ergebnis: sofortiger Gewinn von mehreren Tausend Dollar.

Hier halten Sie vielleicht inne, um im Geiste nachzurechnen. Hatte ein 18-Jähriger, der nicht mit Drogen handelte, tatsächlich 50 000 oder 60 000 Dollar in der Tasche, um sie für neue Computer auszulegen?

Antwort: ja. Mein PC-Nachrüstungsgeschäft lief so gut, dass ich ständig über Bargeld verfügte. Und mein Computerwiederverkauf war von Anfang an profitabel.

Nach kurzer Zeit entdeckte ich, dass man große Kisten sehr preiswert mit Greyhound-Bussen verschicken konnte. Wenn ich also ein

Arbitragegeschäft zwischen Computerläden innerhalb von Texas abwickelte, konnte ich einem Ladenbesitzer in San Antonio mit zu vielen PCs auf Lager einen Scheck schicken, ihn seine Computer zur Busstation schicken und in den Greyhound laden lassen, um sie dann in Dallas oder Houston oder Austin persönlich abzuholen und zu dem Laden zu bringen, der mehr Geräte brauchte. Waren es mehr als fünf oder zehn Stück, fragte ich einen meiner Kumpels: »Hey, kommst du mit und hilfst mir, und ich geb dir ein bisschen Geld dafür?« Dann brachte er sein Auto mit und unterstützte mich.

Und so verging der Sommer. Ich ging nicht in San Marcos Schlauchboot fahren, aber ich verdiente gutes Geld.

Die Uni begann. Theoretisch war ich an der University of Texas für das Hauptfach Biologie eingeschrieben, auf dem besten Wege, nach dem Wunsch meiner Eltern Arzt zu werden.

Die Realität sah aber etwas anders aus.

Bis mein erstes Semester im August 1983 begann, führte ich von meinem Austiner Apartment aus ein florierendes Geschäft. Meine umoperierten IBM-Rechner verkauften sich fast genauso schnell, wie ich sie aufrüsten konnte. Die Wohnung war bis zur Decke vollgestopft mit Computern und Computerkartons, mit Zubehör und Ersatzteilen: Festplatten und Laufwerke und Speicherchips und Motherboards und Lötkolben.

Ich hatte einen Mitbewohner, David Myers, einen Freund aus Kindertagen in Meyerland. Meine Eltern kannten seine schon ewig und er und ich konnten einander gut leiden, deshalb schien das Zusammenwohnen eine gute Idee zu sein. Das Apartment hatte ungefähr 55 Quadratmeter: David und ich hatten je ein Schlafzimmer und ein kleines Bad und teilten uns die Kochnische und einen kleinen Wohnbereich. Mein wachsendes Lager von Computern und Zubehörteilen begann bald in den Wohnbereich hineinzuwuchern. Anfangs hatte David damit kein Problem.

Die erste Zeit ging ich zu meinen Seminaren. Ich besuchte Biologie oder Organische Chemie und hörte den Professor darüber schwadronieren, machte mir pflichtschuldigst Notizen, aber meistens sah ich aus dem Fenster und dachte darüber nach, wann ich mich wieder dem widmen könnte, was mich wirklich interessierte. Auch an den Universitätsaktivitäten nahm ich kaum teil. UT ist natürlich eine bekannte Football-Uni – Texas! –, und jedes Heimspiel sorgte für gewaltige Aufregung auf dem gesamten Campus. Ich sah mir genau eins an und ging nach der ersten Halbzeit. Ich hatte andere Eisen im Feuer.

Meine Zeitungsanzeigen führten zu Mundpropaganda unter angesehenen Computernutzern in der Gegend von Austin. Immer wieder ließen Ärzte, Anwälte und Architekten mich ihre PCs aufrüsten; ich arbeitete auch für einige der kleineren Unis in der Gegend. Ich weiß noch, wie die Southwestern University in Georgetown, rund 20 Meilen nördlich der Stadt, mir ein Dutzend Geräte abkaufte. Ich fuhr persönlich hin, um sie auszuliefern und einzurichten.

Interessant ist, dass ich keine Computer an Studenten verkaufte. Niemals. Die Studenten an der UT – jedenfalls jene, die ich kennenlernte –, hatten keine Ahnung von Computern und interessierten sich auch nicht dafür. Das war damals eine ganz andere Zeit.

Austin ist die Staatshauptstadt. Ich entdeckte, dass es nur drei Blocks vom Campus entfernt ein Büro gab, in dem der Staat Texas öffentliche Ausschreibungen vornahm. Nehmen wir an, die Autobahnverwaltung brauchte vier PCs mit bestimmten Spezifikationen. Jemand aus der Autobahnverwaltung ging dann in dieses Ausschreibungsbüro und füllte eine Anfrage für Gebote aus und diese Gebote wurden veröffentlicht. Es konnte also jeder (auch ich) in dieses Büro gehen und sagen: »Ich möchte gern alle Ausschreibungen für Arbeitsmaterial in den folgenden Kategorien sehen«, und dann bekam man diese Papiere. Nichts wurde elektronisch erfasst – es waren richtige Papierblätter. Ich fuhr damit in meine Wohnung und ging all die Ausschreibungen durch. Was für mein Kompetenzgebiet nicht relevant war, warf ich weg. Bei der Durchsicht der verbleibenden – und dabei ging es nicht nur um aufgerüstete Computer, sondern auch um Speicher- und Festplattenausstattung sowie um I/O(Input-Output)-Karten, welche die Funktionalität eines Computers maximierten – rechnete ich durch, wie viel ich jeweils dafür berechnen und die Ausschreibung gewinnen, aber trotzdem noch Gewinne machen konnte. Dann schrieb ich meine

Gebote von Hand, radelte wieder zum Ausschreibungsbüro und reichte sie ein.

Keiner dieser Verträge war besonders groß, aber ich begann sie zu gewinnen, was zu meinen restlichen bereits stabilen Unternehmungen hinzukam. Bald hatte ich Bruttoumsätze zwischen 50.000 und 80.000 Dollar pro Monat zu verzeichnen. Das mag beeindruckend klingen, aber ich gab fast jeden Cent für neue Geräte aus.

Es sprach sich herum bis nach Houston. Wer weiß schon, wie? Irgendwie machen solche Nachrichten eben die Runde. Plötzlich sagten die Leute zu meinen Eltern: »Wow, Michael hat ja wirklich ein florierendes Geschäft – Glückwunsch!« Und meine Eltern antworteten: »Was? Er soll doch eigentlich studieren!«

Sie tauchten in Austin auf. Überraschend. Nicht völlig überraschend, aber beinahe. Eines Nachmittags klingelte bei mir zu Hause das Telefon, ich nahm ab und hörte die Stimme meiner Mutter. »Wir sind am Flughafen, gerade gelandet«, sagte sie. »Wir kommen dich besuchen.«

»Super!«, sagte ich. Ich legte auf und begann in aller Eile, mein Zimmer aufzuräumen. Irgendwie gelang es mir, alles in die Badewanne meines Mitbewohners zu schaffen, Kartons und Ersatzteile und Lötkolben. Nicht in meine Wanne – was, wenn Mama oder Papa mal aufs Klo mussten?

Sie kamen an. Ich lächelte, küsste sie und bat sie hinein. Plötzlich schienen eine Menge Leute in diesem kleinen Wohnbereich zu sein. Sie sahen sich um und nickten. Ich führte sie in mein Schlafzimmer – sie sahen sich um und nickten erneut.

»Und wo sind deine Bücher?«, fragte mein Vater.

Ups!

Schnell nachdenken. »In der Bibliothek«, sagte ich. »Ich lerne in der Bibliothek.«

»Hm«, sagte mein Vater.

»Hm«, sagte meine Mutter.

Dann gingen wir hinaus und machten einen Spaziergang auf dem Campus – das Universitätsgelände war (und ist) groß und sehr schön – und aßen zu Abend, woraufhin sie nach Houston zurückflogen, mehr oder weniger zufrieden mit dem, was sie gesehen hatten. Krise abgewendet.

Mein Studium litt, meine Geschäfte blühten. Ich machte immer noch Fly-and-Buys, aber hauptsächlich am Wochenende, denn ich musste mich ja in meinen Seminaren wenigstens sehen lassen. Dallas, Houston, San Antonio, Phoenix, Tucson: Ich sammelte eine Menge Meilen mit Southwest Airlines. Und weiterhin verkaufte und installierte ich aufgerüstete Computer in der Austiner Gegend. Ich hatte ein kleines Team von Kommilitonen, die mir halfen, die Geräte zu transportieren und einzurichten – mein Mitbewohner David, ein Freund von David namens Jeremy Lee, Jeremys jüngerer Bruder, der ebenfalls David hieß, ein Typ namens Mark DeWalsh, der mit meinem Bruder Steven auf die Highschool gegangen war. Am Anfang hatten sie wenig oder gar keine Ahnung von Computern, aber sie lernten schnell. Ich bezahlte sie und alles war gut.

Aber irgendwann nicht mehr – zumindest was meinen Mitbewohner anging. Es war in Ordnung gewesen, dass ich mir seinerzeit Davids Badewanne ausgeliehen hatte, aber als der Wohnbereich unseres kleinen Apartments immer mehr einem Labor/Computerladen/Gerätelager glich, voller verpackter und unverpackter Computer, Bildschirme, Speicherkarten und Lötkolben, verdüsterte sich Davids Laune. Unser Umgang wurde immer knapper, ich sah ihn nur noch selten lächeln. Eines Morgens, als ich aus dem Schlafzimmer in den gemeinsamen Teil der Wohnung gehen wollte, kriegte ich die Tür nicht auf. Nachdem ich es endlich geschafft hatte, sie ein paar Zentimeter weit aufzuschieben, erkannte ich das Problem: sie war von schweren Computerkartons blockiert. Während ich schlief, hatte David mich eingemauert.

Botschaft angekommen.

Im November zog ich in ein Wohnheim, Dobie, am Rande des Campus. Dobie war ein 27-stöckiges Hochhaus; durch Losglück bekam ich ein Zimmer im obersten Stockwerk – Dobie 2713, mit einer herrlichen Aussicht auf die Berge im Westen Austins – und einem Zimmergenossen, der zu meinem großen Glück Mitglied der amerikanischen Radfahrer-Olympiamannschaft war.

Er trainierte täglich, und zwar den ganzen Tag, in eben jenen Bergen; er benutzte das Zimmer wirklich nur, um darin zu schlafen. Jeden Abend kehrte er von seinen Übungsfahrten zurück und fiel erschöpft auf sein Bett, jeden Morgen verschwand er noch ehe ich aufwachte. Um ehrlich zu sein, ich kann mich nicht an seinen Namen erinnern, aber ich bin ihm auf ewig dankbar dafür, dass er der perfekte Mitbewohner war.

Und es ist gut, dass er so häufig unterwegs war. Sehr bald stapelte sich genauso viel Lagerbestand in meinem kleinen Wohnheimzimmer wie zuvor im Apartment, nur dass es sogar noch weniger Platz bot. Der arme UPS-Bote – ich weiß, ich trieb ihn fast in den Wahnsinn. Er musste all diese schweren Computer und Monitore auf seinem kleinen Trolley bis hoch in den 27. Stock bringen und denselben Aufzug benutzen, den auch alle Studenten im Gebäude nutzten, was bedeutet, dass er in fast jeder Etage anhielt. Und oft musste er mehrmals rauf- und runterfahren. Und weil ich sehr sparsam mit meinem Geld wirtschaftete, bestellte ich immer alles per Nachnahme, das heißt, der Lieferbote musste auch noch die Zahlungen von mir entgegennehmen. Für gewöhnlich hatte ich dicke Stapel von Zwanzigern, Fünfzigern und Hundertern in meiner Tasche. Gut, dass ich nie überfallen wurde!

Aber für mich war es toll, ganz oben in Dobie zu wohnen, und das nicht nur wegen der Aussicht. Wie sich herausstellte, befand sich in der obersten Etage des Gebäudes auch die Relaisstation für die Vertragspartner von Austin TV: ABC, CBS und NBC. Oben auf dem Dach – damals gab es noch kein Kabelfernsehen – standen eine Vielzahl riesiger Satellitenschüsseln. Und zufällig war das Fernsehkontrollzentrum direkt neben meinem Zimmer. Oft sah ich die Techniker ein- und ausgehen, und manchmal, wenn die Tür offen stand, konnte ich einen Blick auf all die interessanten Geräte da drinnen erhaschen. Interessante elektronische Geräte waren mehr oder weniger das, was mir auf der Welt am meisten bedeutete, daher wurde meine natürliche Neugier geweckt und ich begann diese Fernsehleute mit Fragen zu löchern. Wie die meisten Menschen ließen sie sich gern über ihre Arbeit ausfragen und bald pflegten wir einen freundschaftlichen Umgang. Freundschaftlich genug, dass ich sie überzeugen konnte, mir einen Kabelanschluss für die Stationen in Dallas und Houston zu verschaffen.

Warum Dallas und Houston? Fast alle Studenten an der University of Texas waren Texaner und die meisten davon stammten aus den beiden größten Städten des Staates. Und genau wie ich gierten sie nach Nachrichten aus der Heimat (das war natürlich lange vor dem Zeitalter des Internets).

Sie hatten ein Bedürfnis, ich hatte eine Lösung.

Indem ich durch die oberen beiden Geschosse von Dobie Kabel verlegte (ich musste nur ein paar kleine Löcher bohren), konnte ich ein Netzwerk einrichten, über das jeder mit einem Fernsehgerät die Sender von Dallas und Houston empfangen konnte. Doch das war noch nicht alles. Freitags oder samstags ging ich manchmal zu Blockbuster, um einen Film auszuleihen – zum Beispiel *Animal House* –, und kündigte dann den Bewohnern des 26. und 27. Stocks an, dass es um 20 Uhr eine Ausstrahlung von *Animal House* geben würde. Um acht schob ich dann die Videokassette in meinen Recorder und los ging's: Filmabend auf KDEL.

Das ist natürlich ein Witz. Es gab keine Ankündigungen. Mein Experiment mit dem Kabelfernsehen war nur zum Spaß – niemand musste einen Cent dafür bezahlen. Dennoch war die Hausverwaltung nicht begeistert, als sie es herausfanden. »Das geht so nicht«, sagten sie. »Sie müssen das einstellen.«

Das war für mich okay. Ich hatte ja noch genügend andere Eisen im Feuer.

Nach und nach erfuhren meine Eltern, was für ein enorm erfolgreiches Geschäft ich machte, und es gefiel ihnen nicht, was sie hörten. Als sie diesmal nach Austin zurückkamen, war es kein froher Anlass. Gleich nach Thanksgiving teilten sie mir mit, sie würden für ein paar Tage kommen; sie hatten ein Zimmer im »Hyatt Regency« gemietet. Eines Abends holte ich sie dort vor dem Abendessen ab, und sobald ich zur Tür hereinkam, erkannte ich, dass sie beide sehr ärgerlich waren.

»Michael«, sagte mein Vater, »studierst du eigentlich, oder führst du ein Geschäft? Ein *Computer*geschäft?« Er ließ es wie etwas Abgeschmacktes klingen.

»Also, irgendwie beides, würde ich sagen«, sagte ich. Nicht sehr wahrheitsgemäß.

Ich sah, dass meine Mutter mit den Tränen kämpfte. So etwas will kein Sohn jemals mit ansehen. Mein Vater schüttelte den Kopf. »Michael«, sagte er. »Michael. Du musst Prioritäten setzen. Du musst die Dinge mal zurechtrücken. Diese Computergeschichte ...« Er zögerte. »Das kann vielleicht ein schönes Hobby sein. Aber dein Leben, Michael. Dein Leben.«

Ich starrte zu Boden, gleichzeitig beschämt und stolz, gehorsam und rebellisch. Ich hatte keine Ahnung, was ich sagen sollte.

»Was willst du mit deinem *Leben* anfangen, Michael?«, fragte mein Vater.

»Ich will gegen IBM konkurrieren!«, sagte ich. Das war nur zur Hälfte scherzhaft gemeint. Aber mein Vater fand es nicht lustig.

»Es gibt einen Grund, warum du hier bist, und nur einen einzigen«, sagte er. »Und der ist, dass du die nötige Ausbildung erhältst, um dich auf den richtigen Lebensweg zu bringen.«

Ich murmelte etwas in der Art, dass ich nicht sicher sei, ob dieser Weg, von dem er sprach, wirklich der richtige für mich sei. Dann sah ich meine Mutter an. Ihre Tränen flossen jetzt und sie hatte beide Hände an den Ausschnitt ihres Kleids gelegt. »Michael ...«, begann sie – und dann sagte sie erneut meinen Namen. »Michael.«

Ihre Haltung war mehr als eine Geste. Sie sah aus, als würde sie gleich ihre Kleider zerreißen, ein alter jüdischer Ausdruck der Verzweiflung. Hier in einem Hotelzimmer des Hyatt Regency in Austin lud sie über 5000 Jahre jüdischer Schuld auf meine Schultern. Sie sagte mir, wenn ich meinen derzeitigen Weg weiter verfolge, sei ich für sie gestorben. Wow.

Natürlich knickte ich ein.

Ich weinte, meine Mutter und mein Vater weinten. Als ich endlich in der Lage war, mir wieder den Anschein von Gefasstheit zu geben, putzte ich mir die Nase und sah sie an. »Okay«, sagte ich.

Sie starrten mich an. Es ist ziemlich wirkungsvoll, wenn beide Eltern einen auf diese Weise anstarren.

»Okay«, wiederholte ich. »Keine Computer mehr. Nur Studium. Nur Studium. Versprochen.«

Ich meinte es aufrichtig. Aber ich fühlte dabei nichts als Schmerz.

Die nächsten zehn Tage machte ich einen kalten Entzug. Ich fasste sprichwörtlich keinen Computer an. Keine Speicheraufrüstungen, keine Festplatteninstallationen, keine Fly-and-Buys. Kein *Byte* oder *PC Magazine*. Ich ging zu meinen Vorlesungen und gab mir größte Mühe aufzupassen. Ich machte Mitschriften.

Was meine Techniksucht anging, so dachte ich, es könnte hilfreich sein, meine Aufmerksamkeit auf eine andere Leidenschaft von mir zu lenken: Highend-Audio. Ich hörte gern Rock'n'Roll – Rolling Stones, die Doors, Jimi Hendrix, Queen, Roxy Music –, und das am liebsten laut. In diesen Zeiten kurz vor der Ausbreitung von CDs waren Audiophile immer noch verrückt nach Thorens-Plattenspielern, Harman-Kardon-Verstärkern und großen Klipsch-Lautsprechern. In meiner Freizeit besuchte ich die Highend-Audio-Läden in Austin in der Hoffnung, der Anblick und der Geruch dieser herrlichen Geräte würde mein Verlangen nach Speicherkarten, Motherboards und BIOS-Chips mindern – ganz zu schweigen von der Faszination, die ich für die Computerbranche empfand.

Es half nicht.

Stattdessen führten diese zehn Tage heftigen Verlangens eher dazu, dass ich mich geistig intensiv fokussierte. Ich erkannte, dass die Aussicht auf eine medizinische Tätigkeit, egal in welcher Fachrichtung, mich absolut nicht reizte. Und dass die Aussicht, mein Berufsleben auf Computern aufzubauen, mehr als ansprechend war – sie war absolut unwiderstehlich.

So verfiel ich auf eine für einen 18-Jährigen sehr typische List: Ich würde wieder ins Computergeschäft einsteigen und ich würde meinen Eltern nichts davon sagen. Brillant, was? Außerdem standen die Weihnachtsferien unmittelbar bevor: Ich konnte wieder durchstarten, ohne mir Gedanken wegen meiner Seminare machen zu müssen.

Doch mir war klar geworden, dass ein kleines Wohnheimzimmer im 27. Stock eines Hochhauses als Lagerraum völlig unzulänglich war. Wenn ich mit voller Kraft wieder in die Sache einsteigen wollte, würde ich erheblich mehr Platz brauchen, als mir oben im Dobie zur Verfügung stand. Da ich noch reichlich Arbeitskapital auf der Bank hatte, beschloss ich, mir etwas anderes zu suchen.

Anfang Januar zog ich in eine Wohnanlage ein paar Häuserblocks nördlich des Campus, Duval Street 3200. Es war das hübscheste Gebäude in der Gegend – es gab eine abgeschlossene Tiefgarage für meinen BMW –, und ich hatte eine der hübschesten Wohnungen darin, eine Drei-Zimmer-Wohnung im dritten Stock. Bewusst hatte ich die oberste Etage gewählt, denn dort hatten die Wohnungen doppelt so hohe Decken, perfekt für mein Lagervorhaben. Und bald gab es eine Menge Neues einzulagern.

Bis zum Beginn des zweiten Semesters war ich wieder voll im Geschäft: Hochrüstung, Fly-and-Buy, Wiederverkauf. Wenn ich wirklich Unternehmer sein wollte, musste ich auch wie einer handeln und auftreten, beschloss ich, deshalb schaute ich nach, wie man einen ordentlichen DBA gliedert, dann füllte ich den Antrag aus, um als Einzelunternehmer unter dem Namen PC's Limited zu firmieren. Nicht gerade eine geniale Bezeichnung, aber da meine Nachrüstungen sich im Wesentlichen von allein zu verkaufen schienen, machte ich mir um sexy Marketing am wenigsten Sorgen.

Meine Eltern waren wiederum etwas anderes.

Bis Ende Februar 1984 verbrachte ich sogar noch weniger Zeit mit dem Studium, als ich es während des ersten Semesters getan hatte. Die Zeit war eindeutig gekommen, da ich meiner Mutter und meinem Vater die Wahrheit sagen musste. Aber dann machte ich die sehr nützliche Entdeckung einer Sonderklausel im Regelwerk der University of Texas – nämlich dass man sich ohne akademische Bestrafung ein Semester lang beurlauben und zu einem späteren Zeitpunkt wieder neu einschreiben konnte. Das war definitiv etwas, was ich meinen Eltern erzählen konnte, sobald das Thema zur Sprache kam.

Inzwischen fuhr ich weiterhin mit meiner kleinen Helfercrew durch Austin und nahm Installationen vor. An den Wochenenden flog ich wie gehabt durch Texas und Arizona, kaufte PCs und verkaufte sie weiter. Das Geld floss stetig herein, meine Kosten waren gering. Meine Wohnung lag gleich neben der der Vermieterin – sie hieß Liba Taub. Falls sie jemals mitbekam, wie viele Computerkartons an den fünfeinhalb Meter hohen Wänden meines doppelt hohen Apartments aufgestapelt waren, wirkte sie jedenfalls nicht besorgt. Ich war ein netter junger Mann, ich bezahlte pünktlich meine Miete und ich feierte keine wilden Partys.

Die Semesterferien verbrachte ich in diesem Frühjahr mit meinen Eltern und Adam in England, um Steven zu besuchen. Mein älterer Bruder, der Klügste von uns dreien, hatte binnen dreieinhalb Jahren das College abgeschlossen und einen Platz an der Baylor Medical School bekommen, deshalb hatte er sechs Monate frei, die er als Barkeeper in London zu verbringen beschlossen hatte.

Es war meine erste Auslandsreise, und wir sahen uns all diese Touristensehenswürdigkeiten an: den Tower of London, Windsor Castle, das Parlamentsgebäude. Aber ich machte auch ein paar Touren auf eigene Faust, um mir das anzuschauen, was mich an England *wirklich* faszinierte. Zum einen war dies ungefähr um die Zeit, als die Audio-CD eingeführt wurde, und aus welchen Gründen auch immer hatte die neue Technologie in Großbritannien schneller Fuß gefasst als in Amerika. Man konnte in den HMV-Plattenladen gehen und Unmengen Alben auf CD kaufen. Ich konnte kaum fassen, wie klar und schön die Klangqualität war – und ich konnte es nicht erwarten, sie über die großen Klipsch-Lautsprecher zu hören, die ich mir für meine neue Wohnung gekauft hatte.

Doch was mich ebenfalls beeindruckte, war die Verbreitung von Computerläden – und genau wie in den USA die umfassende Ahnungslosigkeit der darin arbeitenden Menschen. In England wie auch in den Staaten verkauften diese Läden PCs, die aus Komponenten im Wert von 600 oder 700 Dollar bestanden, für den Gegenwert von 3000 Dollar oder mehr, und die Verkäufer wussten so gut wie nichts darüber, wie diese Computer funktionierten. Die Läden boten auch nicht viel an Service und Support an. Weder die Kunden noch die Händler schien das zu stören. Jeder wollte Computer und die Pfunde und Shillings klimperten in der Kasse.

Während dieser Reise fühlte meine Mutter sich plötzlich ständig erschöpft. Als wir nach Hause zurückkehrten, ging sie zum Arzt, und bald erhielt sie die Diagnose, die wir alle befürchtet hatten: Sie hatte ein Non-Hodgkin-Lymphom. Doch die Krebsspezialisten am MD Anderson in Houston waren hoffnungsvoll, und wir auch. Wir alle wussten, was für eine Kämpferin Mama war.

Nach der Rückkehr nach Texas teilte ich meinen Eltern die Neuigkeiten mit. Mit aller Zuversicht, die ich aufbringen konnte, sagte ich ihnen die Wahrheit: Ich führte nicht nur ein Geschäft, das konstant 50 000 Dollar monatlich einbrachte, sondern ich glaubte auch daran, es nachhaltig betreiben zu können. Und es gab noch weitere gute Nachrichten, sagte ich ihnen: Ich konnte die UT ohne akademische Strafen verlassen und mich zu einem späteren Zeitpunkt wieder einschreiben, wenn ich wollte. Ich versprach ihnen feierlich, wenn mein Unternehmen nicht liefe, würde ich an die Uni zurückkehren.

Ich kann nicht behaupten, dass sie begeistert waren. Es gab eine Menge Stirnrunzeln und Kopfschütteln. Aber letztlich willigten sie zähneknirschend ein. Es sollte einige Jahre dauern, bis mein Verhältnis zu Mutter und Vater wiederhergestellt war. Doch sie waren logisch denkende Menschen, die erkannten, was wesentlich war: Sie begriffen die Logik meiner Entscheidung, selbst wenn sie sich etwas anderes gewünscht hätten. Und die traurige Wahrheit ist, dass meine Mutter wahrscheinlich zu müde war, um mit mir zu streiten.

Ein paar Wochen später erhielt ich einen Anruf von Kelley Guest. Kelley, Partner einer örtlichen Anwaltskanzlei, hatte ein paar Festplatten-Aufrüstungskits von mir gekauft, sowohl für sich selbst als auch für ein paar andere Leute in seinem Büro. »Ich hab mir gedacht, dass Sie eine Firma gründen sollten«, sagte er.

»Wie das?«, fragte ich.

Kelley sagte, wenn mein Geschäft weiterhin so laufe wie bisher, würde ich wahrscheinlich bald Leute auf Vollzeitbasis einstellen. Zusatzvorteile wie eine Krankenversicherung, sagte er, seien die sicherste Methode, um gute Mitarbeiter zu gewinnen, und als Firmeninhaber könnte ich Krankenversicherungs- und andere Arbeitnehmervergünstigungen anbieten. Er sagte auch, es gebe bestimmte Steuervorteile für im Aufbau befindliche Unternehmen, die einem Einzelunternehmer nicht zur Verfügung stünden. Er könnte die Anträge ganz leicht ausfüllen.

»Klingt ganz gut«, sagte ich. »Was kostet mich das?«

»Na ja, ich brauche noch eins von diesen Aufrüstungskits«, sagte Kelley, »also lassen Sie uns doch einen Deal machen: Ich mache die Antragstellung für Sie und Sie installieren die Festplatte.«

Das hörte sich für mich vernünftig an. Also installierte ich die Festplatte, und Kelley machte die Dokumente fertig. Doch dann rief er mich an und sagte: »Michael, es gab ein kleines Problem. Wir konnten das Unternehmen nicht unter dem Namen PC's Limited eintragen, weil das zu allgemein ist. Deshalb habe ich die Firma Dell Computer Corporation genannt und Sie können Ihre Geschäfte als PC's Limited machen.«

»Prima«, sagte ich. »Kein Problem.«

»Noch etwas«, fügte Kelley hinzu. »Es hat sich herausgestellt, dass Sie 1000 Dollar bezahlen müssen, wenn Sie in Texas ein Unternehmen eintragen lassen wollen.«

Nun denken Sie vielleicht, dass ich bei 60 000 oder 70 000 Dollar Bruttoumsatz im Monat einen Tausender für eine Lappalie gehalten hätte. Das war aber nicht der Fall. Ich musste nicht nur die Miete für meine Wohnung bezahlen, sondern investierte auch wie immer fast alle Einkünfte sofort wieder, hauptsächlich um neue Ware zu kaufen. Ich lebte mit einer sehr geringen Gewinnmarge.

»Da muss ich erst noch ein bisschen mehr verkaufen«, sagte ich zu Kelley. »Ich melde mich in ein paar Tagen wieder.«

Ich verkaufte das Zeug. Und am 3. Mai 1984 wurde mein kleines Ein-Mann-Unternehmen offiziell zu Dell Computer Corporation, d/b/a PC's Limited. Das war nur zwei Wochen vor der Abschlussprüfung. Ich bestand sie um Haaresbreite, dann verließ ich die Uni für immer.

Eine richtige Firma braucht ein richtiges Büro, fand ich. Kurz nach der Unternehmensgründung unterschrieb ich den Mietvertrag für 92 Quadratmeter Fläche in einem Bürogebäude ein paar Meilen nördlich von der Austiner Innenstadt, Einheit F11, North Lamar 7801. Und wenig später nahm ich meine erste Einstellung vor.

Terry Hostetler war der Geschäftsführer eines örtlichen Ladens namens The Software Place. Wir lernten uns kennen, als ich dem Laden einen Vorführcomputer verkaufte, und es machte sofort klick. Beide waren wir total begeistert von der PC-Revolution und unsere Interessen griffen sozusagen ineinander: Terry wusste ungeheuer viel über Software, ich war mehr der Hardwarespezialist. Er war klug, er war reif – mit seinen 23 gegenüber meinen 19 Jahren, und er war verheiratet, was mir sehr erwachsen vorkam –, und wir sprachen gern über Technik. Viel und lange. Wir hatten sogar einen ähnlichen Humor. Ich hatte das Gefühl, einen Freund gefunden zu haben.

Eines Tages gingen wir zusammen Mittag essen und danach fuhren wir in meinem BMW durch Austin und sprachen über unsere Hoffnungen und Träume. Eine meiner Ideen war, so erzählte ich Terry, eine ComputerLand- oder Businessland-Franchiselizenz zu kaufen und das Ganze zu etwas Größerem zu entwickeln. Bei meinen Erkundungstouren in der Stadt hatte ich mich in einem Laden namens CompuAdd umgesehen, der eher Computerzubehör als Computer verkaufte, und den Inhaber kennengelernt, einen Typ namens Bill Hayden. Hayden erzählte mir, dass er dank des Technikbooms in Austin richtig Kohle mache. Wahrscheinlich dachte er, damit könne er einen halbwüchsigen Bengel beeindrucken, aber als mein Geschäft seins an Größe übertraf, fand ich, ich könnte dasselbe machen wie er und noch eine Menge mehr.

Ob ich mit 19 ein bisschen sehr von mir selbst überzeugt war? Klar. Ich glaube, das muss man auch, um etwas Wichtiges zu erreichen. Sie werden inzwischen gemerkt haben, dass ich ziemlich konkurrenzorientiert bin, und ich fand, dass ich alle möglichen Ideen im Kopf hatte, die Bill Hayden nicht mal in den Sinn gekommen wären.

Eine davon war einfach eine Erweiterung dessen, was ich bereits tat: Anzeigen schalten und telefonisch Bestellungen entgegennehmen für Speicherkits und Festplattenkits und aufgerüstete PCs. Ich hielt ständig Ausschau nach den günstigsten Preisen für Computerteile und fand, dass ich den Kunden die Mühen des Preisvergleichs ersparen konnte, indem ich die Ersparnis an sie weitergab und trotzdem noch Gewinn machte. Und meine aufgerüsteten Geräte, die diese Komponenten enthielten, waren sowohl besser als auch weniger teuer als die IBM- oder Compaq-PCs, die der Kunde im Einzelhandel bekam. Ganz zu schweigen von der Tatsache, dass ich im Gegensatz zu Läden einen zuverlässigen (und kostenlosen) Techniksupport anbieten konnte.

Bis jetzt hatte ich die Anzeigen nur in Austin geschaltet, aber da ich nun ein paar Leute hatte, die für mich ans Telefon gingen, dachte ich mir, ich könnte ja auch auf nationaler Ebene inserieren – zum Beispiel in *PC Week* und *Computer Shopper*, die beide ausreichend kurze Vorlaufzeiten hatten, dass ich die Kontrolle über die Preisgestaltung behielt. Die Kunden konnten von überallher anrufen und uns sagen, welche Sorte Speicher oder Festplatte sie wollten oder, wenn sie einen aufgerüsteten Computer bestellten, wie viel Speicherplatz sie darin wollten, wie groß die Festplatte sein sollte und wie schnell der Prozessor. Sobald sie uns ihre Kreditkartennummer gaben, verschickten wir die Ersatzteile oder stellten ihnen innerhalb rund einer Stunde einen maßgeschneiderten Computer zusammen, der noch am selben Tag versandt wurde. Das klingt simpel, aber es machte noch kein anderer.

Terry hörte allem, was ich sagte, aufmerksam zu. Er sagte, er habe ebenfalls davon geträumt, sein eigenes Technikunternehmen in Austin aufzuziehen, und was ich da erzählte, klinge echt cool.

»Warum arbeitest du nicht bei mir?«, fragte ich.

Er zögerte keinen Moment. »Okay«, sagte er.

Es blieb nicht lange bei Terry und mir. Wir fingen rasch an, Techniker und Verkaufspersonal einzustellen, erst nur ein paar, dann noch ein paar mehr. Unser kleines 90-Quadratmeter-Büro war in vier Bereiche aufgeteilt: vorn gab es ein winziges Ladenlokal, wo ortsansässige Kunden Kits oder aufgerüstete Computer kaufen konnten, direkt dahinter lagen Terrys und mein Büro. Dahinter kam ein Raum mit vier langen Tischen: an zweien saßen unsere Techniker mit ihren Chips, Karten, Motherboards, Festplatten und Lötkolben, und an den anderen beiden unsere Verkäufer, die Anrufe entgegennahmen und die Aufträge auf dreifachen Formularen erfassten. Ganz hinten war noch ein Lagerraum für Computer und Ersatzteile.

Es gab viele Bestellungen. Die von außerhalb des Staates kamen über eine Telefonnummer herein, die ich mir voller Stolz ausgedacht hatte: 1-800-426 5150 / 1-800-IBM-5150. (Der 5150 war der Standard-PC von IBM, wobei wir aber auch Compaq-Geräte hochrüsteten.) Wenn wir ein paar Kits und Computer fertig hatten, verpackten wir sie und brachten sie zu UPS, immer bemüht, vor fünf dort zu sein, weil sie dann zumachten.

Mit wachsender Geschäftstätigkeit stellten wir immer mehr Leute ein, rund einen neuen Verkaufsmitarbeiter oder Techniker pro Woche. Bald wurde es in dem kleinen Büro ziemlich chaotisch. Als F1, ein viel größerer Büroraum nebenan, frei wurde, griffen wir zu. Die neuen Räumlichkeiten hatten jede Menge Zellenbüros für die Verkäufer und die Techniker und größere Büros für Terry und mich, und alles fühlte sich gleich viel geordneter an.

Na ja, irgendwie. Unser Auftragseingangssystem bestand aus drei zwischen den Zellenbüros aufgehängten Wäscheleinen, an denen die gelben Durchschläge der dreifachen Formulare hingen. Die oberste Leine war für Aufträge, die ausgeführt werden mussten, die mittlere für diejenigen, bei denen wir noch auf Ersatzteile warteten, und die untere für Aufträge, die wir aus irgendwelchen Gründen – manchmal wurden Ersatzteile zurückbeordert – nicht ausführen konnten. Unser Buchhaltungssystem bestand aus Stapeln von Auftragsformularen und Kreditkartenbelegen.

Terry und ich hatten mehrere Verantwortungsbereiche. Er war unser lokaler Softwarespezialist sowie Büroleiter und Buchhalter. Ich ermittelte die Lieferanten mit der besten Qualität und den geringsten Preisen, half beim telefonischen Support mit und sprang hier und da den Technikern beim Hochrüsten bei. Den ganzen Frühling und Sommer hindurch wuchs das Geschäft weiter, wir stellten mehr Leute ein, und das Büro war von morgens bis in die Nacht hinein laut und lebhaft. Wir waren eine bunte Schar von Computerfreaks und manchmal konnte diese schiere Geschäftigkeit schon etwas einschüchternd erscheinen. In einer Kiste neben Terrys Bürotür hatten wir ein paar Schaumstoff-Fledermäuse, und wenn es uns zu bunt wurde, hauten wir sie uns gegenseitig um die Ohren, um Dampf abzulassen.

Es machte Spaß, es war stressig, es forderte uns voll und ganz, und ich war stolz auf meine kleine Truppe. Aber ich war ihr Chef, 19 Jahre alt, und meine Geschäftserfahrung war völlig anders als ihre. Und das konnte ich in diesem Alter, wie ich heute weiß, auf emotionaler Ebene noch nicht völlig erfassen. An einem Donnerstag im Herbst sagte Terry, er werde zum Mittagessen gehen. »Okay«, sagte ich, »bis später.«

Die Mittagspause ging vorüber und Terry kam nicht wieder. Das war komisch. Endlich erreichte ich ihn telefonisch zu Hause. »Mir geht's nicht so gut«, sagte er. »Ich nehme mir den restlichen Tag frei.«

»Okay«, sagte ich. »Dann bis morgen.«

Doch er kam auch am nächsten Morgen nicht, auch nicht am Nachmittag, und am Samstag fuhr ich zu ihm. Er wirkte echt unglücklich. Lange Zeit sagte er gar nichts. Dann schaute er mich an. »Ich schaff das nicht, Michael«, sagte er. »Der Druck ist zu groß, ich kann einfach nicht mehr.«

»Wie meinst du das?«, sagte ich. »Du kannst mich doch nicht im Stich lassen. Ich hab keine Ahnung von Buchhaltung und Software.«

Heute ist mir klar, dass das nicht gerade die einfühlsamste Reaktion war.

Terry schüttelte den Kopf. »Ich kann einfach nicht«, wiederholte er. »Es ist mir einfach zu viel Druck.«

Ich versuchte, ihn umzustimmen, aber er blieb dabei. Ich ging zurück ins Büro und sah den Stapel Dokumente auf seinem Schreibtisch durch im Bemühen, mir Durchblick zu verschaffen. Buchhaltung war für mich eine Fremdsprache. Zum ersten Mal im Leben hatte ich keine Ahnung, was ich machen sollte. Ich war allein und ich hatte Angst.

5

Mr. Denali

Das Super-Bowl-Wochenende 2013 ist für mich unvergesslich und dabei habe ich das Spiel gar nicht gesehen.

Am Mittwoch, dem 30. Januar, kündigten Susan und ich in unserem Gründungsbüro in Austin an, dass die Michael and Susan Dell Foundation (MSDF) 50 Millionen Dollar für die neue medizinische Fakultät der Universität spenden werde. Es war ein freudiger Anlass: Unsere Zwillinge Zachary und Juliette waren anwesend, ebenso wie der Dekan der University of Texas und der Präsident der UT. Den anschließenden Empfang musste ich jedoch auslassen – sobald die Zeremonie vorüber war, eilte ich zu meinem Auto und fuhr zum Flughafen, wo ich mich mit unserem CFO Brian Gladden, dem Controller Tom Sweet, dem Justitiar Larry Tu und einer unserer Anwältinnen, Janet Wright, traf, um nach New York zu fliegen. In den nächsten viereinhalb Tagen verbrachte ich fast jede wache Minute in Marathonsitzungen mit dem Sonderkomitee über die finalen Bestimmungen der Privatisierung, die ich für mich als Verhandlungs-Super-Bowl bezeichnete.

Die Sache hatte sich jetzt monatelang hingezogen und Egon Durban und ich drängten beide darauf, sie endlich unter Dach und Fach zu bringen. Die Gerüchte über Dell waren immer übler geworden, die Kunden ernstlich besorgt. Vor allem United Technologies waren dabei, einen großen Vertrag mit uns zu schließen, aber wegen des völlig ungewissen Unternehmensstatus bekamen sie allmählich kalte Füße. Unterdessen konnten wir bloß sagen: »Wir geben zu Gerüchten und Spekulationen keinen Kommentar.« Immer wieder versuchte ich Alex Mandl dazu zu bewegen, das Komitee auf Trab zu bringen, indem er ihnen erzählte, wie unglücklich unsere Großkunden waren, aber Alex, gelassen und zäh wie eh und je, ließ sich nicht drängen. Wir hatten beide eine Vision davon, wie wir es unseren Shareholdern recht machen könnten, aber unsere Visionen stimmten nicht überein.

Die Gespräche begannen an einem hellen frühen Donnerstagmorgen in den Manhattaner Büros von Debevoise & Plimpton und waren von Anfang an sehr intensiv. Obwohl Silver Lake und ich deutlich gezeigt hatten, dass wir über die Mittel verfügten, um zu bezahlen, was wir für einen äußerst fairen Preis für das Unternehmen hielten – ich hatte mich bereit erklärt, 13,36 Dollar pro Aktie für meine 279 Millionen Anteile zu akzeptieren, und Silver Lake boten den Aktionären 13,60 Dollar –, zeigten sich die Mitglieder des Komitees nicht beeindruckt. Sie hinterfragten jedes Detail unseres Angebots, zerlegten jeden Absatz. Wenn es irgendeine Chance gab, den Aktionären einen besseren Preis zu sichern, so waren sie entschlossen, sie zu nutzen. Sie wollten nicht nur nach weiteren Bewerbern Ausschau halten – der Fachbegriff für diesen Vorgang lautet Go-Shop –, sie waren auch bereit, ein außergewöhnliches Angebot zu machen: Dell zog in Betracht, alle Kosten zu übernehmen, die einem qualifizierten Bewerber bei einer Due-Diligence-Überprüfung entstehen würden, bis zu 25 Millionen Dollar. Das war, um es mal zurückhaltend zu formulieren, eine äußerst unübliche Idee – verdammt, es war, als würde man einen roten Teppich auslegen. Aber andererseits sprachen wir ja nicht über einen gewöhnlichen Buyout.

Jeden Morgen trafen Egon und ich uns in der Lobby unseres Hotels, des »Four Seasons« auf der Fifty-seventh Street, und gingen gemeinsam zum Debevoise-Büro an der Fifty-sixth und Third, um die Schlacht zu schlagen. Es gab eine lange Liste ungelöster Probleme – und gleichzeitig sagte Alex: »Wie lauten die finalen Bankzusagen, was ist die erwartete Kapitalstruktur, und was ist mit Microsoft?«

Das Sonderkomitee war nicht die einzige Partei, mit der wir uns abstimmen mussten. Wir schmiedeten auch immer noch an den Rückzahlungsbedingungen für unsere Bankdarlehen und dem Zwei-Milliarden-Dollar Kredit von Microsoft. Auch die Großzügigkeit von Microsoft war an eine Bedingung geknüpft: Sie waren besorgt darüber, wie viele Menschen sich in China Raubkopien von Windows herunterluden, deshalb wollten sie, dass wir die Zahl der dort verkauften und mit Windows ausgestatteten PCs massiv erhöhten. Das wollten wir auch – illegale Software verursachte tendenziell Probleme bei unseren Computern. Aber wir wollten uns auch auf ein erreichbares Ziel einigen.

All das soll verdeutlichen, dass zwischen unseren Anwälten und Finanzleuten und den Anwälten und Finanzleuten des Sonderkomitees – Debevoise und J. P. Morgan sowie Evercore, der Investmentbank, die das Komitee als zweiten Finanzberater hinzugezogen hatte – eine Reihe von Verhandlungen gleichzeitig stattfanden. Jedes Mal, wenn es eine Veränderung an der Vereinbarung gab, mussten wir die Banken um Einverständnis ersuchen, dann mussten die Bankdokumente unterzeichnet werden, damit das Komitee sie einsehen und die Unterschriften bestätigen konnte. Kuriere wurden hin und her geschickt. Ständig gingen E-Mails ein, oft bis drei, vier Uhr morgens. Um der Geheimhaltung willen hatte jeder der Hauptbeteiligten in jedem Dokument einen Codenamen: Dell Inc. war Fischadler, Silver Lake war Salamander, Microsoft war Matterhorn. Ich war Mr. Denali. Diese Vorgehensweise war bei vertraulichen Verhandlungen üblich – die Namen begannen für gewöhnlich mit demselben Namen wie die der tatsächlichen Gruppen oder Personen, über die geredet wurde –, aber ich hatte das erst im Sommer erfahren, als jemand in unserem Team über Denali zu sprechen begann. »Was ist denn Denali?«, fragte ich. »Oh, das sind Sie«, sagte er.

Den ganzen Donnerstag, Freitag und Samstag saßen alle Beteiligten des Deals in diesem Konferenzraum bei Debevoise und redeten und redeten. Manchmal gerieten wir wegen der einen oder anderen Vertragsbedingung in eine Pattsituation, dann gingen Egon und ich hinaus und machten einen langen Spaziergang durch den Central Park, um die Köpfe frei zu bekommen, ehe wir an den Verhandlungstisch zurückkehrten. Am Samstagabend, dem 2. Februar, brauchte ich wirklich eine Pause, deshalb ging ich mit meiner Tochter Alexa, die damals in New York wohnte, zu einem Spiel der Knicks im Madison Square Garden.

Ich hatte uns Logenplätze gegönnt, die wirklich toll waren, aber so sehr ich mich auch bemühte, ich konnte mich nicht auf das Spiel konzentrieren. Mein Gehirn ratterte auf Hochtouren: Ich konnte einfach nicht aufhören, über diese Verhandlungen nachzudenken, und dabei bemühte ich mich die ganze Zeit mit wenig Erfolg, mir äußerlich nichts anmerken zu lassen. Ich erinnere mich noch an den absurden Gedanken: Wenn ich hier so aussehe, als würde ich das Spiel genießen und hätte keine anderen Sorgen, denken sie vielleicht, die Gerüchte wären nicht wahr. Leichter gesagt als getan! Ob ich nun in meinem Liegestuhl auf dem Rasen saß oder in der Halbzeit zum Imbissstand ging, ständig fühlte ich mich beobachtet von interessierten Beteiligten. Spike Lee saß ganz in der Nähe – er war der Chef einer großen Privatkapitalgesellschaft. Als er mich sah, hob er die Augenbrauen und sagte: »Interessante Neuigkeit!« Natürlich wusste ich genau, wovon er redete. Und natürlich gab es nichts, was ich erwidern konnte, außer: »Ja, wie läuft's mit dem Spiel?«

Hinterher kehrte ich ins Hotel zurück, aber der Schlaf ließ auf sich warten. Ich hatte erwartet, dass die Verhandlungen spätestens Sonntag beendet wären, doch noch immer hing alles in der Luft. Wir waren an einem Punkt, wo die Sache entweder in Kürze geklärt werden würde oder gar nicht.

Um ein Uhr nachts piepste mein Handy, weil eine E-Mail einging. Sie war von Microsoft und besagte, dass sie unser Angebot angenommen hatten und das Darlehen bewilligten. Das war zumindest eine gute Nachricht, aber wir brauchten noch etliche weitere. Um zwei Uhr piepste es erneut: Silver Lake hatte einen Vertragsentwurf geschickt, der dem Vorstand zwei Optionen gab: 13,60 Dollar pro Aktie, wenn wir weiterhin Dividenden ausschütteten, bis der Deal abgeschlossen war, oder 13,75 Dollar pro Aktie, wenn wir die Dividendenausschüttung einstellten. Das sei das beste und finale Angebot von Silver Lake, hieß es, und könne nicht weiter verhandelt werden. Am nächsten Morgen – dem Super-Bowl-Sonntag – schickten Egon und ich das Angebot an das Sonderkomitee, und am Nachmittag trafen sie sich, um es zu besprechen. Als sie zurückkamen, sagten sie uns, sie hätten kein Interesse an einem Plan, bei dem die Ausschüttung der Dividenden gestoppt werde, und dass sie mit 13,60 Dollar pro Aktie nicht zufrieden seien. Alex sagte Egon, er müsse etwas Besseres liefern. Egon sagte Alex, dass Silver Lake nicht bereit sei, sein Angebot zu erhöhen. Wir steckten offiziell in der Sackgasse.

Doch das waren wir nicht. Sowohl Egon als auch ich hatten das Gefühl, dass es noch Spielraum gab und dass Egon und sein Team trotz des »besten und finalen« Ultimatums von Silver Lake eine Möglichkeit finden konnten, ihrem Angebot noch ein paar Pennys hinzuzufügen. Derweil musste ich zurück nach Austin – ich hatte am Montag, dem 4. Februar, einige Termine mit wichtigen Kunden –, und Egon hatte selbst wichtige geschäftliche Angelegenheiten in Kalifornien zu erledigen. Wir waren beide der Meinung, dass wir weitere Verhandlungen telefonisch führen konnten.

Im Flugzeug bekam ich eine E-Mail von einem unserer Verkaufsleiter mit weiteren schlechten Nachrichten: AXA, der französische Versicherungskonzern, hatte ernste Bedenken wegen all der Gerüchte und Spekulationen und hatte wegen der Ungewissheit gerade einen 150-Millionen-Dollar-Vertrag mit uns platzen lassen. Der Verkaufsleiter fügte hinzu, dass auch weitere Kunden nicht mehr von uns kaufen wollten, bis eine Ankündigung erfolgt sei, egal in welche Richtung. Unterdessen konnte er ihnen nichts weiter sagen als: »Wir geben zu Gerüchten und Spekulationen keinen Kommentar.«

Der Druck kam nicht nur von außen. Da unser Steuerjahr Anfang Februar beginnt, haben wir jedes Jahr um diese Zeit ein großes Verkaufs-Kickoff-Meeting (wir nennen es FRS oder Field Readiness Seminar, eine Bezeichnung, die wir damals in den Achtzigern eingeführt und an der wir aus irgendwelchen Gründen festgehalten haben), bei dem Tausende unserer Vertriebskräfte aus aller Welt zusammenkommen und Schulungen zu den neuen Produkten, Lösungen und Dienstleistungen von Dell erhalten. Ich musste am Dienstag, den 5. Februar, nach Las Vegas fliegen und vor all diesen Menschen auf der Bühne eine Rede halten und jeder Einzelne von ihnen würde wissen wollen, was zum Henker mit dem Unternehmen los war. Und das Letzte, was ich ihnen sagen wollte, war: »Kein Kommentar.«

All das sagte ich Alex. Ich sagte ihm, dass unsere Kunden befremdet waren, dass wir große Geschäfte verloren und dass ich unseren Vertriebsmitarbeitern etwas Gewissheit geben müsse. »Könnten wir die Sache bitte bis spätestens Dienstagmorgen zu Ende bringen?«, fragte ich.

Und wie immer ließ Alex sich nicht drängen. »Die Dividende ist nicht verhandelbar«, sagte er. »Und der Preis ist zu gering.«

Wir gingen also wieder an die Arbeit. Während Amerika das große Spiel verfolgte, verbrachten Egon und ich und unsere verschiedenen Vertreter den Super-Bowl-Sonntag im Bemühen herauszufinden, wie wir unser Angebot verbessern konnten. Tief in der Nacht – das Spiel hatten wir verpasst, die Ravens hatten die 49ers mit 34 zu 31 geschlagen – diskutierten wir immer noch.

Als Käufer wollten Silver Lake und ich natürlich so wenig wie möglich für das Unternehmen bezahlen. Doch wir wollten den Vertrag auch über die Bühne bringen. Silver Lake stellten sich vor (sie legten den Preis fest, nicht ich), dass zusätzliche fünf Cent zu unserem vorherigen Angebot, also Kosten für uns in Höhe von fünf Cent mal 1,79 Milliarden Aktien – 90 Millionen Dollar – für den Vorstand einen maßgeblichen Unterschied darstellen würden, aber keinen großen für uns, falls unsere These wie erwartet korrekt war und die Privatisierung des Unternehmens im Laufe der Zeit zu einer deutlichen Steigerung seines Wertes führen würde. Und falls unsere These nicht korrekt war und wir verloren – und wir glaubten nicht, dass wir verlieren würden –, hätten wir wesentlich mehr Geld in den Sand gesetzt als 90 Millionen Dollar.

Am frühen Montagmorgen einigten Silver Lake und ich uns also, unser Angebot um fünf Cent pro Aktie zu erhöhen, auf 13,65 Dollar, und wir stimmten zu, dass das Unternehmen weiterhin seine vierteljährliche Dividende ausschütten würde. Egon sagte Alex, das sei absolut und definitiv sein letztes Angebot, und gegen zehn Uhr schickte Larry Tu eine E-Mail, dass Alex und Jeff Rosen (ein maßgeblicher Anwalt von Debevoise) die Sache besprechen und Egon dann anrufen würden.

Der NFL-Super-Bowl war Geschichte, aber in unserem Super Bowl ging das Spiel in die Verlängerung und damit in die alles entscheidende Phase.

Den ganzen Tag und bis in die Nacht hinein beriet sich das Sonderkomitee mit der Boston Consulting Group, mit Debevoise, J. P. Morgan und Evercore. Um 22 Uhr hatten Alex und das Komitee eine Konferenzschaltung mit dem Dell-Vorstand und Debevoise – ich war nicht dabei – und Alex empfahl dem Vorstand im Namen des Sonderkomitees, unser Angebot anzunehmen. Der Vorstand stimmte einhellig zu. Um 22.45 Uhr erhielten wir die Mitteilung, dass der Vorstand das Geschäft offiziell genehmigt habe. Nach dem Gespräch arbeiteten unsere Anwälte und die des Sonderkomitees die ganze Nacht durch, um die Dokumentation der Transaktion abzuschließen, und am Morgen des Dienstag, dem 5. Februar, wurde es dann offiziell: Unser Plan war eine Privatisierung mit Silver Lake als meinem Partner im Rahmen eines Leveraged Buyout in Höhe von 24,4 Milliarden Dollar, 13,65 Dollar pro Anteil.

Damit war der Vorgang beendet, dachten wir. Aber in Wirklichkeit hatte er gerade erst begonnen.

Die Reaktionen erfolgten unmittelbar und waren heftig. Natürlich stürzte sich jedes nur vorstellbare Medienunternehmen auf die Story. Das *Wall Street Journal* merkte an, der potenzielle Buyout sei der größte seiner Art seit der Finanzkrise von 2008, nannte ihn »riskant« und infolgedessen ein »Eingeständnis« meinerseits, dass ich »nicht in der Lage [sei], die notwendigen Veränderungen in Gang zu setzen, um Umsatz und Gewinn des Unternehmens unter dem grellen Licht der Wall Street zu steigern«. Sie bezeichneten mich als »einen Mann … der sich zunehmend um sein Vermächtnis sorgt«. Es sei Jahre her, hatten unbenannte Quellen dem *Journal* erzählt, dass »Mr. Dell dieselbe Begeisterung an den Tag legte wie bei seiner Beanspruchung des CEO-Ranges im Jahr 2007«.

Nun, die Presse tut, was sie eben immer tut, aber die Wahrheit ist, dass ich sehr gespannt war auf die Zukunft des Unternehmens, selbst wenn in der Kritik ein Körnchen Wahrheit enthalten war. Die Tatsache, dass der Markt das Unternehmen nicht mochte, hatte die Chance geschaffen, die ich ergriff. Danke, Markt! Ich bin sehr dankbar, dass du das Unternehmen falsch eingeschätzt hast! Anderenfalls wäre es unmöglich gewesen, es zurückzukaufen, ob der Markt sich nun irrte oder nicht.

Es war eine bittersüße Angelegenheit.

Tatsächlich war ich begeisterter als je zuvor von den Aussichten der Firma. Mit wem hatten sie bloß gesprochen?, fragte ich mich.

Die *New York Times* begrüßte den Deal als »kühnen Schritt«, nannte ihn aber auch »ein gewaltiges Wagnis. Er lädt Dell 15 Milliarden Dollar neue Schulden auf die Schultern und tut nichts, um die Kräfte abzuwenden, welche die Technologiebranche verwandeln und dem Unternehmen das Wasser abgraben.«

Das war eine interessante Einstellung, hatte ich doch jedem, der es hören wollte, zu sagen versucht, Dell sei weit davon entfernt, die Kräfte, welche die Technologiebranche verändern, abwenden zu müssen, sondern vielmehr im Begriff, eben diese Kräfte zu stärken und zu kontrollieren …

Egal. Jeder schien hier sein eigenes Süppchen zu kochen.

CNN: »Kritiker behaupten, Michael Dell sei kein großer Innovator, also wird er Dell wohl nie zum nächsten Apple oder Samsung machen.«

Die Presse hatte mir im Laufe der Jahre manches Etikett verpasst: Enfant terrible, Wunderkind, Genie, Idiot und vieles mehr – ich hatte ein dickes Fell entwickelt, was solche Bezeichnungen anging. Die meisten Kritiken machen mir nicht lange zu schaffen, zum Teil, weil ich weiß, dass die Presse im Laufe der Zeit mehr daran interessiert ist, Kontroversen zu schaffen, als objektive Fakten zu präsentieren. Die meisten Dinge werden entweder zum Positiven oder zum Negativen hin überzogen dargestellt, und die Wahrheit liegt immer irgendwo dazwischen.

Tja, witzig, aber ich hatte nie die geringste Absicht, Dell zum nächsten Apple oder Samsung zu machen. Mein einziges Bestreben war, das Dell von heute zum Dell von morgen zu machen – und dabei hatten wir bereits einen ganz guten Start hingelegt.

Doch offenbar war unser Fortschritt bedrohlich genug für HP, seinerzeit unser größter Konkurrent, um ein paar gute alte Ängste, Ungewissheiten und Zweifel zu säen. Binnen Stunden nach der Ankündigung gaben sie eine düster klingende Erklärung heraus: »Dell hat einen sehr steinigen Weg vor sich. Das Unternehmen steht vor einer langen Phase der Ungewissheit und des Übergangs, die für seine Kunden nicht gut sein wird. Und mit dieser erheblichen Verschuldung wird Dells Fähigkeit, in neue Produkte und Dienstleistungen zu investieren, extrem begrenzt sein. Bei Leveraged Buyouts werden Bestandskunden und Innovation meist im Regen stehen gelassen. Wir glauben, dass die Kunden von Dell nun nach Alternativen suchen werden, und HP beabsichtigt, diese Chance in vollem Maße zu nutzen.«

Mit anderen Worten: Die sind am Arsch, kauft lieber bei uns!

Nun, nicht solange ich ein Wörtchen mitzureden hatte.

Aber das war nur der Anfang der Rückschläge. Am Freitag, dem 8. Februar, meldete sich Southeastern Asset Management mit einem langen, aufgebrachten Brief an die Dell-Aktionäre zu Wort, unterzeichnet von O. Mason Hawkins, dem CEO von Southeastern. Der in der Presse ausführlich zitierte Brief nannte das Buyout-Angebot »beklagenswert unangemessen« und erklärte, es sei eindeutig »ein zeitlich opportunistisch abgepasstes Gebot, um das Unternehmen zu einem weit unter dem intrinsischen Wert von Dell liegenden Preis zurückzukaufen, das die Aktionäre der Möglichkeit beraubt, sich an der substanziellen zukünftigen Wertschöpfung des Unternehmens zu beteiligen«. Und worin bestand Mason Hawkins' Vorstellung von einer ordnungsgemäßen Bewertung?

Nicht 13,75 oder 13,85 oder 14 Dollar pro Aktie. Nicht 15 oder 16 oder gar 20 Dollar pro Aktie. Nein, die Firmenleitung von Southeastern erklärte, der korrekte Preis für Dell liege bei 23,72 Dollar pro Aktie, womit das Unternehmen einen Wert von über 42 Milliarden Dollar bekam.

Wie war Southeastern auf diese Zahl gekommen? Hawkins erläuterte das in seinem Schreiben sorgfältig. Er bewertete unser PC-Geschäft mit 2,78 Dollar pro Aktie, die anderen Produktlinien zusammengenommen mit 13,36 Dollar pro Aktie. Er berechnete, dass die 13,7 Milliarden Dollar, die wir seit 2007 für Akquisitionen ausgegeben hatten, auf 7,58 Dollar pro Aktie hinausliefen. In Summe ergab das 23,72 Dollar.

Doch dieser Betrag von 23,72 Dollar hatte noch eine weitere Bedeutung: Er spiegelte exakt unseren Aktienpreis an dem Tag im Jahr 2007 (und vor der großen Finanzkrise), als ich wieder CEO geworden war. Southeastern versuchte die Aktionäre zu beeinflussen, indem man suggerierte, ich hätte die Firma zugrunde gerichtet.

Hawkins forderte nicht meinen Rücktritt als CEO. Aber er drohte damit, die 8,5 Prozent der Anteile von Southeastern – die gleich hinter meinen eigenen 15,7 Prozent rangierten – zu nutzen, um eine Shareholder-Meuterei gegen den Deal anzuzetteln. In seinem Brief beklagte er, dass Southeastern, das rund 2,28 Milliarden Dollar investiert hatte, um seine 147 Millionen Dell-Aktien zu kaufen, rund 270 Millionen Dollar verlieren würde, wenn das Unternehmen zu 13,65 Dollar pro Aktie verkauft würde.

Ich war nicht wütend auf Hawkins. Ich konnte seinen Standpunkt verstehen: Er versuchte lediglich, das bestmögliche Ergebnis für sein Investment zu erzielen.

Es war seltsam. Man sollte annehmen, wenn der weit verbreitete Brief von Southeastern vollständig überzeugend war, würden die Dell-Aktien augenblicklich auf 20 Dollar und mehr steigen und damit die Notwendigkeit eines Börsenrückzugs eliminieren. Doch das war nicht der Fall. Genau genommen stiegen die Aktien an dem Freitag, als der Brief herauskam, lediglich um zehn Cent, von 13,53 auf 13,63 Dollar. Und was in dem Brief nicht erwähnt wurde, war, dass der unbeeinflusste Wert unserer Aktien – das Niveau, bevor Mitte Januar all diese Gerüchte aufgekommen waren – rund drei Dollar niedriger gelegen hatte. Unsere vorgeschlagene Transaktion bot den Aktionären einen Teil des potenziellen Vorteils unseres Plans, ohne dass sie das damit verbundene Risiko eingehen mussten. Statt also irgendetwas um zehn Dollar pro Aktie zu haben, konnten sie 13,65 Dollar bekommen, und wenn sie das nicht wollten, konnten sie gegen den Deal stimmen, und ihre Aktien würden wahrscheinlich wieder auf einen Wert um die zehn Dollar sinken. Die Entscheidung schien recht eindeutig, aber unzufriedene Menschen sehen die Dinge selten nüchtern, und die Unzufriedenheit unseres größten Aktionärs hatte allem möglichen Ärger Tür und Tor geöffnet.

Und dieser Ärger folgte auf dem Fuße. Am Tag nach dem Southeastern-Brief erschien bei *Barron's* ein Artikel unter der Überschrift »Dell-Deal könnte platzen«. »Michael Dells Deal, sein nach ihm benanntes Unternehmen zu privatisieren, wurde an der Wall Street ursprünglich nahezu als gesichert betrachtet«, begann er. »Doch es gibt Grund zu der

Annahme, dass die Transaktion am Widerstand der Aktionäre scheitern könnte.« Weiter hieß es in dem Artikel, dass die Opposition von Southeastern die Dell-Aktionäre wachrütteln könne, von denen viele, so wurde behauptet, mit dem angeblich geringen Preis unzufrieden seien, den ich zu bezahlen beabsichtige.

Die Logik von *Barron's* lautete: Der Betrag von 13,65 Dollar pro Aktie belaufe sich nur auf das Achtfache des für 2013 prognostizierten Gewinns von 1,67 Dollar pro Aktie und nur auf das Sechsfache des Ertrags, wenn man unseren Netto-Cashflow von fünf Milliarden Dollar abzog, was auf drei Dollar pro Aktie hinauslaufe. »Das ist ein Schnäppchen angesichts dessen, dass Dell in seinem just im Januar beendeten Steuerjahr 1,71 Dollar pro Anteil verdient haben soll«, fuhr der Artikel fort. »Kein großes Unternehmen ist jemals so billig zurückgekauft worden. Die meisten Leveraged Buyouts finden für das Doppelte des Wertes der Dell-Transaktion statt.«

Aber wenn der Deal so ein Schnäppchen war, warum zeigte sich dann am Markt nicht etwas anderes?

Der Autor zitierte die positiven Prognosen, die ich bei unserem jährlichen Analystentag im letzten Juni abgegeben hatte: Unser Ziel, hatte ich gesagt, seien 74 Milliarden Dollar Umsatz und sechs Milliarden operativer Gewinn im Steuerjahr 2015 – ein maßgeblicher Zuwachs, der vor allem von unserem schnell wachsenden Software- und Dienstleistungsgeschäft angetrieben wurde. »Angesichts dieser Präsentation«, wurde einer unserer Investmentmanager in dem Artikel zitiert, »ist es der reinste Hohn, dass der Dell-Vorstand diesen Preis für fair hält.«

Als ich das las, kam ich mir vor, als wäre ich durch den Spiegel in eine Art merkwürdiges Wunderland getreten: Genau die Argumente, die ich während des letzten halben Jahres verwendet hatte, wurden jetzt gegen mich eingesetzt! Der eigentliche Hohn war – das fand ich schon lange und tat dies auch weiterhin –, dass die Investoren es nicht schafften, über das Klischeebild des strauchelnden PC-Herstellers hinauszublicken und zu erkennen, wie gut wir wirklich waren und um wie viel besser wir mit Gewissheit noch werden würden. Gerade weil die Investoren sich weigerten, Dells Entwicklung positiv zu sehen, beschloss ich, den Stier bei den Hörnern zu packen.

Der erste Go-Shop hatte hinter verschlossenen Türen stattgefunden, noch ehe die Öffentlichkeit darüber informiert worden war, dass wir das Unternehmen zum Verkauf stellten. KKR und TPG waren ein- und wieder ausgestiegen. Der zweite Go-Shop war ein ganz anderer Prozess und begann mit einem Knall kurz nach der Ankündigung vom 5. Februar. Unter der Aufsicht des Sonderkomitees begann Evercore jetzt, potenzielle Interessenten zu kontaktieren, um zu erfragen, ob sie an einer Verbesserung unseres Angebots interessiert seien. Bis zum 23. März, dem vereinbarten Ende der 45-tägigen Go-Shop-Periode, nahm Evercore insgesamt mit 67 Interessenten Kontakt auf: 19 strategische Beteiligte (Technologieunternehmen wie Hewlett Packard, IBM, Cisco und Lenovo), 18 Finanzsponsoren (Investmentfirmen wie Insight, Francisco Partners und Riverwood) sowie 30 andere Institutionen, darunter unabhängige (staatliche) Vermögensfonds. Außerdem erhielt Evercore vier unaufgeforderte Anfragen, zwei von strategischen Beteiligten und zwei von Finanzsponsoren. Von den 71 Institutionen, mit denen Evercore Kontakt hatte, drückten elf ein Interesse an einer möglichen Transaktion aus. Die Sache kam ins Rollen.

Wenn Sie beim Lesen dieses Artikels im *Barron's* am 9. Februar einmal kurz geblinzelt haben, ist Ihnen womöglich diese kleine, aber interessante Randbemerkung entgangen: »Es ist auch möglich, dass ein bekannter aktiver Investor wie Bill Ackmann, Carl Icahn oder Dan Loeb einen Anteil an Dell erwirbt und sich dem Buyout entgegenstellt, der Mitte des Jahres beendet sein soll.«

»Aktiver Investor« war eine Art Euphemismus für das, was Carl Icahn tatsächlich war. »Unternehmensplünderer« bringt es mehr auf den Punkt, und vielleicht käme »aufsässiger Opportunist« der Wahrheit noch näher. Seit Ende der siebziger Jahre hatte Icahn großes Geschick darin bewiesen, wichtige Positionen in Unternehmen zu erlangen, die in Schwierigkeiten steckten oder im Umbruch waren, und sie dann entweder zu zwingen, ihre Aktien mit einem Aufpreis zurückzukaufen, oder die Unternehmensführung zu Entscheidungen zu zwingen, die den Aktienpreis nach oben trieben – und damit den Wert seiner Anteile. Er präsentierte sich gern als den großen Verteidiger des einfachen Mannes, des normalen Aktionärs; genau genommen war er der große Verteidiger von Carl Icahn. Manchmal zog er ein von ihm ins Visier genommenes Unternehmen bis auf die Unterwäsche aus und verkaufte es, ohne sich groß um die Beschäftigten oder die Aktionäre zu kümmern, aber mit großem finanziellem Gewinn für ihn selbst. Manchmal – und darin wurde er immer besser, je größer sein Ruf und sein Reichtum wurden – musste er nichts weiter tun, als damit zu drohen, eine Firma zu übernehmen, damit sie seine Anteile mit großem Aufschlag zurückkaufte: diese reizende Vorgehensweise war als Greenmail bekannt. Er schien sich wenig bis gar nicht dafür zu interessieren, was die von ihm anvisierten Unternehmen herstellten oder taten: Ihm ging es nur um das Spiel an sich.

Und ein solches war es. Der Spielverderber zu sein, war seine Art des Vergnügens bei gleichzeitigem Anhäufen von Geld. Der Legende nach hatte er sich seine Princeton-Zeit mit Pokergewinnen finanziert; seine Geschäftspraktiken waren dem durchaus ähnlich. Wer am Ende die meisten Chips vor sich liegen hatte, gewann. Er hatte das mit Dutzenden Unternehmen gemacht, viele davon bekannte Namen – Trans World Airlines (TWA), Marshall Field, Phillips Petroleum, Nabisco, Blockbuster, Texaco, Marvel Comics, Herbalife, Netflix, Motorola –, und Milliarden gemacht.

Und plötzlich tauchte Carl Icahn, über den ich mir nie große Gedanken gemacht hatte und den ich nur als Störenfried aus Businessgeschichten kannte, die nichts mit mir zu tun hatten, auf meinem Radar auf.

Zunächst war nicht ganz klar, worauf er hinauswollte. Am 26. Februar nahm ein Vertreter von Icahns Firma Icahn Enterprises mit Debevoise & Plimpton Kontakt auf und sagte, Icahn wolle vertrauliche Informationen über Dell im Hinblick auf eine »mögliche Transaktion« mit dem Unternehmen. Debevoise schickte Icahn Enterprises eine Verschwiegenheitserklärung zur Unterzeichnung und am selben Abend trafen sich Vertreter von J. P. Morgan und Debevoise mit Icahn selbst, um herauszufinden, was für eine Transaktion er im Sinn hatte.

Das fanden wir bald heraus. Am 5. März schickte Icahn unserem Vorstand einen Brief, sein erster Vorstoß auf unser Territorium. Darin teilte er mit, dass Icahn Enterprises nun maßgeblicher Anteilseigner von

Dell Inc. sei und dass Icahn glaube, dass »die durch die Fusionsvereinbarung erwogene Transaktion nicht im Interesse der Aktionäre des Unternehmens ist und das Unternehmen deutlich zu gering bewertet«. Der Brief enthielt auch einen Alternativvorschlag zum Buyout, das Silver Lake und ich beabsichtigten: eine fremdfinanzierte Rekapitalisierung von Dell plus eine Sonderausschüttung an die Aktionäre. Zudem deutete der Brief die Absicht von Icahn Enterprises an, einen Proxy Fight um die Führung bei Dell anzuzetteln, falls unseren Aktionären der Buyout nicht gefiel.

Wie maßgeblich war Icahns Dell-Anteil tatsächlich? Am 6. März berichtete *CNBC*, dass er im Unternehmen eine Position angehäuft habe, die bei 100 Millionen Anteilen liegen könne – oder rund sechs Prozent des gesamten ungebundenen Aktienbestands, was nicht weit hinter den 8,5 Prozent des Southeastern-Anteils lag.

Im Geschäftsleben kann man sich mit den klügsten Menschen umgeben, man kann mit der größten Sorgfalt und Intelligenz vorausplanen, aber trotzdem ist Verlass darauf, dass man von Zeit zu Zeit einen Schlag in die Magengrube erhält – also dass etwas eintritt, womit man nicht gerechnet hat. Und genau das war hier der Fall.

Und nun trat ein weiterer wichtiger Akteur auf den Plan. Ende Januar hatte die Blackstone Group Kontakt zu Evercore aufgenommen, einer der weltweit größten Privatkapitalgesellschaften und Finanzdienstleistungsfirmen. Wenn der zweite Go-Shop erst mal beginne, so sagten sie, gingen sie davon aus, ein Kaufangebot für Dell zu unterbreiten. Im Februar unterzeichnete Blackstone eine Vertraulichkeitsvereinbarung und erhielt Zugriff auf den Datenraum; sie veränderten auch ihre ursprüngliche Vorgehensweise und sagten jetzt, sie planten ein Konsortium zu gründen, um zu versuchen, die Firma zu kaufen. Und am 1. März trat Francisco Partners, eine technologieorientierte Privatkapitalgesellschaft, der Vertraulichkeitsvereinbarung von Blackstone bei und erhielt Zugang zum Datenraum. Eine Reihe weiterer Unternehmen kam hinzu. Blackstone erzählte den Medien gegenüber, man werde vielleicht versuchen, Dell Financial Services zu veräußern, eine Tochtergesellschaft von uns, um bei der Finanzierung des Deals zu helfen.

Icahn führte seine eigenen Manöver durch. Am 7. März kontaktierte er Debevoise mit seinem neuesten strategischen Schritt: dem Antrag auf die Abschaffung von Absatz 203 des Allgemeinen Gesellschaftsrechts von Delaware, der Einschränkungen für die geschäftlichen Zusammenschlüsse zwischen Unternehmen und großen Anteilseignern vorsieht. Eine Woche darauf benachrichtigte Icahn das Sonderkomitee, er habe unter dem HSR – dem Hart-Scott-Rodino-Antikartellgesetz – eine Bekanntmachung vermerken lassen, dass er bis zu 25 Prozent der ausstehenden Anteile von Dell kaufen wolle. Icahn sagte nun, er wolle, dass Dell ein Börsenunternehmen bleibe; er lockte unsere Aktionäre mit dem Vorschlag, dass wir eine einmalige Sonderausschüttung von neun Dollar pro Anteil zusätzlich zu unserer normalen Quartalsdividende auszahlten.

Die großen Schlachtschiffe brachten sich in Stellung; die Streitkräfte wurden für den bevorstehenden Kampf versammelt.

Derweil musste ich die Truppen beruhigen, 100 000 Dell-Mitarbeiter, die sich um ihre Zukunft sorgten. Beim Field Readiness Seminar in Vegas hatte ich gleich nach der Februar-Ankündigung mehreren Tausend Verkaufsmitarbeitern gesagt, ich hätte volles Vertrauen in unseren Börsenrückzug und unsere Fähigkeit, ihn unter Kontrolle zu behalten. Ich sprach in allgemeinen, aufmunternden Begriffen, mit erhobenem Kinn und einem Lächeln. Ich glaubte zutiefst an das, was ich sagte, und das Verkaufspersonal glaubte mir.

Dann kamen Icahn und die anderen Ereignisse des Februar und März und Millionen Geschichten in den Finanzblättern und im Fernsehen. Während der nächsten Monate ging ich auf eine Welttournee durch die Dell-Niederlassungen – in Städten wie Peking, Bangalore, London und Moskau –, um den zahlreichen Beschäftigten unseres Unternehmens zu sagen, dass alles unter Kontrolle war. Es war ein seltsamer Tanz, den ich da aufführen musste. Wegen all der Vertraulichkeitsklauseln konnte ich nur wenig preisgeben. Ich sagte also Dinge wie: »Nun, schauen Sie mal, ich kann Ihnen bloß sagen, dass ich mitten in Gesprächen stecke, und auch wenn ich Ihnen nicht genau mitteilen kann, was vor sich geht, bin ich doch zuversichtlich, dass wir ein gutes Ergebnis für Sie, für unsere Kunden, für unsere Shareholder und für unser Unternehmen erzielen werden. Wenn Sie mir also vertrauen und glauben, wird alles gut werden. Machen Sie sich keine Sorgen.«

Das klingt einfach – und war es auch. Denn sie glaubten mir, weil ich sie noch nie angelogen hatte, und auch jetzt log ich nicht. Gleichzeitig war ich nicht völlig sicher, wie viel Kontrolle ich noch über die Ereignisse hatte, die sich mit großer Geschwindigkeit entwickelten.

Bis zur dritten Märzwoche hatten sich sowohl Icahn als auch Blackstone als auch die Hauptdisputanten für eine alternative Transaktion erwiesen, und sie machten eine Menge Lärm. Icahn sagte jetzt, er sei bereit, sein eigenes Geld einzusetzen, um einen Deal zu finanzieren, bei dem er nicht 25, sondern 58 Prozent von Dell für 15 Dollar pro Aktie erwerbe und den Rest des Unternehmens an der Börse lasse. Blackstone sagten, sie seien bereit, 14,25 Dollar pro Aktie für das gesamte Unternehmen anzubieten, entweder vollständig in bar oder teilweise in Anteilen, damit Dell weiterhin an der Börse gelistet bleibe. Beide sagten, sie hätten Schreiben von Banken, die ihnen ein hohes Maß an Rückendeckung gäben – aber das waren keine Einverständniserklärungen, und wir hatten *vier* Banken, die sich formal einverstanden erklärt hatten, uns zu helfen. Immer noch sagte das Sonderkomitee, es sei bereit, sowohl mit Icahn als auch mit Blackstone zu verhandeln. Mehr noch, das Komitee erklärte öffentlich, die beiden von Blackstone und Icahn eingereichten vorbereitenden Pläne könnten zu »überlegenen Angeboten« gegenüber unserem führen, was die Vorbedingung für die Fortsetzung der Gespräche war.

Und die Medien waren voller Aufmerksamkeit. »Könnte Michael Dell alles verlieren?«, war eine Frage, die mehr als einer stellte. Gerüchte begannen zu kursieren, dass Blackstone mich als CEO ersetzen wolle, wenn es die Schlacht gegen Silver Lake und mich gewinne. Zwei mögliche Nachfolger wurden in den Nachrichten immer wieder erwähnt. Der eine war Mark Hurd, bekannt als operativer Zauberer, der früher CEO von Hewlett-Packard gewesen und derzeit Präsident von Oracle war; der andere war Michael Capellas, ehemaliger CEO von Compaq, jetzt im Vorstand von Cisco. Ungefähr um diese Zeit trafen sich – und ohne meine Kenntnis – Chinh Chu, der Senior Managing Director von Blackstone, und Capellas mit Jeff Clarke in Austin.

Sie hatten einen starken Auftritt – voller Elan, erinnert sich Jeff. Sie sagten ihm, es sei ihnen ernst mit der Absicht, Dell zu übernehmen. »Aber es könnte sein, dass Michael gehen muss«, sagten sie. »Und dass wir an seine Stelle treten.« Die Art, wie sie das sagten, klang nicht nach einem Vielleicht, entsinnt sich Jeff. Wenn ich weg wäre, fragten sie ihn, würde er dann mit ihnen zusammenarbeiten?

Jeff wünschte ihnen viel Glück und sagte, es sei ihm eine Ehre, weiterhin mit mir zusammenzuarbeiten, wo ich auch sein möge.

Das Gerede über meine Absetzung fühlte sich nicht besonders gut an, aber nicht nur, weil es meinen Stolz verletzte. Es ärgerte mich, weil es Unsicherheit säte. Ich fragte mich, inwiefern die Gerüchte das Denken unserer Beschäftigten und Kunden, unserer Partner und Lieferanten über ihre Beziehung zum Unternehmen veränderten. Welche Kandidaten erwähnt wurden, spielte dabei keine Rolle – ich nahm an, die Aussage war nur eine Finte, um die Dynamik bei einer möglichen zukünftigen Verhandlung mit mir zu beeinflussen.

Vielleicht dachten Icahn und Blackstone, ihre Einschüchterungstaktik würde ihnen bei einer Verhandlung mit mir irgendwie die Oberhand geben. Sie hatten unsere Vereinbarung mit Silver Lake gelesen, in der es hieß, dass ich das Unternehmen führte und die maßgeblichen Entscheidungen traf und dass Silver Lake mit mir gemeinsam investieren musste. Ich konnte mir vorstellen, wie Icahn und Blackstone sagten: »Also, wir hätten in dieser Angelegenheit gern mehr mitzureden.«

Und es mochte Szenarios gegeben haben, in denen etwas in dieser Art passiert war – wenn Blackstone zum Beispiel gesagt hatte: »Okay, wir verbünden uns mit Ihnen für 15 Dollar pro Aktie, aber wir wollen diese und jene Führungsrechte.« Wenn sie den Aktionären mehr boten, wäre ich gezwungen, irgendeine Einigung mit ihnen zu erzielen. Das war es vielleicht, worauf sie aus waren.

Ich zog nie in Betracht, dass die Drohung, mich zu ersetzen, ernst zu nehmen war. Ich vermute, die meisten der mutmaßlichen Kandidaten taten das auch nicht. Vielleicht gab es einen oder zwei, die das schluckten, aber das hieß nur, dass sie auf die Finte hereingefallen waren.

Auf jeden Fall war und ist der Erfolg des Unternehmens wichtiger als meine Rolle darin. Ich war immer der Auffassung, wenn jemand es als Führungskraft besser machen könne, würde ich eine andere Position einnehmen, um der Firma zu helfen. Das hatte ich von 2004 bis 2007 getan und ich war bereit, es erneut zu tun, wenn die Situation es erforderte. Und natürlich werden solche Entscheidungen in einem börsennotierten Unternehmen vom Vorstand getroffen.

Ich wusste auch, dass ich bei unserem vorherigen Shareholder-Treffen im Juli 2012 mit über 96 Prozent der Stimmen als Vorsitzender und CEO wiedergewählt worden war. Dennoch, seither war viel passiert.

Am 25. März erklärte Icahn, er sei bereit, sich mit Blackstone zu verbünden.

Zwei Tage später, am 27. März, schrieb das *Wall Street Journal,* dass Blackstone bereit seien, mich als CEO zu behalten. Wie reizend von ihnen, dachte ich. »Das Eröffnen der Option, Mr. Dell als CEO zu behalten, könnte der Privatkapitalgesellschaft dabei helfen, ihn endlich zu einem Einverständnis mit ihrem Gebot zu bewegen«, schrieb das *Journal.* Viel Glück dabei, dachte ich. Ich kannte den Mitgründer von Blackstone, Steve Schwarzman, schon seit Jahrzehnten, und ich empfand großen Respekt für ihn. Aber wenn das Einverständnis mit Blackstones Gebot bedeutete, mit dem Kerl zusammenzuarbeiten, der hinter meinem Rücken zu Jeff Clarke ging und ihn dazu bringen wollte, mich abzusägen – danke, aber nein danke, dachte ich.

Doch fürs Erste behielt ich meine Gedanken für mich.

Aus März wurde April und plötzlich schien Icahn den meisten Radau zu machen. Am 17. April verkündete das Sonderkomitee, es habe eine Vereinbarung mit dem »Milliardeninvestor« getroffen, wie die Medien ihn gern bezeichneten (ich hatte meine eigenen Ausdrücke für ihn): Icahn versprach, weder persönlich noch im Bündnis mit anderen Aktionären mehr als zehn Prozent der Dell-Aktien aufzukaufen. Im Gegenzug erlaubte ihm das Komitee, mit anderen bedeutenden Aktionären über eine Bündelung der Kräfte gegen Silver Lake und mich zu sprechen. Die Vereinbarung, so sagte das Sonderkomitee der Presse, maximiere die Chancen, von Icahn das bestmögliche Angebot zu erhalten, schütze aber zugleich die Dell-Shareholder vor dem Entstehen eines »ungebührlich einflussreichen Abstimmungsinteresses«.

Auf dem Papier hörte sich das gut an. Aber Icahn versprach nicht gerade Wohlverhalten. In einer Verlautbarung – er machte plötzlich ständig Verlautbarungen – sagte er, er behalte sich das Recht vor, eine Aktionärsrebellion gegen den Dell-Vorstand anzuführen, falls das Unternehmen weiterhin Silver Lake und mich bevorzuge. Weiterhin erklärte er, er lehne die bis zu 25 Millionen Dollar Rückerstattung der Due-Diligence-Kosten ab, die das Sonderkomitee angeboten habe, damit er immer noch einen potenziellen Kampf gegen den Vorstand führen könne. Er folgte seinem eigenen Skript und tat, was er schon Dutzende Male zuvor getan hatte: eine clevere PR-Kampagne führen, die ihn eher wie einen einsamen Kämpfer für die Rechte der Shareholder wirken ließ und nicht wie den gierigen Piraten, der er in Wirklichkeit war.

Inzwischen schaltete das Blackstone-Konsortium, das nun aus vier Unternehmen bestand (Blackstone, Insight, Francisco und Riverwood), einen Gang höher. Mitte April hatten wir mit ihnen ein riesiges Due-Diligence-Meeting im Marriott Hotel gleich neben unserer Hauptniederlassung in Round Rock. Das war ein ganz schöner Auftritt: Wir brauchten einen Festsaal, um alle unterzubringen. Sie hatten jeden nur vorstellbaren Berater angeheuert– mindestens 50 von ihren und 20 von unseren Leuten saßen an langen Tischen mit Mikrofonen. Alle paar Minuten verkündete ein Moderator: »Der nächste Redner ist Soundso.« Sie quetschten uns gefühlte Stunden über unsere Finanzen, unsere Lieferungen und unsere Pläne aus.

Und dann sprangen sie ab. Am 18. April rief mich Steve Schwarzman persönlich an, bedauernd, aber sachlich. Er sagte, er habe gewaltigen Respekt gegenüber Dell als globalem Unternehmen und mir als seinem Gründer und Vorstand, doch unsere jüngst veröffentlichten PC-Verkaufszahlen (minus elf Prozent im ersten Quartal – wobei der PC-Verkauf weltweit im selben Zeitraum um 14 Prozent zurückgegangen war) und unsere sinkenden Prognosen für die Betriebseinnahmen (von 5,6 Milliarden Dollar im vorangegangenen Juli auf drei Milliarden Dollar) machten einen Buyout einfach zu schwierig für Blackstone. Am nächsten Tag wurde die Neuigkeit veröffentlicht und unsere Aktie fiel von 13,94 auf 13,40 Dollar – es war das erste Mal seit Anfang Februar, dass der Aktienkurs unter den Preis gefallen war, den Silver Lake und ich boten. (Was auch bedeutete, dass jeder gekaufte Anteil, einschließlich der von Icahn gekauften, zu einem höheren Preis gekauft worden war als dem, den Silver Lake und ich boten.) Die Investoren schienen nun zu glauben, dass es kein höheres Gebot geben werde.

Jetzt waren es nur noch wir gegen Icahn.

Er verkündete immer noch lautstark – er liebte es, im Fernsehen zu sein! –, dass unser Angebot das Unternehmen massiv unterbewerte. »Es ist die reinste Farce – fast wie etwas aus *Saturday Night Live*«, erklärte er gegenüber *CNBC*. Er erzählte allen möglichen Medienvertretern, dass er die verschiedensten Pläne habe, um einen Teil von Dell börsennotiert zu halten. Dann verkündete er, einen neuen Verbündeten zu haben. Am 9. Mai wurde sein neuester Plan offenbar: »Icahn und die Vermögensverwaltung von Southeastern unternehmen aggressiven Verstoß für Dell-Buyout«, lauteten die Schlagzeilen.

Eine scheinbar unvermeidliche Allianz: Southeastern mit seinem stetigen Trommelschlag der Verdrossenheit bezüglich der angeblichen Armseligkeit unseres Angebots und Pirat Carl, der Freund der Aktionäre. Gemeinsam gehörten ihnen 13 Prozent von Dell und natürlich hatten sie große Pläne für das Unternehmen, zu denen als zentrale Komponente ihr Vorhaben zählte, mich rauszuwerfen. Sie schrieben unserem Vorstand einen scharfen Brief, in dem sie ihn beschuldigten, die Intelligenz der Shareholder zu beleidigen durch die Behauptung, deren Interessen in den Mittelpunkt zu stellen, während sie gleichzeitig Dells Angebot annahmen, das Unternehmen zu einem Preis zu kaufen, der »weit unter dem liegt, was wir für seinen tatsächlichen Wert halten«.

Weiter hieß es in dem Brief: »Sie haben nicht nur Michael Dells Angebot abgesegnet, das es ihm wundersamerweise ermöglicht, den Aktionären das Unternehmen mit ihrem eigenen Geld abzukaufen, sondern fügten dem Unrecht noch eine Beleidigung hinzu, indem Sie einwilligten, Mr. Dell einen Breakup Fee von bis zu 450 Millionen Dollar zu gewähren.«

Das war ein echter Icahn mit diesem Hokuspokus, den er so, ich will nicht sagen gut, aber doch sicherlich effektiv beherrschte: Äußere eine bizarre Unrichtigkeit und wiederhole sie oft und laut genug, dann werden dir viele Menschen Glauben schenken. »Den Aktionären das Unternehmen mit ihrem eigenen Geld abzukaufen« war einfach nur eine kreative Formulierung – seine Art zu erklären, dass er und Southeastern unser Angebot für zu niedrig hielten. Und was diesen Breakup Fee von bis zu 450 Millionen Dollar angeht: Dieses Geld stand potenziell Silver Lake zu, nicht mir, falls der Deal zugunsten eines alternativen Angebots platzte, das außerhalb des Go-Shop-Zeitraums gemacht wurde. Und der potenzielle Breakup Fee, falls der Deal für Icahns Angebot beendet wurde, war wesentlich geringer – 180 Millionen Dollar. Es stimmte, dass ich eine Menge Geld verlieren würde, wenn der Deal nicht zustande kam, aber ich brauchte absolut keinen Breakup Fee. Silver Lake dagegen hätten sehr viel Zeit und erhebliche Ressourcen in den Prozess investiert, wofür ihnen ohne Frage eine angemessene Entschädigung zustünde.

Doch natürlich taten wir alles in unserer Macht Stehende, um dafür zu sorgen, dass der Deal nicht platzte.

Und selbstverständlich tat Icahn alles in seiner Macht Stehende, damit er es doch tat – und nun damit enorm viel Geld zu verdienen.

Icahn und Southeastern boten an, dass Dell an der Börse notiert bleiben und die Shareholder ihre Anteile am Unternehmen behalten sollten. Sie sagten, sie wollten den Aktionären entweder zwölf Dollar pro Anteil in bar oder zusätzliche Anteile geben. Sie wollten, dass der Dell-Vorstand den Aktieninhabern ihren Vorschlag präsentierte, und wenn der Vorstand dies ablehne, wollten sie, dass bei der Jahreshauptversammlung der Firma, wenn ein neuer Vorstand gewählt wurde, auch eine Abstimmung über unser Angebot (also das von Silver Lake und mir) stattfinde. Sie beabsichtigten, bei dieser Versammlung eigene Vorstandsmitglieder nominieren zu lassen.

Sie versprachen, »beharrlich« daran zu arbeiten, die übrigen Shareholder von einer Ablehnung unseres Gebots zu überzeugen. »Dieses Unternehmen hat lang genug unter den völlig fehlgeleiteten Entscheidungen des Vorstands und der Geschäftsleitung gelitten«, schrieben sie. »Treffen Sie keine weitere, indem Sie es einem unnötigen kräftezehrenden Stellvertreterkrieg aussetzen. Lassen Sie die Aktionäre selbst entscheiden, welches Angebot sie wählen.«

Icahn erklärte *CNBC*, er sei zuversichtlich, gemeinsam mit Southeastern die Dell-Aktionäre davon überzeugen zu können, gegen unser Angebot zu stimmen. Er sagte, wenn seine Vorstandskandidaten gewählt würden, könne er garantieren, dass ich die Firma nicht länger leiten würde. »Es ist erstaunlich, was alles möglich ist, wenn man erst mal die Führung ausgewechselt hat«, sagte er.

Ich war schon öfter mit Gegnern konfrontiert gewesen, aber noch nie mit welchen, die öffentlich und wiederholt im nationalen Fernsehen Lügen verbreiteten. Ich war angewidert von Carls völligem Mangel an moralischer Integrität. Im Prinzip hatte er keinerlei Wertschätzung für Ehrlichkeit und Wahrheit – er war bereit, alles zu tun und zu sagen, um seine Ziele zu erreichen, und mit solchen Tricksereien kennt er sich ziemlich gut aus.

Ich glaube, dass wir alle im Wettbewerb bessere Leistungen erbringen, ob er nun fair und anständig ist oder nicht – obwohl ich eindeutig der Meinung bin, dass ein fairer und anständiger Wettbewerb besser ist. Ich hatte im Laufe der Jahre zahlreiche Mitbewerber – CompuAdd, IBM, Compaq und so weiter –, und ich denke, es ist gut, gegen einen identifizierten Gegenspieler vorgehen zu können. Icahn machte sich zu einem leichten Ziel – er erklärte uns den Krieg, also war es einfach, auch ihm den Krieg zu erklären.

Und diesmal war es etwas Persönliches, wie es so schön heißt.

6

Ein junger Mann in Eile

Ich saß, mit Handschellen gefesselt, im Fond eines Streifenwagens der Austiner Polizei. Mein Vergehen: Ich war 92 in einer 55-Meilen-Zone gefahren, und damit nicht genug: Als der Officer meine Nummernschilder überprüfte, ergab dies eine so große Anzahl unbezahlter Strafzettel wegen zu schnellen Fahrens, dass ein Haftbefehl gegen mich erlassen wurde. Das Fahrzeug, mit dem ich all diese Strafzettel verdient hatte, war ein roter Porsche 911, ein wunderbares Auto, das ich gekauft hatte, nachdem der BMW wegen mangelnder Wartungsarbeiten den Geist aufgegeben hatte. Anscheinend ist es eine ganz gute Idee, ab und zu Öl ins Auto zu kippen – aber ich war zu beschäftigt, um auf solche Details zu achten, nehme ich an. Und zu beschäftigt, um all die Strafzettel zu bezahlen. Ich war gerade 20 geworden und ich war ein junger Mann in Eile.

Der 911 war ein großartiges Auto mit einer unglaublichen Beschleunigung, aber ich hatte bei seinem Kauf nicht berücksichtigt, dass rote Autos Polizistenmagneten sind, besonders wenn man schnell fährt, wie ich es oft tat, und besonders wenn man 20 und verantwortungslos ist, was ich definitiv war. Ich fuhr gern schnell und die Austiner Polizei hielt mich gern an. Sie sagten immer dasselbe: »Hat dein Daddy dir dieses Auto gekauft, Junge?« Und ich antwortete immer dasselbe: »Nein, Sir. Es tut mir leid, Officer. Ich habe gar nicht bemerkt, dass ich zu schnell war, Sir.«

Das war keine besonders gute Entschuldigung und sie ließen mich kein einziges Mal ungeschoren davonkommen – und nun musste ich dafür bezahlen. Der Beamte nahm mich mit auf die Polizeiwache, wo mir die Fingerabdrücke abgenommen wurden, ich aber zu meinem großen Glück nicht inhaftiert wurde. Ich war so beschämt – ich wusste, dass ich falsch gehandelt hatte. Vielleicht war ich ein bisschen rebellisch, was meine Eltern angeht, aber was Militärangehörige, Polizisten und Feuerwehrleute angeht, so hatte ich immer Respekt und Bewunderung für ihre schwierige Arbeit gehabt. Es war Zeit, zu bezahlen und das Tempo zu verringern – und mir ein Auto zu kaufen, dass weniger Aufmerksamkeit erregte. Ich tauschte den 911 gegen einen anderen Porsche, einen schwarzen 928, den ich ebenfalls liebte. Und ich versuchte, ein bisschen verantwortungsvoller zu fahren.

(Jahre später, als ich Susan diese Geschichte erzählte, sagte sie: »Großartig! Dann bin ich also mit einem Gangster verheiratet?«)

Es war September 1985 und Dell Computer Corporation d/b/a PC's Limited florierte. Wir hatten in den ersten neun Monaten der Geschäftstätigkeit Verkaufszahlen von über sechs Millionen Dollar erzielt (diese Zahl sollte bis zum Ende unseres ersten vollständigen Geschäftsjahrs am 31. Januar 1986 auf 33 Millionen steigen) und wuchsen rasch. Immer noch verkauften wir maßgeschneiderte PCs an Ärzte, Anwälte und Architekten rund um Austin, aber dank der landesweiten Anzeigen in den Computerzeitschriften verkauften wir auch an Ärzte, Anwälte und Architekten im ganzen Land. Mehr noch: Wir hatten angefangen, Aufträge von ein paar ziemlich großen Unternehmen zu bekommen, darunter Texaco, Ford, Monsanto und viele andere. Über das handschriftliche Notieren von Aufträgen und das Aufhängen an Wäscheleinen waren wir längst hinaus – ich konnte mir jetzt erlauben, einen Mann einzustellen, der ein Auftragserfassungssystem entwickelte, das unsere Verkaufsmitarbeiter auf ihren PCs nutzen konnten. Erwähnte ich schon, dass unsere Verkäufer jetzt PCs hatten? Der einzige Haken war, dass unsere Unternehmensrechner nicht untereinander vernetzt waren, deshalb gab mir jeder der Verkäufer abends eine Floppy-Disk mit den Bestellungen, die er während des Tages entgegengenommen hatte. Ich pflegte sie dann alle in unsere Datenbank ein.

Es war alles ein bisschen improvisiert. Vielleicht mehr als nur ein bisschen.

Wussten wir, was wir taten? Ja und nein. Ungeachtet meiner unternehmerischen Jugend hatte ich bereits ein Geschäft geführt, es gab also eine Lernkurve zu nehmen. Aber es war nicht nur das Lernen, ein Geschäft zu führen; es war das Lernen, ein Geschäft wie kein anderes zu führen – auch wenn PC's Limited oberflächlich betrachtet wie viele andere Computergeschäfte wirkt. Mitte bis Ende der Achtziger erlebten Start-ups in unserem Bereich einen Boom. Damals gab es eine monatlich erscheinende Zeitschrift namens *Computer Shopper* – im Laufe des Jahrzehnts stieg ihr Umfang auf Hunderte Seiten, ungefähr die Hälfte davon redaktionelle Inhalte und Technikartikel, der Rest Anzeigen von sprichwörtlich Hunderten neuer Unternehmen, die, wenn man die Augen zusammenkniff, alle ziemlich ähnlich erschienen. Eins davon waren wir. Und doch waren wir von all den vielen Firmen, die uns nachzuahmen versuchten, indem sie maßgeschneiderte PCs herstellten und am selben Tag auslieferten sowie kostenlosen telefonischen Support anboten, die einzige, die florierte und Erfolg hatte.

Wir begannen nicht mit den maßgeschneiderten Bestellungen, weil wir darin irgendein bedeutsames Paradigma für die Zukunft erkannten. Wir fingen so an, weil wir nicht das Kapital für eine Massenproduktion hatten. Das erwies sich als ziemlich vorteilhaftes Handicap. Und viele der bedeutsamsten Lektionen, die wir in den Anfangsjahren des Unternehmens lernten, ergaben sich auf dieselbe instinktive Weise. Wir experimentierten und improvisierten uns zum Erfolg.

PC's Limited stieg auf wie eine Rakete, aber mit einem Schlenker in der Flugkurve. Unsere Entwicklung war unregelmäßig. Einerseits hatten wir dieses phänomenale, umwerfende Geschäftsmodell: direkt an die Kunden zu verkaufen, ihnen genau die Computer und Zubehörteile zu geben, die sie wollten, zu Preisen, die denen im Einzelhandel weit überlegen waren. Wir waren einzigartig – und flogen unter dem Radar, sodass unsere größten Wettbewerber, IBM und Compaq, uns nicht bemerkten. Für sie waren wir einfach ein Versandhandel. Sie glaubten nicht, dass wir echte Ingenieursleistung erbrachten. Glaubten nicht, dass wir eine Lieferkette hatten. Glaubten nicht, dass wir ein überlegenes Geschäftsmodell hatten. Und deshalb machten sie sich wegen uns keine Sorgen. Aber natürlich wuchsen und wuchsen wir immer weiter. Von IBM und Compaq unterschätzt zu werden, war eine starke Motivationskraft.

Unsere Verkaufszahlen stiegen wöchentlich, ebenso unsere bunte Truppe von Söldnern und Piraten. Auf den ersten Blick ergab das keinen Sinn. Ein 20-jähriger College-Abbrecher mit einem Startkapital von 1000 Dollar, der sagte: »Hey, wer will in diesem Unternehmen arbeiten?« Wir saßen in einem Industriegebiet der B-/C+-Lage und in einer nicht gerade netten Gegend von Austin, wo die Mieten niedrig waren. Wir waren nicht unbedingt ein begehrter Arbeitgeber. Also nahmen wir, wen immer wir kriegen konnten, und wir waren so zusammengestückelt, wie man nur sein kann.

Ich hatte Chefs für die Produktion, den Verkauf, den Support, das Marketing, den Kundendienst und die Beschaffung ernannt. Ich hatte eine gewisse Finanzdisziplin eingeführt, indem ich einen CFO und einen Chefbuchhalter eingestellt hatte, ein Ehepaar, nennen wir sie Bill und Betty Bolton. Und was vielleicht das Entscheidendste war, ich hatte eine Assistentin eingestellt, Kaye Banda, eine Frau in den Vierzigern, die in gewisser Weise meine Austiner Ersatzmutter wurde. Kaye war klein, doch mit großem Herzen und breitem Lächeln; sie strahlte positive Energie aus, ob man ihr nun persönlich begegnete oder mit ihr telefonierte. Wie durch Zauberei ließ sie jeden, der mit ihr zu tun bekam, sich wohl und wichtig fühlen. Außerdem sorgte sie gekonnt und subtil dafür, dass ich auf mich Acht gab und nicht zu viele Dummheiten machte. Dazu gleich mehr.

Wir waren jetzt 60 Leute, und weil die Büros auf der North Lamar uns zu klein geworden waren, zogen wir in neue Räumlichkeiten, in ein 2700-Quadratmeter-Gebäude am Headway Circle 1611 mit bunten Querstreifen auf der Fassade. Mir schien, das war das größte Gebäude, das ich je gesehen hatte – unmöglich, es jemals auszufüllen. Wir füllten es rasch aus.

Ich arbeitete 16 Stunden am Tag, um alles am Laufen zu halten: Ich hatte in meinem Büro ein Bett stehen, damit ich mir in den Nächten, wenn ich durcharbeitete, ein bisschen Schlaf holen konnte. Aber meine Eltern in Houston machten sich furchtbare Sorgen um mich, fast verrückt vor Angst, dass ich der Sache nicht gewachsen war. Und nicht nur um mich sorgten sie sich – ich hatte ja auch all diese Mitarbeiter, teilweise verheiratet und mit Kindern, deren Lebensunterhalt von mir abhing. Was, wenn dieses Kartenhaus, das ich errichtete, einfach einstürzte?

Gerade da geschah etwas Lustiges: Die Eltern meiner Mutter, Rubin und Hilda Langfan, kamen nach Houston, um meine Eltern zu besuchen, und reisten mit ihnen gemeinsam dann zu mir nach Austin. Mein Großvater war ein erfolgreicher Unternehmer: Mit seinem Bruder zusammen war er Immobilieninvestor in New York City. Und als ich ihm voller Stolz das kontrollierte Chaos zeigte, das unseren Firmensitz prägte, mit all den Technikern, die PCs hochrüsteten, und dem Verkaufspersonal, das die Bestellungen entgegennahm, und unseren Bürokräften, die ihr Bestes gaben, um mit allem hinterherzukommen, fing er an zu lachen und lachte so sehr, dass ich ihn kaum bremsen konnte.

»Was ist denn, Opi?«, fragte ich. »Was ist denn so lustig?«

»Michael!«, sagte er. »Du bist ein Geschäftsmann!«

Es war das höchste Lob, das er mir hätte erteilen können.

Wir waren sehr gut darin, die Produkte von IBM zu verbessern und ihre Preise zu unterbieten – bei Weitem zu unterbieten. Im Juni dieses Jahres (1985) präsentierten wir unseren ersten Markencomputer, den Turbo PC, mit einem Intel-8088-Prozessor, 640K RAM und einem 360K-5,25-Zoll-Diskettenlaufwerk. Er wurde (nur auf schriftliche oder telefonische Bestellung) für 795 Dollar verkauft. Einen ähnlich konfigurierten IBM-PC erhielt man (nur in Geschäften) für 1500 und 2500 Dollar. Die Compaq-Version kostete mindestens 1500 Dollar. Als ich Kelley Guest das erste Mal von dem Turbo PC, seinen Spezifikationen und dem Preis erzählte, sagte er: »Michael, wenn du das schaffst, gehört dir eines Tages die Welt.« Nun, die Welt gehört mir noch nicht, aber wir verkauften wirklich Unmengen von diesen Turbo PCs. Dabei schwebte mir noch Größeres vor.

Im Jahr zuvor hatte IBM den PC AT eingeführt, dessen Betriebssystem auf dem Intel-286-Mikroprozessor basierte. Als ich eines Tages durch eine meiner Lieblings-Technikzeitschriften blätterte, die *EE Times*

(Electrical Engineering Times), entdeckte ich eine Story über eine Firma namens Chips and Technologies, die eine Serie von fünf ASIC-Chips entwickelt hatte – anwendungsspezifische integrierte Schaltkreise –, mit denen man einen Intel-basierten Mikrocomputer bauen konnte, der mit dem PC AT von IBM kompatibel war. Ich dachte: O Mann, ich muss mir sofort welche besorgen.

Chips and Technologies wurde von einem Typen namens Gordon Campbell geleitet. Ich rief ihn also an. »Hey, ich hab davon gehört, was ihr so macht«, sagte ich. »Ich bin echt interessiert. Wie komme ich denn an diese Chipsets?«

Campbell sagte, er würde mir gern drei verkaufen. »Habt ihr einen Referenzentwurf?«, fragte ich. Wenn ein Unternehmen einem einen Chip verkaufen will – oder ein Chipset, wie in diesem Fall –, gibt sie einem normalerweise ein Referenzschema, das erklärt, wie man die Chips mit dem Mikroprozessor verbindet, mit den Speicherchips und mit all den anderen Chips, die verbunden werden müssen, um einen 286-kompatiblen Computer daraus zu machen.

Ich schickte Campbell einen Scheck und erhielt die Chipsets und den Referenzentwurf per Post. Eins der Chipsets holte ich heraus und legte es neben dem Entwurf auf meinen Schreibtisch. Ich betrachtete das Chipset, ich betrachtete das Schema. Ich dachte: Was zum Teufel soll ich denn jetzt machen? Ich hatte die Grenze meines technischen Verständnisses erreicht.

Ich rief meinen Intel-Verkäufer an. »Ich möchte einen 286-kompatiblen Computer entwickeln und ich brauche einen Ingenieur. Kennst du einen guten?«

Er begann, Namen herunterzurasseln – »Okay, dieser Typ bei Texas Instruments, diese Jungs bei Compaq, IBM, Data General, Motorola« –, und ich schnappte mir einen Stift und schrieb sie hastig auf. Insgesamt war es ein Dutzend und ich nahm zu jedem Einzelnen Kontakt auf. Einige wollten sich nicht mit mir treffen; manche trafen sich mit mir, wollten es aber nicht machen. Doch einer von ihnen mit Namen Jay Bell war anders als die anderen.

Jay war ein einzigartiger Mensch. Er war groß und mager, hatte einen buschigen Schnurrbart, schaute einen durch seine dicken Brillengläser hindurch scharf an, sprach schnell und dachte schnell – er sprudelte vor Energie und Ideen. Und Zuversicht. Er hatte bereits einige mikroprozessorbasierte Computersysteme für Xerox entwickelt, die sehr gut funktioniert hatten, und sagte das auch ohne jede Scheu. Als ich ihm das Chipset und das Schema zeigte, sagte er sofort: »Ach ja, das ist einfach – ich könnte Ihnen in ein, zwei Wochen einen Prototyp bauen.«

Ich sah ihn erstaunt an. Echt? Ein, zwei Wochen? Wie wollte er das denn anstellen?

»Und was wird mich das kosten?«, fragte ich.

Er dachte eine Sekunde nach. »Ich kann eine Basisplatine verschalten und Ihnen einen Prototyp für 1000 Dollar geben«, sagte er.

Das überraschte mich – ich hatte gedacht, er würde viel mehr verlangen. »Dann machen wir das so«, sagte ich. »Ich bin für ein paar Wochen nicht in der Stadt. Ich gebe Ihnen die 1000 jetzt. Wenn ich zurückkomme und einen funktionierenden Prototyp habe, gebe ich Ihnen noch mal 1000.«

Dabei dachte ich mir, keine Ahnung, ob dieser Typ das hinkriegt oder nicht, aber es sind nur 1000 Dollar, und er hatte schon genügend Erfolge mit kleinen Computersystemen, dass er mir vielleicht keine Märchen erzählt. Und die Aussicht auf weitere 1000 Dollar ist wahrscheinlich ausreichend motivierend, dass er die Sache zu Ende bringt. Ich glaubte nicht, dass er einfach mein Geld nahm und verschwand. So einigten wir uns per Handschlag.

Ich würde drei Wochen lang nicht in der Stadt sein. Das war eine lange Zeit der Abwesenheit vom Steuerrad meines Schiffes, doch ich hatte wichtige geschäftliche Angelegenheiten zu erledigen. Unsere eigene kleine Ecke des Computermarkts lief gut, aber um weiterhin rasch zu wachsen, mussten wir direkte Beziehungen zu den Lieferanten aller wesentlichen Komponenten aufbauen. Jede Einsparung konnte uns vor Schwierigkeiten schützen, und ich wusste, dass die Lieferketten für die von uns bestellten Teile häufigen Preiserhöhungen unterlagen, die ich massiv verringern konnte, wenn ich direkt an die Quelle ging.

Die Erleuchtung war mir gekommen, als ich einige der Leiterplatten untersuchte, die wir kauften: Jede einzelne davon, so stellte ich fest, trug auf der Unterseite das winzige Logo des Herstellers. Nur dass wir sie nicht vom Hersteller bezogen. Ich hatte es satt, mit Lieferanten und Händlern und Mittelsmännern und Vermittlern zu verhandeln; ich wollte zu den Fabriken gehen, in denen diese Dinge hergestellt wurden. Und beinahe alle von ihnen – wie auch die Fabriken, die praktisch jedes andere von uns gekaufte Teil produzierten – lagen im Fernen Osten.

Ich hatte herausgefunden, dass es in jedem Herbst eine Art Reigen von Elektronikmessen in Taiwan, Japan, Korea und Hongkong gab. Also stieg ich ins Flugzeug und flog hin.

Ich war 20, voller Energie und Neugier, nichts band mich an Austin außer dem Geschäft, und angesichts unserer positiven Entwicklung war ich zuversichtlich, dass meine Abteilungsleiter die Stellung halten konnten, während ich weg war. Ich konnte ja alle paar Tage anrufen, um mich zu vergewissern.

Ich war aufgeregt – mein Gott, war ich aufgeregt. Eine ganz neue Welt wartete dort draußen darauf, von mir entdeckt zu werden. Ich war erst einmal aus Amerika herausgekommen, als wir Steven in London besucht hatten. Und diesmal ging es noch *viel* weiter weg.

Die gesamte Reise machte mir Spaß. Ich liebte das Feilschen bei den Messen in Taipei und Hongkong und Tokio und Osaka und Seoul, die Gespräche mit Leuten von Samsung und Kyocera und Sharp und Sanyo und Sony und Panasonic, das Austeilen und Einsammeln von Visitenkarten, das Knüpfen von Freundschaften, wenn ich nach dem Preis für die Hunderttausender- und die Millionen-Stück-Lieferungen fragte, und die Worte: »Schicken Sie mir ein Muster« und wie sich die Miene der Menschen aufhellte, wenn ich ihnen von meinem Geschäft erzählte.

Mir gefiel es, dass in meinem Hotel in Seoul nur drei Posten auf der Speisekarte standen: Kimchi Nr. 1, Kimchi Nr. 2 und Kimchi Nr. 3. Das war wirklich ein ganz anderer Teil der Welt.

In Fernost zu sein und die inneren Zusammenhänge der ganzen Lieferkette zu entdecken, von der ich zuvor immer nur Teile gesehen hatte, war wie das Schälen einer Zwiebel bis zum innersten Kern. Seit ich 13 war, nahm ich Computer auseinander und erforschte ihre Einzelteile;

jetzt besuchte ich die Fabriken, in denen diese Teile hergestellt wurden. Ich trug Schutzanzüge, lief mit den Fabrikleitern durch die Hallen und sie zeigten mir den gesamten Ablauf. Näher hätte ich an die Sache nicht herankommen können.

Einige Produktionsstätten legten viel mehr Wert auf Arbeitssicherheit als andere und das machte mir Sorgen. In einer taiwanesischen Fabrik gab es einen offenen Abfluss, in dem die Chemikalien verschwanden, die quer über den Betonboden rannen. Das ist aber keine gute Idee, dachte ich. Bei Dell hatten wir eine einfache Philosophie, eine, die heute noch gilt: Niemand sollte durch die Arbeit bei Dell jemals zu Schaden kommen.

Mit jeder Minute lernte ich dazu. Ich sah, wie die Lieferanten in Taiwan und Hongkong miteinander mauschelten, die Japaner dagegen waren etwas formeller und achteten eher aufs Protokoll. Ich sprach darüber, wie viele Netzkabel, Monitore oder Tastaturen man in einen 20- oder 40-Fuß-Frachtcontainer bekam, und rechnete dann aus, wie oft ich einen Container voll mit diesen Produkten benötigen würde und wie hoch die Versandkosten pro Stück wären, und ob ich den Lieferanten dazu bringen konnte, mir Kredit einzuräumen, oder musste ich eine Bankbürgschaft hinterlegen …?

Und in jedem Augenblick berechnete ich die Möglichkeiten, denn der Unterschied zwischen den Kosten der Komponenten an der Quelle und den Kosten in den Staaten am Ende der Lieferkette war enorm.

Als ich wieder zurückflog, hatte ich das Gefühl, mehrere Level in diesem Spiel übersprungen zu haben. Ich hatte die Zusage mehrerer neuer Zulieferer, an uns direkt zu verschicken, was uns Millionen an Produktionskosten einsparte. Das war ein großer Vorsprung gegenüber der Konkurrenz – und ein Vorteil, den wir dringend brauchten, denn es gab eine Menge Konkurrenz.

Bei meiner Rückkehr arbeitete Jay Bell immer noch fleißig an unserem 286er-Prototyp, war jedoch, wie er sagte, der Lösung sehr nahe gekommen. Wie sich herausstellte, enthielt das Schema von Chips and Technologies jede Menge Fehler, und die einzige Methode, sie zu finden, bestand darin, alles zu entwirren und die Schaltkreise einzeln zu korrigieren. Jay war dabei, sich handschriftlich genau zu notieren, wie die Sache funktionieren könnte, und es war ein extrem mühseliger Prozess.

Jay hatte von zu Hause aus gearbeitet, aber ich wollte ihn in der Nähe haben, wenn er es endlich schaffte – und ich wusste, er würde es schaffen. Deshalb richtete ich ihm eine Art Geheimbüro in unserem Gebäude ein (keiner wusste, dass er dort war; es stand kein Name an der Tür) und nahm ihm das Versprechen ab, mit keinem der PC's-Limited-Mitarbeiter zu reden. Es war entscheidend, das Projekt geheim zu halten, bis wir bereit waren, damit an die Öffentlichkeit zu gehen.

Je besser ich Jay kennenlernte, desto seltsamer fand ich ihn. Ich glaube, er könnte manisch-depressiv gewesen sein: Manchmal hatte er gewaltige Energieausbrüche und arbeitete 36 oder 48 oder 72 Stunden lang durch, dann kam der Zusammenbruch. Tag oder Nacht war für ihn kein Unterschied. Einmal, als ich gerade aus Asien zurück war, riss mein Telefon mich aus dem Schlaf: Es war drei Uhr morgens und meine alten Freunde von der Austiner Polizei waren dran. »Sir, es scheint jemand in Ihre Geschäftsräume eingebrochen zu sein«, sagte der Beamte.

»Oh, das ist nicht gut«, antwortete ich. »Ich komme sofort.«

Ich traf auf dem Parkplatz ein und fand eine völlig surreale Szenerie vor, erleuchtet von den rot-blauen Lichtern etlicher Streifenwagen: Jay befand sich im Gebäude und hielt seinen Führerschein gegen das Fenster der Mitarbeiterkantine, während ein halbes Dutzend Polizisten mit gezogenen Waffen draußen stand.

»Alles in Ordnung, Officers, ich kenne ihn«, sagte ich. »Alles bestens – machen Sie sich keine Sorgen, es gibt kein Problem.« Wie sich herausstellte, hatte Jay einfach lange gearbeitet und eine Tür geöffnet, die den Alarm ausgelöst hatte.

Inzwischen wollte ich allerdings jede verfügbare Ressource in das 286er-Projekt stecken. Ich stellte eine Gruppe indischer Ingenieure ein, die sowohl über Hardware- als auch über Softwarekenntnisse verfügten, um Jay zur Seite zu stehen. Sie hatten an einem 286er-Computersystem mit zehn MHz (Prozessorgeschwindigkeit) gearbeitet, angeblich sollten sie auch ein AT-kompatibles BIOS haben: Ich dachte darüber nach, es ihnen abzukaufen.

Die Jungs holte ich selbst am Austiner Flughafen ab. Sie waren zu fünft, aber nur einer von ihnen – Subramonian Shankar hieß er – sprach einigermaßen Englisch. Sie waren noch nicht lange in den Staaten, und alles, was sie sahen, begeisterte sie noch. Ich brachte sie in einem Garten-Apartmentgebäude unter, gleich gegenüber von unserem Hauptquartier: drei in einem Apartment und die anderen in einem weiteren direkt nebenan. Schließlich konnte ich den Verwalter überzeugen, eine Wand einzureißen, sodass es eine einzige große Wohnung war: Die Ingenieure arbeiteten und lebten dort.

Keiner von ihnen fuhr Auto, daher brachte ich sie einmal pro Woche zum HEB-Supermarkt, damit sie sich Lebensmittelvorräte kaufen konnten. Als sie das erste Mal in den HEB kamen, rissen sie die Augen auf: Nie zuvor hatten sie etwas gesehen, das sich mit dem irrwitzigen Überfluss eines amerikanischen Lebensmittelgeschäfts vergleichen ließ.

Die indischen Ingenieure machten sich gleich daran, die Kapazitäten des Chips-and-Technologies-Chipsets bei CPU-Geschwindigkeiten von acht und zehn MHz zu überprüfen. Ab und an ging ich bei ihnen vorbei, um zu sehen, wie sie mit der Arbeit vorankamen, und zwei Dinge fielen mir auf: zum einen der überwältigende Duft von Curry und zum anderen die Tatsache, dass diese Jungs, klug und fleißig, wie sie waren, alles stehen und liegen ließen, wenn im Fernsehen Wrestling gezeigt wurde. Sie waren geradezu besessen von Wrestling.

Anfang Dezember hatte Jay einen teilweise funktionierenden Prototyp und Mitte Januar, nach Hunderten Stunden Arbeit sowohl allein als auch gemeinsam mit den indischen Ingenieuren, war die Gestaltung abgeschlossen. Wir fanden eine Firma in Austin, die Leiterplatten entwickelte und stellten ihre beste Leiterplattenlöterin ein, eine Frau mittleren Alters, die bei der Arbeit rauchte wie ein Schlot. Durch die Tabakwolken hindurch sah ich ihr über die Schulter und betrachtete fasziniert, wie sie ein Leiterplatten-Layout gestaltete. Die optimale Anordnung der Schaltkreise, bei der möglichst wenig Raum auf der Platte gebraucht und dennoch keine Schaltkreise miteinander in Berührung gebracht wurden, die zu elektronischen Störfeldern führen konnten, war ein Vorgang, der Kunst und Wissenschaft miteinander verknüpfte.

Aber sie kriegte es hin und diese Leiterplatte wurde die Grundlage des 286er-Computers, den wir im März 1986 auf den Markt brachten und der sofort zum Renner wurde. In rascher Folge führten wir drei neue PCs ein: einen preiswerten Computer mit acht MHz, ein Zehn-MHz-Gerät, das schneller war als jeder marktkompatible IBM AT, und eine Zwölf-MHz-Version, die sämtliche Mitbewerber in den Schatten stellte, darunter auch Compaq und IBM.

Wenig später brachten wir ein 16-MHz-Gerät heraus, das die PC-Welt auf den Kopf stellte. »Falls Sie je davon geträumt haben, in das Computer-Äquivalent eines F-18-Jets zu steigen, den Zündknopf zu drücken und direkt in die Wolken aufzusteigen, setzen Sie sich vor diese Kiste«, schrieb das *PC Magazine* hingerissen. »Nach ein paar Stunden mit 16 MHz kommt Ihnen ein trödelnder IBM AT vor wie ein verstaubtes Relikt aus einem Computermuseum.«

Unser klappriges kleines Unternehmen war in diesem Frühling drauf und dran, die Welt der Personal Computer zu bestimmen. Das war unheimlich aufregend: Wir wuchsen schneller als die Branche, obwohl wir damals wirklich klein waren. PCs waren dabei, eine richtig große Sache zu werden – sie wurden eher von Technikern, Ingenieuren und Liebhabern gekauft als von der breiten Öffentlichkeit. Ich weiß noch, wie meine Mutter zu einer Comdex-Messe nach Atlanta kam, wo wir unseren neuen 16-MHz-286er präsentierten – sie war stolz zu sehen, was ihr Sohn machte. Doch so verrückt es auch scheint, unsere angesagte kleine Firma steckte auch in großen Schwierigkeiten.

Zwei wesentliche Faktoren sprachen gegen uns. Der erste war finanzieller Natur und er war ernst. Trotz der neuen Geschäftsbeziehungen, die ich in Fernost geknüpft hatte, und der enorm verbesserten Lieferwege für Ersatzteile, die ich geschaffen hatte, agierte ich mit Bankbürgschaften, die am Versandtag eingelöst wurden. Häufig fand der Versand per Luftfracht statt und Luftfracht war teuer. Obwohl unser Verkauf florierte – wir hatten im aktuellen Steuerjahr über 52 Millionen Dollar umgesetzt –, taten unsere Finanzen dies nicht. In diesem Frühling verfügten wir nur über 300 000 Dollar liquide Mittel. Fast die gesamten Einnahmen flossen gleich in Gehälter und Ersatzteile und unser Bankkredit in Austin war schon ziemlich weit am Anschlag – tatsächlich viel weiter, als ich wusste.

Der Staat Texas befand sich in diesem Frühjahr in einer ernsten Rezession und die Hauptstadt hatte eigene Probleme. Entlassungen bei den Verwaltungsbehörden standen an und der Technikboom Austins der späten siebziger Jahre gehörte nun der Vergangenheit an. Die Immobilienpreise sanken; die lokale Wirtschaft darbte. Ich hatte einen Kredit von 600 000 Dollar bei einer örtlichen Bank namens MBank bekommen können. 600 000 war eine haarfeine Marge für das Geschäft, das wir führten, und es schien keine Aussicht zu geben, den Kreditspielraum zu erhöhen. Tatsächlich erwog die MBank ohne mein Wissen ernsthaft, mein Konto zu sperren – weil sie (was in Austin beinahe niemand wusste) selbst in finanziellen Nöten steckte.

Und das war nur der Anfang unserer Probleme.

Der große Hammer in diesem Frühjahr wurde von der Federal Communications Commission geschwungen. PCs emittierten anscheinend Funkfrequenz-Interferenzen, wenn sie nicht ordentlich abgeschirmt waren – was viele PC-Klone nicht waren. Und so hatte die FCC ein hartes Vorgehen gegen Computerhersteller beschlossen, wie wir anhand einer Unterlassungsanordnung herausfanden, die wir im April erhielten. »Uns ist bekannt geworden«, hieß es, »dass Sie diese Geräte herstellen und nicht über die notwendige Genehmigung Klasse B der FCC verfügen.« Wir mussten den Produktionsbetrieb unverzüglich einstellen, stand in dem Schreiben. Außerdem sollten wir eine Strafe von beinahe 10 000 Dollar bezahlen.

Das kam für mich völlig unerwartet. Wer zum Teufel war denn die FCC? Mit 21 konnte ich die FCC nicht von der Kraftfahrzeugbehörde unterscheiden.

Ich rief Kelley Guest an.

Kelley erwies sich als großer Glücksfall für uns, und das weder zum ersten noch zum letzten Mal. Er war anscheinend befreundet mit einem gewissen Dick Wiley, der in den siebziger Jahren Vorsitzender der FCC gewesen war. Nachdem er die Kommission verlassen hatte, war Wiley ins Verbraucherrechtsgeschäft gewechselt und hatte den Kampf gegen die Überregulierung aufgenommen. Wir beauftragten also Dick Wiley, der sich an die FCC wandte und im Wesentlichen sagte: »Hey, das sind Kinder; die versuchen bloß, alles richtig zu machen.«

Wir versuchten das, weil es keine andere Wahl gab. Zwei Wochen lang wurde in diesem April und Mai kein Artikel verkauft und der Umsatz immer spärlicher, während wir – Jay Bell, ein paar andere Techniker und ich – auf dem Testgelände eines Labors in San Antonio tagtäglich versuchten, einen unserer 286er den Auflagen entsprechend zu verändern. Jeden Tag probierten wir verschiedene Konfigurationen der Bestandteile aus, um ein Emissionsprofil zu erhalten, das die Prüfung der FCC bestehen würde. Und allabendlich, wenn ich ins Bett ging, während unsere Geschäftstätigkeit im vollen Lauf gestoppt worden war, dachte ich an all die Menschen, die im Unternehmen arbeiteten, einige davon mit Familien – Menschen, für deren Lebensunterhalt ich verantwortlich war.

Wir erreichten das Emissionsprofil innerhalb der zwei Wochen und das war ein Glück. Hätte es noch viel länger gedauert, wäre aus PC's Limited wohl PC's Terminated geworden.

Die Firma verdoppelte ihre Größe alljährlich. Das war an sich schon krass und äußerst ungewöhnlich. Sie gedieh so weit, wie junge Start-ups gehen können, aber ich wusste, dass wir Hilfe brauchten. Wir wuchsen aus allem heraus: unseren Räumlichkeiten, den Telefonsystemen, der Auftragsbearbeitung, den Zulieferern, den Bankbeziehungen. Nichts konnte mit unserem meteoritenhaften Aufstieg mithalten. In gewisser Weise konnte ich das auch nicht.

In meinen wenigen arbeitsfreien Stunden verschlang ich Bücher über Führung und Management und lernte alles über die Dinge, von denen ich keine Ahnung hatte. Ich war 21 – ein wissbegieriger und ehrgeiziger 21-Jähriger, gewiss, aber es gab noch viel, was ich nicht wusste. Bisher hatte ich mich bemüht, die bestmöglichen Leute einzustellen: Leute, die das Unternehmen voranbringen konnten und die sich in ihrem Fachgebiet besser auskannten als ich. Warum sonst hätte ich sie einstellen sollen? Ich machte dabei ein paar Fehler, konnte sie aber recht schnell korrigieren und fortfahren.

Doch nun dämmerte mir, dass mein größter Fehler nicht jemand gewesen war, den ich eingestellt, sondern jemand, den ich noch nicht eingestellt hatte.

Zum größten Teil führte ich PC's Limited allein. Ich war Vorstand und CEO und besaß 100 Prozent der Firmenanteile, was ungewöhnlich war. Es gab keine weiteren Gründer und – anders als bei Compaq, die 150 Meilen weiter in Houston saßen – keine Risikokapitalgeber und keinen Vorstand. Ich hatte zwar die Leiter der wichtigsten Abteilungen, aber jetzt wurde mir klar, dass der Führungsstruktur von PC's Limited im oberen Bereich etwas Entscheidendes fehlte.

Ich brauchte jemanden mit der Unternehmensführungserfahrung, die ich nicht besaß.

Mehrere Leute in Austin hatten mir gegenüber den Namen Lee Walker erwähnt. Man schien sich darüber einig zu sein, dass er ein besonderer und ungewöhnlicher Typ war, jemand, der schon eine Menge gemacht hatte und viel konnte. Das war so ziemlich alles, was ich wusste. Man muss bedenken, dass dies Jahre vor dem Internet stattfand – man konnte nicht einfach jemanden googeln. Als mir also ein Bekannter namens Jim Seymour sagte, er könne ein Abendessen arrangieren mit Walker sowie einem Mann, den ich als meinen Präsidenten einzustellen erwog, einer Führungskraft von Timex, erwachte meine Neugier.

Seymour war selbst ein interessanter Mensch. Als superkluger und aufmerksamer früher Kommentator der PC-Branche, der zufällig in Austin lebte, war er zu einer Art Guru geworden, schrieb Kolumnen und rezensierte neue Produkte für *PC Magazine* und *PC Week*. Er konnte ziemlich sarkastisch sein, aber bisher war er freundlich mit mir und meinem Unternehmen umgegangen. Er war außerdem der dickste Mensch, den ich je gesehen habe – er muss 400 Pfund gewogen haben.

Jim erzählte mir, dass Lee Basketball gespielt und an der Texas A&M Physik studiert hatte – was bereits eine ungewöhnliche Kombination ist – und, um den Merkwürdigkeiten die Krone aufzusetzen, fließend Russisch sprach und einen MBA von der Harvard Business School hatte. Er hatte bei Union Carbide gearbeitet, aber schnell gemerkt, dass das Konzernleben nichts für ihn war, und sich stattdessen in einen sehr erfolgreichen Entrepreneur verwandelt. Er besaß ein Verkürzungsunternehmen in Chicago, ein nuklearmetallurgisches Laboratorium, das Americiumdioxid-Pellets für Rauchmelder herstellte, eine Firma für Spezialventile und eine für medizinische Produkte. Und jetzt, mit 45, trat er ein bisschen auf die Bremse und plante, den Sommer in Südfrankreich zu verbringen. Vielleicht könnte ich ihn noch erwischen, ehe er abreiste, meinte Seymour, und ihn als vorübergehenden Berater engagieren. Lee wisse sicher eine Menge, sagte Seymour, und er war nicht der Typ, der mit Komplimenten um sich warf.

Wir vier trafen uns an einem Maiabend in einem Chinarestaurant namens Beijing Imperium, und als Erstes fiel mir auf, dass Lee Walker selbst riesig war – vertikal: Er maß 2,10 Meter. Es stellte sich heraus, dass er als Center für die Aggies gespielt hatte. Und dass dies keineswegs das Interessanteste war, was es über ihn zu wissen gab.

Es war ein merkwürdiger Abend, drei Männer Mitte 40 und ich. Ich weiß noch, dass ich weit mehr zuhörte als sprach; ich weiß auch, dass Walker immerfort über irgendeinen Brooklyn Dodger redete, an den ich mich vage aus meinen Baseballkarten-Tauschzeiten erinnerte, Carl Furillo. Über Geschäftliches sprachen wir nicht viel. Aber auf eine indirekte, instinktive Weise beeindruckte Lee Walker mich viel mehr als der Typ von Timex. Der kam mir vor wie ein Konzernfunktionär und nicht viel mehr. Walker dagegen schien viel mehr auf dem Kasten zu haben. Er war Respekt einflößend, aber herzlich, wortgewandt, aber schrullig. Ganz sicher machte er nicht den Eindruck, einen Job zu suchen. Ich mochte ihn – was auch heißt, dass ich im Inneren spürte, ihm vertrauen zu können. Und nach all meiner Businesslektüre war klar, dass er um ein Vielfaches mehr über Geschäftsangelegenheiten wusste als ich.

Ein paar Tage später ließ ich es darauf ankommen und fuhr hinauf zu Lee Walkers Haus am Cat Mountain in den Bergen nordwestlich von Austin. Ich hatte nicht vorher angerufen; es war ein echter Überraschungsbesuch und ganz schlicht – nichts, was man bei jedem tun würde. Aber ich dachte, wenn ich Walker richtig erfasst hatte, war er jemand, dem so was nichts ausmachte.

Tat es auch nicht. Er war ein bisschen überrascht, als er seine Haustür öffnete, aber dann lächelte er und bat mich herein. Er esse gerade zu Abend, sagte er, ob ich Hunger habe?

Wir saßen bei Tomatensuppe und Thunfisch-Sandwiches an seinem Küchentisch und ich kam direkt zur Sache.

»Wären Sie gern Vorstandsvorsitzender meines Unternehmens?«, fragte ich.

Er lächelte erneut und schüttelte den Kopf. »Ich fahre nächste Woche nach Frankreich«, antwortete er. »Da bleibe ich den Sommer über, vielleicht sogar länger.« Schweigend aßen wir weiter. Dann sagte er: »Erzählen Sie mir doch mal von Ihrer Firma. Wie hat das alles angefangen?«

Ich erzählte ihm alles über meinen Geschäftseinstieg, was ich auch Ihnen erzählt habe, berichtete von der Faszination meiner Familie für Finanzen und Märkte, über meine ersten Vorstöße in das Unternehmertum, den Handel mit Briefmarken bei Messen und dann per Katalog, das Austragen von Zeitungen und das Verkaufen von Abonnements, alles vor dem Hintergrund meiner Computerleidenschaft. Er war ein angenehmer Gesprächspartner, denn mein Eindruck war, dass er wirklich zuhörte und alles gründlich verarbeitete.

»Gehen wir spazieren«, sagte er.

Wir gingen hinaus und Lee nahm einen Pfad durch den Wald, und da mir schien, dass er sich wirklich dafür interessierte, was ich sagte, sprach ich weiter. Ich erzählte, wie ich den Apple II auseinandergenommen und dann IBM-PCs hochgerüstet hatte, wie ich mit ihrem Verkauf schließlich ein kleines Geschäft gegründet hatte, das sich inzwischen zu einem nicht mehr ganz so kleinen Geschäft entwickelt hatte. Er lachte, als ich ihm von den Zeiten des PC-Arbitrage und den Fly-and-Buys erzählte. Und dann kam ich auf meinen Umzug nach Austin und die UT zu sprechen, auf die Wohnung, die ich mir mit meinem Freund geteilt hatte, und wie ich all die Computerteile in Davids Badewanne versteckt hatte, als meine Eltern zu Besuch kamen. Es war komisch: Als ich mich erinnerte, wie enttäuscht und wütend meine Eltern gewesen waren, als ich ihnen gesagt hatte, ich würde das Studium und eine Zukunft als Arzt aufgeben, um dieses verrückte Start-up zu führen, kamen all die Emotionen wieder in mir hoch – eine Mischung aus Traurigkeit und Stolz und Trotz und Liebe zu meinen Eltern trotz ihres Ärgers über mich. Ich wusste, dass ich das Zeug dazu hatte, sie stolz zu machen.

Und dann sprach ich über North Lamar und dann Headway Circle und wie ich mein kleines Unternehmen durch viele Neueinstellungen zusammengestückelt hatte, eine pro Woche, bis zu dem Punkt, an dem wir heute waren. Er nickte beim Zuhören und seine kurzen, aber wohlüberlegten Erwiderungen ließen mich erkennen, dass ich hier zum ersten Mal jemandem begegnet war, der das Business verstand, wirklich verstand, auf intellektueller Ebene. Er hatte den Durchblick. Instinktiv erfasste er die Vor- und Nachteile unserer Lieferkette, unser gesamtes Geschäftsmodell. Ich war mir so sicher, dass wir dort Erfolg haben konnten, wo andere scheiterten, sagte ich Lee, ich brauchte bloß die Hilfe von jemandem, der sich mit den Angelegenheiten auskannte, von denen ich keine Ahnung hatte. Ich musste diese Dinge delegieren können und mich darauf konzentrieren, neue Produkte zu schaffen, die Kundenbeziehungen zu stärken und das Wachstum in Gang zu halten. Wir könnten teilen und herrschen, sagte ich.

Der Weg hatte uns wieder zurück zu seiner Auffahrt geführt. Als wir aus dem Wald heraustraten, lächelte Lee ein bisschen traurig und schüttelte mir die Hand. »Sie sind ein äußerst beeindruckender junger Mann«, sagte er. »Aber ich kann Ihnen nicht helfen. Tut mir leid.«

7

Das Ende ist nahe?

Bei all seinem hohlen Schall hatte das Icahn-Southeastern-Angebot einen zentralen logischen Fehler: Icahn behauptete standhaft, weil meine Wandelstrategie für das Unternehmen funktioniere, sei Dell viel mehr wert, als Silver Lake und ich dafür boten. Er sagte jedoch auch, die Unternehmensführung müsse ersetzt werden. Er lobte mich also und drohte gleichzeitig, mich vor die Tür zu setzen.

Aber ich nahm gar nicht an, dass er die Firma übernehmen wollte. Ich glaubte, dass er nur ein paar aufgewärmte Erpressungstechniken aus seinem Repertoire nutzte, um uns zu einer Erhöhung unseres Angebots zu nötigen – und Carl Icahn reicher zu machen.

Und da war ich nicht der Einzige. Am 11. Mai schrieb Holman Jenkins vom *Wall Street Journal* unter der Überschrift »Warum Michael Dell immer noch gewinnt«: »Mr. Icahn droht mit einem Proxy Fight, wenn Dell seine Leverage-up-Strategie nicht anpasst, doch er gibt kein Angebot für die Firma ab, um seine Strategie selbst umzusetzen. Er will das Risiko nicht eingehen. Er will lediglich, dass Mr. Dell für das Risiko einen höheren Preis entrichtet – was Mr. Dell mit beachtlicher Kaltblütigkeit abgelehnt hat. Das Ende ist nah.«

Nicht nah genug, wie sich zeigen sollte.

Am 13. Mai forderte das Sonderkomitee Icahn schriftlich auf, seinen Plan näher zu erläutern. Und während der folgenden Woche tauchte er überall bei *CNBC* und *Bloomberg News* und in jeder Finanzzeitschrift auf, die mit ihm sprechen wollte – und sie alle wollten mit ihm sprechen: Er war eine heiße Story, ein Quotenmagnet! Wieder und wieder verbreitete er dieselbe Botschaft: Die Dell-Aktionäre sollten einen Bonus erhalten. Das Unternehmen solle börsennotiert bleiben. Die Führung solle ersetzt werden.

Das war nicht die Erklärung, die das Sonderkomitee wünschte.

Deshalb schrieben sie Icahn am 20. Mai erneut, dass sie nicht mit ihm sprechen würden, wenn er kein dem unseren »überlegenes Angebot« abgebe. »Sollten wir auf unser Schreiben vom 13. Mai keine Reaktion erhalten, sind wir nicht in der Lage zu beurteilen, ob Ihr Angebot diesen Standard erfüllt«, teilte das Komitee ihm mit. Und: »Uns ist nicht ersichtlich, ob Sie Ihre Transaktion als tatsächliches Kaufangebot zu formulieren gedenken, das der Vorstand bewerten könnte.«

Ich war mir recht sicher zu wissen, warum er sich nicht klar äußerte. Icahn hatte keinen Plan für Dell. Icahn versuchte einfach nur, seine Aktien mit allen nötigen Mitteln wertvoller zu machen.

Da hatte ich eine verrückte Idee: Warum ihn nicht von Angesicht zu Angesicht danach fragen?

Wir waren uns nie begegnet, hatten jedoch schon mal telefoniert, vor ungefähr fünf Jahren, als er mir aus heiterem Himmel ein paar Fragen über Motorola stellte, mit denen er damals gerade seinen jüngsten Proxy Fight ausfocht. Ich kann mich an das Gespräch nicht recht erinnern, aber an den Krieg – er war chaotisch. Icahn kaufte bergeweise Aktien und brachte ein paar Leute in den Unternehmensvorstand hinein, verlor dann aber viel Geld, als die Motorola-Aktien abstürzten. Ging es ihm um Motorola als Unternehmen? Nein. Für Icahn war die ganze Sache ein Pokerspiel. Er war ein Zocker, und Zocker wissen, dass sie ab und zu aussteigen müssen. Ich wollte ihn bloß fragen, was ihn glauben ließ, dass er gegen mich gewinnen würde.

Anfangs war es nur eine vage Idee, doch je länger ich darüber nachdachte, umso überzeugender kam sie mir vor: Warum ihn nicht persönlich fragen?

Mein Zeitplan sah etwas anderes vor.

Der Memorial Day, Montag, der 27. Mai, war ein Familientag in Austin, bei dem Susan und ich unseren Sohn Zachary anfeuerten, der an seinem ersten Triathlon teilnahm – eine beeindruckende Sache für einen 17-Jährigen. (Zach trat in die schnellen Fußstapfen seiner Mutter: Susan trat bei Fahrrad-, Marathon und Triathlonwettbewerben an – darunter auch die Ironman-Weltmeisterschaft in Kona, Hawaii –, und zwar von der Collegezeit bis in ihre späten Vierziger. Zach hatte seine sportlichen Fähigkeiten eindeutig von seiner Mutter geerbt!) Er beendete den Wettbewerb mit einer großartigen Zeit und wir waren sehr stolz auf ihn.

Am Dienstag, dem 28. Mai, war ich wieder im Büro und musste unsere jährliche Branchenanalysten-Konferenz am 29. Mai vorbereiten, ein halbtägiges Meeting mit Hunderten Analysten von Firmen wie Gartner, IDC, 451 Research, Forrester und anderen. Etwa sechs Stunden lang würde ich jede Minute damit zubringen müssen, den Analysten eine positive Sicht unseres Wandels zu vermitteln und höflich die zu erwartenden hartnäckigen Fragen über die Börsenausstiegsverhandlungen abzuwehren.

Am 30. Mai würde ich nach Toronto fliegen, um Kundengespräche zu führen und unser Team in Kanada zu besuchen. Am Tag darauf ging es weiter nach Washington zu einem Treffen mit unserer Tochter Kira, die dort ein Praktikum machte. Den Samstag würde ich zuerst mit ihr verbringen und dann abends nach Bangalore in Indien fliegen, wo ich am 3. Juni unser Team traf (bei Reisen Richtung Osten verliert man einen Tag). Dann ging es am 4. Juni weiter nach Peking, Chengdu am 5. Juni, dann am Freitag, den 7. Juni zurück nach Austin, um ein Familientreffen der Liebermans (Susans Familie) am Wochenende vorzubereiten.

Am 28. Mai ereignete sich ein familiärer Notfall.

Eins unserer Kinder hatte ein medizinisches Problem und wir mussten dieses Kind sowie die behandelnden Ärzte umgehend aufsuchen. Mein Geschäft war mir sehr wichtig und dies war eine entscheidende Phase des Börsenausstiegs, aber nichts konnte jemals wichtiger sein als die Bedürfnisse meiner Familie. Die Branchenanalysten-Konferenz konnte nicht abgesagt werden, aber wenn ich Austin früh am Mittwochnachmittag verließ, konnte ich nach New York fliegen und am Donnerstagmorgen das medizinische Familientreffen abhalten, ehe ich nach Toronto aufbrach.

Im Auto auf dem Weg zum Flughafen fiel mir plötzlich ein: Ich würde 18 Stunden in Manhattan sein. Vielleicht wäre Zeit für ein Treffen mit Carl Icahn.

Und so tat ich etwas Unübliches. Ohne Rücksprache mit meinen Anwälten bei Wachtell Lipton oder auch nur mit Egon zu halten, entschied ich mich einfach, Icahn selbst anzurufen. Den Stier bei den Hörnern packen.

Ich wählte seine Nummer und er nahm sofort ab. »Hey, Carl! Hier ist Michael Dell. Wie geht es Ihnen?«

Es gab eine kleine Pause, während der er versuchte, diese seltsame Wendung der Ereignisse zu verarbeiten. »Prima, Michael – und Ihnen?«, sagte er schließlich. Er klang gelinde gesagt überrascht, aber auch einigermaßen aufgeregt, dass ich anrief.

»Großartig!«, sagte ich. Meinem Tonfall nach war ich alles andere als ein Mann, der gerade in der ganzen Welt herumreiste, um das von ihm gegründete Unternehmen zu retten; meinem Tonfall nach hätte ich auch am Strand von Hawaii liegen können. »Hey«, sagte ich. »Ich bin auf dem Weg nach New York zu einer Stippvisite – bin noch bis morgen Mittag dort. Ich dachte, wir könnten uns vielleicht treffen und über diese Sache plaudern. Würde gern Ihre Ansichten dazu hören.«

»Also, das wäre super, Michael«, sagte er. »Echt super. Das würde ich sehr gern tun.« Im Gegensatz zu mir spielte er nichts vor, glaube ich. Seine Begeisterung klang echt. Ich konnte förmlich hören, wie die Rädchen in seinem Kopf sich drehten: Vielleicht habe ich Dell da, wo ich ihn haben will. Vielleicht bietet er mir 15 Dollar pro Aktie für meine Anteile.

»Ich hab eine gute Idee«, sagte er. »Warum kommen Sie nicht heute zum Abendessen zu mir? Oder haben Sie schon was vor?«

»Ich schau mal nach«, sagte ich und tat so, als würde ich in meinem Kalender blättern. Ich sah zu Susan herüber, die neben mir saß und einem unserer Kinder SMS schrieb. »Nein, heute Abend ist gut«, sagte ich.

»Prima!«, sagte er. »Aber, hören Sie mal, ich muss mich schon im Voraus entschuldigen. Meine Frau kocht wirklich gern, aber unter uns gesagt, sie ist eine grauenhafte Köchin.«

»Kein Problem«, erwiderte ich, obwohl sich das alles andere als reizvoll anhörte. »Wir unterhalten uns und alles ist gut.«

»Das ist schön, Michael. Ich freu mich.«

»Ich mich auch. Bis heute Abend, Carl.«

Ich beendete das Gespräch und lächelte Susan an. »Wer war das?«, wollte sie wissen.

»Carl Icahn. Ich bin heute zum Abendessen bei ihm.«

Sie riss den Mund auf. »Was?«, rief sie.

Es war ein herrlicher Frühlingsabend in Manhattan, daher beschloss ich, zu Fuß vom Hotel zu Icahns Wohnung in den West Fifties zu laufen – nicht nur, weil es so schön draußen war, sondern auch, weil ich nicht wollte, dass mein Fahrer oder irgendjemand sonst wusste, wohin ich ging. So seltsam das auch sein mag, es hätte beträchtliche unternehmerische oder finanzielle Auswirkungen haben können, wenn ich beim Abendessen mit dem Feind beobachtet worden wäre. Die ganze Sache war zugleich komisch und auch ernst: Ich musste an eine meiner Lieblings-Filmfiguren denken, Peter Sellers' Inspektor Clouseau, als ich meine Sonnenbrille aufsetzte und durch die Stadt zu Icahns Wohnung spazierte.

Ich wusste nicht, was mich erwarten würde, als ich bei ihm klingelte, aber als die Tür sich öffnete, sah ich einen alten Mann mit schütterem grauem Bart und hängenden Schultern in Sportjackett und gebügelter Hose. Er lächelte, als wir uns die Hände schüttelten, und führte mich dann etwas schlurfend in seine Wohnung. An der Küchentür hielt er kurz inne, um mich seiner Frau Gail vorzustellen, die tatsächlich mit Kochen beschäftigt war. Was immer es war, es roch ganz gut. Sie begrüßte mich freundlich, dann führte Carl mich hinaus auf eine Terrasse mit Blick nach Westen auf den Hudson. Wir setzten uns, er bot mir ein Glas Wein an.

»Nein, danke«, sagte ich.

Er zuckte die Achseln und schenkte sich selbst ein Glas Wein ein.

»Schöne Aussicht«, sagte ich.

Er lächelte und nippte an seinem Wein. »Die beste in der ganzen Stadt.«

Smalltalk war für mich okay. Wir kommen noch früh genug zum Punkt, dachte ich.

Doch zunächst kam seine Lebensgeschichte. Wir saßen einander jetzt am Esstisch gegenüber und aßen unseren Salat; Mrs. Icahn war immer noch in der Küche beschäftigt. Carl schien sehr stolz darauf zu sein, in Far Rockaway aufgewachsen zu sein, einem Mittelklassebezirk in Queens, und auf Public Schools gegangen zu sein. »Ich komme nicht aus reichem Hause«, erklärte er mit seinem starken New Yorker Akzent. Sein Vater, sagte er, habe Opernsänger werden wollen, sei aber schließlich Kantor in ihrer Synagoge geworden – was eine Ironie des Schicksals sei, sagte Carl, denn er war Atheist. Carls Vater schien eine große Rolle in seinem Leben zu spielen, und keine besonders gute. Aus Carls Worten ging hervor, dass er ihn nicht gut behandelt hatte, dass er sich nie gut genug für seinen Vater gefühlt habe. Als der junge Carl ans College gehen sollte, wurde er in Princeton angenommen – ein großer Coup für einen Juden Mitte der fünfziger Jahre, als es an einigen der Eliteuniversitäten noch Beschränkungen gab. Doch sein Vater sagte: »Warum gehst du nicht aufs City College? Da bist du doch näher an zu Hause.« Wobei es wohl hauptsächlich darum ging, dass das City College einen Bruchteil dessen kostete, was für Princeton aufzuwenden war.

Doch Carl beharrte auf Princeton, sagte er, und schließlich willigte sein Vater ein, die Hälfte des Schulgelds zu bezahlen. An diesem Punkt der meiner Meinung nach hübsch zurechtgemachten Geschichte grinste Carl. »Den Rest habe ich mit meinen Pokergewinnen finanziert«, sagte er. »Hab diesen reichen Preppie-Jungs mal gezeigt, wo der Hammer hängt.«

Und natürlich auch seinem Vater.

Ich lächelte wie der beste Zuhörer der Welt und er fuhr fort.

Er studierte ausgerechnet Philosophie und ging dann – wie ein Schatten der Erwartungen, die meine Eltern an mich gehabt hatten – für zwei Jahre an die NYU Medical School, ehe er abbrach und in die Army eintrat. Mit 25 begann er dann, als Wall-Street-Broker zu arbeiten, sagte er. »Und sieben Jahre später kaufte ich einen Platz an der New York Stock Exchange.« Er lächelte voller Stolz. »Hab hart dafür gearbeitet.«

Inzwischen hatte Mrs. Icahn hereingebracht, was sie gekocht hatte – es erinnerte an Hackbraten –, und leistete uns am Tisch Gesellschaft. Sie sagte nicht viel, sondern lächelte nur, während ihr Ehemann all seine Erfolge aufzählte. Irgendwie führte dieser Monolog dann zu seinem Sohn, der für ihn arbeitete. Und Carls stolzes Lächeln verschwand.

»Die Kinder haben es heutzutage zu leicht«, sagte er. »Alles auf dem Silbertablett. Mein Junge hat massenhaft Netflix und Apple im Portfolio und badet praktisch im Geld. Verdient er das? Ich weiß nicht.«

Da ich selbst Vater bin, fühlte ich mich an dieser Stelle verpflichtet, etwas zu sagen. »Carl, er ist doch Ihr *Sohn*. Wenn alles nach Plan verläuft, wird er Sie überleben – wollen Sie denn nicht, dass es ihm gut geht?«

Icahn hob die Schulter. »Eh«, machte er.

»Soweit ich weiß, ist das Leben in New York ganz schön teuer«, sagte ich. »Sind Sie nicht froh, dass er es selbst finanzieren kann?«

Er machte eine wegwerfende Geste. »Hängt mir am Rockzipfel«, sagte er.

Wow, dachte ich. Was für ein Vater. Ich schnitt ein Stück von meinem Hackbraten ab und probierte. Carl hatte mit der Bemerkung über die Kochkünste seiner Frau nicht ganz danebengelegen. Und ich hatte nicht ganz mit meiner Einschätzung danebengelegen, dass er auch nur ein Mensch war. Eine Weile aßen wir schweigend, dann brachte Gail unsere Teller in die Küche zurück. Es war Zeit, zum Thema zu kommen.

»Was ist denn nun Ihr Plan?«, fragte ich.

Einen Moment lang sah er ehrlich verwirrt aus. »Was meinen Sie?«

»Was ist Ihr Plan?«, wiederholte ich. »Sie haben ein Angebot, die Leitung der Firma zu übernehmen. Was ist Ihre Strategie? Wer wird sie führen? Wer wird zum Management gehören?«

Da geschah etwas Seltsames: Einen Sekundenbruchteil lang sah Carl Icahn verängstigt aus. Hätten wir Poker gespielt, hätte er sich damit verraten. »Oh, ich hab meine Leute«, sagte er schließlich. »Ich hab Bewerber. Es gibt eine Menge Interessenten.«

»Tatsächlich?«

»O ja. Natürlich.« Er tupfte sich mit der Serviette den Mund ab. »Hören Sie mal, Michael«, sagte er. »Vielleicht können wir beide einen Deal machen. Vielleicht würde ich Ihnen für den richtigen Preis einen Deal anbieten.«

Das ist ja echt toll von dir, dachte ich. »Und was wäre der richtige Preis?«, fragte ich.

Er wirkte erfreut. Offenbar dachte er, wir würden tatsächlich hier an seinem Esstisch verhandeln. »Na, ein bisschen nördlich von dem, wo ihr jetzt seid«, sagte er.

»Wie weit nördlich?«

»Was halten Sie von 14 pro Aktie?«, sagte er. »Sie könnten damit eine Menge verdienen, Michael.«

»Und Ihr Plan für das Unternehmen ist welcher?«

»Ach, Sie wissen schon. Größenvorteile. Abstoßen unrentabler Akquisitionen. Da gibt es alles Mögliche zu machen.«

Es war Zeit, auf die Bremse zu treten. Ich sah ihm in die Augen. »Wissen Sie was, Carl? Ich glaube, Sie haben gar keinen Plan. Ich glaube, wenn Sie die Firma für 14 Dollar pro Aktie kaufen wollen, sollten Sie sich ranhalten. Ich glaube, Sie werden Dell total in den Sand setzen, und währenddessen fahre ich nach Hawaii und mache ein halbes Jahr Urlaub, nehme 20 Pfund ab, und dann komme ich wieder nach Hause und kaufe es von Ihnen für acht Dollar pro Aktie zurück. Das wird ein fantastischer Deal – für mich.«

Er schien perplex. Von Natur aus war er kein Mensch, der unsicher oder ängstlich wirkte, aber im Moment sah er aus wie ein Pokerspieler mit High Card, also mit nichts in der Hand. Die Furcht war in seine Augen zurückgekehrt. Wovor hatte er Angst? Dass ich wirklich abhauen und ihn mit diesem Riesending alleinlassen könnte, für das er 14 Dollar pro Aktie gezahlt hatte, diesem Riesending, von dem er absolut keine Ahnung hatte, wobei die Mitarbeiter wahrscheinlich ebenfalls abhauen würden.

Dass er mit einem echt schweren Gepäck dastehen würde.

Aber gerade in diesem Moment kam seine Frau zurück und brachte eine Servierplatte mit etwas, das wie eine Torte aussah.

»Carl, Gail – es tut mir wirklich leid«, sagte ich. »Ich hab morgen in aller Frühe ein Meeting.« Ich stand auf. Es war die Wahrheit. Es war bereits nach 21 Uhr und ich gehe grundsätzlich früh schlafen und stehe früh auf. Icahn war bekannt dafür, erst um elf aufzustehen und sich dann den ersten Martini des Tages einzuschenken. Das war nicht gerade mein

Ding. »Vielen Dank«, sagte ich. »Das war ein schönes Abendessen, aber ich muss los.«

Seine Frau sah etwas entgeistert aus. Nun legte Carl mir die Hand auf den Arm. »Warum bleiben Sie nicht noch ein bisschen, Michael?«, fragte er. »Wir haben doch noch so viel zu besprechen.«

Ich blieb freundlich, aber standhaft. »Tut mir leid, meine Frau wartet auf mich. Vielen Dank noch mal.«

Hätten Sie mich an diesem Abend zum Hotel zurücklaufen sehen, so hätten Sie einen Mann gesehen, dem eine Last von den Schultern genommen war. Ich atmete leichter und hielt den Rücken gerader. Wow, dachte ich. Dieser Typ hat keinen Schimmer, was Dell macht. Er weiß nicht, ob wir Pommes Frites herstellen oder Atomkraftwerke. Er weiß nichts, er hat nichts, er ist bloß ein Zirkusclown. Er ist erledigt.

Aber das war er natürlich nicht – nicht im Geringsten.

Zwei Tage nach dem Abendessen mit Carl trafen willkommene Nachrichten ein: Der Dell-Vorstand empfahl den Shareholdern einstimmig, unser Angebot anzunehmen und bat sie, die Transaktion in einer Sonderkonferenz am 18. Juli zu bewilligen. Alle Aktionäre, die am 3. Juni Anteile besaßen (dem sogenannten Stichtag), hätten ein Stimmrecht. In einem offenen Brief an die Shareholder bezeichnete das Sonderkomitee unseren Plan als die beste Option, der Gewissheit und »eine ganz erhebliche Prämie« bot – rund 37 Prozent mehr als der durchschnittliche Schlusskurs der Dell-Aktien in den Monaten vor Aufkommen der Gerüchte.

Es war wunderbar, das offizielle Einverständnis des Vorstands zu haben. Ob wir die Rückendeckung einer Mehrheit der Aktionäre bekommen würden, war eine andere Frage, und sie erwies sich als wesentlich komplizierter, als ich erwartet hatte.

Southeastern konterte den Brief des Vorstands an die Shareholder mit einem eigenen: »Wir sind langfristige Investoren der Firma Dell, und uns liegt [genau wie Ihnen] an unserem Investment«, stand darin.

> Wir halten Sie an, keinerlei Wahlunterlagen für den Management-Buyout-Vorschlag zu unterzeichnen oder abzusenden (oder irgendwelche anderen Wahlunterlagen, die Ihnen von Dell zugesandt werden).

> Gemeinsam mit Icahn Enterprises LP sind wir der Überzeugung, dass für die Aktionäre von Dell ein erheblich größerer Wert realisiert werden kann, als er im Management-Buyout-Vorschlag widergespiegelt wird. In Kürze werden wir den Aktionären unsere eigene Stimmrechtsvollmacht zukommen lassen.
>
> Nachdem Sie unsere Stimmrechtsvollmacht erhalten und geprüft haben, gemeinsam mit der Stimmrechtsvollmacht, die Ihnen vom Vorstand der Firma Dell zugesandt worden ist, bitten wir Sie um Rücksprache mit Ihren Finanzberatern und darum, sich gemeinsam mit uns dem Management-Buyout-Angebot entgegenzustellen.

Was Icahn angeht, so knabberte er vielleicht immer noch an den Bemerkungen herum, die ich bei unserem seltsamen gemeinsamen Abendessen gemacht hatte. Vielleicht war er sauer auf mich, weil ich mich geweigert hatte mitzuspielen – was immer ein Mitspielen auch nach sich gezogen hätte. Auf jeden Fall ging er rasch wieder in die Offensive und warf einen neuen saftigen Leckerbissen aus, den die Businesspresse schluckte. Er und Southeastern träfen jetzt die engere Auswahl der potenziellen Kandidaten für meine Nachfolge als CEO von Dell, sagte er. Er erwähnte Michael Capellas, den Vorstand von Cisco Systems und früheren CEO von Compaq; Michael Daniels, den ehemaligen Leiter von IBM Services; Mark Hurd, den Vorstand von Oracle; sowie Todd Bradley, den Chef von Hewlett-Packard.

Allmählich wurde es chaotisch.

Es war seltsam. Es war peinlich. Es war beunruhigend. Nicht nur das Unternehmen, das ich gegründet und zum Welterfolg geführt hatte, schien zur Disposition zu stehen, sondern auch mein Platz an seiner Spitze. Nichts davon schien den Errungenschaften, Zielen und Werten von Dell Respekt zu erweisen.

Stellte ich mir auch nur einen Moment lang vor, Icahn könnte oder würde wirklich Dell übernehmen und eine neue Leitung sowie einen ihm gewogenen Vorstand einsetzen? Die Chancen, dass dies passierte, hielt ich für verschwindend gering – aber sie lagen nicht bei null. Ich gebe offen zu, dass diese winzige, minimale Möglichkeit eines katastrophalen Geschehens mir in diesem Frühjahr und Sommer einigen Schlaf raubte. Aber hauptsächlich sorgte ich mich um die Wellen, die Icahns selbstsüchtiges Schmierentheater schlug.

Auf ganz praktischer Ebene machte ich mir Sorgen um unser Alltagsgeschäft – die täglichen Abläufe bei Dell. Wir hatten wegen der ganzen Ungewissheit bereits Kunden verloren und es drohten noch mehr zu werden. Man musste sich ja nur in sie hineinversetzen: Angenommen, ich wäre Entscheidungsträger bei einer dieser Firmen und würde eines Tages zufällig *Bloomberg* sehen und all diese Verrücktheiten, die da abliefen. Würde ich mich für Dell entscheiden oder für einen seiner Mitbewerber?

Aber noch mehr Sorgen machte ich mir darüber, was unsere Tausende Mitarbeiter in Round Rock und auf der ganzen Welt wohl dachten. Ich dachte an all die anständigen Leute, die 50 000 oder 80 000 Dollar im Jahr verdienten und nach Hause zu ihren Ehepartnern gingen, ich dachte an all die Ehepartner, die sagten: »Was ist denn da bei euch los, ich hab im Fernsehen gesehen, ihr bekommt einen neuen CEO? Wer ist denn überhaupt zuständig? Ist das wirklich ein gutes Unternehmen, bei dem du da arbeitest?«

Das war furchtbar. Das war das Schlimmstmögliche – schlimmer noch als meine ganz reale persönliche Beschämung. Ja, ich konnte damit umgehen. Ich konnte vor 1000 Mitarbeitern in Montpellier oder Chengdu oder Bangalore oder Peking stehen, die mich grübelnd anschauten: Hm ... bleibt der jetzt der CEO oder nicht? Ich konnte damit umgehen, all diese sorgsam formulierten Bestätigungsfloskeln hinter mir zu lassen. Aber trotzdem sollten die Chief Executive Officers großer Konzerne so nicht durch die Welt gehen.

Es gab sogar eine wirklich merkwürdige Phase in diesem Frühling, als der Vorstand mir sagte, ich solle nicht mit irgendwelchen Führungsmitarbeitern im Unternehmen sprechen. Das war beispiellos. Ich glaube nicht, dass es irgendetwas mit der aktuellen Geschäftstätigkeit zu tun hatte; ich glaube, der Vorstand machte sich Sorgen, dass andere Führungskräfte und ich über das Thema der Privatisierung sprechen und ich ihre Einstellung beeinflussen könnte.

Das hielt zwar nicht lange an, aber doch lange genug. Ich weiß noch, wie ich mich fragte: Soll ich überhaupt ins Büro gehen oder nicht?

Um dieselbe Zeit rief mich Brian Krzanich an, der CEO von Intel. »Hey, Michael«, sagte er, »ich wollte Ihnen nur sagen, dass ich diese ganzen Geschichten gelesen habe und an Sie denke. Sie waren für uns ein wirklich wichtiger Kunde, und wenn wir Ihnen irgendwie helfen können, dann lassen Sie es mich wissen.«

Ich dankte Brian herzlich. Wir brauchten keine konkrete Hilfe von Intel, aber die emotionale Unterstützung bedeutete mir viel. Es gab noch weitere Anrufe und Ermutigungsbotschaften – Nachrichten und E-Mails von Freunden und Bekannten und Kollegen. Ich wusste jede einzelne zu schätzen. Aber dieser Frühling und Sommer wird mir immer als eine Zeit in Erinnerung bleiben, in der schon das Halten des Kurses meine ganze Konzentration erforderte.

Die Vollmachtserklärung, die der Dell-Vorstand in meinem Namen und dem von Silver Lake an das SEC schickte, erwähnte die beträchtlichen Geschäfts- und Transaktionsrisiken, die ein Buyout vom Unternehmen auf uns übertragen würde. Sie führte – einmal mehr – detailliert den abwärts weisenden Branchentrend für unsere PC-Verkäufe auf und den daraus folgenden Rückgang unserer wesentlichen Finanzkennzahlen. Die Aktionäre seien jetzt durch eine Barausschüttung am besten bedient, erklärte der Vorstand.

Am 18. Juni schoss Icahn zurück. In einem offenen Brief an unsere Aktionäre kündigte er an, die Hälfte der Dell-Aktien von Southeastern Asset Management zu kaufen, 72 Millionen Stück. Damit würde sein Anteil am Unternehmen auf über 150 Millionen steigen, übertroffen nur von meinem eigenen. Überraschenderweise lag der Kaufpreis bei nur 13,52 Dollar pro Aktie, also geringer als unser Angebot und weit unter dem Wert von 23,72 Dollar, den Southeastern als Dells wahren Wert ins Feld geführt hatte. Als Reaktion auf die Vollmachtserklärung des Vorstands sagte Icahn: »Wir sind von dieser Stellungnahme des Vorstands überrascht. In welchem anderen Kontext würde wohl jemand, der mit dem Verkauf eines Produktes beauftragt ist, seine Mühen darauf verwenden, genau dieses zu verkaufende Produkt negativ darzustellen? Wurde so der mutmaßliche ‚Go-Shop' durchgeführt? Können Sie sich vorstellen, dass ein Immobilienmakler Anzeigen schaltet, um vor Termitenbefall in einem Haus zu warnen, wann immer ein potenzieller Käufer Interesse daran zeigt?«

Dann stellte er sich zum x-ten Mal vor Fernsehkameras, um sein Anliegen weiter voranzubringen. »Glauben Sie nicht, dass die Aktie viel mehr wert sein wird als 14 Dollar?«, fragte er rhetorisch bei *Bloomberg News*. »Vor allem, da die 14 Milliarden Dollar, die in Nicht-PC-Akquisitionen gesteckt wurden, noch nicht recht gegriffen haben? Das Unternehmen hat diese schrecklich furchteinflößenden Erklärungen bezüglich seiner Zukunft abgegeben. In einem totalitären Staat funktioniert Propaganda dieser Art. Aber zum Glück für unsere Shareholder kann man der Propaganda in unserem Land etwas entgegensetzen.«

Am 24. Juni kündigte er an, er werde sich mit seinem Finanzberater zusammentun, der Investmentbank Jefferies & Co., um einen Kredit von 5,2 Milliarden Dollar aufzunehmen und sein Angebot von 14 Dollar pro Aktie abzusichern. Er sagte, er sei zuversichtlich, dass die Finanzierung rechtzeitig zur Aktionärsversammlung am 18. Juli stehe.

Super-Carl, der Retter!

Oder auch nicht.

Wenn man durch all den Nebel hindurchsah, den Icahn versprühte, erkannte man schnell, dass diese sogenannte Finanzierung nichts war als … noch mehr Nebel. Wie das Online-Technikmagazin *All Things Digital* in einem Artikel schrieb:

> Von den 5,2 Milliarden Dollar haben Icahn und seine Verbündeten 3,4 Milliarden aufgebracht, dazu 1,6 Milliarden von der Investmentbank Jefferies and Co. Weitere 179 Millionen Dollar kommen von 14 weiteren Beteiligten, darunter Pensionsfonds und institutionelle Investoren mit Namen wie Public Employees Retirement Association of New Mexico und Manulife Floating Rate Income Fund. Es ist eine relativ kurze Liste, sagte Reuters und deutete an, dass Icahn Schwierigkeiten damit habe, Interesse zu wecken, doch andererseits gibt es Anzeichen dafür, dass er gar keine große Beteiligung Dritter wünscht. Verwirrend? Allerdings.
>
> Es kommt noch etwas hinzu: Icahn erhält die Finanzierung nur, wenn die Dell-Aktionäre alle zwölf Vorstandskandidaten wählen, die er und sein

> Partner, Southeastern Asset Management, am 13. Mai nominiert haben. Anderenfalls ist die Finanzierung »unwahrscheinlich«.

Die unvermeidliche Schlussfolgerung war erneut, dass Icahn die Firma eigentlich gar nicht kaufen wollte. Er wollte uns bloß zwingen, unser Angebot zu erhöhen – und damit den Wert seiner Aktien erheblich steigern.

Doch während Carl jeden verfügbaren Reporter zutextete, geschahen zwei wichtige Dinge. Am 26. Juni wies Richter Leo Strine vom Kanzleigericht Delaware – Delaware war unser juristischer Unternehmenssitz (wie der der meisten Unternehmen), und das Kanzleigericht des Staates sollte letztlich über den Deal entscheiden – eine Reihe von Klagen ab, die Icahn und Southeastern eingereicht hatten. Im Kern besagten diese Klagen wegen Verstoßes gegen die Treuhandspflicht, dass ich ein kontrollierendes Interesse an Dell hätte, dass ich an beiden Seiten der Vereinbarung mitwirke und dass ich unrechtmäßige Insider-Einflussnahme ausübte. (In einigen seiner zahlreichen Interviews hatte Icahn mich sogar beschuldigt, insgeheim Mitglied des Sonderkomitees zu sein!)

Doch Richter Strine vertrat die Ansicht, dass meine 16 Prozent Eigentumsanteil nicht einmal »annähernd das Maß an Aktienbesitz [erreichten], das jemals als beherrschender Aktionärsanteil betrachtet wurde«. Wenn überhaupt, sagte Richter Strine, seien Icahn und Southeastern gemeinsam eher beherrschende Aktionäre als ich, denn ich hätte zugesichert, meine 250 Millionen Anteile zugunsten eines höheren Bieters abzugeben, falls es einen gäbe, während Icahn/Southeastern keiner solchen Verpflichtung unterlägen.

Richter Strine bemerkte, dass das Sonderkomitee entgegen der Ausführungen der Klagepartei jede nur denkbare Option für die Suche nach einem höheren Angebot als desjenigen von mir und Silver Lake ausgeschöpft habe und dass ich jedes gesetzliche Kriterium für die Kooperation mit dem Komitee erfüllt habe. Das Ergebnis, sagte er, sei ein vergleichsweise nachsichtiger richterlicher Maßstab, wenn das Angebot der Management-Buyout-Gruppe (also unseres) zur Verhandlung komme.

Ich mochte diesen Mann!

Richter Strines Einstellung war ein ziemlicher Schlag für Icahn. Doch es folgte noch ein weiterer.

Am 21. Juni fuhr ich mit unserem CFO Brian Gladden nach Gaithersburg, Maryland, um die guten Leute bei Institutional Shareholder Services (ISS) davon zu überzeugen, dass unser Angebot das bestmögliche für die Dell-Anteilseigner sei. ISS, die führende Beratungsfirma für Aktionäre, wird von den Shareholdern bezahlt, um solche Angebote zu bewerten, wie die Dell-Aktionäre gerade eins vorliegen hatten. Die Einschätzung der Firma würde eine Menge ausmachen und ich nahm sie sehr ernst – besonders weil ISS im April einen Bericht herausgegeben hatte, der unser Buyout-Angebot mit Skepsis betrachtete. Darin hieß es: »Die übergeordnete Frage scheint nicht zu sein: ‚Wie wird dieser Deal abgewickelt?‘, sondern steckt den Horizont vielmehr viel weiter: ‚Wenn dies die beste verfügbare M&A-Bewertung ist, wollen wir überhaupt verkaufen?‘«

In Gedanken bezeichnete ich dieses Meeting immer als Schlacht von Gaithersburg. Ein paar Tage lang war ich extra früh aufgestanden, um jeden möglichen Fallstrick unseres Angebots zu überprüfen und mir die bestmöglichen Argumente bereitzulegen. Ich fertigte eine Liste davon an:

1. Dies ist das Unternehmen, das ich vor 29 Jahren gegründet und seither geführt habe. Es ist entscheidend, dass es jetzt auf dem richtigen Weg bleibt, und seine künftigen Geschicke sind mir auch lange nach meinem Ausscheiden noch wichtig.

2. Ich habe gesehen, mit welcher Geschwindigkeit unsere Branche sich weiterentwickelt, und es ist bedeutsam, damit Schritt zu halten. Es ist unverzichtbar, den Übergang der Firma Dell von Hardware zu Software, Dienstleistungen und Lösungen zu lenken, zu Mobil- und Cloudangeboten. Ein schnellstmöglicher Wandel ist dringlich: Veränderung oder Untergang.

3. Die Veränderungen, die wir gerade durchlaufen, werden die Stabilität schaffen, die sich unsere Kunden wünschen, und die Flexibilität, die das Unternehmen benötigt. Doch gehen wir dabei Risiken

ein, die den weiteren Weg holprig machen, und Rückschläge sind unvermeidlich – wahrscheinlich ist das unseren Aktionären ein zu ungewisses Szenario.

4. Für ein börsennotiertes Unternehmen ist der Wandel begrenzt.

5. Die fünf neuen Geschäftsbereiche, die wir uns erschließen, und die für eine erfolgreiche Umsetzung notwendigen Investitionen werden die Erträge kurzfristig sinken lassen. Vielen Aktionären wird das nicht gefallen.

6. Seit dem Beginn dieses Prozesses im letzten August habe ich deutlich gemacht, dass ich bereit bin, mich mit demjenigen zusammenzuschließen, der das beste Ergebnis für unsere Shareholder bietet. Und ich habe erkannt, dass ich in die Pläne desjenigen eingeschlossen sein kann, aber nicht notwendigerweise sein muss.

7. Ein Nein zu unserem Angebot würde zum Ausdruck bringen, dass es kein Vertrauen zum Vorstand, zum Management und zur Veränderungsstrategie gibt, und das wäre eine extreme Beeinträchtigung für das Unternehmen.

8. Icahn und Southeastern sagen, das Unternehmen sei mehr wert, als wir bieten, doch sie haben keine realistische Alternative vorgebracht – das ist alles Augenwischerei. Sie haben unseren Shareholdern nicht mal einen Cent mehr pro Aktie geboten als wir. Sie haben ihr verfügbares Kapital um vier Milliarden Dollar überbewertet. Sie sind nicht wirklich in der Lage, eine Dividende von zwölf Dollar zu garantieren.

9. Ihr sogenanntes neues Führungsteam ist ebenfalls eine Illusion. Sowohl Capellas als auch Hurd haben erklärt, nicht interessiert zu sein. Todd Bradley gab an, nie bezüglich dieser Aufgabe kontaktiert worden zu sein. Mike Daniels hat eine Vereinbarung mit IBM, die dies ausschließt.

Das Meeting lief gut. Und am 8. Juli verkündete der ISS seine Entscheidung: Er würde sich dafür aussprechen, dass die Dell-Shareholder zugunsten des Deals abstimmten. (Ein paar Tage später empfahl auch Glass Lewis, eine weitere Aktionärsberatungsfirma, mit Ja zu stimmen. In gewisser Weise gewährte uns Icahn beide Empfehlungen, indem er eine so schlechte Alternative anbot, dass unsere die offensichtliche Wahl war.) Das war ein kräftiger Schuss vor den Bug. Gleichzeitig fragte ich mich immer noch – und das mit einiger Besorgnis –, ob wir die Stimmen erhalten würden. Meine Unsicherheit gründete sich auf eine Regel, die das Sonderkomitee ganz zu Anfang aufgestellt hatte. Zusätzlich zu einer Befürwortung der Mehrheit der ausgegebenen Aktien, darunter auch meiner, brauchten wir auch die Zustimmung der Mehrheit der ausgegebenen Aktien, die nicht mir oder Partnern von Dell gehörten. Bei dieser zweiten Abstimmung würden meine Anteile nicht zählen, die von Icahn und Southeastern Asset Management aber schon. Und Enthaltungen sowie nicht abgegebene Stimmen würden effektiv als Nein-Stimmen gezählt. Wenn der Aktienkurs aufgrund guter Neuigkeiten (wie der ISS-Entscheidung) vor der Versammlung am 18. Juli stieg, standen große Aktienpakete zum Verkauf – und wie es die Regel vorsah, durften die neuen Anteilseigner nicht abstimmen, weil sie ihre Aktien nicht am Stichtag 3. Juni besessen hatten. Doch die früheren Inhaber dieser Anteile, die ihre Aktien verkauft hatten, hätten kein Interesse an der Abstimmung – und ihre nicht abgegebenen Stimmen würden als Gegenstimmen für unser Angebot gewertet.

Diese Abstimmungsregel war bekannt als »Mehrheit der ausgegebenen Minderheit« – wobei Minderheit sich hier auf die ungebundenen Aktien bezog, die weder mir und meiner Familie noch anderen Insidern gehörten, und ausgegeben hieß sämtliche Aktien, ob stimmberechtigt oder nicht. Es war eine außerordentlich strenge Regel, aber sie stand im Einklang mit jedem Schritt, den das Sonderkomitee unternommen hatte. Von Anfang an waren sie überaus bemüht gewesen, jeglichen Verdacht einer geheimen Absprache mit mir zu vermeiden.

Drei Tage später versandte Icahn einen weiteren seiner offenen Briefe. Es war ein Meisterwerk der Überredung. »Liebe Miteigentümer von Dell-Aktien«, begann er leutselig.

> Beim Investieren erlebt man gelegentlich Situationen, in denen man nicht lange nachdenken muss. Die Chancen auf einen Gewinn sind groß, das Risiko dagegen sehr klein, und bei einigen wenigen Gelegenheiten kann man sogar einen Gewinn machen, ohne überhaupt ein Risiko einzugehen. Seltsamerweise verpassen meiner Erfahrung nach viele Investoren die Chance, solche Situationen zu ihrem Vorteil zu nutzen.

Er war wie ein Schlangenbeschwörer (oder ein Schlangenölverkäufer) auf einem Jahrmarkt: Geld geschenkt! Kein Risiko! Alles, was seine Mitaktionäre tun müssten, fuhr er fort, sei, bei der Versammlung am 18. Juli mit Nein zu stimmen und dann, falls die Fusion trotzdem genehmigt würde, ein Spruchstellenverfahren einzuleiten. Und was ist ein Spruchstellenverfahren? Wenn eine Cash-Verschmelzung bewilligt wird, haben die Shareholder, die dagegen gestimmt oder gar nicht abgestimmt haben, nach der Rechtsprechung von Delaware 60 Tage Zeit, um zu entscheiden, ob sie den Deal akzeptieren oder gerichtlich prüfen lassen. Wenn dies mit uns passierte und das Kanzleigericht von Delaware entschied, dass die Dell-Aktie einen höheren Wert hatte, musste die übernehmende Entität – also Silver Lake und ich – den Aktionären diesen Mehrwert auszahlen. Das Gericht konnte aber auch bestimmen, dass der Aktienpreis niedriger lag, und in diesem Fall würden die Shareholder, die das Spruchstellenverfahren eingeleitet hatten, weniger erhalten. Zudem musste jeder, der ein Spruchstellenverfahren anstrengte, auf die Abwicklung des Prozesses warten, was Jahre dauern konnte. Icahns Behauptung, es gebe kein Risiko, war eine glatte Lüge.

Er verschwieg zudem, dass er selbst nicht die Absicht hatte, ein Spruchstellenverfahren zu bemühen. Während solche Verfahren andauern, ist es so, als würden die Inhaber dieser großen Aktienpakete dem Unternehmen den Gegenwert ihrer Anteile als Darlehen geben. Das war ein weiterer irreführender Vorschlag von Icahn, der nur zu deutlich machte, dass er – wieder mal! – lediglich versuchte, Silver Lake und mich unter Druck zu setzen, damit wir unser Angebot erhöhten, um diese großen Anteilseigner von einer Nein-Stimme abzuhalten.

Und wenn man genau hinschaute (und das tat ich, glauben Sie mir), machte Icahns Brief vom 11. Juli deutlich, dass er den Versuch, das

Unternehmen selbst zu kaufen, im Wesentlichen aufgegeben hatte. Wenn er seinen höheren Aktienkurs von uns bekäme, konnte er verkaufen und seinen Sieg erklären.

Aber weder Silver Lake noch ich waren bereit, uns von Icahn unter Druck setzen zu lassen. Um unsere Position in der Woche vor der Aktionärsversammlung zu stärken, reiste ich noch mehr, ich flog kreuz und quer durch das Land, um einige unserer größten Shareholder zu treffen, so wie Franklin Mutual, BlackRock, State Street und Pentwater, und ihnen zu sagen, warum ich unser Angebot für fair hielt. Und meine Lobbyarbeit wirkte: Als die große Versammlung näherkam, änderten BlackRock, State Street und die Vanguard Group allesamt ihre Meinung von nein zu ja.

Der Morgen des 18. Juli, ein Donnerstag, war typisch für den Hochsommer in Texas, die Temperaturen gingen auf die 35 Grad zu. Nicht der beste Tag, um sich draußen aufzuhalten, aber das Rudel Fernsehreporter mit Kameras, das sich vor unserer Hauptniederlassung in Round Rock versammelte, hatte ja keine große Wahl. Drinnen trat Larry Tu pünktlich um acht Uhr vor den großen Konferenzraum, betrachtete die paar Hundert versammelten Personen und sagte: »Willkommen zur Sondersitzung der Aktionäre. Als Justitiar erkläre ich die Sitzung für vertagt.«

Einfach so. Alle machten verdutzte Gesichter: »Was ist denn jetzt passiert?« Nun, wir hatten schlicht nicht die ausreichende Anzahl an Stimmberechtigten für die Annahme unseres Angebots unter der Regel von der Mehrheit der ausstehenden Minderheit, auf der das Sonderkomitee bestanden hatte. MacKenzie Partners, die Proxy-Solicitation Firma, hatte uns per E Mail mitgeteilt, dass nach derzeitigem Stand 539 Millionen Anteile für die Transaktion waren und 541 Millionen dagegen. Nach dem gültigen Abstimmungsrecht brauchten wir die Hälfte der 1.476.288.661 nicht mit Dell verbundenen Anteile plus einen, um unseren Sieg erklären zu können: mit anderen Worten, insgesamt 738 Millionen Ja-Stimmen – und das waren rund 198 Millionen mehr, als wir derzeit hatten. Rund 27 Prozent aller Aktien hatten nicht abgestimmt, das hieß, sie wurden gemäß der Regel von der Mehrheit der ausstehenden Minderheit als Nein-Stimmen gewertet. Solange die nicht abgegebenen Stimmen als Nein-Stimmen gewertet wurden, sprachen die Ergebnisse komplett gegen uns.

Das war ein harter Tag. Egon war für die Versammlung nach Austin geflogen und als sie vorbei war, gingen er und ich zurück zu mir nach Hause und saßen vor einem großen Fernsehbildschirm, unfähig, den Blick von diesem 27-minütigen Autounfall von einem Interview mit Carl Icahn abzuwenden, das auf *CNBC* gezeigt wurde. Icahn und Scott Wapner, der Moderator von *Fast Money Halftime Report,* saßen auf der Bühne bei einer Konferenz institutioneller Investoren, und Carl mit seinem weißen Schnäuzer, roter Krawatte und Queens-Akzent, gab den verrückten Opa – abwechselnd trotzig, schüchtern, witzelnd und drohend. Häufig bedeckte er die untere Gesichtshälfte mit der Hand wie ein Pokerspieler mit dem schlechtesten Pokerface der Welt. Sein Lächeln war merkwürdig freundlich. Und im Interview war er ganz der alte Carl: eine verrückte, weitschweifige Mischung aus Größenwahn, Feindseligkeit, Gejammer und einfach freiem Assoziieren. Einmal führte Wapner einige der großen Unternehmen auf, in denen Icahn in letzter Zeit entscheidende Positionen eingenommen hatte – Dell, Chesapeake, Netflix, Navistar, Biogen, Transocean, Herbalife et cetera – und fragte: »Haben Sie jetzt mit 77 so eine Art Midlife Crisis?«

Icahn grinste wie ein Kind, das beim Naschen erwischt worden ist. »Na ja – was soll ich denn sonst machen?«, sagte er. »Meine Frau beobachtet mich wie ein Luchs – sie lässt mich nicht vor die Tür …«

Das sorgte für Gelächter im Publikum.

Zielgerichtet fragte Wapner: »Glauben Sie, Michael Dell erhöht sein Angebot, obwohl alle Berichte sagen, dass er es nicht tun wird?«

»Wissen Sie was? Ich weiß es nicht«, sagte Icahn. »Und ganz ehrlich – ich weiß, Sie werden mir das nicht glauben, aber es ist mir ziemlich schnuppe. Ich möchte das Unternehmen gern besitzen. Okay? Ich besitze 150 Millionen Anteile – ich mache das ganz klar, um Geld zu verdienen. Aber ich würde das Unternehmen gern besitzen, weil das Geld, das ich verdient habe – wissen Sie, ich bin ein Junge aus Queens, üble Gegend, wir hatten nichts, und da steh ich nun, also ich liebe das Land, ich meine, klingt abgedroschen, aber ich bin wirklich motiviert, Geld zu verdienen. Aber am meisten Geld habe ich immer verdient, wenn wir diese Unternehmen kontrollieren. Wenn wir sie übernehmen.«

Ganz sicher wollte er Dell übernehmen. Er sprach davon, einen Proxy Fight zu führen, einen ganz neuen Vorstand einzusetzen. Und natürlich einen neuen CEO. »Und ich sag Ihnen, warum ich glaube, dass ich die Sache gewinnen kann«, sagte er. »Weil ich ganz ehrlich sagen würde, wenn man eine Institution ist, warum sollte man wollen, dass dieser Kerl die Firma weiter führt? Er hat die Aktie von 40 bis auf diesen Wert runtergezogen. Also hat er schlecht geführt; dieser Vorstand hat ihn kaltgestellt – wissen Sie, es gibt da so eine alte Redensart: ‚Verarsch mich einmal, Schande für dich; verarsch mich zweimal, Schande für mich.' Also wenn die sich noch mal auf [Michael] Dell einlassen, dann ist das eine Schande für sie.«

Wow – war das die Retourkutsche für irgendetwas, das ich über den Hackbraten seiner Frau gesagt (oder nicht gesagt) hatte?

Dieses ganze Gelaber von Icahn über die Übernahme hätte lustig sein können, weil es so absurd war. Absolut nicht lustig war jedoch die Auswirkung, die das von ihm erzeugte Chaos auf unseren Aktienkurs hatte: Anfang Juli rutschte er zum ersten Mal seit April auf unter 13 Dollar; dann blieb er im Nachgang der vertagten Versammlung eine Woche lang im Zwölferbereich, dann acht, neun, zehn Tage am Stück. Der Markt sprach sein Urteil über die Aussichten, dass unser Deal stattfinden würde, und diese Aussichten standen nicht zum Besten.

Am 22. Juli kam ich im Manhattaner Büro meiner Anwälte Wachtell Lipton mit dem Sonderkomitee zusammen. Alex Mandl war dort mit den Anwälten und Finanzberatern des Komitees; auch Leute von MacKenzie nahmen teil. Ich hielt eine Rede – und zwar eine leidenschaftliche Rede, weil ich stark berührt war. Nach dem Stand der Dinge mache die Regel, die nicht an der Abstimmung beteiligte Anteile als Stimmen gegen den Deal behandele, die Abstimmungsregeln entschieden ungerecht, sagte ich, weil es aufgrund dieser Abstimmung einer Minderheit der Anteile ermöglicht werde, die Mehrheit auszubooten. Dem Eindruck, den das Sonderkomitee zu vermeiden versucht hatte – dass sie und ich irgendwelche geheime Absprachen träfen und uns gegen die Aktionäre verschworen hätten –, war längst widersprochen worden, sowohl in den Finanzmedien als auch in den zahlreichen offenen Briefen an unsere Shareholder. Wir, Silver Lake und ich, waren mit dem Komitee eindeutig bei einer Vielzahl von Gelegenheiten aneinandergeraten. Die Grenzen waren klar gesteckt. Es war an der Zeit, den Kampf fair zu machen.

Und schon wieder rasselten wir aneinander. Alex sagte mir, das Sonderkomitee könne eventuell – eventuell – in Betracht ziehen, die Abstimmungsregularien zu ändern, falls, und nur falls, Silver Lake und ich unser Angebot auf mindestens 14 Dollar pro Anteil erhöhten.

Sitzung vertagt.

Am nächsten Morgen, nach einem langen Gespräch mit Egon, rief ich Alex an und sagte ihm, dass Silver Lake und ich unser Angebot auf 13,75 Dollar erhöhen würden – falls und nur falls das Sonderkomitee die nicht abgegebenen Stimmen nicht länger als Nein-Stimmen zählen würde. Das sei unser bestes und letztes Angebot, sagte ich. Nachdem Alex mit dem restlichen Komitee und all seinen Beratern Rücksprache gehalten hatte, sagte er mir, sie bräuchten etwas Zeit, um darüber nachzudenken. Dementsprechend wurde die für den 24. Juli angesetzte Aktionärsversammlung erneut verschoben, diesmal auf den 2. August.

Ein weiteres Rundschreiben mit allen Schikanen von Icahn, diesmal von ihm und Southeastern, wurde am 23. Juli an das Sonderkomitee geschickt:

Sehr geehrte Damen und Herren,

während unserer Zeit im Geschäftsleben haben wir viele verantwortungslose Vorstände erlebt. Wir sind jedoch der Meinung, dass das derzeitige »desaströse Dell-Debakel« hier als eins der eklatantesten Beispiele herausragt. Verblüffenderweise erinnert uns das Sonderkomitee trotz alledem immer wieder daran, wie sehr sie sich ihrer Meinung nach um uns kümmern, auf uns Acht geben und uns beschützen. Wir haben eine Reihe von Fragen an diese sich selbst beweihräuchernden Meister der Dell-Aktionäre.

WARUM SOLLTE MAN DELL-AKTIONÄRE KALTSTELLEN?

Warum ist das Sonderkomitee so daran interessiert, loyale Dell-Aktionäre auszugrenzen, sodass unser Unternehmen zu einem Preis, den wir für lächerlich halten, an Michael Dell/Silver Lake verkauft werden kann? Wie lange können die Vorstände die Sache noch hinauszögern, Versammlungstermine verschieben und sich hinter den »Geschäftsregeln« verstecken?

Die Antwort, mein Freund, kennt ganz allein der Wind …

Hält das Sonderkomitee sein Versprechen?

Am 16. Juli teilte uns das Sonderkomitee mit, es habe ***»außergewöhnliche Maßnahmen ergriffen, um Mr. Dells Neutralität zu gewährleisten und die endgültige Entscheidung den nicht befangenen Aktionären zu überlassen«***.

Wenn Sie glauben, das Sonderkomitee habe keine ***»außergewöhnliche Maßnahmen ergriffen, um Mr. Dells Neutralität zu gewährleisten und die endgültige Entscheidung den nicht befangenen Aktionären zu überlassen«****, als es die für letzten Donnerstag angesetzte Abstimmung verschob, halten wir Sie an, GEGEN die Transaktion von Michael Dell/Silver Lake zu stimmen …«*

Und so weiter und so fort, bis zum Erbrechen.

Am nächsten Tag nahm Icahn den Kampf auf Twitter mit einem seiner ersten Tweets auf: »Bei Dell wäre alles gut, nähmen Michael und der Vorstand ihren Hut.«

Bob Dylan war er nicht gerade.

Aber bekam er Aufmerksamkeit? Das tat Icahn immer.

Mit Spruchweisheiten kommt man nicht zum Erfolg, aber wir haben eine bei Dell: Scheitern ist keine Option.

Wir wissen, dass es gute Strategien und deren Umsetzung sind, die Erfolg bewirken. Wir waren am Ende des Privatisierungsprozesses: Er hatte zu lange gedauert, er hatte Beeinträchtigungen mit sich gebracht, er hatte Verwirrung und Ungewissheit geschaffen. Und meine Mitstreiter und ich waren ziemlich – ich will nicht sagen erschöpft, aber wir wünschten uns alle, dass es endlich vorbei wäre, egal wie. Wenn die Aktionäre einen Deal wollten, würden wir einen Deal finden und ihn in die Tat umsetzen; wenn sie keinen Deal wollten, machten wir einfach weiter wie gehabt. Wenn die Aktionäre für den Deal stimmten, würden sie einen Teil des Ertrags unseres potenziellen Erfolgs erhalten, ohne irgendeins der Risiken der Transformation tragen zu müssen. Silver Lake und ich nahmen das gesamte Risiko auf uns.

Rückblickend ist es leicht zu sagen, dass es funktioniert hat, aber es hätte auch schiefgehen können.

Am selben Tag, da Icahn sein Rundschreiben verschickte, versandte auch ich einen offenen Brief an unsere Aktionäre und brach zum ersten Mal seit Monaten mein Schweigen über die Kämpfe des vergangenen Jahres. Dies war meine Erklärung: So lautet das Angebot, nehmt es an oder lasst es bleiben.

Liebe Mitaktionäre,

Sie haben sicher viele Geschichten über unsere Bestrebungen gelesen, Dell zu privatisieren. Ich wollte, dass Sie auch mal von mir selbst hören.

Ich glaube, dass der Rückkauf von Dell das Richtige für das Unternehmen ist. Wir müssen uns verändern, und zwar rasch. Dieser Wandel ist nicht frei von Risiken und Schwierigkeiten, und ich glaube, dass wir das Notwendige als privates Unternehmen besser tun können als als Börsenunternehmen.

Als ich im letzten August den Dell-Vorstand bat, die Möglichkeit einer Rückkauftransaktion zu erwägen, war mir klar, dass die unabhängigen Vorstandsmitglieder den Prozess kontrollieren würden, und ich machte deutlich, dass ich mich mit demjenigen zusammenzuschließen bereit sei, der den höchsten Preis bietet. Ich ermutigte alle interessierten Parteien, den höchstmöglichen Preis zu bezahlen.

Nach einem der sorgfältigsten Prozesse der Geschichte betrug der höchste Preis, den irgendeiner der Beteiligten zu zahlen bereit war, 13,65 Dollar pro Anteil. Obwohl keine andere Partei mehr als 13,65 Dollar pro Anteil zu zahlen angeboten hat, haben Silver Lake und ich unser Angebot nunmehr auf 13,75 Dollar erhöht, ein Zuwachs für die Aktionäre von schätzungsweise 150 Millionen Dollar, was unser bestes und letztes Angebot ist.

Ich glaube, dieses Angebot ist im Interesse der Firma und unserer Shareholder. Gewisse andere Parteien haben Alternativen wie fremdfinanzierte

Rekapitalisierungen, den Verkauf von Wirtschaftsgütern und andere Maßnahmen vorgeschlagen, die meiner Meinung nach schädlich für das Unternehmen sind und die ich nicht befürworte und befürworten werde.

Die Entscheidung liegt nun bei Ihnen. So oder so werde ich mich damit zufriedengeben und Ihre Entscheidung respektieren. Unsere Vereinbarung erfordert die Stimmen einer Mehrheit der ungebundenen Anteile – Ihrer Anteile –, um die Transaktion zu bewilligen. Leider sieht unsere Vereinbarung auch vor, dass Anteile, die nicht an der Abstimmung teilnehmen, als Gegenstimmen gewertet werden. Derzeit haben sich 25 Prozent der ungebundenen Anteile nicht an der Abstimmung beteiligt. Das heißt, selbst wenn eine Mehrheit der ungebundenen Anteile, die für die Transaktion stimmen, unser Angebot annehmen wollen, kann der Wille der Mehrheit von den nicht abstimmenden Anteilen vereitelt werden. Das halte ich für eindeutig unfair.

Als wir angeboten haben, unser Angebot auf 13,75 Dollar pro Anteil zu erhöhen, baten wir auch das Sonderkomitee des Vorstands, diese unfaire Abstimmungsregel zu ändern und zuzulassen, dass der Wille der Mehrheit der ungebundenen Anteile, die bei der Transaktion mit abstimmen, das Ergebnis bestimmen kann. Insbesondere angesichts der Bemühungen anderer, alternative Transaktionen zu propagieren, und der Fähigkeit dieser Parteien, mit ihren Anteilen abzustimmen, während meine Anteile nicht mitgezählt werden, ergibt es überhaupt keinen Sinn, die Situation noch weiter zu erschweren, indem nicht mit abstimmende Anteile so gewertet werden, als würden sie die Gegenseite unterstützen. Sollte das Sonderkomitee unserem erhöhten Angebot von 13,75 Dollar zustimmen und sich einverstanden erklären, faire und gleichberechtigte Rahmenbedingungen zu schaffen, unter denen Sie entscheiden können, freue ich mich auf Ihren Beschluss.

Mit freundlichen Grüßen,
Michael Dell

Zwei Tage später, am 26. Juli, fuhr ich zu Alex Mandl nach Easton, Maryland, um ihn von der Annahme unseres Angebots zu überzeugen. 90 angespannte Minuten verbrachte ich damit, Alex auseinanderzulegen, dass Icahns bombastische Breitseiten den Aktienkurs zum Abstürzen brachten, dass die fortgesetzte Unsicherheit über die Ereignisse das

Unternehmen schädigte. Dass die um jeden Preis unparteiische Abstimmungsregel, die nicht abgegebene als Nein-Stimmen wertete, die wahre Einstellung der wahren abstimmenden Aktionäre verschleiere. Alex runzelte abwechselnd die Stirn und nickte. Er hörte mir zu, äußerte jedoch mit keinem Wort seine Zustimmung. Seine eigene Überzeugung sei, sagte er schließlich, dass das Blatt sich ohne die Notwendigkeit einer Veränderung der Abstimmungsregeln wenden würde, wenn Silver Lake und ich unser Angebot auf 14 Dollar pro Anteil erhöhten. Ich sagte, ich würde das mit Silver Lake besprechen, sei aber nicht sehr optimistisch.

Inzwischen fiel unser Aktienkurs immer weiter ab, und irgendwo hinter den Kulissen rieb Carl Icahn sich die Hände (aber nicht lange!).

8

Auf und davon

Lee Walker änderte seine Meinung. Und bis heute habe ich nicht ganz verstanden, warum.

Warum gab er einen Sommer im herrlichen Südfrankreich auf, um im schwülheißen Austin zu bleiben und einer kleinen Computerfirma beim Start zu helfen? Ich habe ihn mehr als einmal danach gefragt. Dann murmelte er immer auf seine schüchterne und bescheidene Art, er sei selbst mal an diesem Punkt gewesen.

Als junger Entrepreneur Anfang der siebziger Jahre erwarb Lee eine größtenteils fremdfinanzierte Stahlproduktionsfirma in Buffalo, New York. Kurz nachdem er eingestiegen war, verkaufte das Unternehmen eine sehr teure Metallwiederaufbereitungsanlage an einen Kunden in Florida – der dann die Bezahlung verweigerte, nachdem die Umweltschutzbehörde von Florida die Nutzung der Maschine untersagt hatte. Die verlorene Kaufsumme drohte Lees aufstrebendes Unternehmen, das mit sehr mageren Gewinnspannen operierte, untergehen zu lassen und brachte ihn selbst an den Rand des persönlichen Bankrotts. Aus blanker Verzweiflung flog er nach Florida und richtete einen persönlichen Appell an die Umweltschutzbehörde – die der Anlage zu seiner Überraschung eine Genehmigung erteilte. Lee erhielt das Geld, seine Firma überlebte und seine unternehmerische Karriere ging weiter nach oben. Er wusste also, was es heißt, mit knapper Not davonzukommen, und im Laufe der Jahre hatte er etliche bittere Lektionen in puncto Unternehmensfinanzierung erhalten:

Ein Gebiet, auf dem ich im Frühjahr 1986 noch meine ersten Erfahrungen sammelte.

In gewisser Weise lief PC's Limited angesichts unserer steuerlichen Auflagen erstaunlich gut. Da ich das Unternehmen mit nur 1000 Dollar Investitionskapital gegründet hatte – im Gegensatz zu den fast 100 Millionen, die unser Rivale Compaq eine Straße weiter in Houston bis Ende 1983 von seinen Investoren eingeholt hatte –, musste ich Wege finden, unser begrenztes Kapital bestmöglich auszuschöpfen. Darin wurde ich ziemlich gut.

Anfänglich verkauften wir für gewöhnlich auf Kreditkarte. Das heißt, wir wurden genau dann bezahlt, wenn wir eine Bestellung verschickten. Das war gut, aber zuerst mussten wir oft im Vorfeld für Materialien bezahlen – nicht ganz einfach, wenn man nur begrenzt über liquide Mittel verfügt. Doch als wir dann größer wurden, konnten wir die Lieferanten überzeugen, uns eine Zahlungsfrist zu gewähren, das heißt, wir bezahlten sie 30 Tage nach Erhalt ihres Produkts.

Zudem konnten wir unser Ersatzteillager recht klein halten, indem wir direkt an die Kunden verkauften und keine fertigen Produkte vorrätig hielten: Wenn man genau weiß, was der Kunde kaufen will, braucht man nur die für diese Bestellungen notwendigen Teile. Unternehmen dagegen, die fertige Produkte in mehreren Konfigurationen bereithalten und sie an mehreren Standorten lagern, weisen rasch wachsende – und veraltende – Lagerbestände auf. Durch unseren neueren Bestand profitierten wir von den aktuellsten Kosten – und da die Materialkosten fast immer sanken, verschaffte uns dies einen weiteren Vorteil.

Kreditkartenverkäufe, Zahlungsfristen bei den Lieferanten, schlanke Lagerbestände: All das sorgte dafür, dass unsere Geldumschlagsdauer weit geringer war als bei den meisten anderen Unternehmen. Das war sehr gut.

Andererseits waren unsere am schnellsten wachsenden Geschäftsfelder der Verkauf an Unternehmen, Behörden, Bildungs- und Gesundheitseinrichtungen – alles Kunden, die nicht mit Kreditkarten bezahlten. Wir mussten ihnen Zahlungsfristen einräumen, was bedeutete, dass wir mehr Kredit brauchten. Wesentlich mehr. Und das war etwas, wobei ich definitiv Hilfe brauchte.

In diesem Frühjahr war ich so damit beschäftigt, mein eigenes neues Unternehmen am Laufen zu halten, dass ich gar keine Vorstellung davon hatte, wie kurz wir vor echten finanziellen Schwierigkeiten standen. Aber Lee fand es heraus, noch ehe er zu uns stieß, weil ein führender Mitarbeiter der MBank, unseres Geldgebers, mit ihm essen ging und ihm riet, sich von PC's Limited fern zu halten. CompuAdd, ein Austiner Unternehmen mit einem ähnlichen Geschäftsmodell wie wir (obwohl sie eher komponenten- als systemorientiert arbeiteten und mehrere Ladengeschäfte eröffnet hatten), sei das Pferd mit den besten Siegchancen, sagte der Banker zu Lee. Was dagegen PC's Limited anging, so habe die MBank entschieden, unsere Kreditlinie bei 600 000 Dollar einzufrieren.

»Ich musste nur ein bisschen kopfrechnen«, erinnerte Lee sich später. »Ich erinnerte mich, dass Jim Seymour mir gesagt hatte, Michaels Umsätze lägen bei ungefähr 100 000 Dollar täglich. Das hieß, dass die MBank nur ungefähr sechs Geschäftstage finanzierte. Meine Faustregel aufgrund jahrelanger bitterer Erfahrung besagte, dass man eine Finanzierung für wenigstens 24 Geschäftstage braucht. Sechs Tage, 600 000 Dollar war unmöglich. MBank hatte beschlossen, Dell den Finanzhahn abzudrehen. Die Bezahlung von Michaels Lieferanten musste längst überfällig sein. Und sie mussten eigentlich schon an seine Tür klopfen und ihr Geld fordern.«

Ganz so dramatisch war es nicht, aber Geld wurde dringend benötigt, und Lee Walker wusste, wo und wie man es bekommen konnte. Zu meinem Glück widerrief dieser extrem große, sehr umsichtige und kenntnisreiche Mann plötzlich seine Entscheidung, nicht Vorstand von PC's Limited zu sein, und mit dem Augenblick, da er durch unsere Tür hereinkam, wechselten wir in einen wesentlich höheren Gang.

Mein Rechtsberater Kelley Guest hatte Lee bereits auf das mittlere Chaos eingestimmt, das ihn erwarten würde. »Als Erstes müssen Sie diesen CFO und die Chefbuchhalterin loswerden«, sagte Kelley. »Die Tatsache, dass die beiden miteinander verheiratet sind, ist noch das kleinste der Probleme, die wir mit ihnen haben.«

Mir war es egal, dass sie ein Ehepaar waren. Mich störte nur, dass Mr. Bolton jedes Mal, wenn ich ihm sagte, dass wir mehr Arbeitskapital brauchten, die Achseln zuckte und erklärte, die Sache sei eben schwierig.

Aber als Lee Mr. und Mrs. Bolton sagte, es sei Zeit für sie zu gehen, stellten sie eine interessante Forderung. »Wir wollen 50 000 Dollar dafür, dass wir bei dieser Firma nicht den Zerstören-Knopf drücken«, sagte Mr. Bolton. Das war keine leere Drohung. Das Paar konnte alle möglichen Knöpfe drücken und Hebel ziehen, die PC's Limited den Garaus machen konnten.

Was PC's Limited nicht hatte, waren 50 000 Dollar in der Portokasse, um die Boltons auszuzahlen.

Doch unser neuer Firmenpräsident etablierte rasch seine Wertvorstellungen und brachte seine Kompetenz, Erfolgsbilanz und Geschäftsverbindungen ins Spiel. Lee hatte kürzlich mitgeholfen, ein Austiner Computerunternehmen namens Balcones durch Chapter 11 [ein Sanierungsverfahren für US-amerikanische Firmen] zu geleiten und dafür gesorgt, dass der Geldgeber des Unternehmens, die Texas Commerce Bank, jeden Penny von den 1,5 Millionen Dollar zurückbekam, die er dem Start-up geliehen hatte. Frank Phillips, der Vorstand von TCB und ein Freund von Lee, war so dankbar – und so beeindruckt, dass Lee sich nun für uns einsetzte –, dass er PC's Limited mit Vergnügen eine neue Kreditlinie einräumte.

Die Boltons gingen und Lee fügte seinem Titel CFO hinzu.

Derweil wuchs PC's Limited trotz der angespannten wirtschaftlichen Lage in Austin. Explosionsartig. Die Austiner Krise kümmerte uns zunehmend weniger: Anfangs waren alle unsere Geschäftstätigkeiten lokaler Natur gewesen, aber drei Monate später ging die Hälfte davon außerhalb der Stadt vor sich, und nach weiteren drei Monaten waren 90 Prozent nicht auf Austin bezogen.

Und jeder schien für uns arbeiten zu wollen. Während andere Unternehmen kriselten oder sich dem Untergang näherten, klopften bei uns die Leute an die Tür und wollten gern Teil der neuen örtlichen Spitzenfirma sein.

Wir waren bunt gemischt, lebendig und hatten einen guten Teamgeist. Lee und ich gaben den Ton an und die Tür zwischen unseren Büros stand immer offen. Wir wechselten ständig zwischen seinem und meinem Büro hin und her, besprachen uns, witzelten, planten – inspirierten uns gegenseitig. (Wir waren auch der komplette zweiköpfige Vorstand von PC's Limited.) Lee und ich waren wie Yin und Yang, und das nicht nur in Bilanzfragen: Ich war voller Tatendrang und Entschlossenheit, er ganz der sorgsame Kalkulierer. Aber wir hatten einen ähnlichen Sinn für Humor und viel Spaß zusammen. Wir waren ein exzellentes Team. Und der Gemeinschaftsgeist in 1611 Headway war ansteckend. Die Programmierer sprangen ein, wenn die Produktionsarbeiter Hilfe brauchten. Die Monteure nahmen Telefongespräche an, wenn es dem Vertrieb zu viel wurde.

Doch auch die beste Kameradschaft hätte nichts genutzt, wenn wir kein einzigartiges Geschäftsmodell gehabt hätten. Es gab andere PC-Hersteller – Compaq, 150 Meilen entfernt in Houston, war ein ernsthafter Konkurrent, ebenso wie natürlich IBM –, und es gab noch weitere Technik-Versandunternehmen, aber kein einziges davon stellte in Windeseile Computer her, die genau auf die Bedürfnisse der Kunden zugeschnitten waren, und versandte sie quasi über Nacht. Unsere Mitbewerber produzierten Einheitsgeräte und verkauften sie über Einzelhändler wie CompUSA und ComputerLand und Circuit City oder bei Markengeschäften wie Gateway. Und wie ich damals festgestellt hatte, als ich noch Arbitragegeschäfte mit PCs gemacht hatte, bedeutet der Einzelhandel fast immer Überschuss oder Mangel: Entweder sind die Lager überfüllt oder man hat nicht genug.

Unsere Größe war verblüffend, aber das schnelle Wachstum schuf einige recht große Herausforderungen. Eine der größten davon war die Qualitätskontrolle. Im September 1986 bekamen wir einen Anruf von einem erbosten Kunden in Des Moines, Iowa, der behauptete, ein Computer, den wir ihm verkauft hatten, sei in seinem Haus in Flammen aufgegangen und habe in seinem von zu Hause aus betriebenen Geschäft enormen Schaden angerichtet. Er werde uns bis aufs letzte Hemd verklagen: »Dreifacher Schadenersatz für staatenübergreifenden Betrug!«, schrie er. Leider war er nicht der einzige Kunde, dem so was passierte. Und es gab noch etliche andere Qualitätsbeschwerden. Qualitätsbeschwerden bedeuteten Rückgaben, und Reparaturen bedeuteten eine Verlangsamung der Produktion. Und wenn wir die Produktion nicht auf die Reihe kriegten, wie Lee Walker später sagen sollte, waren wir geliefert.

Seltsamerweise war es ein weiteres zornerfülltes Gespräch, das zu einer Lösung führte.

Dabei ging es um eine Unterlassungsklage von einem Mann namens Bob Swem, Leiter der Endgerätefabrikation von Tandem Computers in North Austin. Swem behauptete, wir hätten ihm einige seiner besten Mitarbeiter abspenstig gemacht, ein Vorwurf, der immerhin zur Hälfte stimmte: Wir warben zwar niemanden ab, aber wir hatten zweifellos eine Menge Bewerbungen von Technikbeschäftigten aus der Region bekommen und mehr als nur ein paar von ihnen eingestellt.

Den Feind zu kennen, ist immer eine gute Regel, und als Lee ein paar Recherchen über Swem und seine Fabrik durchführte, entdeckte er, dass der Fabrikleiter ein brillantes System entwickelt hatte, das mithilfe von fehlertoleranten Tandem-Computern und Software jeglichen Produktionsausfall verhinderte. Dazu gehörte auch, dass jedes einzelne Teil für jedes in der Fabrik produzierte Endgerät mit einem Barcode erfasst wurde. Wenn beispielsweise der Ausfall eines 50-Watt-Kondensators irgendwo da draußen ein Terminal außer Gefecht gesetzt hatte, konnte Swem leicht nachvollziehen, welche anderen Terminals denselben Kondensator enthielten, die Kunden benachrichtigen, dass ein Austausch erforderlich sei, und diesen veranlassen, ehe die Probleme losgingen.

Lee und ich wanderten zwischen unseren beiden Büros hin und her und entwickelten schließlich einen Vorschlag für Swem: Wenn er uns sein Tandem-basiertes System für unsere Produktionslinie kopieren ließe, würden wir davon absehen, ihm weitere Beschäftigte abspenstig zu machen. Außerdem würden wir jedem, der es wissen wollte, davon erzählen, dass Tandem einen Beitrag zu unseren massiv verbesserten Produktionskapazitäten geleistet habe.

Swem willigte ein und unsere Qualitätskontrolle legte einen Zahn zu.

Aber eine bessere Qualitätskontrolle heißt nicht Perfektion. Unsere Computer im Einsatz hatten manchmal ihre Macken, wie das bei Computern nun mal so ist, und wiesen Probleme auf, die nicht einmal mit proaktivem Austausch von Ersatzteilen und kostenlosem telefonischem

Support gelöst werden konnten. In gewisser Weise enthüllte diese Lösung sogar ein noch größeres Problem.

IBM und Compaq hatten 50 Prozent des PC-Marktes inne. Wir versuchten, uns in einen bereits überfüllten Geschäftsbereich zu drängen und uns als Unternehmen zu positionieren. Leistungsstarke Produkte, Funktionalität und schnelle Auftragserfüllung waren ein guter Anfang, aber es fehlte eine entscheidende Komponente. Wir brachten ein exzellentes Produkt heraus – das *PC Magazine* hatte unser 286er-Modell kürzlich als »einen der ersten echten potenziellen ‚IBM-Killer' … überraschend schnell« bezeichnet –, aber unsere Corporate Identity war begrenzt, um es mal zurückhaltend zu formulieren. Wir waren ein Austiner Versandunternehmen und Versand bedeutete unteres Marktsegment. Ein Aufstieg würde einen maßgeblichen Verkauf an große Firmen bedeuten, Firmen wie Exxon, Boeing, Ford, Citibank und General Motors. Wir stellten Vertriebspersonal ein, um den Business-Markt zu umwerben, und wir konnten diesen Kunden zwar ein exzellentes Produkt anbieten, nicht jedoch die Art von Service und Support, die solche großen Firmen verlangten. Wir erhielten von solchen großen Unternehmen eine Menge Absagen. Und wenn wir potenziellen Investoren nicht vorweisen konnten, dass wir Geschäfte mit wichtigen Unternehmen machten, waren sie nicht an uns interessiert.

Wir steckten in einer Zwickmühle. Wir waren zur Bedeutungslosigkeit verdammt. Ein nebensächlicher Player in einer wichtigen Branche.

Es sei denn …

Während einer Brainstorming-Klausur im kalifornischen Russian River Valley im Herbst 1986 – eine Reise, die wir uns kaum leisten konnten, aber wir brauchten unbedingt einen Tapetenwechsel, wenn wir einen Plan entwickeln wollten, um unsere Bedingungen zu verbessern – forderte der Moderator uns zehn Anwesende zu einer Fantasieübung auf. Wenn wir einen Wunsch frei hätten, sagte er, welchen würden wir im Hinblick auf unser Service- und Supportsystem äußern?

Mit dabei war eine junge Vertriebsmitarbeiterin namens Kim Roell aus der Abteilung, die versuchte, mit PC's Limited große Firmen zu erreichen. Kim war toll: sehr tatkräftig und begeisterungsfähig und – im

Gegensatz zu den meisten Menschen – ohne jede Scheu davor, das Wort zu ergreifen. »Ich wünschte, ich könnte meinen Kunden sagen, dass wir augenblicklich ihre Probleme lösen würden«, sagte sie. »Wir würden ihnen gleich am nächsten Tag einen Techniker vorbeischicken.«

»Klingt sehr gut«, sagte der Moderator. »Noch was?«

»Und ich wünschte, es wäre kostenlos«, sagte Kim.

Wir alle ließen ein kollektives »Wow, cool« hören, aber dann landeten wir fast augenblicklich wieder auf dem harten Boden der Tatsachen. Wie sollte man so was finanzieren?

Andererseits war das Durchbrechen fester Denkmuster schließlich das Ziel dieser Klausur und wir ersannen zwei weitere möglicherweise erreichbare Träume außer dem kostenlosen Service und Support: Ich wollte international expandieren und wir mussten unsere Bemühungen verstärken, große Unternehmen als Kunden zu gewinnen.

Sechs Monate später hatten wir die ersten beiden Ziele erreicht und machten gute Fortschritte bei der Umsetzung des dritten – als IBM, die wir in die Pfanne gehauen hatten, beschlossen, dass sie stattdessen lieber uns in die Pfanne hauen würden.

Seit ihrer Markteinführung des Personal Computers mit offener Architektur im Jahr 1981 hatte International Business Machines erlebt, dass PC-Nachahmer wie wir wuchsen und gediehen. Ihre (vielleicht defensive) öffentliche Haltung war, dass Personal Computer nur einen geringen Anteil an ihrer Geschäftstätigkeit hätten. Doch vielleicht hatte all der Erfolg junger angesagter Firmen wie der unseren an ihnen genagt, denn plötzlich schienen sie ihre Meinung zu ändern. Am 2. April 1987 führte IBM einen neuen PC mit geschlossener Architektur ein, den Personal System/2 – PS/2, auch unter dem Namen Micro Channel Architecture bekannt. Man konnte kaum umhin, den PS/2 als eine Methode zu betrachten, die Nachahmer aus dem Weg zu räumen. Big Blue wollte den Geist wieder in die Flasche zurückholen, um das PC-Geschäft gleichermaßen zu beherrschen wie den Großrechnermarkt. Es hatte was von *Das Imperium schlägt zurück*.

Und ich hatte wirklich Angst, es könnte das Ende von Luke Skywalker bedeuten – ich meine PC's Limited. Wir machten uns sofort daran, unsere eigene Micro-Channel-Kopie zu entwickeln, aber das würde seine Zeit dauern, und inzwischen war IBM möglicherweise in der Lage, uns aus dem Rennen zu werfen.

Doch im Verlaufe der folgenden Monate passierte etwas Komisches. Während IBM versuchte, seine Kunden zum Wechsel auf PS/2 zu bewegen, begannen Compaq und ihr enger Partner Intel, eine Weiterentwicklung der Industry Standard Architecture (ISA) zu entwickeln, die als EISA bekannt werden würde – Extended Industry Standard Architecture. EISA verfügte über systeminterne Steckplätze, die es den Nachahmern ermöglichten, eine Erweiterungskarte mit auf dem ISA-Standard beruhenden zusätzlichen Kapazitäten zu entwickeln. Wir legten augenblicklich mit der Arbeit daran los.

Einige IBM-Kunden wechselten zwar zu PS/2, die meisten aber nicht – und selbst von denen, die gewechselt hatten, änderten einige ihre Meinung rasch und kehrten wieder zu EISA zurück. Am Ende war der PS/2 ein Schuss ins Knie, denn er enthielt zwar einige technische Innovationen, war aber eher zum Vorteil von IBM entwickelt worden als zu dem der Kunden.

Wir waren einer Kugel ausgewichen. Aber das sollte nicht das Letzte gewesen sein, was wir von IBM hörten.

Im Juni 1987 wurden wir offiziell ein internationales Unternehmen, und zwar unter neuem Namen – oder eigentlich einem neuen alten Namen. Kurz bevor wir in Großbritannien an den Markt gingen, sagte Andrew Harris, der Mann, den Lee und ich als Leiter dieses Unterfangens ausgewählt hatten: »Hören Sie mal – ich kann das Unternehmen nicht ‚PC's Limited, Ltd.' nennen. Das klingt lächerlich. Also, wie soll ich es nennen?«

Daheim in Austin wuchsen wir dermaßen schnell, dass wir überhaupt keine Zeit hatten, uns mit solchen nachrangigen Angelegenheiten auseinanderzusetzen. Wir sagten mehr oder weniger: »Keine Ahnung, wir sind beschäftigt – denken Sie sich was aus.«

Nach ein paar Tagen rief Andrew zurück. »Also, wenn ihr mir nicht sagen wollt, wie ich das Unternehmen nennen soll, nenne ich es einfach Dell Computer Corporation, denn eigentlich ist das doch sowieso euer offizieller Name.«

»Okay, meinetwegen«, sagte ich.

Ein paar Monate lang hatten wir also eine gespaltene Persönlichkeit: In den USA kannte uns jeder als PC's Limited, aber in Großbritannien waren wir Dell Computer Corporation. Diese Regelung hatte eine gewisse Instabilität, aber bei explosivem Wachstum geht es nie um Stabilität, und wir wollten unbedingt global werden.

Der britische Markt erschloss sich uns mit Leichtigkeit, denn viele kauften dort nicht sehr gut gemachte PCs bei Computerläden, deren Mitarbeiter wenig bis gar nichts über die Wartung der von ihnen verkauften Produkte wussten. Wir dagegen brachten nicht nur ein überlegenes Produkt heraus, sondern waren auch – dank einer Vereinbarung, die Lee Walker und Kelley Guest vor einigen Monaten unterzeichnet hatten – unlängst zum weltweit ersten Computerhersteller geworden, der eine kostenlose Wartung vor Ort anbot.

Honeywell Bull, die unlängst fusionierte IT-Sparte des internationalen Konzerns Honeywell, stellte zu diesem Zeitpunkt Großrechner her, und ihre weltweite Servicetätigkeit machte sie für uns zum perfekten Partner. Die von Lee und Kelley ausgearbeiteten Vertragsbedingungen besagten, dass wir Honeywell Bull 30 Dollar für jeden von uns produzierten PC bezahlten, wofür sie wiederum eine kostenlose Wartung vor Ort am selben oder am nächsten Tag für jeden unserer Computer anboten, der ihrer bedurfte, überall in den USA und in Großbritannien. Wir entschieden, dass wir diese 30 Dollar nicht an den Kunden weiterreichen würden – unserer Kalkulation zufolge würde der garantierte kostenlose Service vor Ort so viel neuen Umsatz generieren, dass der Aufwand sich rasch rentierte.

Die Kalkulation erwies sich als richtig. Das war ein riesengroßer Schritt für uns. Wir konnten jetzt auftragsgefertigte Computer Marke PC's Limited mit der Zusicherung einer kostenlosen Vor-Ort-Wartung an große Konzerne und die US-Regierung verkaufen – was bedeutete, dass große Konzerne und die US-Regierung unsere Vertreter nicht länger wegschicken würden, ohne ihnen überhaupt zuzuhören.

Und mit einem 45-Jährigen, durchaus erwachsenen und erfahrenen Entrepreneur als Präsident und CFO hatten wir jetzt Zugang zu allen möglichen Arbeitskapitalkrediten, an die wir vorher nicht herangekommen waren. Im Gegensatz zum 21-jährigen CEO konnte Lee Walker zu Leuten wie Frank Phillips bei der Texas Commerce Bank gehen und sagen: »Sehen Sie mal, Texaco, Exxon, Monsanto – all diese Unternehmen, ganz zu schweigen von der US-Regierung –, die alle schulden dieser Firma Geld. Geben Sie uns auf Grundlage dieser Außenstände ein Darlehen.« Und die Banker sagten dann: »Okay, Lee, diesen Knaben kennen wir nicht, aber Ihnen vertrauen wir.«

Doch immer noch reichte ein bloßes Darlehen nicht aus, um uns dorthin zu bringen, wohin wir wollten.

Nach einem Umsatz von 33 Millionen Dollar im Steuerjahr 1986 waren wir auf dem besten Wege, das Steuerjahr 1987 mit 60 Millionen abzuschließen. Es war keineswegs abwegig, dass wir im Steuerjahr 1988 die 100 Millionen erreichen würden – und was danach kam, konnte man nicht wissen. Doch verrückterweise hatten wir nur etwas über 300 000 Dollar liquide Mittel zur Verfügung. Lee, der unsere Finanzen führte, hatte uns in den schwarzen Zahlen gehalten, aber nur gerade so. Wir brauchten echtes Arbeitskapital, nicht nur eine Kreditlinie, für mehr Forschung und Entwicklung, für weitere Einstellungen, für den Einkauf von mehr und bestmöglichen Bauteilen. Die Börsennotierung des Unternehmens schien der natürliche Fortgang zu sein – und die einzige Option, um an das notwendige Kapital zu gelangen.

Zu dieser Zeit fingen auch die Investmentbanken an, sich zu melden.

Es gab viele Bewerber. Wir waren ein junges, angesagtes Unternehmen – jeden Monat angesagter. Wir erregten eine Menge Aufsehen, sowohl mit unseren Geschäften als auch mit dem, was dahinterstand: ein Produkt, das von guter Qualität war, auf den Kunden zugeschnitten wurde und aufgrund des fehlenden Einzelhandelszuschlags über einen sehr wettbewerbsfähigen Preis verfügte.

Ein halbes Dutzend Banker kam in Austin bei uns vorbei. Sie sahen alle möglichen Erfolge für uns voraus und sie erzählten uns alle möglichen Geschichten darüber, wie sie uns dorthin bringen würden. Es war lustig, sich das anzuhören, aber nach jedem Meeting sahen Lee und ich uns an und schüttelten die Köpfe. Es ist toll, wenn einem genau das gesagt wird, was man hören will, aber wenn der Zuckerflash nachlässt, fragt man sich doch nach dem Nährwert.

Wir brauchten die unverfälschte Geschichte von den großen Playern.

Im Frühjahr 1987 fuhren Lee und ich nach New York, um mit einigen der größten Investmentbanken der Stadt zu reden. Erstaunlicherweise waren das die ersten beiden Unternehmen, für die meine Mutter in Houston gearbeitet hatte. E. F. Hutton war bekannt für seine Fernsehwerbung (»Wenn E. F. Hutton spricht, hören die Menschen zu«); wir wussten aber nicht, dass einige ihrer Aktienbroker zu diesem Zeitpunkt wegen des Verdachts auf Geldwäsche behördlich untersucht wurden und das Unternehmen bald gezwungen sein würde, mit Shearson Lehman American Express zu fusionieren. Seine Verwaltungsabteilung machte einen langsamen und schläfrigen Eindruck – vielleicht, weil die Leute dort wussten oder spürten, dass das Spiel aus war.

Auch Paine Webber hatten eine beliebte Werbung (»Danke, Paine Webber«) und ein helles, glänzendes neues Gebäude an der Avenue of the Americas, aber auch dort war die Atmosphäre, aus welchen ganz unterschiedlichen Gründen auch immer, nicht gerade aufregend.

Ganz anders dagegen Goldman Sachs. Deren Mitarbeiter – meine Güte, sogar ihre Bürowände – strahlten Dynamik, Intelligenz, Ehrgeiz aus. Und Erfolg. Sie hatten eine fantastische Erfolgsbilanz bei Börsengängen und jetzt warben sie intensiv darum, unsere Wall-Street-Partner zu werden. Erneut sahen Lee und ich einander an – aber diesmal mit diesem augenblicklichen, intuitiven Klick: Ja.

Bei Goldman gab es für uns nur zwei Haken. Der erste war, dass Lee den Posten als CFO aufgeben musste – sowohl Präsident als auch Chief Financial Officer zu sein beeinträchtigte seine Objektivität und wäre kein gutes Aushängeschild für ein börsennotiertes Unternehmen. Der zweite war, dass wir einen richtigen Vorstand brauchten. Mit zwei Personen war es nicht getan. Wir brauchten mindestens fünf, sagte Goldman.

Lee und ich besprachen uns und führten fürs Erste die beiden besten Leute an, die wir in Austin auftreiben konnten. George Kozmetsky hatte einige Fortune-100-Firmen gegründet und war Dekan der Business School an der University of Texas gewesen. Er hatte auch einen Thinktank für Unternehmensgründer namens IC2 gegründet – das Institute for Constructive Capitalism. Ich war ihm einige Male begegnet und hielt große Stücke auf ihn. Der andere war Bobby Ray Inman, ein pensionierter Navy-Admiral und ehemaliger Leiter der National Security Agency, außerdem ehemaliger Bezirksleiter der CIA. Derzeit führte er ein Konsortium von Top-Technologieunternehmen namens MCC – Microelectronics and Computer Technology Corporation –, um einen Weg zu finden, die Japaner mit Erfindungen zu übertreffen, die seinerzeit auf dem Weg zur technologischen Weltherrschaft zu sein schienen. Lee und ich fanden, dass beide exzellente Kandidaten waren, und wir sagten Goldman, wir würden versuchen, sie zu einer Mitarbeit bei uns zu überreden. In absehbarer Zeit würden wir noch eine dritte Person hinzufügen.

Doch Goldman fanden auch, wir sollten nicht sofort an die Börse gehen. Der Prozess war kompliziert und zeitraubend, sagten sie, und wie wir nur zu gut wüssten, hätten wir alle Hände voll damit zu tun, das Unternehmen zu führen. Stattdessen empfahlen sie eine Privatplatzierung: 20 bis 30 Shareholder aus Finanzinstitutionen, wohlhabende Privatpersonen und verschiedene Fonds. Goldman waren absolut zuversichtlich in Bezug auf unsere Marktfähigkeit.

Dann kam der Schwarze Montag, der 19. Oktober 1987.

An diesem einzigen Tag verlor der Aktienmarkt 23 Prozent an Wert – doppelt so viel wie an jenem Schwarzen Donnerstag im Oktober 1929, dem Beginn der Weltwirtschaftskrise. Lee erinnert sich, dass ich gerade bei einer meiner Lieblingsbeschäftigungen war, nämlich dem Auseinandernehmen des Computers eines Wettbewerbers, um zu sehen, wie er gegen unseren abschnitt, als er in mein Büro kam und mir die schlechten Nachrichten überbrachte – er war sicher, dass unsere Privatplatzierung mit einem Schlag zunichte gemacht worden war.

Vielleicht hätte ich mir mehr Sorgen machen sollen. Vielleicht hätte ich mir weniger Sorgen machen sollen. Lee war 46 Jahre alt und neigte zur Besorgnis; ich war 22 und voller Optimismus. Bis heute bin ich überzeugt, dass wir auch ohne Privatplatzierung prima zurechtgekommen wären: Unser Wachstum war einfach spektakulär. Aber Lee war derjenige, der die Realität der Bilanzen und der Banker kannte, und manchmal war diese Realität bitter genug, ihn die ganze Nacht wach zu halten. Mittlerweile schlief ich voller Zuversicht bezüglich unserer Zukunft wie ein Baby.

Und wie sich zeigen sollte, geschah das Wunder: Von sprichwörtlich Hunderten von Finanzierungen, die an diesem Schwarzen Montag im Gange waren, überlebte unsere als einzige. Während Tausende von Käufern absprangen, hielten uns unsere die Treue. Warum? Weil die Leute an unser Geschäftsmodell und an die Chance glaubten, gleich zu Anfang einzusteigen. (Darunter auch meine Eltern, die eine halbe Million Dollar investiert hatten, einen Großteil ihrer Ersparnisse zu diesem Zeitpunkt.) Weil es in der gesamten technischen Landschaft niemanden gab, der uns gleichkam. Und weil unsere Zahlen einfach keinen Zweifel zuließen. Wenn etwas jährlich um 100 Prozent wächst, sagt das zumindest aus, dass es bei den Leuten ankommt. Es sei denn, man macht etwas Illegales. Und was wir taten, war weder illegal noch unmoralisch noch machte es dick. Es machte einfach nur Spaß.

Kurz bevor die Privatplatzierung durchkam, kamen Lee und unsere Verkaufs- und Marketingleiter zu mir und sagten: »Warum nennen wir die Firma nicht einfach Dell Computer Corporation (was ja tatsächlich der eingetragene Firmenname war) statt PC's Limited? Das hat doch in Großbritannien prima funktioniert.« Lee hatte das schon die ganze Zeit im Sinn; wir hatten deswegen bereits ein paar kleine Auseinandersetzungen gehabt. Ich wusste, dass er unseren gewöhnlich klingenden Namen nicht leiden konnte, und er wusste, dass ich ihn liebte: Er repräsentierte mein Baby, das ich in Dobie 2713 auf die Welt gebracht hatte und das jetzt allmonatlich Millionenumsätze erzielte. Wenn es unseren Kunden gefiel, warum es dann ändern?

Außerdem war mir nicht recht wohl dabei, die Firma nach mir zu benennen – das hätte als Eitelkeit betrachtet werden können und Eitelkeit gehörte wirklich nicht zu meinem Image. Außerdem gab es da noch eine Sache, über die ich mit niemandem reden konnte: Was, wenn unser heißes Start-up abkühlte? Was, wenn wir untergingen wie so viele Computerunternehmen Mitte und Ende der achtziger Jahre? »Dell Computer Corporation« hätte dann eine völlig andere Konnotation.

Ich musste immer an einen Technologie-Entrepreneur namens Adam Osborne denken, der Anfang der Achtziger einen tragbaren Computer mit dem Namen Osborne 1 herausgebracht hatte. Das Gerät war eine Zeit lang sehr populär – bis er die bevorstehende Markteinführung eines aktualisierten Modells ankündigte, des Executive. Das Problem war, dass diese Einführung nicht bevorstehend genug war. In Erwartung des neuen Computers hörten die Leute augenblicklich auf, den Osborne 1 zu kaufen, es flossen keine Umsätze mehr, und da kein neues Produkt in der Pipeline war und es eine Menge Zulieferer zu bezahlen gab, ging Mr. Osborne bankrott. Zu allem Übel bezeichneten die Wirtschaftsjournalisten dieses Fiasko auch noch als Osborne-Effekt. So möchte man nicht in die Geschichte eingehen. Wenn mein florierendes Unternehmen unterging, wollte ich ganz bestimmt nicht, dass man vom Dell-Effekt sprach.

Doch Lee und die anderen ließen nicht locker. »PC's Limited klingt nach unterem Marktsegment, es *klingt* nach Versandhandel«, sagten sie. »Wir haben höhere Ziele, wir rücken auf zu IBM und Compaq – wir wollen, dass unser Name so klingt, als würden wir in derselben Liga spielen.«

Sie kochten mich weich. Ich konnte ihren Standpunkt auch nachvollziehen. Bald versandten wir Computer, auf denen mein Nachname stand statt PC's Limited. Anfangs kam mir das komisch vor, aber bald wurde es für mich völlig normal – und unsere weiterhin steigenden Umsätze nahmen nicht den geringsten Schaden dadurch.

Ich hatte mit Freuden 16 Stunden pro Tag gearbeitet, im Büro gegessen und geschlafen. Meine Arbeit war mein Leben; meine Firma war meine zweite Familie. Wer behauptet, man könne ein Unternehmen gründen und dabei eine Work-Life-Balance erzielen, der lügt. War daran irgendetwas verkehrt? Ich hatte einen enormen Hunger nach Erfolg, aber ich war auch nur ein Mensch, und ich wusste, dass in meinem Leben etwas fehlte. Dennoch schien ich diesbezüglich nicht viel machen zu können.

Nach ein paar Monaten an der UT hatte ich eine Freundin gehabt, aber diese Beziehung fiel schnell der Intensität meiner Arbeit und meiner Reisetätigkeiten zum Opfer, während ich PC's Limited in Gang brachte. Als deshalb ein Bekannter von mir namens Buddy Patton – ein Vertreter von Western Digital, einem unserer Controller-Chip-Lieferanten – zu mir sagte: »Hey, mein Vater sagt, du solltest mal diese Susan Lieberman kennenlernen«, sagte ich: »Buddy, ich hab echt zu tun; wir haben hier gerade sehr viel Arbeit.«

Buddys Vater David Patton hatte in Austin ein Verpackungsunternehmen namens Capital City Container, das uns die Kartons verkaufte, in denen wir unsere Computer verschickten. Und David hatte irgendwelche Geschäfte mit dieser Susan Lieberman gemacht, einer Gewerbeimmobilienmaklerin für den in Dallas ansässigen Immobiliengiganten Trammell Crow. David sagte zu Buddy: »Hey, sie ist Jüdin und Single; dein Kumpel Michael Dell ist Jude und Single – warum stellen wir die beiden einander nicht mal vor?«

»Mein Vater sagt, sie ist süß«, erzählte mir Buddy.

»Ich weiß nicht, Buddy«, sagte ich. »Versteht dein Vater unter süß dasselbe wie ich? Ich weiß nicht. Ich hab wirklich viel zu tun. Warum lernst du sie nicht mal kennen?«

Nun, es stellte sich heraus, dass Western Digital Räumlichkeiten anmieten musste, also hatte Buddy eine Ausrede, um Susan Lieberman kennenzulernen. Sie zeigte ihm ein Objekt, es erwies sich als genau das, was Buddy suchte, und sie unterschrieben einen Vertrag. Und Buddy kam wieder in mein Büro und sagte: »Die ist wirklich süß, Michael.« Er gab mir einen Zettel mit ihrer Telefonnummer. Doch kaum war Buddy gegangen, stopfte ich den Zettel in das Wörterbuch, das immer auf meinem Tisch lag, und vergaß ihn.

Mein Wörterbuch hatte einen schwarzen Ledereinband, denn ehrlich gesagt war es mir ein bisschen peinlich, ein Wörterbuch auf dem Tisch liegen zu haben – vielleicht weil ich die UT abgebrochen hatte, vielleicht weil Englisch nie mein bestes Fach gewesen war. Aber ab und an hörte oder las ich ein Wort, dessen Bedeutung ich nicht kannte, und da ich immer auf alles neugierig war, schlug ich es in meinem geheimen Wörterbuch nach. Und nicht lange, nachdem Buddy vorbeigekommen war, schlug ich ein Wort nach – »intrinsisch« oder »konkomitierend« oder so was – und fand den Zettel mit Susan Liebermans Namen und

Telefonnummer darauf, und ich dachte mir, sei's drum, rief sie an und lud sie zum Essen ein.

Wir verabredeten uns in einem kleinen Bistro in Austin namens »Chez Fred«, und schon als sie zur Tür hereinkam, sah ich, dass sie *sehr* süß war. Und blond und sportlich. Das war also schon mal schön. Aber als wir dann zusammen am Tisch saßen und ins Gespräch kamen, stellte ich fest, dass sie außerdem klug und warmherzig und lebendig war. Obwohl diese Blind-Date-Sachen einen schlechten Ruf hatten, schien es zumindest für mich ganz gut zu funktionieren. Und für sie? Susan erzählt, es habe sie beeindruckt, dass ich einen Anzug trug und ihr den Stuhl zurechtrückte; es gefiel ihr auch, dass ich nicht prahlte – offenbar war sie mit etlichen Großmäulern ausgegangen. Doch dann schaffte ich es, unserem Gespräch eine andere Wendung zu geben.

Als Susan mich fragte, wo ich zur Schule gegangen sei, sagte ich ihr die Wahrheit – dass ich ein Jahr lang an der UT gewesen sei und abgebrochen habe, um ein Computerunternehmen zu gründen. Doch sie hörte in erster Linie den Teil mit dem Abbruch, und was sie in diesem Moment dachte, konnte ich an ihrer Miene ablesen: Oh-oh.

»Wie alt bist du denn?«, fragte sie. Damals sah ich mit meinen Pausbacken, der dicken Brille und dem Lockenschopf zugegebenermaßen eher jungenhaft aus. Aber ich glaube, in diesem Moment dachte Susan Lieberman vielleicht, sie säße mit einem 19-jährigen Studienabbrecher beim Abendessen.

Ich sagte ihr, ich würde in zwei Wochen 23 Jahre alt.

»O mein Gott, du bist ja noch ein Baby!«, sagte sie.

Es platzte aus mir heraus, ehe ich Zeit zum Nachdenken hatte: »Ich bin kein Baby – ich hab eine eigene Firma!«

»Was denn für eine Firma?«

»PC's Limited.«

Die Geschäftsfrau in ihr stellte eine Verbindung her. »Kennst du Stan Sykes?«

»Ja, das ist mein Produktionsleiter.«

»Wie meinst du das, dein Produktionsleiter?«

»Na ja, er arbeitet für mich.«

»Moment mal – bist du der Knabe, der Räumlichkeiten in der Industrieabteilung und in der Büroabteilung hat?« Sie sprach von den Lager- und Büroräumen, die wir von Trammell Crow gemietet hatten. »Das ist also deine Firma?«

Ich lächelte und bejahte. Der Rest des Abendessens lief prima.

Ich musste für eine Woche nach Europa, um unser neues Büro in Großbritannien zu besuchen und nach Möglichkeiten für die Eröffnung weiterer Standorte auf dem Kontinent Ausschau zu halten. Als ich zurückkam, rief ich Susan Lieberman an und fragte, ob sie am Sonntag Lust auf einen Spaziergang entlang dem Barton Creek habe. Sie sagte zu. Wir liefen und redeten und liefen und redeten. Je mehr wir uns unterhielten, desto mehr Gemeinsamkeiten stellten wir fest. Als wir endlich aufblickten, waren vier Stunden vergangen.

Das war am Valentinstag 1988. Über 30 Valentinstage später laufen und reden wir immer noch.

Im Juni ging Dell an die Börse und direkt, nachdem die Zulassung bewilligt war, erhielten wir jene Post, die kein kleines Unternehmen jemals von einem großen Unternehmen bekommen möchte: eine per Einschreiben zugestellte Unterlassungsanordnung von IBM. »Sehr geehrte Damen und Herren, wir haben Grund zu der Annahme, dass Sie einige unserer Patentrechte verletzen.«

Es war ein Schock, aber keine Überraschung.

Wir waren seit vier Jahren im Geschäft, hatten uns von einem Einmannbetrieb zu einem Multimillionen-Dollar-Konzern entwickelt und alle möglichen IBM-kompatiblen Geräte hergestellt – darunter vor Kurzem (dank einem weiteren hervorragenden neuen Ingenieur, David Lunsford) unseren ersten 386er, der IBM, Compaq und alle anderen in einem Kopf-an-Kopf-Rennen geschlagen hatte. Das *PC Magazine* schrieb in seiner jüngsten Ausgabe über diesen Test und nannte unser Gerät »schnell genug, um den Sand vom Wüstenboden zu brennen«.

Das war ein sehr großes Lob. Im Gegensatz zu dem Einschreiben von IBM.

Inhaltlich war es völlig korrekt. Wir waren einfach zu schnell und zu zielstrebig gewesen, um über die Beantragung von Patenten für irgendeins der von uns entwickelten Produkte nachzudenken. Anzahl der Patente von International Business Machines: ungefähr eine Fantastilliarde. Anzahl der Patente von Dell Computer Corporation: null.

Als Lee, Kelley und ich in den Flieger Richtung Norden stiegen, um uns mit IBM in deren Hauptniederlassung in Armonk, New York zu treffen, fühlte sich das so an, als würden wir ins Büro des Schuldirektors gerufen. Schlimmer noch. Ausgerechnet jetzt, da wir dringend Geld benötigten – die 22 Millionen Dollar aus der Privatplatzierung waren schnell draufgegangen für Zulieferer, F&E und unsere ständig wachsenden Gehaltszahlungen –, konnte eine Klage von Big Blue unseren Börsengang und auch uns zu Fall bringen.

Dell war jetzt der siebtgrößte PC-Hersteller in den Vereinigten Staaten. Die Austiner Immobilienpleite hatte es uns ermöglicht, einen kompletten neunstöckigen Glasbetonturm am Arboretum Boulevard 9505 zu mieten; die Produktion war in einem Lagergebäude im Bezirk Braker in Nord-Austin. Doch obwohl wir jede Woche größer wurden, waren wir im Vergleich zu IBM immer noch unbedeutend. Ihr riesiger Campus mit seinen futuristischen Gebäuden auf perfekt manikürten Rasenflächen hatte etwas Einschüchterndes.

Selbst die Inneneinrichtung des Gebäudes, das wir betraten, wirkte kalt, steril und abschreckend. Alle Männer (Frauen waren fast keine zu sehen) trugen die Uniform: dunkler Anzug, weißes Hemd, rote Krawatte. Keine Bärte. Das war ein absoluter Kontrast zum lässigen Austin.

Doch der Leiter der Lizenzabteilung von IBM, Emmett Murtha, hätte nicht freundlicher sein können. Mit einem Lächeln schüttelte er uns die Hände und dann setzten wir uns zu einem Nachmittagstee zusammen, serviert in eleganten chinesischen Tassen von seiner Sekretärin.

Warum hätte er auch nicht nett sein sollen? Er hatte uns schließlich völlig in der Hand.

Dennoch versuchte Murtha von Anfang an, uns zu beruhigen. Er wolle uns nicht aus dem Markt drängen, sagte er, sondern bitte uns nur, eine kleine Gebühr für jeden verkauften Computer zu bezahlen, da wir eindeutig von der Nutzung der IBM-Technologie profitierten.

»Wie klein ist denn die Gebühr?«, fragte ich.

Mr. Murtha lächelte. »Drei Prozent.«

Lee und ich sahen einander an. Zu diesem Zeitpunkt machten wir mit jedem verkauften Computer einen Gewinn von ungefähr fünf Prozent. Da waren drei Prozent ein gewaltiger Happen.

Theoretisch konnten wir die drei Prozent einfach an den Kunden durchreichen. Aber würden wir dann noch so viele Geräte verkaufen? Und würden all unsere Mitbewerber – es gab seinerzeit in den Staaten rund drei Dutzend PC-Hersteller – ebenfalls ihre Preise erhöhen? Erhielt IBM drei Prozent von Compaq? Womöglich hatte Compaq mehr Patente als wir. (Das wäre nicht schwer gewesen.)

Wahrscheinlich dachten Lee, Kelley und ich alle dasselbe. Aber was konnten wir schon machen? Am 6. Juni 1988 unterschrieben wir eine Lizenzvereinbarung mit IBM, die uns gestattete, Computer herzustellen und zu verkaufen, die mit dem XT, dem AT und dem PS/2 von IBM kompatibel waren. Im Gegenzug bezahlten wir ihnen Lizenzgebühren für vergangene, aktuelle und zukünftige Verkäufe von Geräten, die eine von ihnen patentierte Technologie enthielten.

Es war ein erheblicher Anteil unserer Gewinne, aber wir nahmen an, dass wir die Differenz irgendwie ausgleichen konnten.

Am 22. Juni erhielten wir die Börsenzulassung: 3,5 Millionen Anteile zu jeweils 8,50 Dollar. Jetzt waren wir ein Börsenunternehmen, wurden unter dem Symbol DELL bei der NASDAQ gehandelt und konnten wieder durchatmen.

Im Jahr 1986, ungefähr zu der Zeit, als Lee Walker zu uns kam, hatte ich beschlossen, mir ein Haus zu kaufen. Ich weiß nicht recht, warum, vielleicht hatte es etwas mit Lees erwachsenem Einfluss zu tun. Ich hatte genügend Geld auf der Bank, um eine Anzahlung zu leisten, und vor Kurzem hatte ich eine Maklerin kennengelernt, eine nette Dame mittleren Alters namens Sheila Plotsky, die mich in gewisser Weise als ihr Projekt betrachtete. Sheila fuhr mich am Wochenende gern herum, um nach Möglichkeiten Ausschau zu halten. Und eines Samstagnachmittags zeigte sie mir ein wunderschönes Haus nördlich der Stadt mit Blick über die Hügel in West Austin: die Adresse lautete 5309 Valburne Circle.

Es war ein großes, geräumiges, modernes Haus mit weitläufigem Grundstück, ausgedehntem Vorgarten und einem hübschen Swimmingpool im hinteren Garten. Ende des Frühjahrs zog ich ein und machte mich sofort daran, es zu etwas Eigenem zu gestalten. Junggesellenbuden-Möbel: Ledersofas, Hochflorteppiche und Bean-Bag-Sessel – und ja, Plastikpflanzen. (Keine echte Grünpflanze hätte meine allgemeine Gleichgültigkeit gegenüber Grünzeug überlebt, ganz zu schweigen von meinen Abwesenheitszeiten – manchmal schlief ich mehrere Tage hintereinander im Büro – und meinen regelmäßigen Geschäftsreisen nach Europa und Fernost.) Mein großer Sony-Fernseher und meine Stereoanlage mit den riesigen Klipsch-Lautsprechern kamen ins Wohnzimmer, eins der fünf Zimmer wurde zu meinem Arbeitszimmer, in dem ich an einem Schreibtisch arbeiten und mit meinem Quotron mein Aktienportfolio verwalten konnte. Ein weiteres Zimmer verwandelte ich in ein Heimlaboratorium und stopfte es mit Prototypen von Computerzubehör und Ersatzteilen voll. Manchmal saß ich dort bis tief in die Nacht, nahm Geräte auseinander, montierte Teile heraus, entlötete und lötete wieder an.

Und manchmal traf ich mich mit anderen. Am 4. Juli gab ich eine große Party für alle Techniker, mit Grillen am Pool, einem Fass Bier und diesen riesigen Lautsprechern, aus denen die Rolling Stones, Jimi Hendrix, Doors und Roxy Music dröhnten.

Es war schön, hier zu wohnen und hierhin zurückzukommen. Einmal entdeckte ich auf dem Sprung zu einer Geschäftsreise nach Asien beim Heruntergehen der Treppe mit meinem Koffer in der Hand einen Skorpion auf dem Wohnzimmerteppich. Oh-oh, dachte ich. Ich holte eine Kaffeetasse aus der Küche, stülpte sie über den Skorpion und fuhr nach Asien. Als ich ein paar Wochen später zurückkam, hatte ich das natürlich völlig vergessen – aber da stand die Tasse auf dem Teppich. Ich hob sie hoch und der Skorpion lebte noch. Diese Viecher sind ganz schön zäh.

Doch alles wurde anders, nachdem ich mit Susan Lieberman zusammen war – und besonders nachdem sie bei mir einzog. Keine Grillpartys, keine Plastikpflanzen und keine Skorpione mehr. Ich konnte sie nur überreden, zu mir zu ziehen, indem ich mich einverstanden erklärte, dass allwöchentlich eine Putzfrau nach dem Rechten sah – und indem ich das Heimlaboratorium in einen Fitnessraum samt StairMaster verwandelte.

Nachdem ich eine Zeit lang dort wohnte, geschah etwas Merkwürdiges. Mein Geschäftserfolg hatte viel Aufmerksamkeit erregt, auch in der Lokalpresse, und ab und zu sah ich Autos an meinem Haus vorbeifahren und verlangsamen, um sich alles ansehen zu können. Manchmal parkte sogar jemand in meiner Einfahrt und kam klingeln: Sie wollten mir bloß die Hand geben und Hallo sagen. Alle waren sehr freundlich und wohlmeinend – bis auf einen. Aber die Geschichte erzähle ich später.

In jenem Juli kurz nach dem Börsengang klingelte jemand anderes bei mir, ein Nachbar, dem ich schon gelegentlich beim Spazierengehen begegnet war. Glenn Henry war ein Mann im mittleren Alter, der mit seiner Frau und seinem Teenagersohn zwei Häuser weiter wohnte und bei IBM arbeitete.

Das war an sich noch nichts Besonderes; in dieser Straße lebten etliche Big-Blue-Beschäftigte. Aber Glenn Henry arbeitete nicht bloß für IBM, er war ein IBM-Fellow. Das war eine Auszeichnung erster Güte für eins der angesehensten Unternehmen Amerikas. Glenn war Assistant Manager für den System/36 von IBM, ein Multiuser- und Multitasking-System von Minicomputern, das hauptsächlich von Kleinunternehmen genutzt wurde. Es war eine wichtige Aufgabe und sie hatte ihn wohlhabend genug gemacht, um sich ein hübsches Haus in einer hübschen Gegend der Stadt kaufen zu können. (Später erzählte er mir, dass bei meinem Einzug Gerüchte in der Nachbarschaft die Runde gemacht hätten, wonach ein 21-jähriger mutmaßlicher Drogenhändler gerade das größte Haus am Valburn Circle gekauft habe.)

Warum klingelte Glenn Henry an diesem Julinachmittag bei mir? Es stellte sich heraus, dass er gerade im *Austin American-Statesman* von unserem Börsengang gelesen hatte. »Ich würde gern bei Ihnen arbeiten«, sagte er. Ich bat ihn auf eine Tasse Kaffee herein.

Wir saßen zusammen und quatschten. Glenn war Techniker und Techniker neigen nicht zu dramatischen Gesten, daher war es schon eine ziemlich große Sache für ihn, dass er mir anbot, an Bord zu kommen und für mich zu arbeiten. Er hatte Frau und Kind und Hypothek, und er hatte einen sehr sicheren Job: Seit 20 Jahren arbeitete er für IBM. Seine Frau wollte unbedingt, dass er dort blieb. Aber in unserem Gespräch erkannte ich, wie gefangen er sich in der nüchternen Kultur fühlte, die ich bei unserem Treffen mit Mr. Murtha in Armonk so deutlich empfunden hatte. Glenn erzählte mir, dass alle anderen IBM-Fellows ebenso wie die Firmenleitung den PC mit Verachtung betrachteten. Sein Chef, ein Vizepräsident des Unternehmens, war der Meinung, der PC sei ein prima Terminal für einen Großrechner. Punkt.

Glenn dagegen sah den Personal Computer als Gamechanger. Damals gab es vielleicht ein paar Millionen PCs weltweit; er sah diese Zahl auf Milliarden anwachsen. Genau wie ich. Je mehr wir redeten, desto deutlicher erkannte ich, wie sehr Glenn Henry mit unseren Zielsetzungen übereinstimmte. Als wir den Kaffee ausgetrunken hatten, bot ich ihm an, unserer fröhlichen Bande von Außenseitern – die inzwischen Tausenderstärke erreicht hatte – beizutreten und unsere Forschungs- und Entwicklungsabteilung zu leiten.

»Noch 158 Meilen bis zur Gelegenheit.«

Das war die freche Überschrift auf der Plakatwand, die wir genau vor dem Houstoner Hauptquartier unseres Erzrivalen Compaq platziert hatten. Zur Bekräftigung zeigte darunter ein großer Pfeil westwärts Richtung Austin und als Krönung war unser Firmenlogo darauf zu sehen.

Etliche Menschen folgten dem Pfeil und kamen wie Glenn Henry herbei, um unserer Rebellengruppe beizutreten. Viel mehr Neueinstellungen kamen von Compaq zu uns statt umgekehrt. Genau so gefiel mir das. Ich hatte Freude an der Konkurrenz in unserem Gebiet, ob es nun gegen Rod Canion bei Compaq ging oder um Bill Hayden bei CompuAdd oder um Ted Waitt bei Gateway.

Nett sein und trotzdem gewinnen

Besonders gegen Compaq. Sie hatten ein paar Jahre vor uns angefangen, mit einem Venture-Capital-Investment von 25 Millionen Dollar von einem gewissen Ben Rosen, im Gegensatz zu unseren – meinen – 1000 Dollar. Sie hatten eine tolle demokratische Unternehmenskultur – es gab keine reservierten Parkplätze auf ihrem Silicon-Valley-artigen

Firmengelände in den Wäldern außerhalb Houstons, nicht mal für den CEO. Sie hatten megakluge Programmierer, eine starke F&E und eine besondere Partnerschaft mit Intel: Jede Weiterentwicklung bei Mikroprozessoren (auf die Intel ein regelrechtes Monopol hatte) ging zuerst an Compaq.

Aber Compaq hatte keinen Preisvorteil. Ihre Betriebskosten betrugen 36 Prozent der Umsätze, im Gegensatz zu unseren schlanken 18 Prozent. Sie verkauften ausschließlich über den Einzelhandel, und obwohl ihre PCs bekanntermaßen gut durchdacht und zuverlässig waren, so waren sie doch auch teuer. Wir wussten, dass wir sie beim Preis und aufgrund unseres Auftragsfertigungssystems auch bei der Flexibilität übertreffen konnten. Unser Vor-Ort-Service verschaffte uns außerdem eine Kopf-an-Kopf-Situation im Hinblick auf Zuverlässigkeit.

Wir hatten wirklich einen Platz in einem umkämpften Feld erobert: Wir waren die frechen Außenseiter mit dem Killer-Geschäftsmodell. Es machte mir überhaupt nichts aus, von der *Business Week* als »heißester kleiner Computerhersteller in Texas« bezeichnet zu werden. Und unsere freche Werbung griff das David-gegen-Goliath-Thema auf.

Werbung war für uns elementar. Aus persönlicher Erfahrung wusste ich, wie aufmerksam technikaffine Leser die Anzeigen in *PC Magazine*, in *PC World* und in *Info World* lasen. Unsere ersten Anzeigen, von einer kleinen örtlichen Agentur gestaltet und zuerst in Austiner Zeitungen, dann auch in nationalen Medien geschaltet, waren sehr geradlinig: Hier sind wir, PC's Limited; wir machen gute Geräte, bitte kauft sie.

Aber kurz vor der Privatplatzierung, gleich nachdem wir unseren Namen geändert hatten, beschlossen wir, dass es an der Zeit war, dieses Billig-Versandhandelsimage endgültig abzulegen. Eine Weltklasseagentur zu beauftragen würde teuer sein, aber Lee und ich entschieden, dass es die Sache wert war.

Im Februar 1987 schlossen wir einen Vertrag mit Hal Riney & Partners, der quirligen Agentur in San Francisco, die bereits aufmerksamkeitsstarke Werbekampagnen für Weinkühler von Bartles & Jaymes sowie für Gallo-Wein kreiert hatte. Wir legten ein Budget von fünf Millionen Dollar mit Riney fest und sie machten ein paar schöne Spots für uns, doch letztlich passten wir nicht zueinander. Von Anfang an wollte

Riney eine folklorehafte Corporate Identity für uns schaffen – im Western-Cowboy-Stil, da wir in Austin ansässig waren –, die einschränkend, wenn nicht sogar völlig falsch für den Weltmarkt wirkte, den wir betraten. Wir wollten bei der Arbeit keine Cowboyhüte und spitzen Stiefel tragen, und wir wollten auch nicht, dass unsere Kunden glaubten, wir täten das.

Als wir Riney verließen, wussten wir, dass es nur eine Agentur für uns gab: Die preisgekrönte Firma Chiat/Day hatte bahnbrechende Printanzeigen und Fernsehspots für Apple geschaffen, darunter den einigermaßen berüchtigten (aber äußerst erfolgreichen) Spot »1984«, der während des Super Bowl von 1984 gelaufen war. Für den Vertrag mit Chiat/Day mussten wir unser Werbebudget mehr als verdoppeln, aber ich glaube, die Ergebnisse waren es unbedingt wert. Eine Anzeige, die sie im Herbst 1989 für uns entwickelten, trug die Überschrift »Dells offizielle Position zur Kundenzufriedenheit«. Darunter wurden zwei Umfrage-Diagramme aus *PC Week* gezeigt, in denen die 386er und 286er der führenden PC-Hersteller bezüglich Preis, Kompatibilität und Service bewertet wurden. In beiden Tabellen standen wir an der Spitze, noch vor Compaq, AST, Zenith und IBM. »Insgesamt sind diese beiden Umfragen sehr erhellend«, stand im Text. »Genau genommen haben sie jeden in der Computerbranche überrascht. Außer natürlich uns und unsere Kunden. Wir haben nicht nur diese beiden Abstimmungen angeführt, sondern unser 20 MHz 386 System 310 wurde auch gerade zum Redaktionsfavoriten des *PC Magazine* ernannt.«

Das gab uns eine gute Wettbewerbsposition – und unsere Verkaufszahlen spiegelten es wider. Wir hatten es von 69 Millionen Dollar im Steuerjahr 1987 über 159 Millionen im Jahr 1988 auf 257 Millionen im Jahr 1989 geschafft. Hunderte Millionen waren toll, aber wenn sich die Verkaufszahlen alljährlich beinahe verdoppelten, war es gar nicht so abwegig, allmählich über die Milliarde nachzudenken.

Nach dem Markteintritt in Großbritannien eröffneten wir Tochterfirmen in Deutschland und Kanada (1988) sowie in Frankreich (1989). 1989 war ein erfolgreiches Jahr für uns in beinahe jeder Hinsicht, aber es gab auch ein paar denkwürdige Misserfolge. Project Olympic war unser erster Versuch im Serverbusiness und es war eine äußerst komplizierte technische Entwicklung. Wir konstruierten unsere eigenen Silikonchips für ein Speichersystem namens RAID (Redundant Array of Independent Disks); wir bauten Server mit mehreren Mikroprozessoren. Aber das Projekt war zu anspruchsvoll und es funktionierte nicht.

Außerdem erlebten wir in diesem Jahr eine Krise in unserer Lagerbestandsplanung: Wir hatten ein Motherboard entwickelt, dem es an Flexibilität bei der Speicherkonfiguration fehlte. Und als sich der Branchenstandard für Speicherchips verbesserte, saßen wir auf zu viel altem Bestand und einem Produkt, das wir nicht gewinnbringend verkaufen konnten. Ein herber Schlag.

Aber der Mut zum Scheitern ist der einzige Weg zu bedeutsamem Wachstum. Wie Eleanor Roosevelt sagte: »Man muss das tun, von dem man glaubt, dass man es nicht kann.« Damals und bei jedem weiteren Schritt auf unserem Weg wurden ich und unser Unternehmen mit jedem Misserfolg und jedem Rückschlag stärker und resilienter. Aufgrund des Olympic-Flops entwickelten wir eine starke Ingenieurstätigkeit, die es uns ermöglichte, diese Serverarchitektur rasch auf eine neue Produktlinie IBM-kompatibler Computer zu übertragen. Und die Planungskrise lehrte uns, bei der Lagerverwaltung agiler und effizienter vorzugehen.

Im persönlichen Bereich brachte 1989 mir meinen größten Erfolg überhaupt und der hält bis heute an.

Mit dem Wachstum unseres Unternehmens freundete ich mich mit Bill Gates (mit dem wir natürlich eine Menge Geschäfte machten) und mit Steve Jobs an – beide ungefähr zehn Jahre älter als ich und Männer, die ich in beruflicher Hinsicht sehr bewunderte. Aber Bill und Steve hatten eine zentrale Eigenschaft gemeinsam, die ich nicht entwickeln wollte: Sie waren (damals) beide Singles, die nur mit ihrem jeweiligen Geschäft verheiratet zu sein schienen. Ich wollte wirklich nicht in zehn Jahren aufwachen und mich ohne Frau und Familie wiederfinden.

Und so heiratete ich am 28. Oktober 1989 Susan Lieberman im Kreise meiner gesamten Familie und meiner Mitarbeiter und mit Lee Walker als Trauzeugen und damit begann die glücklichste und bedeutsamste Reise meines Lebens. Ich habe in beruflicher Hinsicht vieles erreicht, aber alles verblasst im Vergleich zu der Errungenschaft meiner Ehe mit Susan und den vier Kindern, die wir gemeinsam großgezogen haben.

Meine Hochstimmung hielt bis Anfang 1990 an, als die Zeitschrift *Inc.* mich zu ihrem ersten Unternehmer des Jahres kürte, eine sehr große Ehre für einen nicht mal 25-Jährigen. Lee Walker sagte für den Begleitartikel ein paar sehr nette Dinge über mich – und da ich wusste, dass Lee ebenso störrisch wie warmherzig war, war mir klar, dass er jedes Wort auch wirklich so meinte. »Was Michael Dell tut«, sagte er, »liegt ihm so sehr im Blut und geht ihm so spontan von der Hand, dass es [aussieht], als wäre er total gelassen. Er hat eine so klare Vision von seinen Zielen, dass er die Hintergrundgeräusche ausblenden und die Fallstricke meiden kann, über die Unternehmer typischerweise stolpern.«

Lee war zudem bescheiden: Er war dafür verantwortlich, dass wir alle möglichen Fallstricke gemieden hatten.

Doch als der Frühling kam, sagte er mir, es sei für ihn an der Zeit zu gehen.

»Präsident von Dell zu sein war ein Five-to-nine-Job«, schrieb er später.

> Schwere Personalentscheidungen waren nötig, finanzielle Aufmerksamkeit, Kompromisse, strategische Anweisungen, landesspezifische Umsetzungen und endlose Auseinandersetzungen mit inländischen taktischen Abläufen.
>
> Ich hatte vergessen, dass ich das gar nicht erst hatte machen wollen. Ich war gefangen genommen von der Komplexität eines multidimensionalen Puzzles, aufgesaugt vom Konkurrenzkampf gegen IBM und Compaq. Ich vergaß, dass mir vor langer Zeit büschelweise die Haare ausgefallen waren und mein Rücken furchtbar wehgetan hatte, als ich mein eigenes Geschäft eröffnete …
>
> Michael und ich waren so unterschiedliche Persönlichkeiten. Er war einer dieser Geschäftsmänner, denen der Stress der internationalen Hightech-Konkurrenz erst Auftrieb gibt. Ich nicht. Diese ungeheuer komplizierte Arena gab ihm Energie. Mich hatte sie so ausgelaugt, dass ich weder physisch noch emotional stark genug war, um weiterzumachen.

Lees Knackpunkt waren internationale Reisen. Während der letzten Jahre war er in Kanada, England, Frankreich, Deutschland und Schweden gewesen, um unsere ausländischen Tochterfirmen in die Gänge zu bringen, abgesehen von seinen Aufgaben bei Dell US. Im März 1990 besuchte er unsere Niederlassungen in Großbritannien und Deutschland, hatte dann einen elfstündigen Flug zurück nach Austin und verspürte plötzlich einen heftigen Schmerz im unteren Rücken. Irgendwo bei seinen Reisen hatte er sich eine schwer behandelbare Form der Meningitis eingefangen.

Es war Zeit für ihn loszulassen.

Es gab Tränen auf beiden Seiten, als Lee sich verabschiedete. Wir hatten eine Menge gemeinsam durchgemacht und eine Menge gemeinsam erreicht. Ich war in diesen vier Jahren deutlich erwachsener geworden. Und obwohl ich wusste, dass es schwer werden würde, ohne ihn weiterzumachen, hatte ich mehr Zuversicht, dass ich es von jetzt an schaffen würde.

9

Erlösung

Die letzten Julitage 2013 schienen für unser Buyout-Angebot das Ende der Fahnenstange zu sein.

Am 30. Juli, als die Aktionärsversammlung am 2. August rasch näherkam, sagte das Sonderkomitee, es werde unser Angebot von 13,75 Dollar pro Aktie annehmen und sei einverstanden mit unserem Vorschlag, einen neuen, späteren Stichtag festzulegen. Unserer Ansicht nach würde eine Verlegung des Stichtags es den Hedgefonds-Arbitrageuren, die kürzlich auf den Buyout gewettet hatten, ermöglichen, mit ihren Anteilen für uns zu stimmen.

Aber.

Das Komitee hielt weiterhin an den strikten Abstimmungsregularien fest: Nicht abgegebene Stimmen wurden als Nein gewertet. Das Komitee würde unser Angebot nur annehmen, wenn eine Mehrheit der ausstehenden Anteile mit Ja stimmte, und nach den Regeln, auf die Silver Lake und ich uns zu Beginn dieser Achterbahnfahrt mit dem Sonderkomitee geeinigt hatten, wogen die 300 Millionen Aktien, die nicht abgestimmt hatten, schwer gegen uns.

»Dells Buyout gerät ins Wanken, Abstimmungsänderung abgelehnt«, schrieb Reuters am 31. Juli. »Die Dell-Aktien sind um über vier Prozent auf 12,28 Dollar gefallen, ihren niedrigsten Stand, seit die Übernahme am 14. Januar bekannt wurde, was die Unsicherheit der Shareholder im Hinblick auf die Aussichten des Deals hervorhebt.«

Tatsächlich stand der Deal gefährlich kurz davor zu scheitern. Das Sonderkomitee hatte uns unmissverständlich wissen lassen, dass keine dritte Vertagung stattfinden würde, falls wir immer noch nicht die Stimmen zusammenbekamen.

Am selben Tag schickte Carl Icahn wieder mal einen offenen Brief an unseren Vorstand und die Aktionäre, diesmal mit der fantasievollen Überschrift:

»SETZT DEM DESASTRÖSEN DELL-DEBAKEL EIN ENDE«.

Er drängte das Sonderkomitee, Silver Lake und mich endgültig und kompromisslos abzuweisen:

> Durch die Verhandlung über eine unterbewertete Freezeout-Fusion, deren Bewilligung er rücksichtslos durchdrücken will, indem er sogar so weit geht, eine der wichtigsten Aktionärsabsicherungen in der Fusionierungsvereinbarung [die Abstimmungsregeln] zu unterwandern … hat Michael Dell alles preisgegeben, was wir wissen müssen. Und ehrlich gesagt fragen wir uns besorgt, wie weit er noch gehen wird, um Dell unter Kontrolle zu behalten, falls und wenn seine Freezeout-Fusion endlich abgelehnt werden darf. Insbesondere, ob er versuchen wird, noch weitere Aktien zu kaufen, um seine 15-Prozent-Position im Unternehmen weiter zu stärken und damit sicherzustellen, dass er bei der Jahresversammlung die Kontrolle über das Unternehmen wahrt. Der Dell-Vorstand muss diese Frage ernsthaft erwägen und sollte Michael Dell daran hindern, Stimmen zu kaufen, indem er Anteile kauft. Was wir als die negativen Folgen von Michael Dells Einfluss betrachten, konnte jeder erleben. Seit Michael Dell als CEO zurückgekehrt ist, ist der Aktienkurs von 24,22 Dollar auf 12,46 Dollar am heutigen Morgen gefallen. Die Freezeout-Fusion war immer seine Idee und hat sich als unpopulär erwiesen.
>
> Der Vorstand sollte ihm nicht in die Karten spielen und ihm verbieten, seinen Einfluss bei Dell auszuweiten.

Das war ein Ablenkungsmanöver. Icahn dürfte gewusst haben, dass ich und alle anderen verbundenen Aktionäre (einschließlich Susan und alle weiteren Familienangehörigen) mit Wirkung vom 5. Februar einem Stillhalteabkommen unterlagen: Wir hatten eingewilligt, während dieser Verhandlungen keine weiteren Dell-Aktien zu erwerben. Doch durch die Erwähnung der Abstimmungsregularien (»eine der wichtigsten Aktionärsabsicherungen«) lenkte er den Fokus auf den Knackpunkt zwischen dem Sonderkomitee und mir und ermutigte das Komitee, an diesem Thema festzuhalten. Und wenn sie das taten, sei ihnen eins von zwei möglichen Ergebnissen sicher: entweder 1.) mussten Silver Lake und ich irgendwie unser »bestes und endgültiges Angebot« erhöhen, um das Komitee umzustimmen, was den Wert von Icahns Aktien steigern würde, oder 2.) wir würden die Abstimmung einfach verlieren und der Deal würde platzen. Doch wenn dieser Deal platzte, würde die Dell-Aktie vermutlich tief stürzen, den Wert von Icahns Anteilen massiv verringern und das Unternehmen auf alle möglichen Arten verletzlich machen. Da unsere jährliche Aktionärsversammlung und die Vorstandswahlen im Oktober bevorstanden, hatte Icahns Drohung, den Vorstand (und mich) zu ersetzen, einiges Gewicht. Inzwischen waren unsere Erträge des zweiten Quartals um 72 Prozent zurückgegangen.

Wollte Icahn wirklich den Deal auf Kosten seiner Dell-Aktien scheitern lassen, nur um die Kontrolle über ein unterbewertetes Unternehmen zu gewinnen? Unwahrscheinlich. Ich nahm an, dass er nur bluffte und versuchte, uns zu einem höheren Angebot zu drängen, indem er das Schreckgespenst seiner alten Firmenschädigungsmethoden heraufbeschwor.

Auf jeden Fall hing Unsicherheit in der Luft wie ein übler Geruch.

Am Morgen des 31. Juli riefen Egon und ich das Sonderkomitee an. Alex Mandl war bei einer Familienfeier, deshalb sprachen wir mit Ken Duberstein, den Alex zu seinem Stellvertreter benannt hatte. »Was ist nötig, damit das passiert?«, fragten wir.

»Ein höheres Angebot«, sagte Ken.

Das war leichter gesagt als getan. Jeder Penny, den wir unserem Angebot hinzufügten, bedeutete 15 Millionen Dollar mehr, und während Egon dabei gewesen wäre, hatten seine Partner eine Grenze gesetzt: 13,75 Dollar war ihr letztes Wort.

Sie denken jetzt vielleicht: Also, Michael ist doch ein reicher Mann – warum hat er nicht einfach ein paar Hundert Millionen aus der Tasche gezogen und die Sache ein für alle Male geregelt?

Aus mehreren Gründen.

Von Anfang an, also seit ich zum ersten Mal mit Egon während unseres Spaziergangs in Hawaii über diese Idee gesprochen hatte, wusste ich, dass es entscheidend für mich war, bei dem Börsenrückzug einen Partner an meiner Seite zu haben. Es hätte mich in große Konflikte gebracht, den Preis eines Dell-Buyouts ganz allein zu bestimmen: Ich brauchte einen Partner sowie ein Sonderkomitee unabhängiger Vorstandsmitglieder, um zu gewährleisten, dass die Aktionäre den bestmöglichen Deal bekamen. Es hätte also zurückhaltend formuliert kein gutes Bild abgegeben, wenn ich auf den letzten Metern einfach noch mehr Geld in den Buyout hineingesteckt hätte. Das hätte Silver Lake plötzlich nicht mehr als gleichwertigen Partner dastehen lassen.

Darüber hinaus stand meine eigene Glaubwürdigkeit auf dem Spiel. Ich hatte im Fernsehen gesagt, dass 13,75 Dollar unser bestes und letztes Angebot war. Da konnte ich nicht plötzlich hingehen und sagen: »Na gut, hier kommt unser neues bestes und letztes Angebot.«

Doch Silver Lake und ich wussten auch, dass es in fünf Jahren keine große Rolle mehr spielen würde, ob wir das Unternehmen nun für 13,75 oder für 13,85 Dollar pro Aktie kauften. In fünf Jahren wäre die Firma entweder deutlich mehr oder deutlich weniger wert: Ein paar Cent mehr oder weniger würden dieses Resultat nicht beeinflussen.

Egon und ich besprachen uns und einigten uns auf das Folgende: Wir würden unserem Angebot eine Sonderausschüttung von acht Cent hinzufügen und es damit auf 13,83 Dollar bringen, indem wir den Preis der Aktien verringerten, die ich in den Deal einbrachte. Zudem würde Silver Lake eine Verringerung seiner Breakup Fee von 450 Millionen auf 180 Millionen Dollar akzeptieren, falls der gesamte Deal aufgrund einer neuen alternativen Transaktion scheiterte.

Doch im Gegenzug für diese Zugeständnisse, sagten wir, müsse das Sonderkomitee der Änderung der Abstimmungsregeln zustimmen.

Wir brachten unser überarbeitetes Angebot vor. Ken sagte, sie würden darüber sprechen und uns in ein paar Stunden Bescheid sagen.

Abends rief Duberstein uns an. »Erhöht die Dividende auf 13 Cent und die Sache ist durch«, sagte er.

»Mit neuen Abstimmungsregeln?«

»Mit neuen Abstimmungsregeln.«

Ich sah Egon an. Er nickte. Wir lächelten beide.

»Das ist eine Mizwa, Ken«, sagte ich. »Mizwa« ist Hebräisch und bedeutet eine wahrhaft gute, rücksichtsvolle, moralische Handlung.

»Danke«, sagte Duberstein. »Wir sind auch sehr froh darüber.«

Am nächsten Tag verklagte Icahn uns.

Am 1. August erhob er Klage beim Kanzleigericht von Delaware mit der Begründung, dass die Mitglieder des Sonderkomitees ihre treuhänderischen Verpflichtungen verletzt hätten, indem sie eine Absprache mit Silver Lake und mir getroffen hätten. Icahn wollte, dass die Aktionärsabstimmung über den Buyout vom 12. September wieder auf den ursprünglich geplanten 2. August vorverlegt und die ursprünglichen Abstimmungsregularien wiederhergestellt würden.

Außerdem wollte er, dass unsere Jahresversammlung am selben Tag stattfand wie die Abstimmung über den Buyout, mit der Begründung, dass er gewinnen und unmittelbar einen neuen Vorstand wählen lassen könne, wenn die Regeländerung zurückgenommen werde. Er wusste, wenn das Sonderkomitee die Buyout-Bedingung akzeptierte und die Jahresversammlung einen Monat später stattfand, standen seine Chancen, die Abstimmung zu gewinnen, schlecht. Icahn behauptete, nach dem Gesetz von Delaware müsse die Jahresversammlung eines Unternehmens binnen 13 Monaten nach der vorangehenden stattfinden – und unsere letzte Versammlung war im Juli 2012 gewesen.

Der alte Gauner führte einen seiner ältesten Tricks vor: Er machte sich selbst zu einem so großen Ärgernis, dass seine Zielpersonen, in diesem Fall Silver Lake und ich, gezwungen waren, seine Aktien zu einem erhöhten Preis zu kaufen, um ihn loszuwerden. Der Presse gegenüber – die natürlich bereitwillig zuhörte in der Hoffnung, dass der Schlagabtausch zwischen Carl und mir möglichst lange weiterging – erklärte er, wenn das Gericht nicht in seinem Sinne befinde, würden die Dell-Aktionäre (und natürlich insbesondere Carl Icahn) »irreparablen Schaden erleiden«, denn so, wie der neu ausgehandelte Stichtag und die Abstimmungsregeln jetzt standen, würde unser Buyout »fast mit Gewissheit durch eine unfaire Abstimmung bewilligt werden«.

Das war reiner eigennütziger Bullshit, aber es erzeugte genau das Chaos, das er sich erhoffte.

»Durchaus möglich«, schrieb die *New York Times,* »dass ein Richter in Delaware zu Mr. Icahns Gunsten entscheidet, indem er entweder die Veränderung der Abstimmungsregeln aufhebt oder sich davon überzeugen lässt, dass eine Jahresversammlung früher als im Oktober stattfinden muss. Das könnte Mr. Dells Übernahmeangebot erneut in den trüben Wassern der Ungewissheit versinken lassen.«

Ich setzte meine Hoffnung auf den zuständigen Richter Leo Strine, der zuvor das Sonderkomitee gelobt und eine gesunde Skepsis gegenüber Icahns Vorschlägen geäußert hatte.

Nach wie vor gab Icahn nicht auf. »Der Krieg in Bezug auf Dell ist noch lange nicht vorbei«, erklärte er am 2. August. (An diesem Tag stieg unser Aktienkurs um 5,5 Prozent, was bewies, dass vielleicht ein paar Aktionäre mit dem Deal unzufrieden waren, sehr viele mehr das jedoch für eine gute Nachricht hielten.) Drei Tage später gab Icahn bekannt, dass er weitere vier Millionen Aktien von Southeastern gekauft und seinen persönlichen Anteil an Dell damit auf fast neun Prozent gesteigert hatte. Er griff weiterhin das Sonderkomitee an, führte »ihren selbstgewissen Herrschaftsanspruch« ins Feld und warf ihnen vor, sie versuchten »mit aller Gewalt einen Börsenausstieg durchzudrücken«.

Doch Richter Strine ließ sich nicht drängen und er stand Icahns Klage nicht wohlwollend gegenüber. Bei der Anhörung am 16. August beschrieb er Carls Vorwürfe gegen den Vorstand als »adjektivischen Angriff ohne Substantive und Verben, die sich zu angeblichen Ansprüchen verdichten«.* Und in einer 26-seitigen Einschätzung bewertete

* In der juristischen Fachsprache bezieht sich »angeblich« auf einen Anspruch, der berechtigt sein könnte.

Strine die Haltung des Sonderkomitees sehr positiv und lobte ihre stringenten Schutzmaßnahmen für den Deal: die Go-Shop-Phase mit ihrem aggressiven Marketing, die Aufwendungsstrategie, die angeboten hatte, Icahn für seine Due Diligence zu entschädigen, die vollständige Bereitschaft des Komitees, mein Angebot abzulehnen, sofern ein höheres vorgelegt würde, die vernünftige (und später verringerte) Breakup Fee. Der Richter fügte auch die vernichtende Bemerkung hinzu, dass er Icahns umfangreichen Erwerb der Southeastern-Aktien mit einiger Skepsis betrachte, und wies darauf hin, dass er tatsächlich nie ein höheres Angebot für den Kauf von Dell abgegeben habe, sondern stattdessen leere Versprechungen bezüglich einer fremdfinanzierten Sanierung abgebe, während das Sonderkomitee die schwere Aufgabe übernehme, Silver Lake und mir weitere 23 Cent pro Aktie zu entlocken. (Hätte Icahn tatsächlich ein höheres Angebot abgegeben, sagte Richter Strine, so wäre dies für das Komitee Anlass gewesen, »auf der Straße zu tanzen«.)

Hatte Icahn, wie einige Insider andeuteten, Southeastern dazu genötigt, ihm ihre Dell-Aktien mit Verlust zu verkaufen, indem er gedroht hatte, sich anderenfalls aus dem Kampf zurückzuziehen? Der Besitz einer großen Menge preiswerter Aktien wäre eine hübsche Sicherheit für ihn, falls wir gewannen, vor allem weil der Großteil seiner unlängst erfolgten Erwerbungen über dem Deal-Kurs gelegen hatte.

Obendrein sagte der Richter noch, sei er nicht geneigt, das Datum unserer Jahresversammlung vom 17. Oktober vorzuverlegen. »Es fällt mir schwer zu verstehen«, sagte Richter Strine, »wie das Gericht eine Versammlung anordnen soll, die weit vor der vom Vorstand bereits einberufenen liegt. Das Gericht lässt sich nicht in ein taktisches Spiel hineinziehen, mit dem versucht werden soll, eine der Parteien zu übervorteilen.«

Ich hab doch gesagt, ich liebte diesen Mann!

»Das ist für den Dell-Buyout wirklich das Ende der Prozessdrohung«, schrieb die *Times*. »Im Wesentlichen wird nun alles der Abstimmung der Shareholder überlassen. Mr. Icahn, Southeast Management und die anderen Buyout-Gegner müssen diesen Kampf unter den neuen Regeln führen, die der Dell-Vorstand ausgehandelt hat. Die Zeichen stehen nicht gut für sie, auch wenn die Abstimmung nach wie vor mit Sicherheit allerhand Nägelkauen erfordern werden wird.«

Ich kaue nicht an den Nägeln, aber ich laufe. Am besten kann ich denken, wenn ich zu Fuß unterwegs bin, und während dieser gesamten Zeit machten meine Schuhe ganz schön Meter. Susan war immer noch die einzige Person außerhalb von Dell und Silver Lake, mit der ich über die Vorgänge sprechen konnte, und genau wie zu Beginn unserer Beziehung wanderten und redeten wir. Daheim in Austin oder auf unserer Ranch am Lake Austin unternahmen wir zwei- bis dreistündige Spaziergänge und diskutierten alles durch, was in unserer Familie und mit dem Börsenausstieg vor sich ging. Was das Geschäftliche anging, war Susan weit mehr als eine gute Zuhörerin, sie war selbst Geschäftsfrau, und ich besprach in diesem 16-monatigen Prozess jede Entscheidung mit ihr.

In Bezug auf unsere Familie war und ist sie meine Lebensgefährtin, meine zweite Hälfte. Unsere vier Kinder befanden sich in unterschiedlichen Stadien ihrer Entwicklung, mit unterschiedlichen Freuden und Problemen, deshalb gab es auch in dieser Hinsicht viel zu bereden. »Du bist nur so glücklich wie dein am wenigsten glückliches Kind«, lautet ein Sprichwort, und nur weil es ein Sprichwort ist, heißt das noch lange nicht, dass es nicht zutrifft.

Und dann war da noch meine Mutter. Im Sommer 2013 schien es nur eine Frage der Zeit zu sein, wann sie von uns gehen würde, deshalb fuhren Susan und ich so oft wie möglich zu ihr nach Houston, was in meiner angespannten geschäftlichen Lage nicht so oft war, wie ich es mir gewünscht hätte: nur jedes zweite Wochenende ungefähr. Meine Mutter und Susan hatten ein außergewöhnlich enges Verhältnis, und Susan hatte es sich zum Projekt gemacht, es ihr so angenehm wie möglich zu machen – und wir hatten glücklicherweise die Mittel, eine Menge für sie direkt in meinem Elternhaus zu tun: Vollzeitpflege, ein topmodernes Patientenbett und medizinische Ausstattung, ein Koch.

Doch Krebs ist eine gnadenlose Macht, egal wie viele Ressourcen man ihm entgegenstellt, und manchmal war der Gedanke, dass wir alles uns Mögliche für meine Mutter taten, kein ausreichender Trost. Obgleich in jenem August ein großer geschäftlicher Sieg in Sicht war, wurde jedes Gefühl eines bevorstehenden Triumphs überschattet von tiefgehenden und mächtigen Kräften, die ich nicht lenken konnte. Für meine Fähigkeit der Abschottung war das wirklich eine harte Prüfung. Am 9. September gab Icahn nach, in einem letzten (wirklich wahr?) offenen Brief an unsere Shareholder. Er war ziemlich bitter (»Die staatlichen Gesetze zur Unternehmensführung bevorzugen häufig die amtierenden Vorstände und Führungspersonen und sind in vielen Bereichen schwach. Zwar müssen wir uns an diese Gesetze halten, doch wir glauben, dass sie geändert werden können und müssen«) und wie immer ziemlich kreativ (»Der Vorstand von Dell erinnert mich, wie so viele Vorstände in diesem Land, an Clark Gables letzte Worte in *Vom Winde verweht:* ›Es ist ihnen einfach egal.‘«)

In Bezug auf die vertagten Versammlungen vom 18. und 24. Juli sagte er:

> Wir haben gewonnen, oder zumindest dachten wir das, doch als der Vorstand erkannte, dass er die Abstimmung verloren hatte, ignorierte er das Ergebnis einfach. Selbst in einer Diktatur würde eine herrschende Partei versuchen, einen plausiblen Grund zu finden, um ihr Handeln zu rechtfertigen, wenn sie eine Wahl verliert. Wie Andrew Bary von Barron's so klug bemerkte: »In einer an Wladimir Putin erinnernden Aktion verschob Dell eine für letzten Donnerstag angesetzte Abstimmung über Michael Dells Buyout-Vorschlag, als offensichtlich wurde, dass es nicht genügend Rückendeckung der Aktionäre für den Deal gab.« … Der Vorstand stützte sich einfach auf die übliche Phrase der »geschäftlichen Vorgehensweise« und der Gesetzgebung von Delaware, um sein Handeln zu rechtfertigen. Wir fragen scherzhaft: »Was ist der Unterschied zwischen Dell und einer Diktatur?« Die Antwort: Die meisten funktionierenden Diktaturen müssen die Abstimmung nur ein Mal verschieben, um sie zu gewinnen …
>
> Wir haben entschieden, dass es fast unmöglich ist, den Kampf am 12. September zu gewinnen. Daher haben wir den Schluss gezogen, dass wir keine weiteren Bemühungen unternehmen werden, gegen den Vorschlag von Michael Dell/Silver Lake vorzugehen, obwohl wir immer noch dagegen sind und uns um ein Gutachten bemühen werden.
>
> Mir ist bewusst, dass einige Aktionäre enttäuscht sein werden, dass wir nicht weiterkämpfen. Doch in den letzten zehn Jahren haben wir vor allem

> durch »Aktivismus« die Aktienwerte in vielen Unternehmen um Milliarden Dollar verbessert. Das haben wir nicht durch Schlachten erreicht, die wir zu verlieren glaubten. Michael Dell/Silver Lake haben einen harten Kampf geführt und gemäß Richter Strine entsprach das Verhalten von Dell der Rechtsprechung von Delaware. Daher gratulieren wir Michael Dell und ich werde ihn anrufen, um ihm viel Glück zu wünschen (er dürfte es brauchen).

Der Vorwurf, dass der Vorstand sich diktatorisch verhalten habe, war eine weitere Erfindung Icahns. Zum Zeitpunkt der ersten Verschiebung am 18. Juli hatte das Sonderkomitee entschieden, dass unser Angebot für die Firma zum Besten sei – und, was entscheidend war, es hatte kein besseres Angebot von Carl erhalten. Dasselbe galt am 24. Juli, als die zweite Aktionärsversammlung aufgrund mangelnder Unterstützungsstimmen vertagt wurde. Das Komitee hatte seine gesamten strengen Kontrollaufgaben wahrgenommen und handelte vollkommen gemäß der zu Beginn des Prozesses festgelegten Regeln. Seine Weigerung, ein drittes Mal zu verschieben, bewies seine Unparteilichkeit.

Aber eins muss ich Icahn zugutehalten: Er rief tatsächlich an.

»Michael, das war ein harter Kampf, aber Sie haben offen und ehrlich gewonnen«, sagte er und ließ dabei all die Male außer Acht, da er meine Führungsmethoden beleidigt hatte – und im Übrigen auch mich persönlich, indem er mich mit größtmöglicher Öffentlichkeitswirksamkeit der schieren Inkompetenz beschuldigt hatte, ganz zu schweigen von allen möglichen unternehmerischen Mogeleien und Vergehen.

»Danke«, sagte ich, aber tatsächlich dachte ich: Du warst hinter dieser Firma her, dem, was mir abgesehen von meiner Familie mehr als alles andere auf der Welt bedeutet, und du hast verloren, mein Freund. Danke für nichts.

»Ich wünsche Ihnen wirklich massenhaft Glück in Ihrer neuen Phase«, fuhr er fort. »Ich habe ja von Anfang an gesagt, ich glaube, ihr macht da ein paar sehr spannende Sachen bei Dell.«

Ich bedankte mich erneut und fragte mich immer noch, ob er irgendeine Vorstellung davon hatte, was unser Unternehmen wirklich machte. Ich hörte noch ein paar Minuten zu, während er immer weiter über Gott weiß was redete – über die Aussichten für IBM und Hewlett-

Packard, wie unterbewertet Apple seiner Meinung nach sei (er hatte gerade, was stark an ein Déjà-vu erinnerte, einen Anteil von zwei Milliarden Dollar an dem Unternehmen erworben und war bereits dabei, Tim Cook das Leben schwer zu machen), über die Investitionen seines Sohnes, über das Wetter. Was auch immer. Ich hörte nur mit halbem Ohr zu und warf ab und zu ein »Jo« oder ein »Aha« ein.

Dann gratulierte Carl mir erneut und unsere einseitige Konversation war vorbei. Ich hoffte aufrichtig, nie wieder etwas von ihm zu sehen oder zu hören. Aber bei Carl Icahn weiß man nie.

Das Einzige, worüber er froh sei, schrieb Icahn in seinem Brief, sei, dass all seine Bemühungen dazu geführt hätten, für die Dell-Aktionäre einen höheren Preis herauszupressen. Er war zu bescheiden, um zu erwähnen, dass er als der größte unabhängige Aktionär von allen ein ordentliches Kleingeld für sich selbst herausgepresst hatte. Eine der vielen Lügen, die Carl im Laufe der Zeit erzählte, war auch seine Behauptung, er werde ein Gutachten in Auftrag geben. Er wusste sehr gut, dass seine Anteile dann möglicherweise jahrelang in der Warteschleife für ein Gerichtsurteil hingen. Daher verkaufte er augenblicklich, sobald unser Deal abgeschlossen war, und machte einen Gewinn von mehreren Millionen. Für die meisten Menschen wäre das eine Menge Geld, aber ich bin sicher, Icahn war verbittert und verärgert darüber, dass es viel mehr hätte sein können.

Der 12. September 2013 war ein großartiger Tag in Round Rock. Da die Stimmen der nicht anwesenden Aktionäre nun einfach als nicht anwesend statt als Nein gewertet wurden, brauchte die Sonderversammlung nur 15 Minuten, ehe das Ergebnis feststand: 65 Prozent der Anteile stimmten für den Buyout, nicht eingeschlossen diejenigen, die mir und anderen verbundenen Aktionären gehörten. Alle, die so hart an diesem Resultat gearbeitet hatten, waren voller Freude. »Wir sind das größte Start-up der Welt«, sagte ich gegenüber der Presse. Das sprudelte einfach so aus mir heraus, aber je länger ich darüber nachdachte, umso zutreffender schien es mir. Egon verglich den Buyout mit *Pulp Fiction* – »wie eine Adrenalinspritze direkt ins Herz«.

»Das Ergebnis war zu erwarten gewesen«, schrieb das *Wall Street Journal* (und vergaß dabei elegant all seine entmutigenden Kommentare über mich und den Buyout), »aber ihm sind Monate der Angst vorausgegangen.«

Na, wenigstens das entsprach der Wahrheit.

Es gab immer noch Zweifler. Standard & Poor minderten unser Rating bis auf Ramschniveau, besorgt, dass die beinahe 20 Milliarden Dollar Schulden, die wir aufgenommen hatten, unsere Investitionsfähigkeit in unsere verschiedenen neuen Geschäftsfelder verringern würden. Doch CFO Brian Gladden versicherte den Analysten, dass unsere Einkünfte mehr als ausreichend sein würden, um unseren Verpflichtungen nachzukommen. (Und die Verschuldung als integraler Bestandteil unternehmerischen Handelns wird nicht immer vollständig verstanden, auch nicht von klugen Wirtschaftsjournalisten. Ja, wenn Sie Ihre Kreditkarte überziehen und mehr ausgeben, als Sie haben, kann das jahrelange teure Rückzahlungen für Sie bedeuten – das ist übel. Aber wenn Schulden mit Bedacht eingesetzt werden, um den Erwerb von Produktionsmitteln zu finanzieren, sind sie ein wichtiger und notwendiger Bestandteil wirtschaftlicher Abläufe und können enormes Wachstum sowie große Chancen hervorrufen.)

Ich lese nicht oft die Kommentare auf der DealBook-Seite der Webpräsenz der *New York Times,* aber in diesem dramatischen Augenblick konnte ich einfach nicht anders. Es gab einige interessante Konversationen. Ein gewisser JGNY aus Patchogue, New York meinte: »Michael Dell sollte abhauen und seine Milliarden behalten. Das ist doch sonnenklar. Dell ist genau wie HP abgehängt in Sachen PCs, und wenn sie so spät noch aufs Tablet aufspringen, haben sie davon keinen echten Vorteil. Sie sind noch ganz gut im Geschäft mit Business-PCs, aber bei einem zunehmend kleineren Wirtschafts- und einem nicht großartig expandierenden Privatsektor wird dieser Kundenkreis immer kleiner.«

Aber Craig aus Texas hatte eine kluge Antwort:

> Tablets? Da hast du aber nicht gut aufgepasst. Vielleicht bringt Dell weiterhin Produkte wie PCs und Tablets auf den Markt, aber der Punkt bei dieser ganzen Privatisierungsinitiative ist doch, den Fokus von diesen

> Produkten wegzunehmen und mehr in Unternehmenssoftware und Hardware zu investieren. Verbraucher, die Dinge wie iPhones kaufen, haben (im Allgemeinen) keine Ahnung, was notwendig ist, um all diese Backends in der »Cloud« zu betreiben, mit denen ihre Apps sich verbinden, und wie sie sich verbinden, und zwar sicher, und sich ihre Identität merken und so weiter. Gerade bei diesem »Backend« hat Dell schon beträchtliche Erfahrungen und wächst bereits. Viele der größten Cloud-Rechenzentren laufen schon mit Dell-Servern. Der Buyout wird dazu führen, dass sie viel schneller die Lücken in ihrem Produktportfolio schließen und die Abhängigkeit vom schrumpfenden PC-Markt verringern.

Keine Ahnung, ob Craig aus Texas einer unserer Mitarbeiter war, aber er brachte die Sache gut auf den Punkt.

Einige Tage zuvor hatte ich eine Einladung verschickt an unser Executive Leadership Team (ELT) aus rund einem Dutzend Personen, an unseren Vorstand, an die wesentlichen Mitwirkenden der Firma Dell am Buyout-Prozess, an alle Partner bei Silver Lake und an die Anwälte und Banker, die uns bei diesem Deal beraten hatten – insgesamt etwa 125 Adressaten. Sie lautete wie folgt:

> In Anerkennung Ihrer Mitwirkung und Ihrer harten Arbeit an der Börsenausstiegs-Transaktion von Dell während der vergangenen Monate möchte ich Sie zu einem informellen Texas Barbecue in meinem Haus am Donnerstag, 12. September, 17 bis 20 Uhr einladen. Auch wenn noch nicht alles geschafft ist, sollten wir uns die Zeit nehmen, Ihre Mühen zu würdigen und das bisher Erreichte zu feiern.

Obwohl die Temperaturen an diesem Donnerstag um 17 Uhr mit 36 Grad einen Rekordwert für Austin im September erreichten, waren es bei mir in den Bergen angenehme 29 Grad und die Atmosphäre war fröhlich und festlich: Jeder wusste, dass der Deal zwar noch nicht abgeschlossen war, bis die Übernahme rechtskräftig war, ein Vorgang, der Wochen dauern würde, doch es würde geschehen. Es war eine tolle Party.

Doch eine Woche später gab es eine noch viel größere Party, ein globales Treffen, bei dem das gesamte Unternehmen, alle 110 000 Mitarbeiter, feierte. In einem Auditorium in Round Rock versammelten sich 600 Mitarbeiter, während weitere aus über 30 Dell-Standorten auf aller Welt live zugeschaltet waren – aus Panama City, Porto Alegre, Casablanca, dem irischen Cherrywood, Bangaluru, Sydney und Montpellier.

Und was für eine Party das war! Die Halle in Round Rock war voller weißer und blauer Luftballons, Dick Dales Surfgitarre erklang, während ich durch die fröhliche Menschenmenge trat, mich mit Mitarbeitern rechts und links abklatschte und schließlich auf die Bühne ging, um in ein Meer glücklicher Gesichter zu sehen. Manchmal sage ich, dass ich ein introvertierter Mensch bin, der eine überzeugende Imitation eines Extrovertierten abgibt, aber an jenem Tag, als ich mich an Tausende unserer großartigen Leute wendete, war ich wirklich begeistert und sehr stolz.

»Wow, was für ein Tag«, sagte ich, und die Menge stimmte hörbar zu. »Euch allen vielen Dank! Allen, die uns aus der ganzen Welt zugeschaltet sind, und allen hier in Round Rock, ein herzliches Willkommen zum größten Start-up der Welt!«

Es war immer noch eine gute Formulierung.

»Ich muss Ihnen nicht sagen, dass es ein harter Kampf war«, sagte ich. Einige lachten – es war wirklich ein schmerzhaftes Jahr gewesen, nicht nur für mich, sondern für jeden, der an unser Unternehmen glaubte.

»Aber wir haben gewonnen«, sagte ich. »Und es hat sich absolut, total, zu hundert Prozent gelohnt. Und ich möchte Ihnen allen danken, dass Sie gemeinsam mit mir gekämpft haben, Seite an Seite – Sie alle haben unglaublich viel Entschlossenheit, Engagement und Zielorientiertheit bewiesen, für unsere Kunden und das Wesentliche, und Ihre Kommentare, Ihre Unterstützung und auch die Welle der Unterstützung unserer Kunden und vieler Freunde haben mich die ganze Zeit über motiviert.«

Es gab großen Applaus, und ich spürte, wie sich die Härchen in meinem Nacken aufstellten. Ich dachte an die Quälerei der letzten sieben Monate. Mit das Schlimmste daran war gewesen, dass ich mit niemandem außerhalb eines engen inneren Kreises darüber sprechen konnte, was tatsächlich vor sich ging. Es war leicht gewesen, in diesen Monaten Einsamkeit zu empfinden. Ich dachte an all die Gelegenheiten, bei denen ich hier in Round Rock und auf aller Welt vor ähnlichen Mengen unserer Mitarbeiter gestanden hatte und mich nach Kräften bemüht hatte, ihnen Sicherheit zu geben, ohne zu viel zu verraten, bei denen ich Zehntausende unserer Beschäftigten gebeten hatte, darauf zu vertrauen, dass am Ende alles gut werden würde. Sie hatten mir vertraut, mir die Treue gehalten, und jetzt wollte ich sie wissen lassen, wie viel mir das bedeutete. Ich wollte, dass jeder einzelne Dell-Mitarbeiter sich ebenso auf unseren künftigen Weg freute wie ich.

Außerdem wollte ich, dass sie unseren Partner kennenlernten, der unsere Freude teilte. Ich stellte Egon vor, der per Video aus der Silver-Lake-Niederlassung in Kalifornien sprach.

»Das ist keine richtige Umgestaltung«, sagte er. »Die eigentliche Umgestaltung haben Sie schon hinter sich – und das war der riskante Teil. Jetzt kommt der Teil, bei dem Sie wachsen und in die Offensive gehen müssen. Was auf lange Sicht mehr Chancen schaffen wird. Wir betrachten die Dinge nicht kurzfristig, sondern eher im Hinblick auf den grundlegenden intrinsischen Wert dessen, was hier aufgebaut und geschaffen wurde. Und das ist unersetzlich. Es ist nicht, als würde einem ein Haus am Strand gehören, sondern als würde einem die Insel gehören.«

Bei unserem Weg würden wir im Team alle möglichen Ideen haben, sagte Egon, und viele davon würden sich als schlecht erweisen. Aber das war toll! Das Entscheidende war, dass wir jetzt die Freiheit besaßen, Dinge auszuprobieren, die wir noch nie ausprobiert hatten.

Dann reisten wir per Video an drei unserer weltweiten Niederlassungen: nach Panama City, Cherrywood und Bangaluru. An jedem Stopp stellte ein Regionalleiter einen ganzen Saal voller aufgeregter Mitarbeiter vor: Sie winkten, applaudierten, sprangen auf und jubelten. Amit Midha in Bangaluru sagte: »Bei uns in Asien gibt es keine Feier ohne Essen und ohne Süßigkeiten, deshalb haben wir eine Torte.« Und die Kamera zoomte auf eine große weiße Schichttorte, die mit einem blauen Zuckerguss-PC verziert war. »Wir sorgen dafür, dass euch über Nacht ein Stück zugeschickt wird«, sagte Amit.

Gelächter und Jubel in Bangaluru und Round Rock.

»Schauen Sie mal«, sagte ich nach einer Weile. »Es geht alles um Wachstum, es geht um Innovation, es geht darum, zur Kultur des Akzeptierens und Eingehens von Risiken zurückzukehren, es geht darum, unseren Fokus vom Kurzfristigen auf das Mittel- und Langfristige zu verlagern und die notwendigen Investitionen vorzunehmen. Wir machen hier nicht nur ein Fass auf; wir machen eine ganze Fassfabrik auf.«

Sie verstanden es. Und sie fanden es toll.

Zum Beat einer Rockband erschien der Beginn einer Botschaft auf den Multiscreens hinter mir:

> »In einer Welt mit einem sich verändernden Markt …«

und die Musik hämmerte weiter:

> »betrachtete ein Unternehmen seine Zukunft und übernahm die Kontrolle.«

Kommentare von Mitarbeitern und Influencern, die Dell folgen, wurden auf dem großen Bildschirm angezeigt. Der Song war *Uprising* von der Band Muse:

> *»They will not force us*
> *They will stop degrading us«*

Dann tauchte eine weitere Botschaft auf:

> »Goodbye, Wall Street«

… und das Bild zweier Hände, die sich aus zerbrechenden Handschellen befreien, und eine weitere Überschrift:

»Icahn gibt Niederlage zu.« – Forbes, 9. September 2013

Dann erschien ein Porträt von Carl oberhalb des Zitats. Ein roter Ring formte sich um sein Gesicht – und dann wurde er von einem roten diagonalen Strich durchkreuzt.

Das Publikum in Round Rock jubelte.

Und weiter hämmerte die Musik:

»They will not control us
We will be victorious.«

Ungefähr einen Tag nach der Abstimmung twitterte ich dieses Zitat von Theodore Roosevelt, das ich sehr mag:

> Nicht der Kritiker zählt; nicht derjenige, der darauf aufmerksam macht, wie der Starke fällt oder wo der, der anpackt, es besser hätte machen können. Die Anerkennung gebührt dem, der tatsächlich in der Arena steht, dessen Gesicht staubig und verschwitzt und voller Blut ist; der sich wacker bemüht; der sich irrt, der wieder und wieder scheitert, weil es kein Bemühen ohne Fehler und Schwächen gibt; aber der sich tatsächlich bemüht, Taten zu vollbringen; der großartige Begeisterung, großartige Hingabe kennt; der seine Kraft auf eine ehrenwerte Sache verwendet; der im besten Falle am Ende den Triumph einer großen Leistung kennt und der im schlimmsten Falle, sollte er scheitern, zumindest bei einem kühnen Versuch scheitert, sodass sein Platz nie bei den kalten und furchtsamen Seelen ist, die weder Sieg noch Niederlage kennen.
>
> – Theodore Roosevelt

Was ich ebenfalls dachte, aber nicht sagte:

Ich bin dankbar für Ihr Vertrauen und Ihre Zuversicht und stolz darauf, dass unsere Aktien, während sie für öffentliche Investoren erhältlich waren, innerhalb der letzten 25 Jahre über 13 500 Prozent an Wert gewonnen haben.

Vielleicht wird unsere Firma irgendwann in der Zukunft wieder Anteile an Teilen oder dem gesamten Unternehmen anbieten.

Ich weiß nicht, ob wir dann wieder Erträge von über 13 500 Prozent bieten können wie zuvor, aber Sie können sicher sein, dass wir es versuchen werden.

Auf Wiedersehen, all ihr Nörgler, Einmischer, selbst ernannten Experten, Rückwärtsdenker und Im-Nachhinein-Zweifler.

Mit lieben Grüßen
Michael

Ich war hocherfreut, dass es endlich vorbei war, aber ich wusste auch, dies war nur das Ende des Anfangs. Ich dachte an all das, was wir tun wollten; es war wahnsinnig aufregend, endlich loszulegen. Wir hatten die Tür hinter uns geschlossen; die Blockierer waren ausgesperrt. Wir hatten einen fantastischen Handlungsplan. Jetzt mussten wir ihn nur in die Tat umsetzen.

TEIL 2

Zurück an die Börse

10

Wachstum und andere Gefahren

Lee Walkers Abschied 1990 war das Ende unseres ersten Anfangs. Nachdem Lee gegangen war, stieg die Rakete Dell Computer Corporation zwar weiter empor, aber unsere Flugbahn blieb wacklig.

In jenem Jahr schalteten wir eine zweiseitige Anzeige im *PC Magazine*: die linke Seite zeigte zwei unserer Server, den 433TE und den 425TE, unter der Überschrift »Unglaubliche Preise«. Die rechte Seite zeigte den Compaq-Server System Pro 486-33 unter der Überschrift »Unglaublich«.

Unsere Server kosteten 11 799 beziehungsweise 9 599 Dollar; der von Compaq 24 698 Dollar.

Die Werbung versetzte Compaq zwei harte Schläge: Service und Preis. »Können Sie es sich leisten, 10 000 Dollar zusätzlich für ein PC-Netzwerk oder einen UNIX-Workgroup-Server auszugeben, wenn das große Extra ein dubioser Service ist?«, begann sie. Daraufhin wurden die zahlreichen Tugenden unserer Server beschrieben: flüsterleise 300-Watt-Stromversorgung, eingebauter Passwortschutz, softwaregesteuerter Reset-Schalter, effizientes Kühlsystem, unsere exklusive eingebaute SmartVu-Diagnoseanzeige, die Probleme identifizieren konnte, selbst wenn der Monitor ausfiel, und vieles mehr. Dann kam die Anzeige direkt auf unsere Nemesis zu sprechen, in Fettdruck: »Die Wartung der Server wird von den meisten Compaq-Händlern nicht übernommen.«

Natürlich verkauften wir unsere Server nicht über Händler, sondern direkt aus dem Heimatbüro in Austin. Und wie immer war Unmittelbarkeit unser Markenzeichen, beim Verkauf wie beim Service. Wir hatten eine spezielle Hotline für hochentwickelte Systeme, fuhr der Anzeigentext fort, und: »Sollten wir in Ausnahmefällen das Problem nicht telefonisch lösen können, kommen Xerox-Techniker mit der Lösung oder dem Ersatzteil zu Ihnen ins Büro.«

Die Werbung endete mit einer brillanten, ebenfalls fett gedruckten Tagline: »Above and beyond the call.«

Doch Compaq fegte uns weg.

Warum scheiterte dieser frühe Versuch, auf den Servermarkt vorzudringen? Damals verstand ich es einfach nicht – es war unglaublich frustrierend. Wir hatten fantastische Ingenieure, wir stellten großartige Produkte her. Auf dem Papier sah unsere Serverinitiative idiotensicher aus.

Doch im Laufe der Zeit erkannte ich, was wir falsch gemacht hatten. Unser Unternehmen war nicht nur so erfolgreich aufgrund der Exzellenz unserer Produkte, sondern auch aufgrund dessen, was unseren Erfolg überhaupt erst in Gang gesetzt hatte: unser direkter Kontakt zu den Kunden, vom Kaufabschluss bis zur Auslieferung und später dem technischen Support. Und in diesem Punkt hatten wir es vermasselt. Der 433TE und der 425TE waren erstklassige Geräte, deshalb dachten wir, dass nur unser Name, der Ruf, den wir als Marke aufgebaut hatten, die Kunden für sie begeistern würde. Doch die Kunden, die eine solche Produktkategorie kauften – mittlere und große Konzerne, Banken und Behörden –, trauten uns noch nicht, was *dieses* Produkt anging. Jeder wusste, dass wir sehr gute PCs produzieren konnten, aber was Server anging, hatten wir praktisch keine Referenzen. Und diese Tatsache hob das zweite Problem hervor: Der Preisunterschied zwischen unseren und Compaqs Servern war verdächtig groß. Wir verlangten zu wenig! Wie ein Kunde sagte: »Hm, vielleicht habt ihr ja was weggelassen?« Wir hatten gar nichts weggelassen, aber das spielte keine Rolle. Compaq hatte uns aus dem Feld geschlagen und einen Standard für Zuverlässigkeit gesetzt – und wie immer signalisierte ihr hoher Preis hohe Qualität.

Wir mussten diesen Kampf später noch mal aufnehmen, und dann mit besserer Bewaffnung.

Wir nahmen 1990 auch eine grundlegende Veränderung an unserem Geschäftsmodell vor: den Verkauf von PCs bei Discount-Einzelhändlern und Großmärkten. Auf der Führungsebene gab es Argumente für und gegen diesen Schritt. Die Gegner sagten, dass Einzelhändler niemals die Service- und Supportleistungen bieten konnten, die Kunden von Dell erwarteten. Zudem würden die Einzelhandelszuschläge entweder unsere Gewinnspanne verringern oder uns zwingen, selbst die Preise zu erhöhen, sagten die Zweifler.

Die Befürworter beriefen sich auf die steigenden Verkaufszahlen von PCs bei Einzelhändlern und Großmärkten wie PriceClub und Sam's Club sowie auf die Möglichkeit, viele Haushalte und Kleingewerbetreibende zu erreichen, die bei diesen Geschäften einkauften. Die Leute kauften gern Computer, die sie vorher sehen und anfassen konnten. Auf diesen Markt vorzudringen, sagten einige von uns, könne unsere Marke rasch etablieren – und 125 Millionen Dollar Jahresumsatz einbringen. Mit Blick auf diese Zahlen unterschrieben wir Verträge mit CompUSA, Staples und PriceClub, um unsere PCs samt Zubehör dort zu verkaufen.

Und während der folgenden zwei Jahre schien es, als hätten die Zweifler Unrecht gehabt: Unsere Umsätze stiegen immer weiter. Bis zum Steuerjahr 1990 war unser Umsatz auf 389 Millionen Dollar gestiegen. Unser rapides Wachstum hatte viel mit unserer zunehmend erfolgreichen Verkaufsstrategie zu tun, bei der wir auf große institutionelle Kunden abzielten – Fortune-2000-Firmen wie Exxon, Dow Chemical, GE und Cititbank ebenso wie Staats- und Bundesbehörden oder Bildungs- und Gesundheitseinrichtungen.

Im Jahr 1991 schafften wir es in die Fortune 500 auf Platz 490 mit einem Umsatz von 546 Millionen Dollar: ein sehr stolzer Moment für mich persönlich und das gesamte Team. Wir waren erst seit sieben Jahren im Geschäft; ich war 26. Hätte ich mir das als Junge träumen lassen, als ich diese großen, dicken *Fortune*-Exemplare las, die allmonatlich zu uns nach Hause kamen? Okay, zugegeben, hätte ich. Ich träume immer groß. Aber selbst mein ehrgeiziges Jüngeres Ich hätte nicht die Schwelle vorhersehen können, an der wir am 31. Januar 1992 standen, als unser Umsatz für das Steuerjahr 1992 bei 890 Millionen Dollar lag und die sagenhafte Milliarden-Dollar-Grenze nicht nur erreichbar, sondern sogar überschreitbar schien.

Mein ehrgeiziges jüngeres Ich hätte aber ganz gewiss nicht meine Reaktion auf die Geburt unseres ersten Kindes Kira im Januar 1992 vorhersehen können. Ich war von ihr und vom Vatersein hingerissen von dem Augenblick, als sie auf die Welt kam. Ich weiß noch, wie ich sie einen Tag nach ihrer Heimkehr vom Krankenhaus in ihrem Zimmer im Arm hielt und dachte: Wow – das ist ein absoluter Gamechanger.

Aber ich glaube nicht, dass ich die Misere von Menschen mit Kindern verstand, ehe ich selbst welche hatte.

Wie alle Eltern schnell lernen, gehört es dazu, dass man plötzlich eine Menge neuer Dinge hat, über die man sich Sorgen machen muss. Diese Lektion lernte ich wirklich schnell – als wir Kira vom Krankenhaus nach Hause fuhren und sie auf einmal blau anlief.

Dein erster Gedanke ist natürlich: Sollen wir den Rettungswagen rufen? Aber das Baby atmete ganz normal; es war bloß blau. Also riefen wir meine Mutter an.

»Wickelt sie doch in eine Decke«, sagte Mama.

Wir wickelten Kira in eine Decke und das Blau verschwand – es stellte sich heraus, dass sie bloß gefroren hatte. Wer wusste denn, dass Babys blau werden, wenn sie frieren? Meine Mutter. Und wir jetzt auch.

Das war einfach. Aber so war es nicht immer.

Im Frühjahr 1993 hatte unser Unternehmen seinen neunten Geburtstag; Susan und ich waren nur zweieinhalb dieser neun Jahre miteinander verheiratet. Susan war Geschäftsfrau, sie verstand also meinen intensiven Fokus auf die Firma, meine häufige Abgelenktheit: Wenn man olympisches Gold gewinnen will, muss man fanatisch sein. Und wenn man eine erfolgreiche Beziehung führen will, braucht man Liebe, Vertrauen, Respekt und Engagement. Meine Frau und ich hatten das alles, viel davon – aber das machte die unvermeidlichen Missverhältnisse zwischen meinem Berufs- und meinem Privatleben nicht geringer.

Und das Leben hat die Neigung, unerwartete Wendungen zu nehmen.

An einem Wochenende, als Kira 16 Monate alt war – Mitte Mai 1993 –, feierten Susan und eine alte Freundin beide ihre verspätete Bat

Mizwa. Unsere gesamte Familie und viele Freunde waren in der Stadt. Offenbar hatte jemand das herausgefunden und war davon ausgegangen, dass wir an diesem Abend nicht zu Hause sein würden.

Wir ließen das Baby in der Obhut der Kinderfrau, gingen zu der Feier und amüsierten uns.

Nach einiger Zeit rief Susan zu Hause an, um zu fragen, ob alles in Ordnung sei. Doch anstelle der Nanny meldete sich Officer Sowieso vom Austin Police Department.

Verständlicherweise flippte Susan aus.

Unter Einsatz all meiner Abschottungsfähigkeiten gelang es mir, sie nach einigen Augenblicken so weit zu beruhigen, dass ich das Telefon übernehmen und mit dem Polizisten sprechen konnte. »Sir, in Ihr Haus wurde eingebrochen«, sagte er.

Mein Herz stürzte einen Fahrstuhlschacht hinab. »Ist jemand verletzt worden?«, fragte ich.

»Nein, Sir, alle sind wohlauf«, sagte der Polizist. »Ihrer Tochter und der Babysitterin geht es gut.«

Unnötig zu erwähnen, dass wir sofort heimfuhren.

Und das war geschehen: Hinter unserem Garten am Valburn Circle gab es einen steilen Abhang mit einer 20 Fuß hohen Stützmauer, um das Haus daran zu hindern, den Berg hinabzurutschen. Irgendein Kerl hatte sich von einem Komplizen mit einem Geländemotorrad zu der Mauer fahren lassen, war abgestiegen, die Mauer hinaufgeklettert und durch ein Fenster in den Fitnessraum eingestiegen. Wir hatten eine Alarmanlage, aber die schalteten wir nur ein, wenn niemand zu Hause war, deshalb war sie in jener Nacht nicht aktiviert. Wir hatten auch einige Kameras, aber der Bursche wusste offenbar, wo sie sich befanden, kannte den Grundriss des Hauses und wusste genau, wohin er gehen musste, um das zu kriegen, was er wollte – hauptsächlich Schmuck.

Die Babysitterin hörte ein Geräusch, ging mit Kira im Arm in unser Schlafzimmer, um nachzuschauen, was los war – und sah einen schwarz gekleideten und maskierten Mann. Er allerdings sah sie nicht, und sie hatte die Geistesgegenwart, Kira in unser Ankleidezimmer zu bringen, das Licht auszuschalten und Kira ruhig zu halten. Nachdem der Einbrecher hatte, was er wollte, und verschwunden war, rief sie die Polizei.

Wir hatten gedacht, die Gefahren meiner Position als lokale Berühmtheit in Austin wären beschränkt auf die albernen Vorbeifahrer: jene Autos, die langsam an unserem Haus entlangrollten, und die gelegentlichen Gratulanten, die es für eine gute Idee hielten, die Auffahrt hochzugehen und an unserer Tür zu klingeln. Aber das hier hob die Dinge auf eine neue Ebene. Auf Anraten von Mort Meyerson* rief ich Ross Perot an, dem man nachsagte, sich mit Security ganz gut auszukennen, und der gute alte Ross machte sich sofort ans Werk. »Wir machen Folgendes«, sagte er mit breitem texanischem Akzent – und das tat er dann auch. Er schickte uns den Leiter seiner Security-Abteilung und wir installierten ein ganz neues System mit einem bemannten Wachhäuschen und 24-Stunden-Überwachung.

Es war ein gruseliges Ereignis, aber auch ein sehr wohlfeiler Weckruf: Es hätte viel Schlimmeres passieren können. Die Sache bedeutete das Ende einer gewissen Unschuld – wie die meisten Menschen hatte ich gedacht, wir könnten einfach unser Leben leben und alles wäre okay, doch es hatte sich gezeigt, dass dies nicht der Fall war. Ruhm wird zweifellos überbewertet. Aber von diesem Moment an änderte sich etwas. Zum Glück hatten wir 1991 ein Grundstück in den Bergen westlich von Austin gekauft und angefangen, ein neues Haus zu entwerfen. Es war Zeit, etwas mehr Abstand zwischen uns und die komplizierte Welt zu bringen, in der wir lebten.

Wir waren in Europa so weit expandiert, wie es möglich war – Russland war zu dieser Zeit nicht offen –, und jetzt richteten wir unseren Fokus auf Asien, wo zwei Drittel der Weltbevölkerung lebten. Es war klar, dass unser Unternehmenslogo, diese paar Buchstaben eines Alphabets, das weltweit nicht viel verwendet wurde, eine Aktualisierung benötigte.

Anfang 1992 hatte unser neues Logo, gestaltet von der New Yorker Designagentur Siegel + Gale, sein Debüt beim Jahresbericht für das Steuerjahr, das am 31. Januar endete. Das neue Logo enthielt eine

* Mort hatte eng mit Ross Perot beim Aufbau von EDS zusammengearbeitet und bis 1991 als Berater für mich und Dell Inc. gearbeitet, dann nahm er seinen Abschied, um Ross bei seinem ersten Präsidentschaftswahlkampf zu unterstützen.

scheinbar geringfügige Veränderung, die für uns enorme Wichtigkeit erlangen sollte: Durch das um 30 Grad nach hinten gekippte E von DELL hatten die Designer ein Allerweltswort in ein starkes und universell wiedererkennbares visuelles Symbol verwandelt, das zu unserer wachsenden Identität als Weltklasseunternehmen passte.

Siegel + Gale drückten es so aus: »Die neue grafische Identität … verkörpert die unaufhaltsame Tatkraft des Unternehmens, das die PC-Branche durch den Direktvertrieb an den Endverbraucher auf den Kopf gestellt hat.« Oder wie ich es gern sage: »Das *E* zeigt nach oben für kontinuierliches Wachstum und Fortschritt.«

Das mit dem Wachstum hatten wir eindeutig drauf.

Am 31. Januar 1993 knackte Dell die legendäre Milliarden-Dollar-Marke – und noch ein bisschen mehr. Als die Ergebnisse für das letzte Steuerjahr bekannt gegeben wurden, hatten wir einen Umsatz nicht nur von einer, sondern von zwei Milliarden Dollar zu verkünden: 2,014 Milliarden, um genau zu sein.

Man sagt, dass Unternehmen an ihre Grenzen stoßen, wenn sie eine Milliarde Umsatz erzielen: Die Systeme und Tools, die für die Führung eines Milliarden-Dollar-Unternehmens nötig sind, unterscheiden sich sehr stark von denen, mit denen sich ein 100-Millionen-Unternehmen führen lässt. Nun, wir hatten die Milliarden-Grenze eigentlich gar nicht erreicht – wir hatten sie einfach übersprungen. Und die Dinge gerieten ins Wanken.

Wir wuchsen einfach zu schnell. Jeder der verschiedenen Firmenteile glaubte, er erfülle seine Vorgaben, aber wenn man die Ergebnisse aufdröselte, hatte man ein großes Problem – tatsächlich gab es nicht einen Bereich des Unternehmens, der zur Gänze das Niveau halten konnte, auf dem wir uns jetzt wiederfanden. Wir wuchsen aus allem hinaus: aus unseren Kapazitäten, aus unseren Systemen, aus unserem Personal. Und aus unserer Kapitalstruktur. Dieses neue Giga-Dell brauchte viel mehr Kapital. Eine der wichtigsten Neueinstellungen, die ich in dieser Zeit vornahm, war Tom Meredith, der im November 1992 von Sun Microsystems als CFO, wo er die Finanzabteilung geleitet hatte, zu uns wechselte. Schon bald nach seinem Eintritt gab ich Tom einen Spitznamen: der Alarmierer. Das war nur halb scherzhaft gemeint.

Tom war zutiefst besorgt über das Ausmaß, in dem wir Kapital verbrannten: Unser Mantra, sagte er, sei Wachstum, Wachstum, Wachstum, doch es hätte Liquidität, Profitabilität und Wachstum sein müssen. In dieser Reihenfolge.

Der Wandel würde hart werden – wir erkannten, dass wir unsere Expansion bewusst verlangsamen und mehr Kapazitäten ausbauen mussten. Eine der großen Herausforderungen war es, diejenigen Talente anzuwerben und zu halten, die mit dem umgehen konnten, was eindeutig zu einem Multi-Milliarden-Dollar-Unternehmen wurde. Es zeichnete sich ein Weg von zwei oder drei Milliarden Dollar Umsatz in Richtung zehn Milliarden ab. Wir hatten tatsächlich den Plan, während der nächsten Jahre von drei auf zwölf Milliarden Dollar zu wachsen. Aber wie sollte das gehen und wer würde uns dorthin bringen?

Unsere rasche Expansion hatte viele Neueinstellungen in allen Abteilungen mit sich gebracht: Programmierung, Vertrieb, Herstellung, technischer Support, Finanzen, IT, Marketing, Personal, alles. (Wir hatten auch den Vorstand von fünf auf sieben erweitert: auf Mort Meyersons Rat hin nahmen wir 1991 Tom Luce mit hinein, einen prominenten texanischen Anwalt, der eng mit Ross Perot zusammengearbeitet hatte, und 1992 kam Claudine Malone hinzu, eine schwarze ehemalige Business-Professorin in Harvard und an der Georgetown University. Ich glaubte, dass vielfältige Perspektiven unser wachsendes Unternehmen voranbringen würden, und wollte gewährleisten, dass wir so viele unterschiedliche Blickwinkel wie möglich hatten.)

Zwischen 1988 und 1993 wuchsen wir von 650 auf fast 5000 Beschäftigte, und allwöchentlich kamen Dutzende neue hinzu. Doch obwohl wir talentierte Leute an Bord hatten – und mit Jay Bell, Glenn Henry, David Lunsford und anderen hatten wir wirklich großartige Talente –, ging in diesen frühen Tagen alles so schnell, dass wir es noch nicht geschafft hatten, einen soliden Kern von Beschäftigten zu schaffen, der das Geschäft mit der notwendigen Stabilität und Vorhersagbarkeit ausbauen konnte (auf das Zehnfache? auf das Fünfzigfache seiner derzeitigen Größe?).

Ich begann gerade erst zu erkennen, dass die Menschen, die uns von A nach B gebracht hatten, vielleicht nicht dieselben waren, die uns von B nach C bringen konnten.

Wir hatten nur knapp unsere erste Finanzkrise überlebt; wir hatten die FCC-Zertifizierungskrise und die IBM-Patentkrise und die Speicherchip-Lagerbestandskrise überstanden. Aber jetzt gerieten wir in eine Personalkrise und die war nicht lustig.

Ende der Achtziger hatte ich einen Typen eingestellt – nennen wir ihn Sam –, der unsere gesamte Verkaufs- und Marketingabteilung leiten sollte. Sam hatte einen herausragenden Lebenslauf: Er war bei IBM für Verkauf und Marketing zuständig gewesen und hatte das Reseller-Programm von Big Blue mit großem Erfolg aufgebaut. Danach hatte er Tandy Radio Shack bei der Neuausrichtung ihres Images geholfen und das ebenfalls sehr gut gemacht.

Sam kam mit vielen eindrucksvollen neuen Ideen bezüglich unserer Verkaufsstrategie an große Konzerne zu Dell. Ich unterstellte ihm eine Reihe jüngerer Führungskräfte und er stellte noch eine Reihe weitere ein. Und Sam machte ein paar wirklich gute Dinge für uns – und dann waren da noch andere Dinge. Eines Tages ging ich den Flur entlang und hörte hinter der verschlossenen Tür eines Konferenzraums (das war noch, bevor wir offene Büroräume hatten) lautes Geschrei. Ich dachte: *Hmm, das ist irgendwie komisch – im Allgemeinen schreien wir hier nicht herum.*

Also ging ich in den Konferenzraum und fand Sam mit knallrotem Gesicht, wie er ein paar seiner jüngeren Mitarbeiter zusammenstauchte. Sobald er mich sah, fuhr er sozusagen von hundert auf null herunter.

»Was ist denn hier los?«, fragte ich.

»Tja, wir haben hier eine Art Auseinandersetzung, Michael«, sagte Sam.

»Okay«, sagte ich. »Könntet ihr euch vielleicht ein bisschen bremsen?«

Es stellte sich heraus, dass Sam ein ernsthaftes Alkoholproblem hatte. Neben unseren Büros war ein Hotel und das Hotel hatte eine Bar. Dorthin ging er allabendlich, um sich volllaufen zu lassen. Anschließend stieg er ins Auto und fuhr in Schlangenlinien nach Hause. Ziemlich übel. Soweit ich wusste, begann er sogar schon mittags zu trinken.

Einige der Führungskräfte und ich intervenierten bei Sam und brachten ihn dazu, einen Entzug zu machen. Aber dort hielt er nicht lange durch und bei uns blieb er auch nicht mehr lange.

Ungefähr zur selben Zeit stellten wir einen Chef für die Personalabteilung ein – nennen wir ihn Ted. Ted kam von Motorola zu uns, wo er sehr erfolgreich gewesen war, und ich hielt ihn für einen tollen Kerl. Nachdem er ein paar Jahre bei uns gearbeitet hatte, kam eines Tages ein anderer meiner leitenden Mitarbeiter in mein Büro und sagte: »Michael, Sie sollten sich setzen.«

»Okay«, sagte ich und setzte mich. »Was ist los?«

»Wir haben ein Problem mit Ted.«

»Geht's ihm gut? Was für ein Problem denn?«

»Also«, sagte dieser Führungsmitarbeiter, »Ted hat jemanden für die zweite Schicht in der IT eingestellt.«

»Ja, gut, er ist für die Personalabteilung verantwortlich – das ist sein Job. Wo ist das Problem?«

»Tja, wir haben gar keine zweite Schicht in der IT«, sagte der Mitarbeiter.

»Das klingt etwas ungewöhnlich«, sagte ich. »Haben Sie ihn darauf angesprochen? Was sagt er dazu?«

»Es ist tatsächlich noch ein bisschen komplizierter«, antwortete er. »Sie ist eine Stripperin.«

Wie sich herausstellte, hatte der verheiratete Familienvater Ted seiner strippenden Freundin einen Scheinjob gegeben. Und die Freundin beschloss, dass sie mehr Geld wollte, deshalb kam sie in die Firma und erklärte, sie bräuchte einen ordentlichen Batzen Geld, wenn sie wieder gehen sollte.

Unnötig zu erwähnen, dass es Ted war, der ging. Was er getan hatte, bewies nicht nur sein sehr mangelhaftes Urteilsvermögen – es bedurfte auch keiner weiteren Diskussion, dass ihm sofort gekündigt wurde, weil er das Unternehmen bestohlen hatte.

Wir wuchsen ungeheuer schnell – die Zahl der Beschäftigten in der Firma stieg fast genauso schnell wie unsere Umsätze –, und Wachstum verhüllt eine Menge Sünden. Es ist praktisch unmöglich, sich dagegen zu schützen, dass einige unangemessene Dinge geschehen. Aber dies war ein weiterer Moment der verlorenen Unschuld. Ich fand dieses Verhalten so verwerflich – ich verstand einfach nicht, warum jemand riskierte, die wichtigsten Beziehungen seines Lebens zu zerstören. Wahrscheinlich war ich naiv, aber ich war auch auf das Wachstum der Firma fokussiert. Ich hätte mir nie vorstellen können, dass so etwas passierte.

Ich wusste, dass es meine Aufgabe war, den Ton zu bestimmen, dass der Ton an der Spitze eine Menge ausmachte. Von diesem Zeitpunkt an schufen wir eine Richtlinie, die ungefähr so lautete: Wenn Sie Abteilungsleiter oder höher sind, tun Sie nichts, was ein negatives Licht auf das Unternehmen werfen könnte. Sind Sie Abteilungsleiter oder höher und denken darüber nach, irgendwohin zu gehen, wo Frauen nicht vollständig bekleidet sind, lassen Sie es einfach.

Ted hatte den Dell-IQ-Test nicht bestanden: Er war zu dumm, um hier zu arbeiten.

Bei neuen Produkten gibt es oft viele Prototypen und Entwicklungsschritte, ehe sich ein Gewinner herauskristallisiert. Wir testen diese Produkte, indem wir sie von einer kleinen Gruppe Kunden beurteilen lassen: Klein anzufangen hilft uns, unsere Schlagzahl zu erhöhen. Haben wir ein Produkt erst mal eingeführt, erfahren wir schnell und reichlich durch das Kundenfeedback, wie gut es sich macht. Wir lernen daraus und nehmen immer weitere Verbesserungen vor. Jedes neue Produkt lernt aus der vorangegangenen Generation, und das in allen Bereichen: Design und Features, Herstellbarkeit, Wartbarkeit etc. Derselbe Prozess findet auch im Unternehmen insgesamt statt: im Verkauf, bei Service und Support, bei der Lieferkette etc. Die Japaner nennen das Kaizen oder ständige Verbesserung.

Doch für jedes Unternehmen, da ist Dell keine Ausnahme, bedeutet Kaizen eher ein Ideal als die Realität. Erfolg ist keine gerade Aufwärtslinie. Er ist Scheitern, Lernen, erneutes Versuchen und dann (so hofft man) Gelingen. Wie erfolgreich man ist, hängt tatsächlich davon ab, wie man mit dem Misserfolg umgeht – und wie viel man daraus lernt. Viele Menschen schöpfen ihr Potenzial nicht vollständig aus, weil sie das Scheitern fürchten. Indem sie es vermeiden, berauben sie sich selbst eines großartigen Lehrmeisters. Viele andere versagen, weil es an Gelegenheiten, Kapital, Wissen oder Fähigkeiten mangelt. Beharrlichkeit ist eine überaus wichtige Eigenschaft auf dem Weg zum Erfolg. (Und Erfolg bringt seine eigenen Herausforderungen mit sich, vor allem die Selbstgefälligkeit zu vermeiden. Deshalb ist EANZ – erfreut, aber nie zufrieden – neben Kaizen seit den Anfängen ein Bestandteil unserer Unternehmenskultur.)

Ich hatte immer schon Erinnerungsstücke in meinem Büro, einige davon persönlicher Natur – Familienangelegenheiten und so – und andere, die mich an die Hoch- und Tiefpunkte des Unternehmens auf seinem Weg erinnern. Die Tiefpunkte spielen eine große Rolle: Auch wenn es schön ist, sich an den Erfolg zu erinnern, ist es auch wichtig, das Scheitern im Gedächtnis zu behalten. Wir hatten Produkte, die so schlimm versagten, dass wir sie gar nicht erst auf den Markt brachten. Ein Erinnerungsstück, das ich lange behalten habe, war der Prototyp für einen mobilen Computer aus den frühen Neunzigern.

Heutzutage ist das kaum vorstellbar, aber vor 30 Jahren war ein wirklich tragbarer Computer ein schwer erreichbares Ideal. Die ersten transportablen Geräte Anfang der achtziger Jahre waren Riesendinger, die Luggables genannt wurden – sie hatten keine Akkus, man musste sie einstöpseln. Im Wesentlichen waren das tragbare Desktops. Die Technologie hat sich weiterentwickelt, aber für sämtliche Technikunternehmen, darunter durchaus auch für Dell, waren die ersten Jahre der Produktion von Notebook-Computern keineswegs einfach. Es gibt ein Video aus dem Jahr 1990, in dem Glenn Henry und ich voller Stolz unsere neuen Notebooks 212N und 320N präsentieren: Mit meinem Babyface und meiner dicken Brille zähle ich feierlich die tollen Merkmale des Geräts auf: »Weltklasse-Funktionalität, Standard-VGA-Monitor, vollfunktionale Tastatur …« Und ein Gewicht von 6,34 Pfund! Mit 8,5 mal 11 Inches Größe und zwei Inches Dicke waren diese Dinger klobige kleine Klötze der Anfang-der-Neunziger-Technologie – es scheint wirklich nicht fair, sie zu vergleichen mit unserem XPS 13 von 2021, der 7,5 mal 11,6 Inches groß und nur 0,58 Inches dick ist, bloß 2,7 Pfund wiegt und so viel mehr Rechenleistung besitzt, dass man gar nicht weiß, wo man anfangen soll.

Als Senior Vice President unserer Produktgruppe baute Glenn unser Technikerteam von sieben auf mehrere Hundert Mitarbeiter aus, kontrollierte ein Produktportfolio, das von drei auf über 40 Produkte wuchs, und schuf mit einem brillanten Programmierer namens Terry Parks ein umfassendes und emsiges Patentprogramm. (Terry war brillant, aber *extrem* still: Falls er jemals ein Wort gesagt hat, habe ich es nicht gehört.) Glenn war selbst ein toller Programmierer, aber ich glaube, man kann sagen, dass Menschenführung nicht gerade seine Leidenschaft war. Er saß einfach mit einem Stapel Datenblätter im Konferenzraum, trank ein ekelhaftes Zeug namens Tab und aß Reiswaffeln, während seine Techniker hereinströmten und versuchten, mit ihm zu reden. Hin und wieder hob Glenn den Blick von seinen Papieren und sagte: »Nein, nein, das haben Sie falsch gemacht« und schickte sie weg, um es in Ordnung zu bringen.

Ich war stolz auf alle unsere Produkte, aber Anfang der Neunziger zeigte sich schmerzhaft deutlich, dass unsere Notebooks unsere technologische Achillesferse waren. Ich hatte den Eindruck, dass wir sowohl eine neue Führungsriege als auch neue Ideen brauchten, um diesen wesentlichen Teil unseres Geschäfts mit einer großen Werbekampagne aufzupolieren.

Ich musste nicht lange suchen, um zu erkennen, wer es besser machte. Nach einem holprigen Start mit Laptops hatte Apple sich mit Sony zusammengeschlossen, um 1991 sein PowerBook zu präsentieren, und mit diesem Gerät hatten sie von Anfang an einen Riesenerfolg, der sich rasch zu einem Milliarden-Dollar-Geschäft entwickelte und 40 Prozent aller Notebook-Verkäufe ausmachte. Der Leiter dieses Teams von Technikern, die das PowerBook entwickelt hatten, war ein stämmiger, witziger, extrovertierter 34-Jähriger namens John Medica.

John machte seine Sache sehr, sehr gut: Eine seiner Spitzenfähigkeiten neben der Elektrotechnik war es, Unternehmensteams aufzubauen und zu motivieren. Er war eine große Persönlichkeit und lehnte es ab, sich selbst allzu wichtig zu nehmen. Auf seiner Visitenkarte stand als Berufsbezeichnung »Hohes Tier«. Ihn für Dell zu gewinnen, war ein großer Coup. John nahm unser großzügiges Angebot unter einer Bedingung an, von der ich gar nichts wusste, bis ich eines Tages in sein Büro kam, wo er an seinem Schreibtisch saß, während ein lautes Klopfgeräusch darunter hervordrang – *klonk, klonk, klonk*.

»Was ist das denn? Ist alles in Ordnung?«, fragte ich.

John lächelte. »O ja, alles bestens«, sagte er – und dann sah ich den riesigen Hund zu seinen Füßen, dessen wedelnder Schwanz gegen das

Tischbein schlug, *klonk, klonk, klonk.* Johns Bedingung, bei uns zu arbeiten, so lernte ich an dieser Stelle, war, dass er seine Bobtail-Hündin Maggie Mae täglich zur Arbeit mitbringen durfte.

Ein paar Monate nach John stellten wir einen weiteren wichtigen Player von Apple ein: Eric Harslem, Vice President der Macintosh-Abteilung von Apple, wurde zum neuen Senior VP unserer Produktgruppe und löste damit Glenn ab, der den neuen Posten des Chief Technology Officer übernahm. Erics Aufgabe bestand in der Leitung der Entwicklung und des Marketings für unsere gesamte Produktlinie. Er und John, insbesondere John, brachten gleich von Anfang ihrer Beschäftigung an Schwung in die Sache – und Schwung war genau das, was 1993 vonnöten war.

Im ersten Quartal des Steuerjahrs 1994 (von Februar bis Anfang Mai 1993) wurde unsere wachsende Problematik schmerzlich deutlich: Bei um 48 Prozent gesunkenen Einnahmen – unserem ersten Quartalsverlust seit dem Börsengang – und knapper Liquidität mussten wir eine Zweitplatzierung zurückziehen, weil die Wall Street nicht genügend Interesse daran zeigte. Zwischen Januar und Juni fiel unser Aktienkurs von einem historischen Höchststand von 47,75 Dollar im Januar auf 15,87 Dollar im Juli. Wir warnten die Investoren, dass die Lage sich auch in den folgenden beiden Quartalen möglicherweise nicht bessern würde.

Wir würden ein paar umfassende Veränderungen vornehmen müssen und viele davon würden schmerzhaft werden.

Unser Notebook-Geschäft war ein besonders wunder Punkt. Weil unser florierendes PC-Geschäft uns so in Anspruch nahm, hatten wir den Notebook-Bereich schlicht aus dem Auge verloren. Die anderen PC-Hersteller machten inzwischen 20 Prozent ihres Umsatzes mit Notebooks, Compaq sogar 30 Prozent. Bei uns waren es sechs Prozent. Unser Problem mit Notebooks bedeutete auch, dass wir spät dran waren mit der Markteinführung eines tragbaren Computers mit dem neuen Intel-486-Prozessor.

John Medicas Auftrag war es, uns in puncto Notebooks ins Spiel zu bringen, und er hatte die Sache sofort im Griff. Kaum angekommen, sah er sich genau unsere derzeitige Produktlinie und die neuen

Modelle auf unserem Zeichentisch an und stellte fest, dass beide gravierende Mängel aufwiesen. Die Geräte, die wir verkauften, der 320SLi und der 325SLi, waren nicht nur leistungsschwach, sondern hatten einen Konstruktionsfehler – einen Kondensator, der unter Druckeinwirkung kaputtgehen und sich überhitzen konnte, was möglicherweise zur Brandentwicklung führen konnte. Und John erkannte, dass die neuen Computer bereits veraltet sein würden, bis wir sie auf den Markt gebracht hatten. In jenem Oktober startete er einen Rückruf von 17 000 Notebooks, stoppte den Verkauf weiterer 320SLis und 324SLis und stellte die neue Produktlinie vollkommen ein. Durch die Reparatur der alten Geräte und die Rückstellung der neuen entstanden uns Kosten von über 20 Millionen Dollar. Die Auswirkungen auf unsere Arbeitsmoral waren sogar noch schmerzhafter: Monatelang waren wir nur passive Zuschauer des am schnellsten wachsenden Segments des PC-Marktes, während John die Entwicklung neuer Notebooks leitete.

Die Kosten für unsere Notebook-Unterbrechung sowie für die Verbesserung unserer internen Abläufe würden sich auf irgendetwas zwischen 75 und 85 Millionen Dollar belaufen. Vielleicht sogar mehr.

Im Jahr 1993 schienen die Nachrichten immer schlechter und schlechter zu werden. Und ich erzählte niemandem außer Susan davon, aber lange Zeit befand ich mich in einem Zustand allmählich wachsender Panik.

Dann kam ein neues Jahr – in dem Dell Inc. seinen zehnten Geburtstag feiern würde –, und mit ihm kamen weitere Hilfe und Hoffnung.

Wir hatten die Beratungsfirma Bain & Co. engagiert, um uns durch diese Krise zu helfen, und einer ihrer Teilhaber, Kevin Rollins, beeindruckte mich besonders. Kevin war eher auf Strategie als auf Produkte spezialisiert – er hatte hauptsächlich Erfahrungen mit Luftfahrtunternehmen –, und von Anfang an verstand er unser Geschäft besser als jeder, mit dem ich je zusammengearbeitet hatte. Auf einen Aspekt unserer Strategie schoss er sich sofort ein: unsere jetzt drei Jahre alte Entscheidung, unsere PCs über Großmärkte wie Sam's Club oder Walmart zu verkaufen. Kevin hatte sofort das Gefühl, dass die paar Dollar, die diese Einzelhandelsgeschäfte uns einbrachten, nicht der Mühe wert waren. Er sagte, die Einzelhändler seien eigentlich wie eine Schranke zwischen uns und den Käufern unserer Computer in den Geschäften, wodurch eine wichtige Kommunikationsverbindung zwischen Dell und diesen Verbrauchern verloren gehe: Wir konnten von diesen Käufern nichts darüber erfahren, was sie von unseren Produkten hielten. *Direkt* war unser Markenzeichen; eine solche Indirektheit drohe alles zu untergraben, was wir aufgebaut hatten.

Und deshalb hörten wir damit auf, einfach so.

Einige Wirtschaftsjournalisten und Finanzanalysten sagten – laut –, dass dieser Richtungswechsel uns unschlüssig wirken lasse. Aber die Leute sagen immer irgendwas und es gibt Schlimmeres für ein Unternehmen, als vorübergehend schlecht dazustehen. Wir brauchten dringend eine Neuaufstellung, und es war wichtig, die kläffenden Hunde zu ignorieren und dem Plan zu folgen.

Der da lautete …?

Wir waren der fünftgrößte Computerhersteller der Welt. Wir hatten die Zwei-Milliarden-Grenze überschritten, näherten uns den drei Milliarden und zielten auf zehn Milliarden Dollar ab. Ich brannte dafür, dieses ehrgeizige Ziel zu erreichen, aber ein Teil von mir dachte auch: Okay, jetzt gehen wir also auf die zehn Milliarden zu? Ernsthaft? Das wird allmählich eine verdammt große Firma. Es gibt eine ganze Menge, von dem wir hier keine Ahnung haben.

Ich fand, wir bräuchten mehr Hilfe, deshalb nahm ich Kontakt auf zu Heidrick & Struggles, der Personalfirma. »Suchen Sie mir jemanden, der dieses Geschäft gemeinsam mit mir von drei auf zehn Milliarden Dollar bringen kann«, wies ich sie an. »Jemanden mit umfassender internationaler Erfahrung und Fachkenntnissen in Sachen Supply Chain und Technologie.«

Heidrick & Struggles fragten: »Okay, und welche Position soll derjenige bekommen?«

»Wissen wir noch nicht«, antwortete ich. Das entsprach der Wahrheit.

Sie fingen an, mir Lebensläufe zu schicken. Bei den meisten reagierte ich ziemlich schnell aus dem Bauch heraus: »Nein, nein, nein.« Aber einige (wesentlich weniger) ließen mich auch sagen: »Ja, ja, ja.« Mit diesen Bewerbern führte ich Gespräche. Und das größte Ja unter ihnen war Mort Topfer von Motorola.

Mort war 57 Jahre alt und arbeitete seit 23 Jahren für Motorola, wo er schließlich zum Leiter des Produktbereichs Bodenmobilität geworden war – auch als Walkie-Talkies bekannt. Das war kurz bevor das Handygeschäft explodierte; die Mobilgeräte von Motorola fanden zahlreiche Anwendungen unter anderem in der Industrie, bei der Polizei und beim Militär, und der Bereich Bodenmobilität war das Kronjuwel des Unternehmens, eine drei Milliarden Dollar schwere internationale Abteilung zu einem Zeitpunkt, da Motorola eins der höchstgeschätzten Unternehmen der Welt war. Mort leitete die Herstellung, den Verkauf und das Marketing: Er hatte im Großen und Ganzen das komplette Paket.

Und ich mochte ihn auf Anhieb. Er war in Brooklyn geboren und hatte immer noch viel Brooklyn an sich, und damit meine ich nicht nur seinen Akzent: Er war gleichzeitig warmherzig und knallhart und zudem superklug. Er hatte umfangreiche Erfahrungen mit Technologie und mir gefiel auch die Tatsache, dass er nicht unbedingt von Motorola wegwollte – er war zufrieden dort und berechtigterweise stolz auf seine Errungenschaften. Er und seine Frau hatten kürzlich ein Haus in Las Vegas für den Ruhestand gebaut und beabsichtigten, dort hinzuziehen, wenn Mort noch ein paar Jahre gearbeitet hatte.

Er erfüllte für mich noch eine weitere Bedingung. Wir mussten jemanden auf sehr hoher Ebene einstellen – jemanden, der im Wesentlichen Seite an Seite mit mir das Unternehmen zum nächsten großen Meilenstein führen konnte. Wenn derjenige 45 oder 50 war, würden all die Mitarbeiter unter ihm unweigerlich denken: »Ich hab meine Chance verpasst.« Doch Mort (dachte ich, sagte es jedoch noch nicht) konnte eine Art weiser Berater oder Elder Statesman sein: jemand, der eigentlich niemanden einschüchterte, sondern bloß da war, um zu helfen.

Unser erstes Gespräch hatten Mort und ich im Januar 1994 und wir trafen uns danach noch mehrmals, nur um darüber zu sprechen, wie die Leitung eines globalen Zehn-Milliarden-Dollar-Unternehmens funktionieren würde. Es waren keine Bewerbungsgespräche; er gab mir einfach Ratschläge, und alles, was er sagte, schien mir äußerst sinnvoll.

Doch nachdem wir uns ein paar Mal getroffen hatten, beobachtete ich, dass bei ihm etwas klick machte – ich erkannte, dass er sich für die Herausforderung zu interessieren begann, uns auf die nächsthöhere Ebene hinaufzuhelfen. Also machte ich ihm ein Angebot und nannte eine Berufsbezeichnung, mit der meiner Meinung nach jeder leben konnte, besonders Mort: Vice Chairman. Kurz nachdem er bei uns angefangen hatte, bildeten wir das sogenannte Office of the Chairman – kurz OOC –, um die Tatsache hervorzuheben, dass er und ich zusammenarbeiteten.

Mort schaltete sofort auf Betriebsmodus und half, wo wir Hilfe brauchten. Wir brauchten Hilfe. Eins unserer größten Bedürfnisse war etwas, womit er sich gut auskannte: Wir erlebten gerade eine sehr schnelle internationale Expansion, vor allem in Asien. Wir errichteten eine Fabrik in Penang, Malaysia, und legten den Grundstein für eine Expansion nach China und nach Japan. Und die Produktion in Irland (und in Texas) wurde stark erweitert. Wir bauten nicht nur das Geschäft auf – wir brauchten auch eine viel stärkere betriebliche Disziplin, und Mort brachte sie ein, was ziemlich hilfreich war. Er bestätigte auch meinen Eindruck, dass Kevin Rollins mit seinem brillanten strategischen Verständnis unserer Firma zu einem tatsächlichen (und wesentlichen) Teil unseres obersten Führungsteams geworden war, obwohl er offiziell immer noch für Bain arbeitete.

Es war ein seltsames Arrangement: Wochentags arbeitete Kevin bei uns in Texas, am Wochenende flog er nach Boston zu seiner Familie. Bain bezahlte ihn. Doch einmal in der Woche aßen Kevin, Mort und ich gemeinsam zu Abend und Kevin legte die Tagesordnung fest – und hatte bei all unseren Entscheidungen ein Mitspracherecht: bei Personalfragen, neuen Investitionsbereichen, neuen Produkten.

In diesem Jahr brachten wir ein wichtiges neues Produkt auf den Markt, den Notebook-Computer, den John Medica und sein Team entwickelt hatten. Wir nannten ihn Latitude. Wie von mir erwartet, hatten John und seine Leute ein wunderschönes Gerät hervorgebracht: solide, gut gestaltet und mit großer Liebe zum Detail. Die Speicherkarten ließen sich leicht entfernen, das Diskettenlaufwerk konnte herausgenommen und zugunsten längerer Betriebszeit durch einen zweiten Akku ersetzt werden. Die Akkulaufzeit war ein wichtiges Verkaufsargument für den Latitude – ein echter Durchbruch. Sowohl das Basismodell als auch die luxuriösere XP-Version schafften acht Stunden ohne Aufladen. (Der XP hatte einen leichten Lithium-Ionen-Akku, seinerzeit eine neue Technologie.) Und wie immer waren unsere Preise konkurrenzlos: 1400 Dollar für das Basismodell, 3200 Dollar für den XP (im Vergleich zu 2474 Dollar für ein Basismodell des Compaq Contura und 4055 Dollar für den ausgefeilteren Contura 4/25CX). Es war schlimm gewesen, am Rand zu sitzen und zuzusehen, wie der Notebook-Markt boomte, und es würde nicht leicht sein, da wieder hineinzukommen, aber wir waren zuversichtlich, es zu schaffen. Wir glaubten, dass wir einen Gewinner am Start hatten, und die Zeit würde uns Recht geben.*

Es gab noch eine weitere Produktchance, die wir ergreifen mussten. Im November 1993 hatten wir eine Vorstandssitzung in Paris und Kevin (immer noch Bain-Berater) und ich hielten eine Präsentation darüber, warum wir glaubten, in großem Stil in das Server-Geschäft einsteigen zu müssen – und warum es ein echtes Problem geben würde, falls wir das nicht taten. Zu Beginn der Sitzung war die Einstellung des Vorstands: Warum zum Teufel macht ihr das? Am Ende war sie eher: Warum habt ihr das denn nicht schon längst gemacht?

Wir hatten schon lange darüber nachgedacht, wieder in den Servermarkt einzusteigen, um Firmenkunden anzusprechen und Anfang der Neunziger kamen mehrere Ereignisse zusammen, die die Frage für uns entschieden: Softwareentwickler wie Novell, 3COM und Banyan (sowie Microsoft, die vor Kurzem Windows NT eingeführt hatten) stellten Serverbetriebssysteme her, die es Firmen ermöglichten, Client-Server-basierte Netzwerke zu schaffen, und diese begannen sich überall in großen wie in kleinen Unternehmen auszubreiten. Und Compaq, unser Erzrivale aus Houston, übernahm mit seinem Intel-basierten Server SystemPro frühzeitig die Führung.

Das Erstaunlichste am Servermarkt war, wie profitabel er war: Das waren komplizierte Geräte und die Gewinnspanne war viel höher als die

* Seit der Einführung des Latitude 1994 haben wir über 400 Millionen Notebook-Computer verkauft. In den vier diesen Zeilen unmittelbar vorausgehenden Quartalen haben wir mehr als ein Notebook pro Sekunde verkauft – 70 pro Minute, 4171 pro Stunde.

von PCs. Compaq kompensierte die geringen Gewinne, die sie mit dem PC-Verkauf machten – zu einem hohen Preis und über den Einzelhandel –, durch die ordentlichen Gewinne, die ihnen das Servergeschäft einbrachte. Aber auch wenn unsere Geräte preiswerter und ultrazuverlässig waren und unser Service der beste weit und breit, würde es keine leichte Aufgabe sein, die Unternehmen zu einem Wechsel von Compaq-Servern zu unseren zu bewegen. Wäre ich Systemadministrator gewesen, der bereits gelernt hatte, wie man den SystemPro verwendet, und jemand wäre vorbeigekommen und hätte gesagt: »Wir wollen, dass du einen anderen Server hier kaufst«, so hätte ich wohl gesagt: »Nein, ich hab mich an diesen hier schon gewöhnt.« Bei PCs war es relativ leicht, von einer Marke zur anderen zu wechseln. Bei Servern nicht.

Andererseits rechneten wir damit, dass Compaq so viel Gewinn machen würde, wenn wir sie im Serversektor allein agieren ließen, dass sie damit den PC-Markt angreifen und uns aus dem Feld schlagen könnten.

Das ließ uns aufmerken.

Es gab drei kleinere Serverunternehmen, die zu kaufen wir erwogen: Sequent, Tricord und NetFrame. Aber am Ende fanden wir, dass es doch leichter wäre, ein engagiertes Team von Technikern zu schaffen und unsere eigenen Geräte herzustellen. Anfang 1994 führten wir die PowerEdge-Produktlinie ein, zunächst mit zwei Modellen: dem SP für kleine bis mittlere Netzwerkumgebungen und dem XE für mittlere bis große Netzwerke. Im selben Jahr stellten wir Larry Evans von Sequent als Vice President für Servertechnologie ein und ein paar Jahre später Mike Lambert, Compaqs Marketingchef für Server, um unser Servergeschäft zu führen. Recht bald ließen wir Compaq ordentlich strampeln für ihr Geld.

Wir erkannten aber nicht nur die Möglichkeiten von Servern, sondern beschlossen auch, dass es Zeit war, an einer weiteren Front anzugreifen: dem, was seinerzeit als professionelle Workstations für die Industrie bekannt war. Im Gegensatz zu PCs waren Workstations spezialisierte Geräte mit extrem leistungsfähigen Grafikkarten und Monitoren, die für Computer-Aided Design und Simulationen verwendet wurden von

Chipdesignern, Architekten und anderen, die erweiterte Kapazitäten benötigten.

Sun Microsystems (die später von Oracle aufgekauft wurden) und HP, die Apollo Computer übernommen hatten, anfangs führend bei Workstations, dominierten seinerzeit diesen Bereich. Beide Unternehmen waren vertikal integriert – sie produzierten etliche der Komponenten, die andere Firmen auslagerten, entwarfen sogar ihre eigenen Mikroprozessoren – und beide machten mit diesen Produkten erhebliche Gewinne, was ihnen ebenfalls half, ihre Bemühungen in Sachen Server und Datenspeicherung zu verstärken.

Wir waren überzeugt, dass wir angesichts der rapiden Fortschritte bei Mikroprozessoren von Firmen wie Intel und der Verbesserungen bei Windows eine Workstation entwickeln konnten, die leistungsstark genug war, um mit diesen spezialisierten Anwendungen zu arbeiten, und für die Kunden in diesem Prozess ein viel stärkeres Wertangebot schuf. Wenn wir erfolgreich waren, konnten wir die Preise auf ein Maß senken, das uns zwar noch Gewinne brachte, Sun und HP aber nicht. Der Gesamtgewinn im Workstation-Bereich würde wahrscheinlich sinken, aber wenn wir Erfolg hatten, würden wir einen bedeutenden Anteil davon bekommen.

Das war Jeff Clarkes erste große Chance. Er hatte sich als enorm talentierter Programmierer erwiesen, seit er 1987 zu Dell gekommen war, und war nun bereit, diesen wichtigen neuen Teil des Unternehmens zu führen. Im Jahr 1997 brachten wir unsere ersten Workstations auf den Markt. Der Vorstoß war nicht frei von Problemen, aber Jeff meisterte sie glänzend und führte uns schließlich an die Spitzenposition. Ein paar Jahre später stieg Sun ganz aus dem Workstation-Geschäft aus und HP entwickelte eine neue Strategie, die der unseren nachzueifern versuchte.

Es gab 1994 nur etwas mehr als 2700 Websites weltweit – im Jahr davor waren es lediglich 130 gewesen und noch ein Jahr früher hatte es zehn gegeben. Es gab noch kein Google, kein Wikipedia, kein YouTube oder Twitter. Aber in diesem Jahr ging www.dell.com an den Start.

Seit ich als Teenager mit einem Hayes-Modem und dem Computerized Bulletin Board System experimentiert hatte, war ich fasziniert von den grenzenlosen Möglichkeiten und den Netzwerkeffekten der Online-Kommunikation. Während das World Wide Web in Gang kam, schien es mir (und vielen anderen), als wäre sein Potenzial unbegrenzt. In den Anfangstagen des Internets war man fasziniert von der Informationsfülle: Anfang bis Mitte der Neunziger gingen Woche für Woche immer mehr Daten online. Zu Beginn hatte auch unsere Website informativen Charakter: Early Adopters und technikversierte Nutzer (die damals so ziemlich die einzigen Nutzer überhaupt waren) konnten sie besuchen und sich technische Daten unserer Produkte sowie eine E-Mail-Adresse für technischen Support anschauen.

Als 1995 die Zahl der Webseiten weltweit auf über 23 000 stieg und das Internet stündlich immer komplexer wurde, wurde auch unsere Website komplexer: Die Nutzer konnten sich technische Informationen holen und potenzielle Käufer konnten ihren Wunschcomputer sowie dessen exakten Preis online konfigurieren. Im Jahr 1995 – in dem auch dieses kleine Unternehmen Amazon an den Start ging – begann ich auch ein ernsthaftes Interesse dafür zu entwickeln, unser Direktvertriebsmodell ins Internet zu bringen.

Die Entwicklung des Online-Handels hinkte der der Online-Informationssuche nur aus einem Grund hinterher: Die Methoden zur Absicherung von Online-Einkäufen steckten noch in den Kinderschuhen, und die nicht an solche Kaufvorgänge gewohnten Verbraucher (wie seltsam einem das heute vorkommt!) hatten Bedenken, ihre Kreditkartennummer ins Netz zu stellen, wo Gott weiß was mit ihr angestellt werden konnte. Doch als die Methoden zur Sicherung von Websites, Browsern und Servern ausgebaut wurden, kam der Online-Handel in Schwung. Wir wollten dabei so weit vorn wie möglich sein.

Aus meiner Sicht waren Online-Einkauf und unser Direktvertriebsmodell die perfekte Kombination. Anfang der neunziger Jahre stellte ich diesen Ansatz unserem Vorstand vor und sagte, der Online-Verkauf gebe Kunden weltweit schneller und effizienter (und weniger kostspielig) Zugang zu Informationen über unsere Produkte, als es derzeit telefonisch und per Fax der Fall war. Ein potenzieller Kunde konnte sich online sein Wunschgerät konfigurieren, technische Informationen darüber einholen, den Kauf vornehmen und dann den Verlauf nachverfolgen, wenn es hergestellt und versandt wurde. Zudem würde der Online-Handel uns Größenvorteile verschaffen und unser Vertriebsteam sowie den gesamten Verkaufsprozess wesentlich schneller und effizienter machen.

Der Verkauf von PCs und Notebooks über unsere Website begann im Juni 1996; im Dezember fingen wir auch mit dem Online-Verkauf unserer PowerEdge-Server an. Ende des Jahres erreichten wir einen weiteren Meilenstein: Unser Online-Verkaufsvolumen lag bei einer Million Dollar täglich.

Ende 1996 konnten Mort und ich auch endlich Kevin Rollins davon überzeugen, sein De-facto-Arrangement formell zu machen und als Senior Vice President bei uns anzufangen. Ein paar Wochen, nachdem Kevin offiziell für Dell zu arbeiten begonnen hatte, übertrug ich ihm den Geschäftsbetrieb in Nord- und Südamerika, eine Geschäftseinheit, die rund 70 Prozent unseres Umsatzes ausmachte.

In *Fortune* war 1995 ein Artikel über uns erschienen, der eine freche Schlagzeile hatte: »Die Wiedererweckung des Michael Dell: Wie ein paar alte Männer Michael Dell dazu brachten, erwachsen zu werden und sein Unternehmen wie das Big Business zu führen, zu dem es geworden ist.« So konnte man das natürlich auch sehen. Aus meiner Sicht hatte ich in verschiedenen Stadien des Wachstums und der Entwicklung des Unternehmens den Rat einer Reihe älterer, erfahrenerer Führungskräfte gesucht – Lee Walker, Mort Meyerson, Mort Topfer – und jeder von ihnen war auf seine Weise sehr hilfreich gewesen.

Aber auch wenn ich gerade erst 30 geworden war, was mich mit Abstand zum jüngsten Mitglied unseres Vorstands machte, musste niemand mich drängen, erwachsen zu werden. Ich war Ehemann und Vater. Ich war jetzt seit über zehn Jahren im Geschäft und hatte die Kampfnarben, um das zu beweisen. Und das Team, um noch sehr viel weiter zu kommen. Während unserer extrem wachstumsstarken Jahre von 1994 bis 1996 war es einer der Schlüssel zu einer erfolgreichen Expansion, überall auf der Welt die Talente zu finden, die wir benötigten. Julie Sackett, unsere Personalchefin, erwies sich der Aufgabe als gewachsen und half uns, die Anzahl der Beschäftigten von rund 6000 auf 12 000 zu verdoppeln, womit der Grundstein für die nächste Wachstumsphase gelegt war. Mit Mort und Kevin, Tom Meredith, Eric Harslem, John Medica, Jeff Clarke und vielen anderen Spitzenkräften in der Führungsebene sowie Tausenden von leidenschaftlichen und engagierten Mitarbeitern an meiner Seite hatte ich den Eindruck, dass die zehn Milliarden Dollar – und mehr – durchaus erreichbar waren.

Bis Ende 1996 schien es keinerlei Grenzen für uns zu geben.

11

Körper und Seele

Damals im November 1988, ein paar Monate nach unserem Börsengang, verfasste ich eine Werteerklärung für unseren neuen Konzern, einen Versuch, unsere Kultur festzuschreiben. Es war ein einseitiges, mit dem Nadeldrucker gedrucktes Dokument, das unsere kleine bunt gemischte Belegschaft von etwa 200 Personen zur Durchsicht bekam. Und ich wollte, dass sie es sich durchsahen, denn ich meinte jedes Wort, das ich geschrieben hatte, und war zutiefst davon überzeugt.

Die Überschriften:

1. QUALITATIV HOCHWERTIGE PRODUKTE UND EXZELLENTEN KUNDENDIENST BIETEN: DAS GESCHÄFT

2. MENSCHEN MIT RESPEKT BEHANDELN: DIE MITARBEITER

3. BESCHÄFTIGTE LERNEN UND WACHSEN AUF ALLEN EBENEN: DER PROZESS

4. BEI ALLEM, WAS WIR TUN, DIE BESTEN SEIN: DER STANDARD

Und die Botschaft (ohne Feststelltaste, damit sie besser lesbar ist):

1. Die Mission von Dell Computer Corporation ist es, hochwertige Computer mit einem hohen Maß an Kundendienst direkt an den Endverbraucher zu verkaufen.

   Wir verpflichten uns, sehr auf unsere Kunden einzugehen. Unsere direkte Beziehung zu den Kunden ist entscheidend für unseren Erfolg, weil sie die Grundlage bildet, auf der wir auf die ständig wechselnden Bedürfnisse der Kunden reagieren.

   Das Unternehmen ist bestrebt, die legitimen Ansprüche aller zu erfüllen, die Anteil am Geschäftsablauf haben: Kunden, Mitarbeiter, Zulieferer, Interessenvertreter, Communitys und Shareholder.

2. Menschen mit Respekt behandeln:

   Das Unternehmen ermutigt und belohnt Initiative, Teamwork, Verantwortung und herausragende Leistungen von Beschäftigten. Wir bieten hochwertige Produkte bei einem aufmerksamen und zuvorkommenden Service zu guten Preisen. Wir folgen bei allen geschäftlichen Tätigkeiten den höchsten gesetzlichen und moralischen Standards.

   Die Beschäftigten sind das höchste Gut des Unternehmens. Wir bieten ein Umfeld, das die Besten unserer Branche anzieht, motiviert und hält. Die Mitarbeiter sind an Entscheidungen beteiligt, die ihre eigene Arbeit betreffen, und werden für die Ergebnisse ihrer Bemühungen belohnt. Wir honorieren immer überlegene Leistungen.

3. Jederzeit lernen:

   Flexibilität, Wandel und Reaktionsfähigkeit sind die entscheidenden Merkmale, die das Unternehmen verkörpert, um auf immer Erfolg zu haben.

   Wir sollten immer lernbereit sein, sodass wir fortlaufend Veränderungen des Wettbewerbsumfelds vorhersehen, verstehen und Strategien schaffen, mit denen wir neue Chancen nutzen. Wir wenden das Erlernte an und stellen stets die Annahmen infrage, unter denen die geschäftlichen Abläufe stattfinden.

Ein Vorgesetzter stärkt die anderen und beseitigt Hindernisse, die sie in ihrer optimalen Produktivität bremsen.

4. Das Unternehmen ist das beste bei allem, was es tut!

Michael Dell
2. November 1988

Ich war 23, als ich das schrieb, und mein bunt zusammengewürfeltes kleines Start-up war nur eins von etlichen 100 Computerunternehmen im ganzen Land – eins, das einigen Erfolg hatte, das jedoch, wie wir gesehen haben, oft auch nahe daran war, vom Markt zu verschwinden. Heute bin ich Mitte 50, führe eine weltweite Organisation mit über 150 000 Beschäftigten, und alles, was ich vor über 30 Jahren geschrieben habe, gilt nach wie vor. Wir haben uns auf jedem Schritt unseres Weges an diese Werte gehalten: Ohne sie wären wir nicht zu dem Unternehmen geworden, das wir heute sind.

Als Dell in den achtziger und neunziger Jahren wuchs, lernte ich sowohl Bill Gates als auch Steve Jobs recht gut kennen: Gates als Mitarbeiter und Geschäftspartner, dessen Unternehmen die Betriebssysteme schuf, mit denen unsere Computer liefen, und Jobs als Gründerkollegen, der Geschäftspartner sein wollte und letztlich zum Freund wurde. Während seines Apple-Exils von 1985 bis 1997 gründete Steve NeXT, eine Firma, deren Computer und Software er gern zu einer großen Nummer bei Bildungseinrichtungen und großen Konzernen gemacht hätte. Doch im Gegensatz zu unseren PCs und Servern war die NeXT-Workstation zwar ein wunderschönes Objekt, doch zu teuer, um sich auf dem Markt durchzusetzen, besonders an Colleges und Universitäten, deshalb verlegte sich Jobs 1993 ausschließlich auf die Softwareentwicklung. Als wir Mitte der Neunziger unsere Website entwickelten, war eins der von uns benutzten Tools eine Software namens WebObjects – die von NeXT entwickelt worden war.

Steve kam in diesem Jahr ab und zu bei mir vorbei und versuchte mich zu überzeugen, das NeXT-Betriebssystem für unsere PCs zu verwenden mit der Argumentation, es sei besser als Microsoft Windows und wir könnten es auch nutzen, um den Unix-Workstation-Markt zu attackieren, den Sun Microsystems anführte. Die Idee hatte schon etwas für sich, aber es gab fast keine Anwendungen, die unter seinem Betriebssystem liefen, und noch weniger Kunden, die danach fragten oder daran interessiert waren.

Er war jedoch hartnäckig und Anfang 1997, kurz nachdem er zu Apple zurückgekehrt war, unterbreitete er mir einen weiteren geschäftlichen Vorschlag. Er und sein Team hatten herausgefunden, wie man das Mac-Betriebssystem mit der Intel-X86-Computerarchitektur verknüpfen konnte, die wir bei unseren Geräten verwendeten – und Steve kam zu mir und sagte: »Hey, guck mal, das läuft auf einem Dell-PC.« Er hatte die Idee, uns Mac OS als Lizenz zur Verfügung zu stellen, damit wir Computer entweder mit dem Windows- oder mit dem Mac-Betriebssystem anbieten konnten. Ich war fasziniert. Aber seine geschäftlichen Bedingungen an uns waren lächerlich schlecht.

Ich sagte zu Steve: »Okay, für jedes Gerät, das wir mit Mac OS verkaufen, zahlen wir dir eine Lizenzgebühr.« Aber er hatte Sorge, dass es den Mac-Computermarkt schädigte, wenn wir unsere Geräte mit seinem Betriebssystem verkauften, weil wir eine viel größere Reichweite hatten – wir verkauften wesentlich mehr Geräte als Apple – und unsere Kostenstruktur sehr effizient war.

Steves Gegenvorschlag lautete: »Okay, ihr verkauft zehn Millionen PCs im Jahr; zahlt uns eine Lizenzgebühr für jeden Einzelnen, und dann braucht ihr nicht darüber nachzudenken, ob ihr Windows oder Mac OS installiert – ihr könnte sie beide auf allen Geräten bereitstellen und die Kunden entscheiden lassen, welches sie nutzen.«

Das Problem war bloß: Die Lizenzgebühr, von der er sprach, hätte Hunderte Millionen Dollar betragen, und das rechnete sich nun mal nicht, denn die meisten unserer Kunden, besonders größere Geschäftskunden, wollten das Mac-Betriebssystem einfach nicht. Steves Vorschlag wäre interessant gewesen, wenn wir gesagt hätten: »Wir zahlen jedes Mal an dich, wenn wir Mac OS nutzen« – aber ihm jedes Mal etwas zu bezahlen, wenn wir es *nicht* nutzten … tja, netter Versuch, Steve! (Ein weiteres Problem bei seinem Vorschlag war, dass er uns für die nächsten Jahre keinen Zugriff auf Mac OS garantierte, nicht mal unter denselben schlechten Bedingungen. Das hieß, wir würden viel mehr weitere Nutzer schaffen, konnten ihnen aber keinen fortlaufenden Support gewährleisten.)

Steve und ich gingen weiterhin respektvoll und freundlich miteinander um, bei einer gewissen Distanz. Sein Geburtstag am 24. Februar war einen Tag nach meinem und viele Jahre waren wir gleichzeitig auf Hawaii (Steve liebte das »Kona Village Hotel« auf dem Big Island, das zufällig mir gehörte, bis es wenige Monate vor seinem Tod von einem Tsunami zerstört wurde.) Manchmal machten wir gemeinsam lange Spaziergänge und redeten über die Arbeit und das Leben – aber aus welchen Gründen auch immer, eine Geschäftspartnerschaft stand nie zur Debatte. Ab und an machten die Technologiemedien sich einen Spaß daraus, uns als große Rivalen zu zeichnen: Damals im Jahr 1987 zum Beispiel hatte Steve in einem Kommentar rausgehauen, dass Dell »uninnovative beige Kisten« herstelle, und das fand einige Resonanz. Es ging mir am Allerwertesten vorbei. Erst einmal machten wir mit diesen beigen Kisten ganz gute Geschäfte! Doch vor allem gehörte Steves Zitat in die Kategorie gemäßigter Quatsch, die in unserer Branche recht üblich war und einen gewissen Unterhaltungswert hatte: Scott McNealy, der Mitgründer von Sun Microsystems, war bekannt für seine Spitzen gegenüber anderen Unternehmen. Als er einmal gefragt wurde, was er von Compaqs tragbaren Geräten halte, sagte er: »Na ja, die machen tolles Plastik mit Griffen dran.«

Ich sorgte jedoch unbeabsichtigt für etwas zu viel Unterhaltungswert, und zwar beim Gartner Symposium und der Itxpo 97 in Orlando im Oktober 1997. Zu der Zeit waren wir mitten in unserem Höhenflug und Apple hing am Tropf. Jobs war vor Kurzem als Interims-CEO zurückgekehrt, nachdem der Vorstand Gil Amelio gefeuert hatte, und obwohl eine Reihe brillanter Ideen von Steve – der iMac (1998), der iPod (2001), das iPhone (2007) und das iPad (2010) – Apple im Laufe der folgenden Jahre wieder in eine großartige Firma verwandeln würde, standen sie zu diesem Zeitpunkt im Herbst 1997 kurz vor dem Bankrott und mussten ein Darlehen von Microsoft aufnehmen, um sich über

Wasser zu halten. Und als ich bei der Expo in Orlando vor ein paar Tausend IT-Führungskräften im Rahmen eines Interviews auf der Bühne saß, fragte mich der Moderator, was ich tun würde, um Apple zu retten, wenn ich der CEO wäre.

Ehrlich gesagt irritierte mich diese Frage – das schien mir mal wieder so eine Situation zu sein, wo jemand eine kleine Kontroverse herausforderte, um den Unterhaltungswert zu steigern. Deshalb sagte ich, was ich dachte: »Tja, ich bin ja nicht CEO von Apple – ich weiß es nicht. Warum fragen Sie nicht jemand anderen?«

Doch das reichte dem Typen nicht. Er fragte mich erneut. Wieder antwortete ich ehrlich: »Also, es ist wirklich nicht meine Angelegenheit, anderen Unternehmen Ratschläge zu erteilen.«

Entweder dachte er, ich wäre schüchtern, oder er konnte einfach nicht anders. »Ach, kommen Sie«, sagte er. »Was würden Sie machen?«

An diesem Punkt war ich etwas frustriert. Vielleicht mehr als etwas. »Was ich machen würde?«, wiederholte ich. »Ich würde das Unternehmen schließen und den Aktionären ihr Geld zurückgeben.«

Das löste im Publikum eine starke Reaktion aus – viel Gelächter, sogar allerhand überraschtes Nach-Luft-Schnappen. Der Kerl hatte bekommen, was er wollte: Unterhaltung.

Und die Sache wurde aufgebläht – meine Worte wurden, aus dem Kontext gerissen, in allen Nachrichtenagenturen und auf allen Technologie-Websites zitiert. »Dell sagt, Apple sollte zumachen!« Eine Menge Leute amüsierten sich in den folgenden Wochen und Monaten darüber. Himmel, der Ausspruch hatte Beine – die Leute reden heute noch darüber.

Es war dumm von mir gewesen. Unprofessionell. Ich hatte mich provozieren und zu einem Objekt der Unterhaltung machen lassen: der Erzfeind von Apple. Der ich nicht war. Nicht mal annähernd. In Wirklichkeit dachte ich gar nicht viel über Apple nach – ich hatte sie kaum auf dem Schirm. Ich hatte genug damit zu tun, mit meinem Team Dell zu führen und mit unseren direkten Konkurrenten klarzukommen: Compaq. IBM. HP.

Doch Steve in seiner verletzlichen Position – nur als Interims-CEO; das Unternehmen, das er mitgegründet hatte, wollte ihn nicht zur Gänze zurückhaben – war eindeutig angefasst. Er schickte mir eine E-Mail: »CEOs sollten Klasse haben. Ich kann nicht erkennen, dass Sie diese Einstellung teilen.« Also rief ich ihn an. Ich erklärte den Kontext, in dem ich mich so geäußert hatte, und was mir in diesem Moment durch den Kopf gegangen war. Und das war für ihn in Ordnung. Er schien es zu verstehen.

Ein paar Wochen später dann, als er einige Hundert seiner Führungsleute versammelte, um Apples neuen Online-Shop und das maßgeschneiderte Herstellungs- und Vertriebssystem zu promoten (kommt Ihnen das bekannt vor?), stand Steve auf der Bühne und machte ein paar Späße auf meine Kosten.

Er ließ ein großes Bild von mir auf einer Leinwand hinter ihm anzeigen, zusammen mit meinem aus dem Kontext gerissenen Zitat: »Ich würde es zumachen und den Aktionären das Geld zurückgeben.«

Das erzeugte bei seinen Führungskräften die erwartbare Reaktion: lebhafte Buh-Rufe.

»Ich denke, ich hatte ein bisschen Zeit zum Runterkommen«, sagte Steve ihnen. »Ich kann es in gewisser Weise verstehen – Michael könnte ein bisschen verärgert sein, dass wir etwas, in dem er Vorreiter war, wesentlich besser machen! Im Grunde setzen wir einen neuen Maßstab für den Online-Handel mit diesem Shop. Ich verstehe es, er ist ein konkurrenzorientierter Typ, aber trotzdem …«

Und nun erschien ein großes Bild von mir, lächelnd, auf der Leinwand hinter ihm.

»Also, was wir Ihnen sagen wollen, Michael«, sagte Steve, »ist, dass wir Sie mit unseren neuen Produkten und unserem neuen Shop und unserer neuen kundenspezifischen Herstellung einholen werden, Kumpel.«

Und dabei wurde eine große Zielscheibe über mein lächelndes Gesicht projiziert. Die Menge applaudierte.

Okay. Heute kann man sich das schwer vorstellen, da Steve weg ist und ein extrem erfolgreiches Unternehmen Apple friedlich neben einem sehr erfolgreichen Unternehmen Dell existiert, aber damals, zehn Jahre vor dem iPhone, war Apple wirklich ein Außenseiter, der ums Überleben kämpfte, genau wie wir das an etlichen Punkten getan hatten. Nur selten wurde diese Firma ohne begleitende Attribute wie »in Schwierigkeiten steckend« oder »dem Bankrott nahe« erwähnt. Deshalb nahm Steve in diesem Moment keine Rücksicht auf Verluste. Er brauchte einen Erzfeind, um seine Leute einzuschwören, und das waren wir. Selbst wenn Apple und Dell in Wirklichkeit Äpfel und Birnen waren.

An Steves Stelle hätte ich wahrscheinlich genau dasselbe getan. (Und das tat ich ja auch 16 Jahre später: Erinnern Sie sich an Carl Icahn und den Balken?) Wenn das Unternehmen, das man ins Leben gerufen hat, um sein Leben kämpft, dann tut man, was immer nötig ist.

Aber was man tut, nachdem man gewonnen hat, das ist es, was herausragende Firmen von den guten unterscheidet.

Wir blieben auf der Siegerseite.

Später in diesem Monat (Oktober 1997) sorgte ein gewaltiger Anstieg des Online-Handels, ausgelöst durch eine Finanzkrise in Asien, für eine erhebliche Belastung der Computersysteme der NASDAQ. In der Folge bestellte die Börse bei uns acht hochentwickelte neue PowerEdge-Serversysteme. Wir lieferten sie binnen 36 Stunden – zugeschnitten auf die Erfordernisse der NASDAQ und vollständig überprüft. Der Leiter Interaktive Dienste der NASDAQ war begeistert, nicht nur von der schnellen Umsetzung, sondern auch davon, dass wir keinen Zuschlag dafür berechnet hatten. »Ursprünglich hatte Dell uns mit der Preisgestaltung überzeugt«, sagte er, »aber das ist jetzt nicht das Thema. Jetzt sind es ihr Support und der Kundendienst, die unsere Beziehung stärken.«

Preis, Support und Kundendienst kurbelten den Verkauf unserer Server, PCs, Notebooks und Peripheriegeräte seit Ende der neunziger Jahre immer weiter an: Mit über zwölf Milliarden Dollar Umsatz überflügelten wir 1998 IBM und Apple und wurden zum zweitgrößten PC-Unternehmen der Welt. Nur Compaq stand jetzt noch über uns und wir hatten sie im Auge. Unser Gesamtumsatz stieg 1999 auf 18 Milliarden Dollar, im Jahr 2000 auf 25 Milliarden Dollar. Bis zur Jahrtausendwende hatten wir über 36 000 Mitarbeiter, sowohl in Round Rock als auch in unseren Niederlassungen in Europa, dem Mittleren Osten, in Afrika, Asien, Japan und Südamerika. Unser Aktien, die fortwährend zu den Spitzenwerten der NASDAQ zählten, gingen weiter durch die Decke, mit Aktiensplits in den Jahren 1995, 1996, 1997, 1998 (zwei Mal) und 1999. Wir wuchsen wie verrückt.

Susan und ich machten in dieser Zeit viele gesprächsintensive Spaziergänge, bei denen wir uns unser Glück bewusst machten und darüber nachdachten, wie wir es mit anderen teilen konnten. Dass wir vier so wunderbare Kinder hatten, machte uns deutlich, wie viel Glück wir und sie hatten – und wie viele Kinder auf aller Welt weniger Glück hatten.

Meine Eltern hatten meinen Brüdern und mir Zedaka (Wohltätigkeit) und Tikun Olam (die Welt heilen) beigebracht und sie gingen mit gutem Beispiel voran. Deshalb war ich zu der Überzeugung gelangt, dass ein Zurückgeben der wichtigste Teil meiner Arbeit sein könnte. Susan und ich dachten über eine ganze Reihe von Möglichkeiten nach, wie wir unsere zunehmende philanthropische Fähigkeit nutzen konnten, aber letztlich entschieden wir uns dafür, uns auf urbane Kinderarmut zu konzentrieren. Auf dieser Basis gründeten wir im Dezember 1999 die Michael and Susan Dell Foundation (MSDF).

Eine unserer ersten Aktivitäten nahm gleich hier in Texas Form an, angeregt durch ein kurz zuvor geschaffenes Projekt der US-Gesundheitsbehörde namens SCHIP – das State Children's Health Insurance Program (dessen Name später zu CHIP geändert wurde). Dabei stellte die Bundesregierung den Bundesstaaten Mittel zur Verfügung für nicht versicherte Kinder aus Familien, die nicht genügend Einkommen hatten, um für medizinische Versorgung zu bezahlen, aber nicht arm genug waren, um sich für Medicaid zu qualifizieren. Das Problem war, dass es kompliziert war, sich dafür zu registrieren: Man musste ein langes Formular ausfüllen und einen Eigenanteil leisten. Deshalb rief der MSDF ein Programm namens Insure-A-Kid ins Leben, um Familien bei der Registrierung für SCHIP und dem Eigenanteil Unterstützung zu geben.

Das Staatsprojekt erhöhte seinen Einsatz nach einigen Jahren und machte Insure-A-Kid damit überflüssig. Doch die Stiftung konzentrierte sich weiterhin darauf, die Schulbildung und Gesundheitsvorsorge von Kindern in Texas zu verbessern – und vergrößerte ihre Reichweite bald weltweit, um auch große urbane Regionen in den Vereinigten Staaten, in Südafrika und in Indien abzudecken.

Wir waren nicht die einzige Firma, die vom technologischen Aufschwung profitierte. Als das 20. Jahrhundert sich dem Ende zuneigte, schienen die Leute von Technologie und Internet gar nicht genug kriegen zu können – die Technologieaktien spielten allgemein verrückt. Manchmal sprachen Mort, Kevin und ich darüber: »Sieht aus, als würde der Markt uns im Voraus für etwas bezahlen, das wir noch gar nicht gemacht haben, und vielleicht machen wir es in Zukunft, aber vielleicht auch nicht.« Mitten in all diesem Wahnsinn schienen wir noch ein bisschen besser dazustehen als alle anderen.

Auf der Zuliefererseite gehörten zu unseren Vorteilen eine rigorose Qualitätskontrolle, schlanke Lagerbestände, enge Beziehungen zu unseren Lieferanten und ein effizientes Cashflow-Management. Und auf der Nachfrageseite hielten wir uns weiterhin an Regel Nr. 1 unseres Wertekodex von 1988: den Kunden zufriedenstellen und gut auf seine sich ständig verändernden Bedürfnisse achten.

Doch bei Regel Nr. 2, Absatz B des Kodex – die Mitarbeiter sind an Entscheidungen beteiligt, die ihre eigene Arbeit betreffen, und werden für die Ergebnisse ihrer Bemühungen belohnt – war irgendetwas aus dem Ruder gelaufen.

Wie praktisch alle Wachstumsunternehmen hatten auch wir eine Kultur der Beteiligung: Wir wollten, das jeder in der Firma ein Eigentümer der Firma war. Das bedeutete, gute Leistungen mit Aktienoptionen zu honorieren. Und da unser Aktienkurs rasant hochging – zwischen dem letzten Handelstag 1989 und Ende 1999 war er um 91,863 Prozent gestiegen –, wurden viele unserer Beschäftigten ganz schön reich. Und es geschahen komische Dinge. Die Leute sagten zum Beispiel: »Das hier ist meine 300 000-Dollar-Stereoanlage.« Sie meinten damit nicht, dass sie 300 000 Dollar gekostet hatte, sie hatte nur 10 000 gekostet, aber hätten sie ihre Aktien nicht verkauft, so hätten sie jetzt 300 000 Dollar, weil der Kurs ununterbrochen stieg. Doch viele unserer Beschäftigten behielten ihre Aktien und wurden wohlhabend, und besonders in Austin, wo wir der größte Technologie-Arbeitgeber waren und auffälliges Konsumverhalten besonders auffiel, wurden sie als Dellionäre bekannt. Es gab buchstäblich Tausende von ihnen.

Die Kultur der Beteiligung erhielt eine ganz neue Bedeutung. Die steigende Flut hob alle Boote empor und die Leute kauften Boote. Große Boote. Die Leute kauften auch große Häuser und schicke Autos.

Und das schien gut so zu sein. Ich freute mich darüber, wie viele unserer Mitarbeiter für ihre sehr harte Arbeit belohnt wurden und sich selbst belohnten.

Dann platzte die Aktienblase.

Als das Jahr 2000 hereinbrach, stellte sich heraus, dass die gesamte Millenniums-Hysterie – in deren Rahmen wir wie alle anderen auch umfangreiche Vorkehrungen getroffen hatten – überflüssig gewesen war. Doch im weiteren Verlauf des Jahres passierte mit dem gesamten Technologiesektor etwas Merkwürdiges. Das neue Jahrtausend begann mit der Fusion von America Online und Time Warner, der größten in der bisherigen Geschichte; doch bis April hatte ein branchenweiter Abkühlungseffekt eingesetzt. In Japan hatte eine Rezession ihren Lauf genommen. Das Urteil im Monopol-Prozess »Vereinigte Staaten versus Microsoft« ging gegen Microsoft, ließ die Aktien des Unternehmens abstürzen und löste einen allgemeinen NASDAQ-Abstieg aus. Bis November waren Internetaktien um 75 Prozent gegenüber ihren Höchstständen gefallen; 1,75 Billionen Dollar an Wert waren ausgelöscht worden.

Auch wir waren betroffen. Am 3. Januar 2000 stand unsere Aktie bei 50,40 Dollar. Am letzten Handelstag dieses Jahres war sie auf 17,27 Dollar gefallen. Unsere Gewinne blieben in fünf aufeinanderfolgenden Quartalen hinter den Erwartungen der Wall Street und internen Schätzungen zurück und 2001 mussten wir unsere allererste Entlassungsrunde einläuten, bei der 1700 Menschen im Februar und weitere 4000 im Mai ihre Arbeitsplätze verloren.

Das war besonders schmerzhaft. Ich hasse Entlassungen zutiefst – sie sind immer unser Verschulden, niemals das der entlassenen Beschäftigten, und wir versuchten sie mit allen Mitteln zu verhindern. Es gibt viel, was man tun kann, um sie zu umgehen: Man kann aufhören, neue Mitarbeiter einzustellen. Man kann die Leute bitten, das Unternehmen freiwillig zu verlassen, und ihnen dafür Anreize bieten. Man kann die Beschäftigten bitten, weniger zu arbeiten und weniger Gehalt zu bekommen. Man kann aufhören, Boni zu zahlen. Es gibt alle möglichen Hebel und Knöpfe.

Aber dies war das erste Mal, dass wir Leute gehen lassen mussten, *unsere* Leute, und die Tatsache, dass dies überall in der Technologiebranche geschah, machte es kein bisschen leichter.

Andererseits sucht das Unglück sich gern Gesellschaft. Wenn die gesamte Branche am Boden liegt, denkt man: Okay, können wir dem Sog widerstehen? Wahrscheinlich nicht. Man kehrt immer wieder zurück zu: Was können wir steuern? Wie stehen wir im Vergleich zur Gesamtbranche da? Wie sieht die allgemeine Nachfrage aus? Und wie können wir unser Geschäft für die bestmöglichen mittel- und langfristigen Resultate aufstellen? Die Nachfrage ging hoch und dann ging die Nachfrage wieder runter – tja, wir werden wohl einfach damit klarkommen müssen.

Doch nicht alles, was 2000 passierte, war Elend und Verdammnis. Seit wir Mitte der Neunziger aus dem Einzelhandel ausgestiegen waren, hatten wir unsere PC-Verkaufsaktivitäten auf die größten Kunden konzentriert: Fortune-2000-Firmen, Behörden, Gesundheitseinrichtungen, Colleges und Universitäten. Unsere Marke hatte einen sehr starken Businesscharakter angenommen – was gut ist, wenn man an Businesskunden verkauft. Doch mittlerweile waren die Endverbraucher das am schnellsten wachsende Käufersegment im Personal-Computer-Markt und nur wenige Firmen (mit Sony als bemerkenswertester Ausnahme) verkauften gleichzeitig an Gewerbe- wie an Privatkunden. Und obwohl unser PC-Geschäft sehr gut lief, waren wir immer an Wachstum interessiert. Als unsere Werbeagentur Lowe Worldwide daher eine Kampagne vorschlug, um Dell für Endverbraucher zugänglicher und attraktiver zu machen, besonders für junge Verbraucher, schien das genau der richtige Zeitpunkt zu sein.

Lowes Idee war eine Reihe von Fernsehspots mit einem altklugen Kind, das die technischen Merkmale unseres PCs herunterrasseln und der Marke ein menschliches Gesicht geben konnte. Die Agentur hatte sogar schon einen Namen – Steve – und eine Persönlichkeit für diesen Jungen: Er sollte gleichzeitig technikaffin und auf bezaubernde Weise vertrottelt sein. Lowe fand, es solle jemand zwischen zwölf und fünfzehn sein, und startete einen Casting-Aufruf.

Unzählige Jungschauspieler (und ehrgeizige Mütter) meldeten sich, doch am Ende erhielt den Job der 19-jährige Ben Curtis aus Chattanooga. Ben war ein hübscher Kerl mit einem blonden Haarschopf und einem ausdrucksstarken Gesicht mit sehr beweglichen Augenbrauen: Er war geradezu die Personifizierung des bezaubernden Trottels. In dem ersten Spot stand Ben als Steven in seinem Zimmer und sprach in die Kamera, während sein Vater im Hintergrund bei einem Videospiel japste und heulte wie ein Wolf – an Stevens Computer. »Hey, Mom«, sagte Ben. »Ich bin's, Steven. Hör mal – wir müssen über Dad reden. Ich glaube, es wird Zeit, dass er seinen eigenen Computer kriegt. Und im Moment kannst du ihm ein komplettes Dell-System mit einem Intel-Pentium-III-Prozessor kaufen, so ähnlich wie meins, für nur 829 Dollar.«

Die Fernsehspots waren von Anfang an erfolgreich, aber richtig in Fahrt kamen sie erst, nachdem irgendein Werbegenie vorgeschlagen hatte, Ben Curtis' Surferboy-Qualitäten hervorzuheben – eine Art Kombination aus Jeff Spicoli aus *Ich glaub ich steh im Wald* und Bill und Ted aus *Bill & Teds verrückte Reise durch die Zeit* –, und einen wiederkehrenden Spruch für ihn erfand: »Du kriegst einen Dell, Kumpel!«

Es war, als würde man ein Feuerzeug an Benzin halten. Von diesem Augenblick an gingen die Werbespots – und der Spruch – durch die Decke. Ben Curtis wurde augenblicklich berühmt und unsere PC-Verkaufszahlen schossen in die Höhe: Während die Verkäufe von PCs in der gesamten Branche während der ersten drei Quartale 2001 um 31 Prozent zurückgingen, stieg unser Marktanteil auf 16,5 Prozent – mehr als doppelt so viel wie im Vorjahr.

Eine Zeit lang lief alles bestens, aber wie so oft, wenn figurenorientierte Werbekampagnen ein Eigenleben entwickeln, kam es uns allmählich vor, als ginge es in den Spots mehr um Steven und weniger um das Produkt. Deshalb riefen wir eine neue Kampagne ins Leben, Ben Curtis und wir gingen getrennte Wege, und der Dell-Kumpel wurde Geschichte. (Trotzdem erinnern sich heute noch viele Menschen an seinen Spruch!)

Im Juli 2001 erlebte ich eine schöne Überraschung: Die Zeitschrift *Chief Executive* ernannte mich zum CEO des Jahres. Das war eine besondere Ehre, nicht nur weil ich mit 36 Jahren mit Abstand der Jüngste war, der diese Auszeichnung jemals erhalten hatte, und nicht nur weil ich einige sehr renommierte Vorgänger hatte – Bill Gates hatte den Preis 1994 erhalten, Andy Grove 1997 –, sondern auch weil man ausschließlich von CEO-Kollegen gewählt wird. Es fühlte sich wirklich an, als wäre ich in eine illustre Bruderschaft aufgenommen worden.

Gleichzeitig wusste ich, dass der Führer eines Unternehmens im Allgemeinen mehr Ehrungen oder Anschuldigungen erhält, als er verdient. Das geht einfach mit dem Führen einher: Man kann sehr schnell vom Sockel stürzen. Erfolg ist definitiv ein Mannschaftssport und ich hatte das Glück, eine wunderbare Mannschaft zu leiten. Ich konnte die Auszeichnung wirklich nur in ihrem Namen annehmen.

Ebenso erfreulich wie die persönliche Ehre war für mich die Widerspiegelung davon, wie unser Unternehmen betrachtet wurde. Wir waren draufgängerisch und innovativ; wir waren gut aufgestellt, um schwierige ebenso wie gute Zeiten zu meistern. »Es wäre sicher leichter gewesen, mir diese Auszeichnung zu verleihen, wenn unsere Geschäfte sich alljährlich verdoppeln und unsere Aktien um Hunderte Prozent steigen«, sagte ich damals. »Aber es ist wahrscheinlich noch bedeutsamer, sie in einem für die gesamte Branche und die gesamte Wirtschaft herausfordernden Jahr zu erhalten.«

Die Wahrheit ist jedoch, dass das Platzen der Dotcom-Blase uns weniger schlimm traf als viele andere. In einem gewissen Maße schützten uns unser schlankes und schnelles Geschäftsmodell und unsere relative Unabhängigkeit von traditionellen Vertriebskanälen vor den Problemen, mit denen unsere größeren, langsameren Konkurrenten zu kämpfen hatten: Compaq, Hewlett-Packard, Sun Microsystems und IBM. Unser Umsatz ging im Steuerjahr 2002 nur um zwei Prozent zurück, doch unser Marktanteil stieg.

Dennoch enthüllte das Ende des Booms Schwachstellen in unserer Unternehmenskultur, die das ganze verrückte Wachstum verborgen hatte. Wenn die Ebbe einsetzt, sieht man manchmal Zeug auf dem Strand herumliegen, das einem vorher nicht aufgefallen ist.* Und das ist nicht immer etwas Schönes.

Im Kielwasser der Entlassungen erkannten wir – damit meine ich das obere Management –, dass wir unsere Beschäftigten wieder neu moti-

* Oder wie Warren Buffett es formulierte: »Erst wenn die Ebbe einsetzt, sieht man, wer nackt geschwommen ist.«

vieren mussten. Durch all diese beendeten Arbeitsverhältnisse hatten wir das Vertrauen verletzt und unseren Mitarbeitern eine harte neue Botschaft vermittelt: Euer Job ist nicht garantiert. Jetzt gab es einen impliziten neuen Anstellungsvertrag: Solange wir Arbeit haben und solange eure Fähigkeiten dem entsprechen, was wir brauchen, und solange ihr Leistung bringt, habt ihr einen Job. Doch wenn einer dieser Faktoren nicht zutrifft, habt ihr vielleicht keinen Job mehr.

Wie konnten wir unsere Leute unter diesen kompromisslosen neuen Bedingungen motivieren?

Kevin Rollins und ich dachten viel über diese Frage nach.

Kevin hatte kurz nach seiner offiziellen Vertragsunterzeichnung bei Dell mit Mort Topfer und mir den Vorstand gebildet, aber 1999, nachdem Mort uns geholfen hatte, den Gipfel unseres siebenjährigen Wachstumsspurts zu erreichen, hatte er beschlossen, endlich in den Ruhestand zu gehen. Jetzt führten Kevin und ich das Unternehmen gemeinsam. Genau wie Lee Walker und ich oder Mort und ich hatten Kevin und ich komplementäre Fähigkeiten: Während er eher strategisch dachte, neigte ich eher zum Technologischen. Wir waren ein echtes Team. Unsere Büros lagen nebeneinander und waren durch eine bewegliche Glaswand getrennt, die immer offen stand.

Abgesehen von brillanten strategischen Erkenntnissen hatte Kevin noch etwas gleichermaßen Wichtiges in unsere Geschäftsleitung eingebracht. Er war ein zutiefst religiöser Mormone: prinzipientreu und fleißig, entschlossen und ernsthaft. Die Schwächen in unserer Kultur, die das Platzen der Dotcom-Blase offengelegt hatte, ärgerten ihn, und im Frühjahr 2001 begannen er und ich über die Notwendigkeit eines neuen Dokuments zu sprechen, ähnlich dem, das ich 1988 verfasst hatte: die schriftliche Formulierung der Werte und Überzeugungen, nach denen er und ich und alle anderen in der Firma unserer Meinung nach leben sollten. Kevin und ich waren uns einig, dass es bereits einen Wertekanon gab, der tief in unserem Unternehmen verankert war, dass er jedoch im Laufe der Zeit und durch die Umstände zu stark in Vergessenheit geraten war. Er musste an die Oberfläche zurückgeholt werden.

Schon seit Langem führten wir eine unternehmensweite Umfrage namens Tell Dell durch. Die Befragung war freiwillig und anonym und die Beteiligung daran war immer hoch gewesen. Vieles, was wir dadurch erfuhren, war schmerzlich.

Eine der Erkenntnisse war, dass unser flaches Organisationsmodell, das es Führungskräften auf allen Ebenen ermöglichte, operative Entscheidungen zu treffen, ohne sie von Vorgesetzten genehmigen lassen zu müssen, uns als Unternehmen schneller und effizienter machte, aber auch zu einigen Exzessen führte. Es gab bei uns viel zu viele Führungskräfte, die zwar tolle Ergebnisse erzielten, aber auf dem Weg dorthin zu viel Schaden anrichteten – sie arbeiteten nicht mit ihren Kollegen zusammen. Unser rasantes Wachstum und die ständige Jagd nach einem höheren Marktanteil hatten zu einer Kultur geführt, in der die Zahlen häufig einen höheren Stellenwert hatten als Teamwork und Kundenzufriedenheit. Verkaufsleiter wurden befördert und belohnt, egal ob sie die Gefühle ihrer Mitarbeiter berücksichtigten oder nicht.

Doch in gewisser Weise am schlimmsten war die Feststellung, dass rund 50 Prozent unserer Beschäftigten sagten, sie würden für dieselbe Bezahlung auch woanders arbeiten. Wir hatten gerade diesen überwältigenden Boom erlebt und jetzt zeigte sich die Kehrseite: Offenbar hatten wir eine Menge Leute angelockt, die zu uns gekommen waren, weil sie gedacht hatten, sie würden reich werden. Und nun, da sie erkannten, dass sie vielleicht doch nicht reich wurden, fragten sie sich, was sie bei Dell überhaupt machten.

»Ich erkannte, dass wir bei unseren Beschäftigten eine Kultur der Aktienkurse geschaffen hatten, eine Kultur der finanziellen Performance und eine Kultur des ‚Was springt für mich dabei raus?‘«, sagte Kevin später. »Es musste noch mehr geben in dieser Institution, das uns mehr bedeutete als nur Geld zu verdienen oder den Aktienkurs nach oben zu treiben.«

Der bahnbrechende Psychologe Abraham Maslow sprach von einer Hierarchie menschlicher Bedürfnisse und ordnete sie in Form einer Pyramide an. Ganz unten in der Pyramide stehen die physiologischen Bedürfnisse: Nahrung, Wasser, Obdach und so weiter. Direkt darüber stehen die Sicherheitsbedürfnisse wie persönlicher Schutz, Beschäftigung und Gesundheit. Dann folgen weiter oben Liebe und Zugehörigkeit, Wertschätzung und, ganz oben an der Spitze, Selbstverwirklichung.

So ähnlich ist das auch für die Mitarbeiter einer Firma. Am Sockel der Pyramide brauchen sie ein Einkommen, um ihre Familien zu ernähren. Das bietet jedes Unternehmen. Aber auch auf einer höheren Ebene sollen die Beschäftigten sich für die Arbeit engagieren. Damit fallen viele Unternehmen heraus. Und ganz oben auf der Pyramide, wo noch viel mehr Firmen nicht mithalten können, wünscht man sich *wirklich* für seine Mitarbeiter, dass sie den Zweck des Unternehmens verstehen und sich davon inspirieren lassen. Dass sie spüren, wie ungeheuer wichtig ihr Handeln für all ihre Kunden ist und dass es einem höheren Zweck dient, der menschliches Potenzial freisetzt. Dass sie denken können: Wow, ich mache etwas wirklich Bedeutsames, und was wir tun, ist von Nutzen für die Welt und ich habe einen Grund, jeden Morgen aufzustehen. Im Gegensatz zu dem Gedanken: Ich stecke in einem Dilbert-Cartoon fest – ich gehe zur Arbeit und haue rein und verdiene Geld und gehe wieder nach Hause und am nächsten Tag mache ich dasselbe wieder. Es ist befriedigend, Geld zu verdienen. Aber zu spüren, dass man Teil von etwas Großem und Bedeutsamem ist, stellt eine viel höhere Form der Befriedigung dar.

Während wir im Spätsommer 2001 über all das nachdachten, kam der sprichwörtliche schwarze Schwan.

Ich war geschäftlich an der Westküste gewesen und sollte noch nach Washington weiterfliegen, aber ich sagte die Reise ab und kehrte nach Austin zurück. Am späten Abend des 10. September kam ich wieder nach Hause und am nächsten Morgen sah ich mir auf dem Heimtrainer wie üblich die Nachrichten an, als eine Sondermeldung über den unteren Bildschirmrand wanderte: »Flugzeuge in World Trade Center gerast«.

Das hört sich aber nicht gut an, dachte ich.

Dann schlug ein weiteres Flugzeug in den zweiten Turm ein und ich dachte: Ach du Scheiße!

Ich stieg vom Heimtrainer und rief meinen Bruder Adam an, der in New York City wohnte. Er ging nicht ran.

Mann, das ist nicht gut. Wo ist Adam? Ist bei ihm alles okay?

Binnen Minuten wurde klar, dass Amerika mitten in etwas absolut Furchtbarem steckte. Ich rief Paul McKinnon an, unseren Personalchef.

»Hey, haben Sie gesehen, was da passiert ist?«, sagte ich. »Wo sind unsere ganzen Leute? Wir müssen alle suchen. Sitzen irgendwelche von unseren Mitarbeitern in diesen Flugzeugen? Oder in diesen Gebäuden? Sind sie in der Gegend?«

Das Team war bereits dabei. Zu unserem Glück saß niemand von uns in den Flugzeugen. Wir hatten einen Techniker, der zu Wartungsarbeiten in den Twin Towers unterwegs war, und wir versuchten, ihn zu erreichen und herauszufinden, wo er war. Wir bekamen ihn nicht ans Telefon. Aber alle anderen, die für uns in der Gegend von New York und Washington arbeiteten, konnten erreicht werden. Alle waren in Sicherheit mit Ausnahme dieser einen Person. Wir versuchten weiterhin, ihn auf alle möglichen Arten zu kontaktieren, schickten ihm SMS, E-Mails, riefen ihn an – keine Reaktion. Natürlich waren die Mobilfunknetze total überlastet. Nichts funktionierte.

Später fanden wir heraus, was mit unserem Servicetechniker passiert war. Er saß in der U-Bahn Richtung Innenstadt, hatte seine Tasche mit allen Ersatzteilen dabei und war unterwegs, um seinen Auftrag in einem der Türme zu erledigen. Er stieg aus der Bahn, ging die Treppe zur Straße hoch und sah den Qualm, das Feuer und das Chaos – und fing an zu laufen, schnell, in die andere Richtung. Wie sich herausstellen sollte, war das äußerst klug. Er schaffte es in Rekordzeit bis Midtown und damit in Sicherheit.

Unsere Mitarbeiter strandeten überall im Land, weil keine Flugzeuge mehr flogen. Es gab alle möglichen Geschichten, wie sie Autos mieteten und sich zu zweit oder zu dritt auf lange Roadtrips heimwärts machten.

Eine tiefe Traurigkeit und sehr viel Angst überschwemmten das ganze Land.

Inzwischen steckten viele unserer Kunden, die aus ihren Büros im World Trade Center, in den umliegenden Gebäuden und im Pentagon entkommen waren, bezüglich ihrer Arbeit in ernsthaften Schwierigkeiten. Gut 60 000 oder 70 000 Menschen im Verteidigungsministerium, bei American Express, Paine Webber und vielen anderen Firmen mussten ihre Arbeit unverzüglich wieder aufnehmen und das ging nicht ohne Computer, aber ihre Büros waren zerstört worden. Die Leute mussten von zu Hause aus arbeiten, aber womit? Unsere Kunden riefen uns an und sagten, sie bräuchten Geräte – eine enorme Menge von Geräten: 10 000, 12 000, 20 000 –, so schnell, wie wir sie herstellen und verschicken konnten.

Ich ging hinüber in unsere Fabrik hier in North Austin und berief eine spontane Versammlung ein, um über die Tragödie zu sprechen, die immer noch im Gange war. Während ich redete, sah ich den Schmerz in den Gesichtern unserer Beschäftigten, ihre tiefe Trauer, die das widerspiegelte, was auch ich empfand: viele weinten.

»Ich verstehe vollkommen, wie traurig Sie sind«, sagte ich. »Wie traurig wir alle sind. Und das sollten wir auch. Aber vergessen Sie nicht, dass wir tatsächlich eine unglaublich wichtige Rolle dabei spielen, dieses Land wieder auf die Beine zu bringen. Unsere Kunden brauchen uns. Sie zählen auf uns, und wir müssen ihnen helfen, wieder auf die Beine zu kommen. Wir müssen der Börse helfen, wieder auf die Beine zu kommen. Wir müssen dem Verteidigungsministerium helfen. Also lassen Sie uns rausgehen und die Sache anpacken.«

Es flogen keine Flugzeuge, deshalb mussten wir einen Weg finden, um all diese Computer von unseren Fabriken zu den Kunden zu transportieren. Und wir fanden einen. Binnen 48 Stunden wurden enorme Mengen an Computern per Lkw nach Washington und in die New Yorker Gegend geliefert.

Amerika kam wieder in Gang, aber die Düsternis dieser Zeit hielt noch lange an. Für viele, und ganz sicher für uns als Unternehmen, war es eine Zeit der Reflexion. Wir empfanden eine neue Dringlichkeit, die Unternehmenskultur von Dell zu untersuchen und zu vertiefen. Wir beauftragten eine externe Firma, um ein kulturelles Audit vorzunehmen, unsere Stärken und Schwächen als Organisation zu bewerten. Bestandteil dieses Audits war eine Reihe von 360-Grad-Beurteilungen des oberen Managements, einschließlich Kevin und mir. Schon Ende September begannen Kevin und ich, uns mit den Vizepräsidenten in jeder Region zu treffen, um die Werte zu besprechen und Feedback einzuholen. Sowohl Kevin als auch ich erhoben uns bei diesen Meetings und sprachen über unsere eigenen 360-Grad-Beurteilungen. Ich wusste, dass ich zur Ungeduld bei Menschen neigte, die nicht richtig zuhörten oder Inkompetenz zeigten. Ich konnte auch zu langsam beim Loben guter Leistungen sein.

»Ich muss noch an ein paar Sachen arbeiten«, sagte ich mehr als einmal. »Ich bin noch nicht fertig. Ich will besser werden.«

Jedem war klar, wenn die Umsätze und Gewinne wachsen und die Aktienkurse steigen, verliert man leicht den eigentlichen Sinn seines Handelns aus den Augen. Andersherum wird ein Unternehmen, dessen Umsätze, Profite und Kurse sinken, niemals ein gutes Unternehmen sein, egal wie gut die Kultur ist.

Wie konnten wir ein inneres Gleichgewicht als Firma erlangen, eines, das während guter wie schlechter Zeiten andauern würde? Wie konnten wir unsere Beschäftigten einbinden und dazu anregen, eine Kultur zu schaffen, die nicht nur auf Umsatz, Gewinn und Aktienkursen basierte? (Während wir gleichzeitig Umsatz, Gewinne und Aktienkurse steigerten?)

Damals in den Anfangszeiten, als das Unternehmen nur aus mir bestanden hatte, hatte ich diese Werte gehabt, von denen ich wusste, dass sie wichtig waren, aber ich musste sie niemandem mitteilen. Doch je mehr Menschen an Bord kamen, desto komplizierter wurde es. Wenn eine Firma wächst, bilden sich isolierte Bereiche heraus. Unsere Verkäufer verstanden unsere Werte, weil sie die ganze Zeit mit den Kunden zu tun hatten. Ebenso die Servicemitarbeiter. Aber die Leute in der Herstellung und in der Auslieferung waren etwas weiter von der Stimme des Kunden entfernt. Dagegen gingen wir vor, indem wir Kunden unsere Produktionsstandorte besuchen ließen. Es stellte sich heraus, dass sich die Geschichte *unserer* Firma am besten über *ihre* Geschichten erzählen ließ. Was versuchten unsere Kunden zu erreichen? Worin lagen ihre Herausforderungen? Besonders die neuen und ungelösten Herausforderungen? Diese neuen und ungelösten Herausforderungen zu verstehen ist der Kern dessen, was wir als Unternehmen weiterhin tun müssen, um Erfolg zu haben. Warum war das, was sie taten, *für die Welt von Bedeutung* – und wie konnten wir ihnen dabei helfen?

Wir waren uns alle einig, dass treue Kunden die solide Grundlage unserer neuen Leitbilds sein mussten. Also machten wir uns an die Arbeit.

Kuschelkurs ist ein Begriff, den pragmatische Geschäftsleute gern abfällig verwenden. In der Karikaturversion kommt ein Berater in ein großes

Unternehmen, lässt alle um ein Lagerfeuer herum sitzen und *Kumbaya* singen. Doch können solche warmen und innigen Gefühle die Zeit überdauern?, fragen sich die pragmatischen Businesstypen. Und was passiert währenddessen mit der Bilanz?

Das Brillante an Kevin war, dass er immer den völlig praktischen Nutzen solcher Gefühlsduselei sah. Eine Firma ohne Seele, das wusste er, war eine Firma, die auf alle möglichen Arten scheitern und auseinanderbrechen konnte. Und ein Unternehmen ohne eine sehr clevere und pragmatische Geschäftsstrategie ist eine Totgeburt. Selbst als das OOC und unser restliches Führungsteam und unsere Vizepräsidenten an unserem neuen Leitbild arbeiteten, schufen Kevin und ich daher eine Strategie, die uns aus der Dotcom-Pleite herausbringen und über die nächsten paar Jahre retten konnte.

Wir begannen mit der Einsicht, dass es im letzten halben Jahrhundert Auf- und Abwärtszyklen in der Makroökonomie, bei den Unternehmen sowie in der US-amerikanischen Wirtschaft gegeben hatte. Wir wussten, dass wir uns in einem solchen Zyklus befanden, und wir wussten auch, dass wir wieder herauskommen würden. Die eigentliche Frage lautete: Wie konnte Dell stärker als je zuvor aus diesem Zyklus herausgehen?

Unsere Idee bestand darin, die Größe des Unternehmens zu verdreifachen.

Nun hätte man sagen können: Was?! Die ganze Branche geht gerade den Bach runter. Das BIP ist in den Negativbereich abgerutscht. Auf der ganzen Welt gibt es makroökonomische Probleme. Und wir wollen die Größe des Unternehmens verdreifachen? Und das war auch genau das, was einige Menschen in unserer Organisation als Erstes sagten.

Doch unsere Lösung war eigentlich simpel. Sie bestand darin, die Preise zu senken und in diesem Zeitraum einen Aktienanteil zu schlucken. Wenn dann wieder Ausgaben für die IT getätigt wurden, hätten wir eine viel höhere Kundenausschöpfung und könnten daher im Weiteren einen deutlich größeren Marktanteil erlangen. Für all das befanden wir uns in einer guten Position aufgrund unseres Lieferketten-Preisvorteils und der steigenden Kundenbindung.

Und der Plan begann sofort zu funktionieren.

Inzwischen entstand unser neues Leitbild. Im November und Dezember nahm in unseren regionalen Foren ein Dokument Gestalt an; im Januar 2002 sandten wir es den regionalen Führungskräften zur Überprüfung. Und etwas später in diesem Monat, während der Versammlung unseres Global Executive Management Committee in Austin, nahmen wir eine letzte Überarbeitung dieser Werteerklärung vor. Wir nannten sie die Seele von Dell.

Sie war für den internen Gebrauch vorgesehen, aber wir wussten, dass wir stolz darauf wären, wenn die Öffentlichkeit davon Kenntnis nahm. Das Leitbild beruhte auf fünf entscheidenden Grundsätzen:

KUNDEN

Wir glauben daran, treue Kunden zu schaffen, indem wir ihnen eine überlegene Erfahrung zu einem hervorragenden Preis bieten.

DAS DELL-TEAM

Wir glauben, dass unser fortgesetzter Erfolg im Teamwork begründet liegt und in der Chance jedes Mitarbeiters zu lernen, sich weiterzuentwickeln und zu wachsen.

DIREKTE BEZIEHUNGEN

Wir glauben an Direktheit bei allem, was wir tun.

GLOBALE UNTERNEHMERISCHE VERANTWORTUNG

Wir glauben daran, verantwortungsvoll in der Weltwirtschaft mitzuwirken.

GEWINNEN

Wir gewinnen leidenschaftlich gern bei allem, was wir tun.

Die neue Plattform hatte sich ganz natürlich aus meinem Leitbild von 1988 entwickelt, als wir gerade anfingen, im nationalen und globalen Markt mitzumischen. Im Jahr 2002 hatten wir uns global mehr als bewiesen, doch wir wollten immer noch unsere Grundwerte bekräftigen – und über neue sprechen.

Ein paar subtile, aber wesentliche Veränderungen hatten im Laufe dieser 14 Jahre stattgefunden. 1988 hatten wir unsere Mission beschrieben als »hochwertige Computer mit einem hohen Maß an Kundendienst direkt an den Endverbraucher zu verkaufen«; 2002 sprachen wir davon, »die besten Produkte und Dienstleistungen mit der höchsten Qualität und der relevantesten Technologie« zu bieten. *Produkte* waren nun im Plural; *Dienstleistungen* waren meilenweit von einem bloßen Kundendienst entfernt. An der Schwelle zum 21. Jahrhundert positionierten wir uns von einem hauptsächlich auf PCs spezialisierten Unternehmen zu einem, das nun auch Server mit einschloss und in großem Stil den Software-and-Services-Markt eroberte.

Unsere Verpflichtung von 2002, »die Konkurrenz zu übertreffen, indem wir kontinuierlich Wert vermitteln und ein überlegenes Kundenerlebnis schaffen«, hatte auf jedem Schritt unseres Weges für uns gegolten. Doch der Abschnitt über die Dell-Mitarbeiter musste sich ebenso der Dellionärs-Mentalität als auch den Entlassungen widmen. Die neue Plattform begann mit unserem Versprechen einer Meritokratie und erwähnte finanzielle Belohnungen (»Aufrechterhaltung eines Grundgehalts und zusätzlicher Vergütungen, die mit für unseren Markt relevanten erfolgreichen Unternehmen konkurrenzfähig sind«) erst, nachdem die Teamarbeit und der Aufbau von Führungsfähigkeit auf jeder Beschäftigungsebene hervorgehoben geworden war.

Wie die Erklärung von 1988 legten die neuen Richtlinien einen Schwerpunkt auf das ethische Verhalten innerhalb und außerhalb von Dell, doch sie gingen noch darüber hinaus und betonten, was während unserer Hochphasen gelegentlich übersehen worden war: »Förderung offener, beiderseitiger Kommunikation mit Kunden, Partnern, Lieferanten und untereinander« und »Organisation, Kommunikation und Durchführung durch nicht-hierarchische und nicht-bürokratische Strukturen«.

Im Jahr 1988 hatten wir gerade erst angefangen, international zu agieren (1987 in Großbritannien und 1988 in Kanada und Deutschland), und das Manifest hatte die Auswirkungen von geschäftlichen Beziehungen zu anderen Ländern nicht erwähnt. Die neuen Regeln mussten sich mit unserer Verantwortung als Weltbürger befassen: »Verständnis und

Respekt für die Gesetze, Werte und Kulturen aller Nationen« und »positive Mitwirkung bei allen Gemeinschaften, denen wir uns zugehörig fühlen, sowohl persönlich als auch auf Organisationsebene«.

Und während mein ursprüngliches Statement inspirierend, aber etwas vage geendet hatte (»Das Unternehmen ist das beste bei allem, was es tut!«), kam der letzte Absatz der neuen Plattform, »Gewinnen«, deutlicher zur Sache:

Wir verpflichten uns …

- **eine Kultur der operativen Vortrefflichkeit zu schaffen.**
- **ein überlegenes Kundenerlebnis zu bieten.**
- **auf den von uns bedienten globalen Märkten zu führen.**
- **als hervorragendes Unternehmen und hervorragender Arbeitgeber bekannt zu sein.**

Und last but not least:

- **den Aktionären im Laufe der Zeit einen herausragenden Ertrag zu verschaffen.**

Der vorletzte Punkt war eine Antwort auf die Frage: »Wenn ich nicht reich werden kann, warum sollte ich dann bleiben?« Diesen Möchtegern-Dellionären konnten wir nun entgegenhalten: Weil dies hier eine Firma ist, bei der wir sein wollen.

Aber den herausragenden Ertrag für die Aktionäre zu gewährleisten, sollte sich (wie wir gesehen haben) als etwas komplizierter erweisen.

12

Project Emerald

»Warum sind Sie nicht einfach gegangen?«

Diese Frage wurde mir nach den schlimmen Kämpfen von 2012/13 mehr als einmal gestellt. Warum nicht einfach all das Kopfzerbrechen und die Verletzungen hinter mir lassen, die der Rückkauf meines eigenen Unternehmens mit sich brachte? Ich hatte während der letzten 28 Jahre viel Geld verdient. Ich konnte es mir leisten, in den Sonnenuntergang zu wandern, am Strand von Hawaii entlangzuspazieren und Muscheln zu sammeln. Oder ein neues Unternehmen zu gründen, ein neues Vermächtnis zu schaffen.

Eine Journalistin stellte mir diese Frage kurz nach unserem Börsenrückzug und ich gab ihr eine schlichte Antwort, die mir aus dem Herzen sprach. Ich wollte kein anderes Unternehmen. Dieses hier war das mit meinem Namen. »Ich werde mich noch nach meinem Tod um diese Firma kümmern«, sagte ich. »Ich liebe das Ganze. Es macht mir Spaß. Ich bin absolut begeistert, eine Kontrolle über mein eigenes Schicksal zu haben, die bei einem börsennotierten Unternehmen so nicht möglich ist.«

Die einzigen Investorengespräche, die ich jetzt noch führen müsse, seien die mit mir selbst, sagte ich ihr.

Das Unternehmen trug meinen Namen, aber es war viel mehr als ich. Wir waren ein wunderbares Team, alle 110 000 Mitarbeiter. Ich hatte das starke Gefühl, dass der Abschied von der Börse uns die Chance geben würde, unseren Kunden wie auch Dell etwas Gutes zu tun.

Und so schlossen wir am 30. Oktober 2013 unsere Türen vor der Außenwelt, krempelten die Ärmel hoch und machten uns an die Arbeit.

Die folgende Geschichte vermittelt Ihnen vielleicht eine Vorstellung davon, wie es während dieser ersten Tage war. Eines Morgens in diesem Herbst stellte Jeff Clarke mir und dem restlichen Führungsteam eine Strategie vor, um die künftige Geschäftsarchitektur von Dell zu entwickeln. Er sprach darüber, welche Kapazitäten wir ausbauen mussten – zum Beispiel ein verbessertes Online-Erlebnis, erweiterte digitale Umsetzung und einen stärkeren Self-Service-Support. Es war ein ziemlich umfangreicher Plan und für seine Umsetzung war ein ordentlicher Batzen Geld notwendig, irgendwas im Bereich von Hunderten Millionen. Meine Antwort lautete: »Danke, dass du uns das vorgestellt hast, Jeff. Der Vorstand ist zusammengekommen, der Vorstand hat entschieden. Die Entscheidung des Vorstands ist weiterzumachen.«

Plötzlich waren die Ketten wirklich gesprengt. Die Quartalsuhr tickte nicht mehr. Auf einmal konnten wir wichtige unternehmerische Entscheidungen dann umsetzen, wenn sie am effektivsten waren. Dell war schneller und agiler, als es jemals gewesen war. In diesem Herbst hatten wir ein firmenweites Meeting, um all die Dinge anzukündigen, die wir tun würden: in Vertrieb und F&E investieren, die Verkaufskapazität ausbauen, den Marktanteil vergrößern, nicht vor Kämpfen mit Mitbewerbern zurückschrecken.

Wir sagten, wir würden all das tun, und dann taten wir es. Sofort.

Zuerst waren die Leute etwas skeptisch. »Das ist Private Equity, wie soll das denn funktionieren?«, fragten manche. Wir mussten klarstellen, dass Silver Lake zwar unser Finanzpartner war, uns aber nicht über die Schulter schaute: Sie wussten, dass wir in allen Bereichen ein sehr fähiges Team hatten. Aber es ist schwer, ausgetretene Pfade zu verlassen. Wenn wir eine erweiterte Führungssitzung hatten, kamen die Vertriebsleute und sagten etwas zögerlich: »Okay, es gibt eine Menge Möglichkeiten in kleinen Unternehmen – auf dem Sektor ist das Wachstum enorm, die Betriebsmarge ist sehr attraktiv, und wir würden gern 700 weitere Leute im Verkauf einstellen.«

Und ich sagte: »Schön, warum nicht 1500?«

Das führte anfangs zu irritierten Blicken.

Bei jedem Meeting sagte ich: »Wann haben wir endlich mal ein Meeting, bei dem ich euch nicht bitte, in Sachen Kleinunternehmen schneller zu machen?« Der Verkauf an kleine und mittlere Unternehmen war unglaublich wichtig für uns. Sie sind das Rückgrat jeder Wirtschaft, aber im Allgemeinen unterversorgt und äußerst fragmentiert. Um aggressiv vorgehen zu können, mussten wir neue Verkäufer einstellen und die bereits vorhandenen Mitarbeiter neu schulen. Es ging einfach darum, sich neue Möglichkeiten vorzustellen: an diese Unternehmen zu verkaufen und sich die Position als vertrauenswürdige Berater zu verdienen, die uns dann die Chance gab, unser gesamtes Lösungsportfolio zu verkaufen – Hardware und Software, Systeme, Speicherplatz, Sicherheit und Service – und das Ganze mit Dell Financial Services zu finanzieren.

Zuvor hätte es geheißen: »Na ja, wenn wir so viele Neueinstellungen vornehmen, liegen die Erträge pro Aktie im nächsten Quartal 0,02 Dollar niedriger und wir erreichen die Prognosen nicht.« Jetzt hieß es: »Nein, nein, hört auf zu grübeln. Macht einfach die Investition.«

Doch sehr bald erkannten unsere Beschäftigten, dass wir genau das taten, was wir sagten, und das wurde zu einer unglaublichen Energiequelle: Die Begeisterung im ganzen Unternehmen war groß. Und der Beweis dafür war nicht nur anekdotisch. Wir nutzten NPS (Net Promoter Score), ein 2003 von Bain entwickeltes Tool zur Messung der Beziehung zwischen einem Anbieter (Unternehmen oder Arbeitgeber, in diesem Falle Dell) und einem Verbraucher (Kunde oder Angestellter, in diesem Fall die Dell-Beschäftigten). In den Wochen und Monaten nach unserer Privatisierung schoss unser Mitarbeiter-NPS steil nach oben in stratosphärische Prozentbereiche und dort blieb er auch.

Unser öffentliches Profil veränderte sich – und zwar sehr. Die tägliche Finanzpresse, das *Wall Street Journal*, *Barron's* und die *Financial Times*, verloren mit dem Augenblick unseres Börsenabschieds irgendwie das Interesse an uns. Ihre Einstellung war: »Tja, es gibt ja keine Aktien mehr, also ist es uns egal.« Doch die Branchenpresse und die Medien mit langer Vorlaufzeit, *Wired*, *Fortune* und *Forbes*, entdeckten weiterhin die Dramatik in unserer Geschichte, nur jetzt mit einer positiveren Wendung. Bei ihnen hieß es eher: Okay, sie haben diesen grandiosen

Kampf gewonnen und jetzt haben sie sich ihr Unternehmen zurückgeholt, und sie haben einen Plan – ob der wohl funktioniert?

Er funktionierte, definitiv, von Anfang an. Jedes Quartal gewannen wir an Marktanteilen und zahlten die Schulden viel schneller ab als alle erwartet hatten, uns eingeschlossen. Der Cashflow war stark, weil wir wieder wuchsen. »Das ‚neue' Dell startet mit vielversprechenden Zahlen«, schrieb Forbes im November 2013.

> Das Unternehmen, das sich mit dem Direktvertrieb einen Namen gemacht hat, verfügt heute über mehr als 140 000 Vertriebspartner [Wiederverkäufer], worauf ungefähr 16 Milliarden der fast 60 Milliarden Dollar Jahresumsatz entfallen, angefangen bei null im Jahr 2008. Sie haben in den vergangenen vier Jahren auch die Anzahl von Verkaufsspezialisten mit technischer Ausbildung auf 7000 verdoppelt. Zwei von drei Geschäftskunden haben ihren ersten Kontakt zu Dell beim Kauf eines PCs und rund 90 Prozent dieser Kunden kaufen weitere Produkte und Dienstleistungen. Der Trick ist, das Verkaufspersonal zum Cross-Selling zu bringen. Wie weit sind sie mit diesem Bemühen gediehen? »Wir sind auf dem zweiten bis dritten Inning«, sagt Jeff Clarke, Leiter der PC-Sparte.

Wir machten das Alte anders und das Neue sehr anders. Was PCs angeht, so sahen wir jetzt den Beweis für etwas, was ich schon jahrelang vermutet hatte: dass die Berichte über den Tod des PCs völlig übertrieben waren. Die Leute fanden heraus, dass es nicht um PC versus Smartphone ging; es war ein *und*, kein *entweder-oder*. Man konnte die Leute niemals davon abhalten, ihre Smartphones mit zur Arbeit zu nehmen und sogar ein paar Aufgaben damit zu verrichten, sei es zu Hause oder im Büro. Manche (aber viel weniger) benutzten auch gern ihre Tablets. Doch an PCs ließ es sich am leichtesten arbeiten, aus allen möglichen Gründen, und wir verkauften immer noch sehr viele davon, nur mit einer anderen Einstellung.

Wir hatten es mit Verzweigungen versucht. Da gab es unser Android-Phablet von 2010, den Streak. Das Problem war nicht nur, dass der größte Teil des Gewinns, von der Suche bis zum Android Play Store, an Google ging, sondern auch, dass fast der gesamte Rest an die Hersteller der Komponenten ging, die die Displays, die Akkus oder den Speicher produzierten. 2011 brachten wir ein kleines Smartphone mit einer ausschiebbaren Tastatur namens Venue heraus. Das war eigentlich ein recht gutes Design, aber es lief unter Windows Mobile, und nachdem Windows Mobile in Sachen Service und Apps von Google und Apple besiegt worden war, hatte es keine Chance mehr. Wir wechselten zu Android, aber auch damit war kein Geld zu verdienen.

Wir hatten also unser Flaggschiff-Produkt. Die PC-Verkäufe machten rund 45 Prozent unserer Umsätze aus, aber nur 15 bis 20 Prozent des Gewinns. PCs waren schon immer ein Artikel mit einer geringen Marge gewesen, doch da unser Geschäftsmodell des Direktvertriebs zu geringeren Preisen und des besten Supports und Services enorme Verkaufszahlen generierte – oder Skalierung, wie wir es nennen –, schafften wir uns eine bedeutende Marktposition. (Und trotz der lauten und düsteren Prophezeiungen vieler Experten, dass der PC dem Tode geweiht sei, sollte Dell in sieben aufeinanderfolgenden Jahren – in 28 Quartalen – zwischen dem Börsenabschied und der Entstehung dieser Zeilen den PC-Umsatz weiter steigern.)

Doch ich hatte fast von Anfang an gewusst, dass es jenseits des PCs noch einen viel größeren Markt gab. Seit den frühen Neunzigern konnte jeder mit etwas Voraussicht erkennen, dass PCs und Server, also die physischen Geräte, zwar weiterhin notwendig sein würden, dass jedoch der Geist in der Maschine – die Software – die Technologie dominieren würde. Und aus geschäftlicher Sicht regierte die Software.

Anders als bei einem PC, wo der Nettogewinn 15 oder 20 Prozent beträgt, kann der Nettogewinn bei einem Speicher-Array bei 60 Prozent liegen, weil er über so viel Software verfügt. Und wenn man reine Software verkauft, beträgt die Marge natürlich 98 Prozent, weil es keine Umsatzaufwendungen in Form von Material gibt – Software besteht nur aus Bits.

Das Schöne an Software ist: Ein Programm zu entwickeln, das viel Wert schafft, kostet vielleicht eine Million Dollar. Aber man kann es an einen oder eine Million oder eine Milliarde Kunden verkaufen. Die Entwicklungskosten bleiben dieselben. Daher kann es unglaublich profitabel sein, wenn eine Software viele Nutzer hat.

Ende der Nullerjahre begannen wir PCs als potenzielle Lockartikel zu betrachten – ein Fuß in der Tür, um zusätzlich Software und Dienstleistungen zu verkaufen. Und wir hatten tatsächlich eine Menge getan, um das Unternehmen über den PC hinaus weiterzuentwickeln, und die Tatsache, dass wir dafür nicht die angemessene Anerkennung erhielten, war einer unserer wichtigsten Gründe für die Privatisierung des Unternehmens.

Die Dinge fügten sich auf alle möglichen Arten.

Es begann lange vor dem Börsenausstieg. Der Einzug des Internets Ende der neunziger Jahre hatte der Menschheit Zugriff auf mehr Daten gegeben, als irgendjemand sich je hätte vorstellen können. Nach der Jahrtausendwende veränderte sich die technologische Welt in Lichtgeschwindigkeit. Wir waren seit Mitte der neunziger Jahre im Servergeschäft erfolgreich und die höheren Gewinnspannen dort waren prima für unsere Bilanz gewesen. Doch als die weltweiten Datenmengen exponentiell zunahmen, wurde immer deutlicher, dass physische Server allein, so leistungsstark sie auch sein mochten, damit nicht würden Schritt halten können. Eine Lösung existierte bereits.

Virtualisierung ist ein Konzept, das es schon vor mikroprozessorbasierten Systemen gab – man konnte es bereits in den späten Sechzigern auf IBM-Großrechnern finden. Der Gedanke war, Software innerhalb des Host-Computers zu installieren, die den Host imitierte und dadurch eine beliebige Anzahl virtueller Großrechner innerhalb des eigentlichen Großrechners schuf. Diese virtuellen Computer, die voneinander abgegrenzt waren, um gegen einen Massenabsturz geschützt zu sein, konnten spezifische Aufgaben erfüllen und dann deaktiviert werden. Oder die Auslastung konnte von einem auf einen anderen übertragen werden. Das alles geschah innerhalb von Millisekunden und die eigentlichen Computer-Hosts konnten Tausende Meilen entfernt sein. Mit wachsender Leistungsstärke der Mikroprozessoren konnten immer mehr virtuelle Computer in einem Großrechner Platz finden. Und draußen im Silicon Valley beschäftigten sich Technologieunternehmen mit der Frage, wie sich sowohl PCs als auch Server virtualisieren ließen.

Ein kleines Start-up in Palo Alto namens VMware war in diesem Bereich bahnbrechend. Sein Durchbruchprodukt war eine Virtualisierungssoftware, mit der ein Nutzer mehrere Betriebssysteme auf einem PC einsetzen konnte: Man konnte auf seinem Desktop sowohl mit Unix als auch mit Windows arbeiten oder mit zwei verschiedenen Windows-Versionen oder mit Windows auf einem Mac-System. Und im Juli 2001 wurde VMware eins der ersten kommerziell erfolgreichen Unternehmen, das die x86-Architektur virtualisierte – ein Türöffner für die Entwicklung von virtuellen Servern. Anfang 2002 nahm Dell gemeinsam mit Goldman Sachs und mehreren anderen Partnern eine Investition in VMware von 20 Millionen Dollar vor.

An der anderen Küste war eine Firma aus Massachusetts namens EMC zum Weltmarktführer für vernetzte Datenspeicherungssysteme geworden. Das große Produkt von EMC war der leistungsstarke Hardware-Software-Speicher-Array Symmetrix, der große Erfolge bei größeren Konzernen feierte – bei den 100 oder 200 Top-Firmen weltweit. Auf der Grundlage meiner langjährigen Freundschaft mit dem brillanten CEO von EMC Joe Tucci schlossen Dell und EMC im Oktober 2001 eine strategische Allianz in einem Markt, der Prognosen zufolge im Jahr 2005 die Grenze von 100 Milliarden Dollar erreichen sollte.

Kennengelernt hatte ich Joe 1994, als er Vorstandsmitglied und CEO von Wang Laboratories war – fünf Jahre bevor er zu EMC ging –, und ich hatte großen Respekt für seine Fähigkeiten als Wirtschaftsführer und Stratege. Ich war begeistert, mit ihm arbeiten zu können.

Für EMC bedeutete die Partnerschaft einen erfolgreichen neuen Vertriebskanal, mit dem sich Kunden über die Großunternehmen hinaus erschließen ließen, an die sie für gewöhnlich verkauften. Weil ihre Produkte eine hohe Gewinnspanne hatten, trug Dell als zusätzlicher Kanal erheblich zum Umsatz von EMC bei. Zudem konnte EMC dadurch besser mit anderen Speicherunternehmen wie NetApp konkurrieren, die Vertriebskanäle entwickelt hatten, die über die Top 100 oder 200 hinausgingen. Und das Bündnis mit uns bedeutete, dass wir kein Bündnis mit NetApp oder einem der anderen Datenspeicherunternehmen schließen würden. Außerdem konnte EMC durch diese Verbindung die enormen Beschaffungskapazitäten von Dell nutzen, womit sich die Materialkosten für Komponenten wie Diskettenlaufwerke senken und die Gewinne weiter erhöhen ließen.

Uns ermöglichte diese Allianz, die leistungsstarken Speicherprodukte von EMC unserem schnell wachsenden Servergeschäft hinzuzufügen. Das verschaffte uns einen wichtigen neuen Kunden, denn EMC willigte ein, unsere Server innerhalb seiner Speicherungssysteme zu nutzen. Und es half uns, weiter in die Datenzentren dieser Großunternehmenskunden vorzurücken – und gab sowohl uns als auch EMC einen Vorteil gegenüber unseren gemeinsamen Konkurrenten: dem Server- und dem Datenspeicherungsbereich von IBM, Compaq und HP.

Im Januar 2004 übernahm EMC dann VMware. (Im Jahr 2007 sollten sie damit an die Börse gehen und ihren Unternehmensanteil auf 81 Prozent verringern.)

Das ehemalige Start-up aus Palo Alto war nun sehr viel mehr als das: VMware machte bei der Virtualisierung von Servern solche Fortschritte, dass man irgendetwas völlig verkehrt machte, wenn man Mitte der Nullerjahre in einem Unternehmen arbeitete, das Server besaß und keine Virtualisierung verwendete – es war wie ein unternehmerischer Intelligenztest. Es war so nützlich und so einfach. Und VMware breitete sich aus wie ein Buschfeuer.

Die Pressemitteilung bezüglich der Übernahme lautete: »VMware wird eine Schlüsselrolle spielen bei der Strategie von EMC, mit der Kunden ihre Kosten senken und ihren Betriebsablauf vereinfachen können, indem sie bei ihrer gesamten heterogenen IT-Infrastruktur Virtualisierungstechnologien anwenden, um eine einzige Basis verfügbarer Speicher- und Rechenleistungen zu schaffen.«

Übersetzung: Die Virtualisierungsfähigkeiten von VMware hatten sich vom PC und dem Server auf Speicherung, Netzwerke und Sicherheit verlagert – alias »heterogene IT-Infrastruktur« alias Cloud.

Die Übernahme von VMware entpuppte sich als ein unglaublich cleveres Investment von Joe Tucci.

Ebenso wie die Allianz mit Dell. Das Problem für uns war, dass EMC mit seinen hohen Margen und seinem großen Fußabdruck bei Spitzenunternehmen den Großteil des Gewinns einstrich. Das begann mir Sorgen zu machen – und führte zunächst zum Nachdenken über unsere erste große Akquisition und schließlich ihre Umsetzung, nämlich des Datenspeicherungsunternehmens EqualLogic im Jahr 2007.

Oberflächlich betrachtet schien EqualLogic für uns eine großartige Erwerbung zu sein. Die Firma war sehr schnell gewachsen; sie machten sich bereit für den Börsengang. Sie hatten bereits einen Prospekt gedruckt. Sie hatten ein großartiges, elegant entwickeltes Produkt, zugeschnitten auf die untere Mittelklasse von Archivierungskunden, weit entfernt von dem Idealpunkt, an dem EMC agierte. Darum dachten wir, wir könnten EqualLogic übernehmen, ohne die Beziehung zu EMC zu zerstören, und das würde uns ein gewisses geistiges Eigentum geben, das wir mit einer attraktiven Gewinnspanne verkaufen konnten.

Ich weiß noch, wie ich zum Labor hinüberging, in dem ein Team etliche der damals am Markt verfügbaren Speicherplattformen testete und beurteilte. Nun, die Sache bei Programmierern ist, dass sie zu der Annahme tendieren, sie könnten alles selbst programmieren. Wenn wir ihnen sagten: »Wir möchten eine Speicherplattform im mittleren Bereich schaffen«, dann sagten sie: »Gut, machen wir.« Aber das ist viel schwieriger als es klingt.

Also schauten sie sich die Plattformen anderer Firmen an und drei davon waren in die engere Wahl gekommen, darunter auch EqualLogic. Ich weiß noch, dass ich an diesem Tag mit sieben unserer Programmierer sprach und ihnen diese Frage stellte: »Angenommen, Sie hätten 100 000 Dollar und könnten sie entweder auf die Bank bringen und zehn Jahre lang Zinsen erwirtschaften lassen oder sie in den Börsengang von EqualLogic investieren, aber zehn Jahre lang nicht verkaufen. Was würden Sie machen?« Und sechs der sieben sagten, sie würden ihre 100 000 Dollar in EqualLogic investieren – obwohl sie die Plattform nicht selbst entwickelt hatten. Danach sagte ich: »Okay, wir kaufen EqualLogic.« Und wir schnappten es uns, ehe es an der Börse notiert wurde, für 1,4 Milliarden Dollar.

Das ist zu jedem Zeitpunkt eine Menge Geld und für uns war es damals ganz sicher sehr viel, nur wenige Monate nachdem ich wieder als CEO eingestiegen war und während wir noch ein Börsenunternehmen waren, dessen Shareholder jeden Schritt sehr genau beobachteten. Und unter diesem grellen Licht stellte EqualLogic ein interessantes Problem dar.

Wir konnten ein Unternehmen kaufen, das ein tolles Produkt und Verkaufszahlen von 100 Millionen Dollar hatte, und durch die schiere

Stärke unserer breit gefächerten Kundenbeziehungen konnten wir es in relativ kurzer Zeit, vielleicht in nur wenigen Jahren, auf 700 oder 800 oder 900 Millionen Dollar Umsatz – Umsatz! – bringen, vielleicht sogar auf eine Milliarde. Man konnte dafür sorgen, dass solche Akquisitionen sich recht schnell und ansehnlich auszahlten. Die Herausforderung bestand darin, dass diese Akquisitionen, hatten sie erst einmal eine bestimmte Höhe erreicht, dazu neigten abzuflachen und sich auf derselben Ebene weiterzubewegen. Eine Firma zu übernehmen, die in ihrem Bereich Nummer sechs oder sieben gewesen war, und sie auf Platz zwei oder drei oder gar an erste Stelle zu bringen, war nahezu unmöglich. Wenn sie weiterhin investieren und ihre Kunden gut bedienen, sind Unternehmen an Spitzenpositionen nur schwer abzusetzen. Es ist nicht unmöglich, geschieht aber selten.

Inzwischen dachte ich weiter über EMC und VMware nach, die gemeinsam dabei waren, zum wichtigsten Unternehmen im Universum der IT-Infrastruktur zu werden. So rief ich Joe Tucci an und fragte ihn, was er von einer vollständigen Fusion von Dell und EMC halten würde.

Joe meinte, das könnte eine tolle Sache sein, zweifellos die größte Technologie-Fusion aller Zeiten. Also loteten wir es 2008 und 2009 aus. Wir, das waren Joe und ich sowie unsere jeweiligen Geschäftsführer und Vorstände, zusammen mit Investmentbankern, Beratern und Anwälten. Wir hatten jeweils Bain und McKinsey an unserer Seite mit detaillierten Analysen und Hunderten von Präsentationen, wir hatten Codenamen – EMC war Emerald und Dell war Diamond – und trafen uns in zweifelhaften Hotels unbedeutender Städte, an Orten, wo niemand uns erkennen würde. Wir hatten sogar gemeinsame Vorstandssitzungen beider Firmen.

Dann kam die Finanzkrise und plötzlich sprach niemand mehr von Fusionen.

Unsere erste Zeit als nicht mehr börsennotiertes Unternehmen lief sogar noch besser als ich erwartet hatte. Aber kontrollieren konnte ich nur mein Geschäft; mein Leben hatte andere Pläne.

Meine Mutter kämpfte sehr tapfer fünf Jahre lang, nachdem ihr Krebs zurückgekehrt war – Susan nannte sie Mama Warrior –, doch im Januar 2014 wurde offensichtlich, dass sie ihren Kampf verloren hatte.

Sie verließ MD Anderson Krebszentrum in Houston und begab sich in häusliche Palliativpflege. Dort starb sie einen Tag vor dem Valentinstag.

Das Gute war, wenn es denn überhaupt etwas Gutes gibt, dass wir an diesen letzten Tagen alle bei ihr waren. Jeder konnte Abschied nehmen, und sie sagte uns, was wir in den nächsten 50 Jahren tun sollten. Eine Naturkraft, von der Natur zerstört.

Ich hatte nie eine bessere Ratgeberin. Als ich bei ihrer Beerdigung sprach, sagte ich: Ich bin der Sohn meiner Mutter.

Sie war fröhlich, positiv und sehr klug. Sie lächelte immer. Sie war kühn und leidenschaftlich.

Sie sagte uns nie, was wir machen sollen, aber ihretwegen wussten wir, was wir machen sollten.

Sie wusste zu jedem Zeitpunkt unseres Lebens, was meine Brüder und ich brauchten.

Sie brachte uns bei, dass wir alles erreichen konnten.

Sie beflügelte unsere Kreativität, unsere Neugier, unseren Lerneifer und unsere Experimentierfreude und regte uns an, unseren Leidenschaften zu folgen.

Sie lehrte uns, alle Menschen zu respektieren, aber sorgsam zu wählen, mit wem wir unsere Zeit verbringen. Zu geben und zu lieben und aufeinander zu achten.

Sie gab uns alles, was wir brauchten, und viel mehr.

Mann, hatte ich ein Glück gehabt.

»Dell kann nicht verlieren« lautete die Schlagzeile einer *Forbes*-Titelstory, die zu dieser Zeit erschien, über meinen geschäftlichen Erfolg im Allgemeinen und den Erfolg des Börsenruckzugs im Besonderen. Das war schön zu lesen, aber die Wahrheit ist, dass wir im Leben alle verlieren, schmerzlich, wenn wir unsere Lieben verlieren, und das lässt sich mit keinem weltlichen Erfolg kompensieren.

Wo wir von Unterscheidung sprechen: Ich war nach wie vor sehr traurig wegen meiner Mutter, aber gleichzeitig war ich weiterhin begeistert von unserem Fortschritt als frisch gebackenes Privatunternehmen. (Und ich erlaubte mir diese Gefühle, weil ich wusste, dass meine Mutter auch begeistert gewesen wäre.) Wir gewannen weiterhin Marktanteile und zahlten Kredite ab; das Geld floss herein. Wir erlebten eine wesentlich höhere Volatilität als ein typisches Börsenunternehmen, aber das lag an all den Investitionen, die wir tätigten, von denen sich manche rasch auszahlten, manche langsam und manche überhaupt nicht. Solche Schritte hätten wir als Börsenunternehmen nicht so leicht gehen können: Die Shareholder hätten das ganze Auf und Ab verabscheut. Doch nun, mit der Zeit und der Perspektive, die der Börsenrückzug uns geschenkt hatten, konnten wir die Tatsache genießen, dass unsere Erträge zwar auf und ab gingen, der allgemeine Trend jedoch aufwärts, aufwärts, aufwärts.

Nur ein paar Monate nach der Privatisierung und voller Zuversicht über unseren Fortschritt begannen Egon Durban und ich über Dinge zu sprechen, die wir jenseits von organischen (internen) Investments tun konnten, um die Unternehmenstransformation weiter zu beschleunigen. Wir hatten eine Menge neuer Akquisitionen im Sinn, überwiegend in Software.

Doch der größte, kühnste, glänzendste Preis, da waren Egon und ich uns einig, wäre EMC/VMware.

Egon hatte von einigen Bankern gehört, dass eine Reihe großer Unternehmen erwogen, EMC zu übernehmen, und dies wirkungsvoll ins Spiel brachten. Wir wussten zu dieser Zeit nichts Näheres, aber ich fand die Möglichkeit, es selbst zu erwerben, ungeheuer interessant. EMC bestand aus drei größeren und diversen kleineren Geschäftsbereichen. Die drei großen würden wunderbar zu uns passen: Es gab EMC Information Infrastructure, der unangefochtene Spitzenreiter auf dem Gebiet der Datenspeicherungssysteme, der perfekt mit unseren Servern zusammengehen würde; VMware, den Virtualisierungspionier, der immer neue Methoden entwickelte, um physische Geräte überflüssig zu machen; und das Softwareentwicklungs-Start-up Pivotal, das sich aus EMC und VMware entwickelt hatte und eine Plattform für die Entwicklung von Cloud-Software schuf. (Der Pivotal-CEO Paul Maritz, ehemaliger CEO von VMware, war ein brillanter Kopf, auf dessen technische Sachkenntnis und Beratung ich mich oft verließ.) Dell und EMC zusammenzuführen würde ein unglaublich starkes Unternehmen hervorbringen. Aber ging das überhaupt?

Der Frust über die versiebte Fusion begleitete mich seit fünf Jahren, denn sowohl Dell als auch EMC wurden immer stärker in puncto Systeme,

Speicherung und Sicherheit. Nach wie vor fand ich, dass wir eine gewaltige Chance verpasst hatten, zwei einander ergänzende Spitzenreiter zu kombinieren und eine Art technologisches Dream-Team zu schaffen. Im Sommer begannen Egon und ich darüber zu reden, diese Idee noch mal aufzugreifen.

Es kam uns vor wie eine natürliche Fortentwicklung. Nicht nur, dass unser Bündnis mit EMC schon lange bestand; es war auch insofern eine seltene Gelegenheit, als EMC und VMware in ihrem Branchensegment klar die Nummer eins waren. Wie erwähnt ist es sehr schwer, die Marktanteilsposition eines Unternehmens drastisch zu verändern, daher ist es viel schwieriger, erfolgreich zu sein, wenn man ein zweit- oder fünftplatziertes Unternehmen kauft (das sind diejenigen, die normalerweise zum Verkauf stehen). Im Allgemeinen sind Nummer-eins-Firmen nicht verkäuflich oder der Preis ist exorbitant oder sie gehören zu einem noch größeren Unternehmen, das man nicht übernehmen kann.

Ich war sehr angetan von der Idee, Dell mit EMC und VMware zu kombinieren, und Egon ging es ebenso. Das wäre eine Fusion von beispiellosen Ausmaßen und sie würde umgehend das weltweit führende Unternehmen für IT-Infrastruktur mit den besten Produkten, der besten Technologie und der größten Reichweite schaffen. Und die Wünsche unserer Kunden (also von Dell und von EMC) würden damit perfekt erfüllt. Unsere kombinierte Stärke könnte den Kunden weiterhelfen wie nie zuvor und zugleich enorme Gewinne einbringen.

Unsere Kunden brauchten und wollten unsere Hilfe. Bei der rasanten Weiterentwicklung digitaler Informationen konnten sie es nicht leisten, ihre ganze Zeit damit zu verbringen, die Anwendung all der neuen Technologien zu erlernen – Software, Daten, künstliche Intelligenz, Maschinenlernen, neurale Netzwerke –, um ihren Wettbewerbsvorteil auszubauen. Sie wollten keine Systemintegratoren sein. In meiner Vorstellung konnte die unglaubliche Kombination von Fähigkeiten bei Dell, EMC, VMware und Pivotal Plattformen schaffen, mit denen die Kunden auf integrierte und automatisierte Weise von den neuen Technologien profitieren konnten.

Aber war Dell selbst bereit für diesen riesigen Schritt nach vorn?

Echte Transformationen führender Technologieunternehmen sind extrem selten: Ich glaube, weil die Firmen spezielle Fähigkeiten und einen festen Kundenstamm aufbauen, ist eine Veränderung schwierig. Man kann einem Tiger nicht die Streifen wegnehmen. Wer als Hund geboren wird, stirbt nicht als Katze.

Aber 2014 stand mir der Sinn sehr nach Transformation. Wir hatten Dell nicht zum Branchenführer gemacht, indem wir auf Nummer sicher gingen. Wir hatten das Unternehmen nicht privatisiert, um auf Nummer sicher zu gehen. Um mit der explosionsartig wachsenden Datenflut Schritt zu halten und die Spitzenposition zu behalten, musste ein Technologieunternehmen bereit sein, aus dem Gewohnten auszubrechen und auf Weltklasseniveau mutige Schritte zu tun. Ich war bereit.

Also rief ich im August Joe Tucci an und fragte ihn, was er von einer Kombination unserer Firmen in Form einer Akquisition durch Dell halte.

Als wir 2008 und 2009 erstmals eine Fusion in Betracht gezogen hatten, waren wir noch an der Börse notiert gewesen. Nun, da wir ein Privatunternehmen waren, sei der Prozess viel einfacher, sagte ich Joe, denn ich war Dells beherrschender Gesellschafter und hatte in Silver Lake einen sehr unterstützenden Partner.

Andererseits räumte ich ein, dass eine Akquisition eine ziemlich große Hausnummer sei, sowohl finanziell als auch kulturell, denn die Marktkapitalisierung von EMC lag bei etwa 59 Milliarden Dollar. Es war alles andere als eine todsichere Angelegenheit, wenn ein Privatunternehmen aus Texas das größte Börsenunternehmen in Massachusetts kaufte.

Aber Joe war motiviert und aufgeschlossen. Er war Ende 60 und wollte schon eine ganze Weile in den Ruhestand gehen, hatte es jedoch mehrfach aufgeschoben, weil er keinen klaren Nachfolger bei EMC sah. Eine von Dell angeführte Fusion würde mich zu seinem Nachfolger machen; sie würde auch die Kapazitäten hinzufügen, die EMC brauchte. Joe hatte erkannt, dass die Branche sich veränderte, und einfach ein Datenspeicherungsunternehmen ohne ein Serverunternehmen zu sein, war langfristig gesehen keine gute Strategie.

Doch auch wenn Joe mich ebenso mochte und mir vertraute wie ich ihm, lag die Entscheidung, da EMC ein Aktienunternehmen war, letztlich bei ihrem Vorstand. Im Allgemeinen spricht der CEO eine Empfehlung aus. Aber genau wie auch bei unserem Börsenrückzug hat der Vorstand die Verantwortung, den bestmöglichen Wert für die Shareholder zu erzielen und sicherzustellen, dass sämtliche Alternativen ausgelotet werden, einschließlich der, ein unabhängiges Unternehmen zu bleiben. Verkaufen wir einen Teil der Firma? Nehmen wir einen Anteilsrückkauf vor? Suchen wir uns irgendeinen möglichen Käufer, aber bleiben vielleicht unabhängig? Der Vorstand muss alle Optionen in Betracht ziehen.

Aus Gründen der Vertraulichkeit konnte Joe mir nicht von den anderen Bewerbern erzählen, aber Investmentbanker, die keinen solchen strikten Bestimmungen unterlagen – und die immer daran interessiert waren, einen Vorgang aufzuwühlen, von dem sie womöglich profitieren konnten –, hatten mir und Egon geflüstert, wer diese Bewerber (es gab nur zwei) waren. Und was die Sache wirklich interessant machte: Wenn einer von den beiden uns ausstach, konnte das für uns ein echtes Problem werden.

Der Silicon-Valley-Netzwerkgigant Cisco Systems (Marktwert im April 2014: 120 Milliarden Dollar) zeigte frühzeitig Interesse daran, EMC zu übernehmen, doch von Anfang an war klar, dass Cisco mit eigenen Problemen zu kämpfen hatte. Zum einen steckte die Firma mitten in einer Umstrukturierung und hatte weltweit mehrere Tausend Mitarbeiter entlassen. Zum anderen hatte Cisco zwar einen neuen Fokus auf das Internet der Dinge angekündigt und etliche Unternehmen aufgekauft, um diese Initiative voranzutreiben, doch das Unternehmen hatte keine nennenswerte Erfahrung mit großen Akquisitionen – in der Hinsicht waren sie immer ziemlich vorsichtig gewesen. (Ihr jüngster Erwerb, die Sicherheitshardware/-softwarefirma Sourcefire, hatte sie 2,7 Milliarden Dollar gekostet; die Übernahme von EMC würde voraussichtlich das 20- bis 30-Fache kosten.) Eine weitere Komplikation war, dass der Cisco-CEO John Chambers – der früher mal bei Wang für Joe Tucci gearbeitet hatte – selbst kurz vor dem Ruhestand war und einem derart gewaltigen Vorhaben vielleicht eher mit gemischten Gefühlen entgegensah.

Doch wirklich von ganzem Herzen interessiert war die CEO von HP, Meg Whitman.

Als Meg, frühere CEO von eBay, im Jahr 2011 zu Hewlett-Packard gekommen war, hatte sie das Steuer eines legendären, aber auch legendär problematischen Unternehmens übernommen. Der erste amerikanische Tech-Koloss, gegründet 1939 in einer Garage in Palo Alto von

Bill Hewlett und David Packard, war unter der Leitung von CEO Carly Fiorina mit einem Höhenflug im 21. Jahrhundert gelandet. Nachdem HP 2002 Compaq aufgekauft hatte, schien das Unternehmen bereit, uns den PC-Markt streitig zu machen. Doch als die Ergebnisse der Fusion sich als enttäuschend herausstellten (zeitweise übernahm HP 2002 Platz eins der PC-Verkäufe, musste die Führung aber im kommenden Jahr wieder an uns abtreten), entstand ein Konflikt zwischen Fiorina und ihrem Vorstand, der 2005 darin gipfelte, dass der Vorstand ihren Rücktritt forderte. Für das Unternehmen schloss sich ein turbulentes Jahrzehnt an, der Vorstand wirkte chaotisch und ineffektiv, und die CEOs kamen und gingen wie durch eine Drehtür, manchmal verbunden mit irgendwelchen Skandalen.

Robert Wayman folgte Fiorina, und Mark Hurd folgte Wayman. Dann gab es eine Untersuchung gegen Hurd wegen eines möglichen Verstoßes gegen die Unternehmensgrundsätze von HP (Unregelmäßigkeiten bei geschäftlichen Aufwendungen und eine Anklage wegen sexueller Belästigung) und er war raus. (Mark, der später Präsident und dann Co-CEO von Oracle wurde, starb 2019.) Cathie Lesjak trat auf Interimsbasis an seine Stelle. Im Jahr 2010 wählte der Vorstand Léo Apotheker zum vierten Spitzenmann in ebenso vielen Jahren – inzwischen zog der Unternehmensvorstand jedoch allerhand unerwünschte Aufmerksamkeit auf sich. James B. Stewart schrieb in der *New York Times* über den neuen CEO: »Gespräche mit mehreren gegenwärtigen und früheren Vorstandsmitgliedern und ihnen nahestehenden Personen, die an der Suche beteiligt waren, welche zur Einstellung von Apotheker führten, deuteten auf einen Vorstand hin, der zwar aus vielen verdienstvollen Individuen zusammengesetzt ist, als Gruppe jedoch voller Animositäten, Verdächtigungen, Misstrauen, persönlichem Ehrgeiz und Machthunger agiert, was ihn beinahe funktionsunfähig macht.«

Apothekers kurze Führungszeit erwies sich wie vorhergesehen als problematisch. Obwohl HP 2006 den ersten Platz bei PC-Verkäufen weltweit zurückerobert hatte, konnte Apotheker diesem Marktsegment mit seiner geringen Gewinnspanne nicht viel abgewinnen; er kam aus dem Softwarebereich. Im Gegensatz zu uns schätzte er die Tugenden des PCs als Geldquelle und Sprungbrett für den Verkauf von Software und

Dienstleistungen nicht. Als Apotheker ankündigte, er wolle die PC-Abteilung von HP verkaufen oder abwickeln und die britische Softwarefirma Autonomy für elf Milliarden Dollar aufkaufen – was HP einen kräftigen Aufwind im Softwaregeschäft verschafft, aber auch seine Cash-Reserven völlig aufgezehrt hätte –, warf der Hewlett-Packard-Vorstand ihn hinaus und stellte eine Person aus den eigenen Reihen ein, um ihn zu ersetzen: Meg Whitman.

Meg war ein Star, eine Princeton- und Harvard-Absolventin, die Führungspositionen bei Procter & Gamble, Bain & Company sowie Hasbro innegehabt hatte, ehe sie zu eBay ging, das sie während ihrer zehnjährigen Amtszeit als CEO (1998–2008) zu einem Giganten aufbaute. Sie war und ist eine äußerst intelligente und anständige Person, eine natürliche Führungsbegabung, doch ihr Hintergrund war hauptsächlich von Verbraucherprodukten bestimmt und HP war eine völlig andere Sache. Diese Unternehmensform war für sie unerforschtes Territorium.

Ihre erste Ankündigung nach der Stellenübernahme im Herbst 2011 kehrte Apothekers Plan um: Hewlett-Packard würde seine PC-Abteilung definitiv behalten, sagte sie. Doch bis zum Spätsommer 2014 sollte es einige gravierende Veränderungen geben.

Am 8. September 2014 flog ich ins Silicon Valley, um mich mit den CEOs einiger unserer Partner zu treffen, eine Reise, die ich regelmäßig unternahm. Diesmal besuchte ich Steve Luczo, den Leiter des Festplattenherstellers Seagate (damals, als ich mir an den ersten PCs die Hörner abstieß, noch als Shugart bekannt); Lloyd Carney vom Datenspeicherungs-Netzwerkunternehmen Brocade; Jensen Huang vom Grafikkartendesigner NVIDIA und Scott McGregor vom Halbleiterunternehmen Broadcom. All diese Firmen waren auch Partner von EMC und VMware und auf dieser Reise wollte ich, ohne etwas preiszugeben, gern herausfinden, wie diese Führungskräfte EMC als Unternehmen beurteilten und wen sie als ernsthafte Konkurrenz ansahen.

An diesem Montag im Spätsommer traf ich mich noch mit einem weiteren CEO. Mein Mittagessen mit Pat Gelsinger, dem Chef von VMware, war bewusst das längste Meeting des Tages, denn es gab eine Menge, was ich erfahren wollte. Ich kannte Pat seit jenem Morgen im

Jahr 1986, als ich in der Intel-Hauptniederlassung in Santa Clara aufgetaucht war und den Firmenpräsidenten Andy Grove zu sprechen verlangt hatte. Das war ein bisschen so, als würde man in Disneyland reinmarschieren und nach Walt Disney fragen. Dr. Grove war eine wahre Legende in der Technologiebranche, ein ungarischer Einwanderer, der mit 21 Jahren in die USA gekommen war, beinahe mittellos und mit geringen Englischkenntnissen, und der später Intel von einem der zahllosen Speicherchip-Hersteller zum weltweit führenden Produzenten von Mikroprozessoren verwandelt hatte. Und ich war einfach niemand, bloß ein willensstarker 21-Jähriger, der sein kleines Start-up in Gang bringen wollte, indem er die bestmöglichen PCs herstellte – und ich brauchte Intel-286-Chips dafür und, verdammt, ich kriegte nicht genügend von denen. So saß ich also in der Lobby von Intel, und als die Security mich aufforderte zu gehen, sagte ich, ich würde nirgendwohin gehen, ehe ich Dr. Grove zu sehen bekommen hätte. Andy muss von dem lästigen jungen Mann in der Lobby gehört haben, denn letztlich begegnete ich ihm und erzählte ihm von meinem Ansinnen, PC's Limited in ein großartiges Unternehmen zu verwandeln. Von diesem Tag an wurde er zu meinem Freund – genau wie Pat Gelsinger, Andys technischer Assistent, der nur ein paar Jahre älter war als ich.

Pat arbeitete Seite an Seite mit Andy und war der Architekt des ursprünglichen 80486-Prozessors. Er stieg auf zum ersten Chief Technology Officer von Intel. Ein paar Jahre nach Dr. Groves Ausscheiden verließ Pat Intel und wurde Präsident und COO von EMC Information Infrastructure Products. Im Jahr 2012 berief der Vorstand ihn zum CEO der von EMC halb unabhängigen Abteilung VMware und Dells lange Partnerschaft mit diesem Unternehmen und meine sogar noch längere Freundschaft mit Pat spielten auf eine spannende neue Art zusammen.

Er hatte bei diesem Mittagessen im September 2014 keine Ahnung, was ich im Schilde führte, aber wir hatten auch so eine Menge zu besprechen. Im Februar hatte VMware Dell als globalen OEM-(Original Equipment Manufacturer)Partner Nummer eins benannt; im August bei der VMworld-Konferenz hatten Dell und VMware eine Reihe innovativer Unternehmenslösungen angekündigt, darunter Dell Engineered

Solutions für VMware, einen Vorläufer von VxRail, jener hyperkonvergierten Infrastruktur-Anwendung, die für uns beide zu einem Welterfolg werden sollte (über fünf Milliarden Dollar Umsatz).

Und das war erst der Anfang. Wie es in meinem Briefing-Dokument für das Treffen mit Pat stand: »Im letzten Jahr gab es kontinuierliche Interaktionen der Dell-Geschäftsführung mit VMware, wobei ein starker Fokus auf der Entwicklung gemeinsamer Lösungen lag und auf der Stärkung unserer Beziehungen im Hinblick auf Programmierung und Vertrieb.«

Unsere lang währende Partnerschaft wurde auch auf die Probe gestellt. Der Ausbau des Management-Software-Portfolios von Pats Unternehmen und die Bündelung von Softwareartikeln in Produktsuiten schufen einige Spannungen und überschnitten sich mit einigen Dell-Vorteilen: das Nutzererlebnis-Management-Tool Foglight, die Desktop-Virtualisierungssoftware vWorkspace und unsere Enterprise Mobility Management Suite. VMware weitete auch seine OEM-Partnerschaften über Dell hinaus aus und begann mit Original-Design Manufacturers (ODM) wie Supermicro zusammenzuarbeiten, um seine Vertriebsreichweite zu erhöhen.

Doch sowohl Pat als auch ich fanden, dass die Vorteile unserer Zusammenarbeit die Herausforderungen bei Weitem überwogen. Ich verließ ihn mit dem Eindruck, dass die Beziehungen zwischen VMware, EMC und Dell solide waren und dies wahrscheinlich auch bleiben würden – eine entscheidende Grundlage für die Fusion, über die ich mit Ausnahme von Joe Tucci und Egon Durban noch niemandem gegenüber ein Sterbenswörtchen hatte verlauten lassen.

In einem normalen Jahr – so einem, wie wir sie gehabt hatten, ehe das Leben außergewöhnlich wurde – verbrachte ich rund 100 Tage im Jahr mit Geschäftsreisen. Viele Meilen, viel Zeit weg von zu Hause. Zum Glück liebe ich meine Arbeit – ich treffe mich gern mit Kunden und Partnern und Lieferanten sowie mit Mitarbeitern auf aller Welt. Und ich bin von Natur aus neugierig – ich reise voller Begeisterung an neue Orte und sehe neue Dinge. In vielerlei Hinsicht bin ich immer noch derselbe wie 1985, als ich diese erste große Reise nach Fernost unternahm und jeden Tag, jede Stunde, jede Minute genoss.

Aber damals war ich 20 gewesen, und ich bin keine 20 mehr. Über Gesundheit habe ich damals nicht viel nachgedacht, heute tue ich das durchaus. Eine Reihe meiner Kollegen und Freunde sind jung gestorben und ich will alles tun, was ich kann, um so lange wie möglich gesund zu bleiben – meiner Familie, meiner Firma und mir selbst zuliebe. Ohne Gesundheit ist alles andere nichtig.

Ich betrachte Gesundheit als eine Art Hierarchie, deren Grundlage der Schlaf ist. Denken Sie mal darüber nach: Wenn Sie einen Monat nicht trainieren könnten, wären Sie vielleicht unglücklich, aber es ginge. Könnten Sie eine oder zwei Wochen nicht essen, wäre Ihnen unwohl, aber Sie würden es überstehen (solange Sie nicht dehydrieren). Können Sie dagegen drei Tage lang nicht schlafen, wird Ihr Zustand kritisch. Mit dem Schlafen ist es nicht immer so leicht, wenn man Zeitzonen durchquert, und ich durchquere eine Menge Zeitzonen.

Im Laufe der Jahre habe ich ein paar Methoden entwickelt, um auf Reisen den bestmöglichen Schlaf zu bekommen. Ein Sack voller Tricks, wenn man so will. Einer davon ist, vor einer mehrere Zeitzonen überspannenden Reise schon zwei oder drei Abende zuvor immer früher ins Bett zu gehen. Ein anderer ist, bei der Ankunft morgens aufzustehen und zu trainieren. Legen Sie sich unter gar keinen Umständen mittags oder nachmittags hin, sonst geraten Sie völlig aus dem Tritt – das habe ich ein- oder zweimal auf die harte Tour gelernt. Passen Sie sich so schnell wie möglich an die neue Zeitzone an.

Die zweite Woche im September 2014 war recht typisch für mich. Von Silicon Valley aus kehrte ich für ein paar Tage nach Austin zurück und flog dann am Freitag, dem 12. September, nach New York, um an einem Vorstandstreffen für Catalyst teilzunehmen, eine Nonprofit-Organisation, die sich für gerechte Arbeitsplätze für Frauen einsetzt. Am nächsten Morgen reiste ich für eine Woche Richtung Osten zu Kunden in Doha, Riad, Abu Dhabi, Berlin (wo ich auch meinem Cousin Natan Del, einem deutschen Internisten, einen kurzen, aber netten Besuch abstattete) und Brüssel – und dann flog ich wieder 5000 Meilen westwärts zurück nach Aspen, Colorado.

Mein Ziel war The Weekend: eine immer faszinierende Zusammenkunft von Experten in Sachen Politik, globale Sicherheit, Bildung, Wissenschaft und Technologie. In diesem Jahr gehörten zu den Vortragenden der frühere Sekretär des Verteidigungsministeriums und CIA-Chef Robert Gates, der ehemalige Sekretär des Finanzministeriums Hank Paulson, Königin Rania al-Abdullah von Jordanien, der ehemalige britische Premierminister Tony Blair und viele andere bekannte Persönlichkeiten. Ich war nur dort, um die Atmosphäre auf mich wirken zu lassen, zuzuhören und zu lernen – doch stellte ich bald fest, dass ich mehr zuhörte, als ich erwartet hatte.

Eines Abends erblickte ich bei einem Cocktailempfang vor dem Essen ein bekanntes Gesicht: Paul Singer, den Gründer und Co-CEO von Elliott Management. Pauls Hedgefond war 40 Jahre lang äußerst erfolgreich gewesen durch kontraintuitive, oft pessimistische Wetten auf Märkte und Sicherheiten – und es war einer seiner Portfoliomanager, Jesse Cohn, der kürzlich nach Austin gekommen war und mich von den Vorzügen einer Idee hatte überzeugen wollen, die ich ohnehin bereits erwog, nämlich eine Fusion mit EMC.

Und zu meinem Verdruss bedrängte Paul Singer mich nun bei diesem Empfang und kam auf das Drängen seines Mitarbeiters zu einer Fusion zu sprechen – wozu ich (natürlich) nichts sagen konnte. Ich lächelte und nickte, nickte und lächelte, bis Paul sich ausgesprochen und (wie ich glaube) die Botschaft verstanden hatte: Ich gebe niemals Kommentare zu Gerüchten und Spekulationen.

Selten war ich froher gewesen, eine Dinnerglocke läuten zu hören.

Das war am Freitag, dem 19. September. Am Sonntagmorgen, nach meiner Rückkehr nach Austin, fiel mein Blick direkt auf eine Überschrift auf der Homepage des *Wall Street Journal:*

> EMC ERWÄGT FUSION, ANDERE OPTIONEN
>
> UNTER DEM DRUCK EINES AKTIVISTEN UND VOR DEM ERWARTETEN RUHESTAND DES CEO STEHT DER DATENSPEICHERUNGS-GIGANT AN EINEM SCHEIDEWEG

Nun, dachte ich. *Das ist ja interessant.*

Der Artikel begann:

> Seit fast einem Jahr führt EMC immer mal wieder Fusionsgespräche mit Hewlett-Packard Co., die allerdings vor Kurzem beendet wurden, wie aus gut informierten Kreisen verlautete. Es ist ungewiss, ob die Verhandlungen noch mal aufgenommen werden.
>
> Ein weiteres Unternehmen, das jüngst Gespräche mit EMC führte, ist Dell Inc., wie Eingeweihte sagten. Der Stand der Verhandlungen zwischen den beiden Firmen ist unbekannt. Angesichts ihrer jeweiligen Größe ist es unwahrscheinlich, dass Dell eine vollständige Übernahme von EMC erwägt, sondern möglicherweise ist es nur am Aufkauf von Posten einschließlich dem Kernspeicherungsgeschäft interessiert, sagte einer der Beteiligten …
>
> Die von EMC und Hewlett-Packard besprochene Übereinkunft wäre ein Marktrenner gewesen, teilweise aufgrund der Tatsache, dass die beiden Unternehmen einen kombinierten Marktwert von fast 130 Milliarden Dollar hatten. Das von ihnen in Betracht gezogene Übereinkommen wäre eine börsenumfassende Transaktion gewesen und als »Merger of Equals« angekündigt worden, sagte eine Person aus dem inneren Kreis.

»Eingeweihte, eine Person aus dem inneren Kreis« … Ich war mir ziemlich sicher, wer diese Eingeweihten waren: ein oder mehrere skrupellose Investmentbanker voller Eifer für ein Geschäft, aus dem sich Profit schlagen ließ, oder jemand von Elliott voller Eifer für ein Geschäft, aus dem sich Profit schlagen ließ – oder beides.

Jedenfalls waren die Gerüchte, die ich über HP gehört hatte, korrekt gewesen. Und was Joe Tucci mir Ende August nicht hatte sagen können, als ich ihn wegen einer Fusion aufgesucht hatte, war, dass Meg Whitman drauf und dran war, mir zuvorzukommen.

Wie ich später herausfand, hatte Meg erstmals im November 2013 wegen einer möglichen Übernahme durch Hewlett-Packard bei Joe vorgesprochen, kurz nachdem unser Börsenrückzug endlich genehmigt war. Sie muss sich gewundert haben, warum wir nicht selbst einen solchen Aufkauf anstrebten: Vielleicht dachte sie, der Abschied von der Börse würde uns ablenken. Die HP-EMC-Verhandlungen zogen sich bis weit ins Jahr 2014 hin und liefen sehr gut. Was die beiden Firmen erarbeiteten, war ein Aktie-für-Aktie-Geschäft: Statt viel Geld auszugeben und Kredite aufzunehmen, um EMC zu kaufen, würde HP die EMC-Aktionäre ihre Anteile auf Eins-zu-eins-Basis gegen HP-Aktien eintauschen lassen. Gewaltige Mengen Eigenkapital und Schulden unnötig! Wenn der aufgewirbelte Staub sich gesetzt hatte, sollten alle Aktien kombiniert werden, um ein gigantisches neues Unternehmen zu schaffen, eines, das vollkommen in der Lage war, uns in den 5-S-Sektoren zu übertreffen – Service, Software, Speicherung, Server und Security –, die erfolgreich zu bedienen wir uns so bemüht hatten.

HP und EMC hatten sich per Handschlag geeinigt, und dann, in letzter Minute, machten sie es doch nicht. So viel ich gehört hatte, hatte HP kurz vor Toresschluss letztlich gesagt: »Unsere Aktien sollten gegenüber euren einen Fünf-Prozent-Aufschlag bekommen, weil wir ein besseres Geschäft haben als ihr.« Das empfand der EMC-Vorstand als Vertrauensbruch. Game over. Der Knüller-Deal und die Knüller-Fusion, die ein Mega-Unternehmen geschaffen hätten, das den Cloud-Infrastruktur- und den Security-Sektor beherrscht und uns ernstlich in Schwierigkeiten gebracht hätte, existierten plötzlich nicht mehr. Und letztlich verlor HP das Geschäft wegen eines relativ trivialen Geldbetrags, finde ich. So sehr ich Meg Whitman mag und bewundere, ich glaube, dass sie hier einen groben Schnitzer gemacht hat.

Egal ob irgendein windiger Investmentbanker nun den *WSJ*-Artikel initiiert hatte, um ein bisschen Action zu schaffen, es gab im Herbst 2014 auch so schon reichlich Action in der Technologiewelt und nicht alles davon war positiv.

Hewlett-Packard steckte enorm in der Klemme (ein Kommentator bezeichnete es damals als »Unternehmen in starker Schieflage, dessen profitabelste Produktlinie Druckertinte ist«), EMC wurde von Elliott unter Druck gesetzt und auch andere vermeintliche IT-Titanen waren in Schwierigkeiten. Die Erträge von Oracle gingen abwärts aufgrund von Gerüchten, dass Larry Ellison ausscheiden wolle (was er nicht tat); Microsoft entließ 18 000 Beschäftigte; die großen Softwarefirmen CA Inc. und Compuware hatten ebenfalls mit Problemen zu kämpfen.

Manche sagten, diese Unternehmen repräsentierten die Vergangenheit, nicht die Zukunft. Die Zukunftswelle, so fanden einige, bestehe aus originären Online-Konzernen wie Amazon, Google, Facebook, Twitter, Yahoo und vielen anderen. Doch unter dem schützenden Dach der privaten Unternehmensführung hatte Dell – geboren in Dobie 2713 – begonnen, an einer Kombination zu arbeiten, die, wenn wir sie durchziehen konnten, atemberaubend groß wäre, die größte (mit bis zu 60 Milliarden Dollar und mehr) in der Technologiegeschichte.

Wenn wir sie durchziehen konnten.

Drei Tage nach dem Artikel im *Journal* rief ich Joe Tucci erneut an, um über die ganz neue Landschaft zu sprechen, in der wir uns nun wiederfanden. Das Gespräch war mit 15 Minuten angesetzt, aber Joe und ich blieben viel länger am Telefon, während wir uns damit beschäftigten, wie wir mit den beachtlichen vor uns liegenden Herausforderungen umgehen sollten. Über eins waren wir uns einig: Im weiteren Verlauf wäre strikte Geheimhaltung entscheidend. Die Codenamen wurden wieder hervorgeholt. Wir waren Denali. EMC war Emerald. VMware war Verdite. Die Fusion war Project Emerald.

Wenn ich mich an diese Zeit zurückerinnere, an Sommer 2014 bis Herbst 2015, dann dachte ich (ohne es zu sagen) bei jedem Treffen mit Schlüsselkunden und Partnern: Ist die Kombination mit EMC und VMware sinnvoll? Wie werden diese Kunden und Partner darauf reagieren? Wie werden unsere Mitarbeiter reagieren? Was wird gut funktionieren und welche Probleme werden wir meistern müssen? Und bei all diesen Gesprächen forschte ich auf jede mir mögliche Weise intensiv nach Antworten auf diese Fragen, während ich die ganze Zeit mein Bestes gab, mir nichts anmerken zu lassen. Die potenzielle Fusion war – ganz ähnlich wie der Börsenrückzug – die ultimativ abgewogene Entscheidung. Etwas, worüber man sehr lange und sehr sorgfältig nachdenkt, ehe man sich zum Handeln entschließt.

13

Harry You und der Gedankenblitz

Am 7. Oktober 2014 kündigte Meg Whitman an, genau das zu tun, was nicht zu tun sie vor drei Jahren bei ihrer Übernahme der Führung von Hewlett-Packard versprochen hatte: das Unternehmen aufzuspalten. HP Inc. würde das noch profitable PC- und Druckergeschäft umfassen; Hewlett-Packard Enterprise würde (unter Megs Leitung) die Unternehmensbereiche Server, Speicherung, Netzwerk, Software und Services beinhalten – eben jene Bereiche, die eine Fusion mit EMC ergänzt und bereichert hätte. Es war nicht schwer, diesen Schritt als weitere Herabsetzung eines einstmals großartigen Unternehmens zu betrachten.

Und nun, da Cisco ebenfalls aus dem Rennen war, hatten wir einen klaren Vorteil, selbst die Fusion durchzuführen – wenn wir doch nur herausfinden könnten, wie zum Teufel das gehen konnte. Joe Tucci und ich telefonierten im Spätherbst noch mehrere Male und dann planten wir, uns im Januar zu treffen, wenn wir beide am Weltwirtschaftsforum in Davos teilnahmen.

Am Tag nach Weihnachten unternahmen Egon und ich auf Hawaii einen weiteren langen Spaziergang am Strand entlang, demselben Weg folgend, den wir zwei Jahre zuvor genommen hatten, als wir erstmals über die Privatisierung diskutiert hatten. So viel war inzwischen passiert und es gab so viel zu besprechen. Doch natürlich hatte unsere Beziehung sich im Laufe dieser beiden Jahre völlig verändert: Damals war Egon einfach ein kluger Kopf gewesen, dessen Vorstellungen über einen

Börsenabschied von Dell ich ausloten wollte; heute war er ein guter Freund und ein zutiefst vertrauenswürdiger Geschäftspartner.

Das erste Stück plauderten wir über die Dinge, über die Freunde eben reden: Wie es seinen drei Kindern (deutlich jünger als meine) und meinen vieren ging, wie sein Weihnachtsfest gewesen war (wir hatten gerade am 24. Hanukkah gefeiert). Wir diskutierten über den kürzlichen großen Hackerangriff auf Sony Pictures, möglicherweise durch Nordkorea, und dass Sony den kontroversen Film *The Interview* nicht mehr im Kino zeigte. Und natürlich fragten wir uns beide laut, welche Chancen die bevorstehende Aufspaltung von HP in zwei Unternehmen mit sich bringen könnte.

Von da aus war es ein fließender Übergang zu dem Hin und Her der großen Fusion: was gut laufen und was schiefgehen könnte; welches Umsatzwachstum die Kombination der beiden Geschäftsbereiche bringen könnte; welche Hindernisse uns noch im Wege standen. Und es gab noch beträchtliche Hindernisse.

Wie würden unsere jeweiligen Kunden und Partner auf die Akquisition reagieren? Wie unsere Mitbewerber? Welche möglichen Finanzinvestoren oder strategischen Bewerber (Technologie-Konkurrenten) oder beides vermochten ein höheres Gebot abgeben? Welche Wirkung konnte die Intervention eines Aktivisten (Elliott oder ein anderer) haben?

Und um ein immer noch kompliziertes und schwieriges Thema fortzuführen: Wie konnte dieses Abkommen finanziert werden?

Die wunderbare rauschende Brandung und der heitere blaue Himmel schienen zu sagen: Das Leben ist so einfach, genießt es. Doch sowohl Egon als auch ich wussten, so wahr dies auch auf einem Strandspaziergang am Tag nach Weihnachten auf Hawaii sein mochte, der weitere Weg würde steinig werden.

Ungeachtet der vielen Reporter und Fotografen in ganz Davos schafften Joe und ich es, einen ungenutzten Besprechungsraum zu finden, in dem wir uns unterhalten konnten, ohne irgendwelche Aufmerksamkeit zu erregen. Anfang März trafen wir uns erneut, als wir an einer Technologie-CEO-Konferenz in Washington teilnahmen. Die Themen, mit denen Joe und ich uns befassten, waren immer dieselben: Welche Umsatz- und Kostensynergien würde eine Fusion unserer beiden Organisationen erzeugen? Was wäre die Rolle von VMware in dem neuen Unternehmen? Welche Rolle würden die kulturellen Unterschiede spielen zwischen EMC aus Boston, VMware aus Silicon Valley und Dell aus Austin? Wie konnte dieser gewaltigen Transaktion zum Durchbruch verholfen werden? Und welche Führungskräfte aus beiden Unternehmen wären am besten in der Lage, unsere Strategie umzusetzen?

Wir erkannten, dass es an der Zeit war, unsere Diskussion über die vier Augen hinauszubringen, und planten ein Treffen für Anfang April – in meinem Haus in Austin, um die Vertraulichkeit zu gewährleisten –, an dem außer Joe und mir auch Egon teilnehmen würde, Bill Green, ein Vorstandsmitglied von EMC und ehemaliger CEO der Technologie-Beratungsfirma Accenture, sowie Harry You, ein Vizepräsident von EMC und Verantwortlicher für Unternehmensstrategie (und früherer CFO von Oracle).

Am Karfreitag, dem 3. April, kamen wir alle zusammen. Im Laufe der fünfstündigen Besprechung nahm die Ernsthaftigkeit der Diskussion noch mal deutlich zu. (Trotzdem war es eine angenehme Unterbrechung der Intensität, als Zach, erkennbar angelockt von dieser hochrangigen Zusammenkunft, den Kopf zur Tür hereinsteckte, um Hallo zu sagen.) Wir fingen an, die Umsatz- und Kostensynergien zu meistern: Wir hatten immer gedacht, es gäbe viel mehr von den Ersteren als von den Letzteren, doch es stellte sich heraus, dass die Umsatzsynergien zwischen den beiden Firmen sogar noch größer waren als wir vermutet hatten. Es gab aber immer noch ein finanzielles Problem: Selbst wenn wir alles Eigenkapital und alle Kredite kombinierten, die wir glaubten, aufbringen zu können, konnten wir es uns immer noch nicht leisten, den 81-prozentigen Anteil von EMC an VMware zu kaufen. Dennoch sagte Egon – eine starke Persönlichkeit mit einer großen Erfolgsbilanz bei Silver Lake –, er sei sehr optimistisch, dass es auf die eine oder andere Art klappen würde.

Als wir uns vertagten, reisten Joe und Bill zurück nach Boston, während Egon und Harry zurück nach Kalifornien flogen. Und wie Egon mir später erzählte, gingen er und Harry die Finanzfrage immer und immer wieder durch, bis Harry plötzlich sagte: »Wir könnten noch etwas anderes probieren.«

Als General Motors 1984 in der technologischen Zukunft hatten Fuß fassen wollen, wollten sie Ross Perots Unternehmen Electronic Data Systems aufkaufen, sowohl um die diversen Computersysteme des Autoherstellers zu standardisieren als auch um in die Geschäftsbereiche Gesundheitsvorsorge und Gehaltsabrechnung von EDS zu gelangen. Doch das Abkommen kam ins Stocken, als GM vorschlug, EDS teilweise mit General-Motors-Aktien zu bezahlen. Perot und seine Mitarbeiter, die ihr Unternehmen als einen beweglichen, wachstumsstarken Hightech-Trendsetter betrachteten, waren wenig bereit, ihr finanzielles Wohlergehen mit dem eines langsamer wachsenden, konservativen Autoherstellers zu koppeln. Besonders missfiel ihnen, dass die Erfolge von EDS im weiteren Verlauf bei einem Zusammenschluss mit GM aufgrund von dessen enormer Größe einfach untergehen würden – keine Innovation, die von den EDS-Mitarbeitern ersonnen wurde, konnte den Aktienkurs eines riesigen alten Schlachtschiffs wie General Motors verändern.

Daher entwickelten die mit dem Deal betrauten Investmentbanker eine geniale Lösung: die E-Klasse-Stammaktie von GM, auch bekannt als Tracking-Aktie.

Die E-Klasse-Stammaktie beruhte vollständig auf derselben finanziellen Grundlage wie die bestehende Stammaktie von General Motors, nur dass GM die Dividenden nicht aufgrund der Erträge von General Motors ausschütten würde, *sondern aufgrund jener von EDS.* Das verschaffte den Mitarbeitern von EDS einen direkten Anreiz, ihren eigenen Geschäftsbereich zu verbessern und auszubauen, und ermöglichte einen Fortgang der Fusion.

Schneller Vorlauf ins Jahr 1995, als GM nach einer zehnjährigen profitablen, aber wechselvollen Unternehmensallianz danach trachtete, sich von EDS zu trennen und wieder nichts anderes zu sein als ein Autohersteller. Insbesondere wollte GM seine Tracking-Aktien loswerden, jetzt im Wert von zehn Milliarden Dollar, ohne Unmengen Steuern dafür bezahlen zu müssen. Man beauftragte Harry You, damals ein junger Investmentbanker bei Lehman Brothers, eine Lösung für dieses Problem zu suchen. (General Motors löste es letztlich, indem die Tracking-Aktien in die Stundensatz-Altersvorsorge einflossen.) Im Rahmen dieses Prozesses befasste sich Harry intensiv mit diesem merkwürdigen Finanzinstrument namens Tracking-Aktien.

Weitere 20 Jahre später saßen Harry You und Egon Durban in Egons Flugzeug Richtung Westen und versuchten herauszufinden, wie Dell Inc. 60 Milliarden Dollar aufbringen konnte, um mit EMC zu fusionieren. Irgendwo über dem Südwesten des Landes erinnerte Harry sich an GM und EDS.

»Wie wär's denn«, sagte Harry, »wenn wir eine neue Aktienklasse für VMware ausgeben, eine, die keine Unternehmensbeteiligung widerspiegelt, sondern vielmehr die Unternehmens-Performance nachvollzieht? Damit könnten wir die EMC-Aktionäre in diesem Deal berücksichtigen, indem wir ihren EMC-Aktien noch VMware-Tracking-Aktien hinzufügen.« Egon sprang sofort auf diese Idee an – so sehr, dass er und Harry augenblicklich – noch im Flugzeug, auf Papierservietten – zu skizzieren begannen, wie eine VMware-Tracking-Aktie im Rahmen einer Dell-EMC-Kombination funktionieren könnte.

Und da wir seit sechs Monaten kontinuierlich und als echte Partner Hand in Hand an dieser Idee zusammengearbeitet hatten, rief Egon mich unmittelbar nach der Landung aus seinem Auto heraus an und erzählte mir ganz aufgeregt von Harry Yous Gedankenblitz.

Ich hatte schon mal von Tracking-Aktien gehört. Ich erinnerte mich an die E-Klasse-Aktien von GM, weil ich Ross Perots Geschichte sehr intensiv mitverfolgt hatte. Aber ich verstand das Konzept nicht zur Gänze. Also informierte ich mich darüber. Das ist so meine Art – ich vergrabe mich gern in ein Thema, bis ich das Gefühl habe, es wirklich begriffen zu haben. (Manchmal muss ich sehr viel graben.) Ich ging online und auf mein *Bloomberg*-Terminal und las alles, was ich über dieses spezielle Finanzinstrument finden konnte, und über die Firmen, die es verwendet hatten. Im Internet fand ich alle möglichen Abhandlungen von Finanzprofessoren über die Vor- und Nachteile von Tracking-Aktien. Und allmählich wurde ich ein bisschen optimistischer, dass dieser Everest einer gigantischen Fusion ein zu erklimmender Berg war.

Ich unternahm alles, um EMC und VMware aus jedem Blickwinkel zu verstehen – forschte gründlich, um irgendeine Schwachstelle zu finden, irgendeinen übersehenen Aspekt, irgendetwas, von dem ich nichts wusste. Ich erstellte eine Liste der langjährigsten Führungskräfte, die EMC in den letzten Jahren verlassen hatten, und organisierte mit vielen von ihnen ein Vier-Augen-Gespräch, um mehr über die Firma herauszufinden. Häufig war der vorgebliche Anlass des Treffens eine berufliche Chance bei Dell und in einem oder zwei Fällen stellten wir die betreffende Person tatsächlich ein. Dennoch war es nicht unüblich, dass ich mich mit Führungskräften traf, selbst wenn wir keine freien Stellen hatten, um sie kennenzulernen für den Fall, dass sich eine Gelegenheit ergab. Ich habe routinemäßig ein Auge auf talentierte Leute in unserer Branche, sowohl innerhalb als auch außerhalb unseres Unternehmens.

Warum diese Machenschaften? Warum nicht, höre ich Sie fragen, einfach ein paar Datenspeicherungs- und Virtualisierungs-Start-ups aufkaufen und sie in Dell integrieren – jener Prozess, der in der Technologie-Welt als Perlenketten-Strategie bekannt ist? Das wäre doch viel billiger, als EMC und VMware zu erwerben. Richtig, beide Unternehmen hatten unglaublich starke Positionen im Datenspeicherungs- und Virtualisierungssektor. Aber es gab jede Menge Herausforderer da draußen: ungezählte Start-ups, die darauf aus waren, ihnen den Rang abzulaufen. Die Sand Hill Road, jene Straße im Silicon Valley, deren Name zum Synonym für die vielen dort ansässigen Wagniskapitalgeber wurde (und die in der Technologiebranche ebenso berühmt ist wie die Wall Street im Finanzsektor), finanzierte weiterhin viele neue Start-ups für Datenspeicherung, und EMC kaufte sie oft auf, wenn sie größer wurden. Diese Vorgehensweise – eine Art F&E durch Akquisition – hatte ihre Vorzüge, aber auch ihre Grenzen. Zum einen war sie sehr teuer: Die Aktionäre konnten mit Recht den Eindruck gewinnen, dass es den Wert ihrer Aktien verwässerte.

Außerdem hatte ich den Eindruck, wenn die Branche sich konsolidieren wollte – und alle Zeichen deuteten auf die Unausweichlichkeit einer Konsolidierung –, musste sich irgendwie ein führendes Unternehmen herausbilden, das die Reichweite und die natürliche Innovationsfähigkeit, die F&E-Stärke besaß, um aufeinanderfolgende Generationen von marktführenden Produkten zu schaffen. Ja, es gab gute Gründe für die interne Innovation, und ja, es gab gute Gründe für kleinere Akquisitionen, aber der Grund, warum die Sand Hill Road weiterhin neue Datenspeicherungs-Start-ups unterstützte, manchmal mit Fantasie-Wertermittlungen, lag darin, dass sie höchstwahrscheinlich entweder von einem größeren Unternehmen aufgekauft wurden (meist EMC selbst) oder an die Börse gingen.

Doch die Welt drehte sich weiter, die Branche veränderte sich, und im Laufe der Zeit wandte die Sand Hill Road sich der Finanzierung anderer angesagter Bereiche zu. Die Kunden sind immer der ultimative Maßstab. Und obwohl VMware von neu entstehenden Firmen und Technologien unter Druck gesetzt wurde, waren Pat und die Belegschaft von VMware ausgezeichnet darin, zu innovieren und ihre eigenen Akquisitionen vorzunehmen, um den Unternehmensvorteil zu wahren.

Dennoch traf ich mich als Teil meines (sehr) wohlüberlegten Entscheidungsfindungsprozesses mit jeder der Firmen, die sowohl EMC als auch VMware herauszufordern planten, um zu erfahren, ob ein Perlenketten-Plan sinnvoll wäre. Und ich fand dabei heraus, dass einige dieser Start-ups zwar interessante Ideen hatten, aber weit davon entfernt waren, sie in großem Maßstab umsetzen zu können. Zudem zeigten sie keinerlei Anzeichen dafür, gut miteinander integriert werden zu können.

Und es gab noch ein Problem: All diese Unternehmen verloren enorm viel Geld. Ihre Wagniskapitalgeber waren (für den Moment) willens, ihre Verluste aufzufangen; gleichzeitig hatten sie astronomische Werteinschätzungen. Und unsere bisherige Akquisitionsstrategie hatte mir gezeigt, wie überaus unwahrscheinlich es war, ein Bündel von Start-ups aufkaufen zu können, die einen Branchenführer wie EMC/VMware ins Wanken bringen würden. Die Preisschilder von EMC und VMware wiesen eine Menge Nullen auf, aber im Verhältnis zu ihrem derzeitigen Cashflow und unseren Prognosen ihrer künftigen Profitabilität schien diese Werteinschätzung ein Schnäppchen zu sein.

James Bainbridge Lee von JP Morgan Chase – den jeder nur als Jimmy kannte – war einer unserer wichtigsten Finanzberater bei der Privatisierung gewesen und arbeitete nun sowohl als Berater wie auch als führender Investmentbanker bei der EMC-Fusion mit. Jimmy war überragend in seinem Fachgebiet, hatte bahnbrechend an der Entwicklung der kreditgestützten Geldmärkte in den USA mitgewirkt und beinahe im Alleingang den modernen Konsortialkreditmarkt aufgebaut. Mit seinem zurückgegelten grauen Haar, den Apfelbäckchen und dem wachen Geist war Jimmy eine überaus präsente Persönlichkeit, brillant und überschwänglich und eine anregende Gesellschaft.

Am Donnerstag, dem 28. Mai, hatten Jimmy, Egon und ich eine lange und ausführliche Besprechung über die Herausforderungen, denen wir bei der Finanzierung des Deals immer noch gegenüberstanden. Der stets optimistische Jimmy sah eher Möglichkeiten als Hindernisse. Er stellte seine Sichtweise dar, wie alles zusammengehen könne: Silver Lake und ich (einschließlich MSD Capital, der Firma, welche die Investitionen meiner Familie verwaltete) konnten ein Eigenkapital von fünf oder sechs Milliarden Dollar einbringen. Die Tracking-Aktie von VMware würde rund 18 Milliarden Dollar einbringen. Er erwähnte als mögliche Kapitalquelle auch Temasek, einen unabhängigen Vermögensfonds, der Investitionen für die Regierung von Singapur (und einen der Hauptinvestoren bei unserem Börsenrückzug) verwaltete.

Trotzdem mussten wir noch an die 50 Milliarden Dollar Kredit aufnehmen, eine beispiellose Summe. Wie konnten wir die Banken überreden, uns das Benötigte zu leihen, ohne dass die Zinsen uns auffraßen? Und wie konnten wir den Vorstand von EMC davon überzeugen, dass das Abkommen sich wirklich lohnte?

Die Banken bereiteten Jimmy überhaupt keine Sorgen. »Vertraut mir – wir schaffen es, die Kredite zu bekommen«, sagte er. Wirklich wichtig sei es jetzt, fuhr er fort, den EMC-Vorstand zu überzeugen – ihm deutlich zu machen, dass die Geschäftsfelder von EMC und Dell sich in hohem Maße ergänzten, dass es bei der Fusion um Wachstum und neue Chancen ging und dass Austin und Boston gut zusammenspielen konnten.

»Sie wollen Sicherheit«, sagte Jimmy. »Sie sind das größte Börsenunternehmen in Massachusetts und ihr seid ein Privatunternehmen aus

Texas – wie soll das funktionieren? Bereitet ihr eine Menge Probleme? Ihr Vorstand hat eine hohe Verantwortung – an erster Stelle steht natürlich der bestmögliche Kurs für die Aktionäre. Aber sie denken auch an ihr eigenes Vermächtnis. Sie wollen auf lange Sicht ein gutes Ergebnis für das Unternehmen und seine Mitarbeiter.

Sagen Sie ihnen, dass Sie sich in Boston eine Wohnung suchen«, wies Jimmy mich an. »Sagen Sie ihnen, dass Sie dort eine Menge Zeit verbringen werden – dass Sie alles in Ihrer Macht Stehende tun, damit es funktioniert. Das werden sie gern hören.«

Ich hielt das für eine glänzende Idee und das sagte ich ihm auch. Ich weiß noch, dass Jimmy, als wir die Besprechung beendeten, sagte, er werde jetzt mit seinem Sohn surfen gehen. Er schien sich darauf zu freuen. Das kam mir mindestens ebenso bewundernswert vor wie seine Finanzzaubereien.

Die Familie stand an diesem Wochenende auch bei mir im Vordergrund und es war ein fröhlicher Marathon: Unsere Älteste, Kira, machte ihren Abschluss cum laude in Vassar in Poughkeepsie, New York, und die Zwillinge Zachary und Juliette an der St. Andrew's Upper School in Austin. Das Ganze begann am Freitag mit einem Abendessen für Zach und Juliette bei uns zu Hause, an dem rund 25 Familienmitglieder und enge Freunde teilnahmen. Ihre Abschlussfeier war am nächsten Morgen und von dort aus brachen wir gleich zum Flughafen auf, um nach Poughkeepsie zu fliegen. Samstagabend war Kiras Graduiertendinner und am Sonntag dann die Entlassungsfeier. Drei Abschlüsse an einem Wochenende, und zum Glück konnten wir an allen teilnehmen, sogar mit Großeltern, außer meiner Mutter, die wir alle schmerzlich vermissten.

Familienangelegenheiten hatte ich auch im Sinn, als ich mich mit Jack Egan traf, dem Sohn des verstorbenen EMC-Mitgründers Richard Egan: Jack als unabhängiges Vorstandsmitglied war ein zentrales Bindeglied zu den Ursprüngen des Unternehmens. Ohne seine Unterstützung war EMC nicht zu verkaufen, deshalb reiste ich am 8. Juni nach Boston, um ihn darum zu bitten.

Dieses Treffen, ein Abendessen in einer Hotelsuite hoch über dem Hafen, war ein wohl gehütetes Geheimnis mit nur vier Teilnehmern:

Jack, Harry You, Egon und ich. Jack wollte die Fusion ohne die Überwachung oder den Einfluss von Joe Tucci prüfen, deshalb war Joe nicht dabei (was vollkommen angemessen war). Harrys Funktion bestand lediglich darin, das EMC-Management zu repräsentieren und das Vorgehen zu beobachten. Nachdem wir mit Essen und Small-Talk fertig waren, versicherten Egon und ich Jack, dass die Firma seines Vaters in guten Händen sein würde. Wir legten uns sehr ins Zeug und es war uns ernst damit.

Jacks erste Frage entsprach den Erwartungen: EMC war das größte Börsenunternehmen in Massachusetts mit starken wirtschaftlichen und kulturellen Wurzeln in Boston – worin bestünde das Engagement von Dell für Boston und die Gemeinde?

Vielleicht weil ich selbst Unternehmensgründer bin, aber nicht nur deshalb, sagte ich, ich halte es für wichtig, die Geschichte und das Vermächtnis der Ursprünge eines Unternehmens zu würdigen, mitsamt aller dabei begangenen Fehler. Ich sagte Jack, wir würden diejenigen, die EMC und VMware ins Leben gerufen hatten, immer im Gedächtnis behalten, respektieren und ehren, genau wie ihre Vorgehensweise.

Ich erzählte ihm, dass alle drei Unternehmen, EMC, VMware und Dell, sich stark an ihren jeweiligen Standorten engagierten, und was uns angehe, so würden wir diese Philosophie nach einer Fusion mit Freuden auf Boston ausweiten. Fürs Erste, so sagte ich (und lächelte, als ich an Jimmy dachte), würde ich mir in Boston eine Wohnung kaufen und Zeit in der Stadt verbringen, wenn ich in der EMC-Hauptniederlassung in Hopkinton arbeitete, die nur rund 20 Meilen den Mass Pike hinunter lag.

Jack nickte, dann fragte er nach unserer Strategie und den Plänen für das vereinigte Unternehmen.

Ich sagte Jack, dass EMC und Dell eine Traumkombination seien: das weltweit größte privat geführte Technologieunternehmen mit den branchenbesten Technologien, Produkten und Talenten und einem hinreißenden Vertriebspersonal. Die Fusion sei ein gutes Geschäft für die EMC-Aktionäre ebenso wie für die Kunden und Partner von Dell – ein Win-win.

Von unserem Börsenrückzug wüssten wir, so fuhr ich fort, dass eine private Struktur für die kombinierten Unternehmen Freiheit für

Investitionen in Verkauf und Innovation schaffen würde: einen langfristigen Fokus, unbeschadet von Quartalsergebnissen. Und die Investitionsfreiheit war nur der Anfang – die durch die Fusion geschaffene Kapitalstruktur sei ein Triebkraftverstärker für die Investitionskapazitäten. Das explosive Datenwachstum mit bald einer Billion verknüpften Geräten weltweit verlange nichts Geringeres. Täglich erlebten die Kunden, wie ihre Datenspeicherungs- und Sicherheitsanforderungen in die Höhe gingen: Sie mussten sich an ein Unternehmen wenden können, das ihnen eine große Bandbreite an Lösungsmöglichkeiten bieten konnte.

Und natürlich suchten Kunden immer nach einem vertrauenswürdigen Partner. Die Grundlagen existierten bereits – EMC war bei vielen großen Unternehmenskunden bekannt und beliebt, Dell bei Millionen von mittleren und kleinen Unternehmen. Wir beide zusammen seien für Kunden aller Größenordnungen ein noch stärkerer Partner des Vertrauens. Ein Partner, der führend sei in der Technologie von heute – Server, Speicherung, Virtualisierung, Cloudsoftware, PCs – und gut aufgestellt, auch in der Technologie von morgen zu führen: digitaler Wandel, Software-defined Data Center, konvergente und hyperkonvergente Infrastruktur, Hybrid Cloud, Mobilität und Sicherheit.

Beide Unternehmen hätten sich als Innovationstreiber erwiesen, sagte ich; gemeinsam hätten wir eine erweiterte Größenordnung, eine bessere Supply Chain und vor allem mehr Geschäftskunden – was EMC Dell eine größere Marktreichweite verschaffen würde als jedem anderen Technologieunternehmen auf der Welt.

Unterm Strich, sagte ich Jack, wäre Dell plus EMC das maßgebliche IT-Infrastruktur-Kraftwerk und in einer einzigartigen Position, um Kunden darüber zu beraten, wie sie ihre IT inmitten der Datenexplosion am besten transformieren können. Kein anderes Unternehmen komme dem auch nur nahe, sagte ich.

Am Ende des Abends nickte Jack, und wir verstanden, dass er uns seinen Segen gegeben hatte. Jetzt mussten wir nur noch den restlichen Vorstand überzeugen. Oh, und diese letzten 50 Milliarden aufbringen.

Wir hatten es fast geschafft, aber es war ein großes Fast.

Obwohl wir (Dell) bereit waren, das gesamte Kapital des bestehenden Geschäfts beizusteuern – im Wesentlichen eine Verdoppelung oder Verdreifachung der erfolgreichen Privatisierung – plus fast 4,5 Milliarden Dollar neuen Kapitals (2,8 Milliarden von mir persönlich und MSD Capital, 1,1 Milliarden von Silver Lake und 500 Millionen von Temasek), vermutete Jimmy Lee, die Banken würden dieses Gesamtkapital als nicht ausreichend erachten, um den Kredit abzusichern, der für die Durchführung der Akquisition erforderlich war. Deshalb befassten wir uns mit der Nutzung eines Mezzanine-Kredits – eine Mischform aus Kredit und Eigenkapitalfinanzierung, die es im Falle eines Scheiterns der Fusion dem Kreditgeber potenziell ermöglicht, das Darlehen in Kapital umzuwandeln. Aufgrund dieser Konversionsoption wird diese Art des Kredits als Kapital betrachtet. (Sie ist zudem teuer und hat einen erheblich höheren Zinssatz als der andere Kredit, den wir aufgenommen hatten.) Wir nahmen an, dass wir einen Mezzanine-Kredit in Höhe von zehn Milliarden Dollar brauchen würden.

Rasch schlussfolgerten wir, dass Temasek, der unabhängige Vermögensfonds aus Singapur, unser bester und möglicherweise auch unser einziger realistischer Partner war. Dennoch war es nach wie vor furchteinflößend, alles auf eine Karte zu setzen: Es gab einen Zeitpunkt in diesem Sommer, an dem es so schien, als würde der Deal nicht vorangehen, wenn Temasek keine zehn Milliarden Dollar investieren wollte.

Während der folgenden Wochen handelten wir mit Temasek die potenziellen Bedingungen aus und verfeinerten und optimierten weiterhin unsere Kapitalstruktur, um 1.) die Höhe des erforderlichen neuen Kapitals zu verringern, 2.) die Höhe des verfügbaren neuen Kreditkapitals zu erhöhen, 3.) die Kosten des Kreditkapitals zu minimieren und 4.) die direkte Eigentümerschaft von Dell an VMware zu maximieren.

Neun Tage nach meinem Abendessen mit Jack – es war der 17. Juni, ein Mittwochnachmittag – saß ich vor meinem *Bloomberg*-Terminal, als eine Nachricht über den Bildschirm flackerte, die mir die Haare zu Berge stehen ließ: Jimmy Lee war gestorben. Später erfuhr ich, dass Jimmy beim Training in seinem Haus in Connecticut zusammengebrochen war. Er wurde schnell ins Krankenhaus gebracht, konnte jedoch nicht wiederbelebt werden. Er war 62 Jahre alt gewesen. Viel zu jung.

Es war ein verheerender Schlag für uns alle, die wir Jimmy geliebt hatten – und das waren viele. Zudem geschah es mitten in dieser gewaltigen Transaktion, deren Finanzierung Jimmy für uns angeführt hatte. In Momenten wie diesem – ähnlich wie beim Tod meiner Mutter – wurden meine Abschottungsfähigkeiten auf die Probe gestellt. Meine Gedanken waren aufgespalten zwischen Mitgefühl für Jimmys Familie und Freunde, Überlegungen zur Vergänglichkeit des Lebens und den sehr dringlichen geschäftlichen Aktivitäten. Buchstäblich Zehntausende wären von dieser Transaktion betroffen. Wie konnten wir ihnen gerecht werden? Und wer konnte Jimmy Lees Stelle einnehmen?

Jimmy war eine Naturgewalt gewesen – das wusste jeder. Er war bei dieser Fusion das Raketentriebwerk gewesen. Und Jimmys Assistenten oder wer immer nun an seine Position aufrücken würde, waren eben nicht Jimmy. Einen Tag lang grübelte ich über all das nach, dann klingelte mein Telefon. Es war Jamie Dimon, Jimmys Chef und CEO von JPMorgan Chase. Ich kannte Jamie schon lange und hatte größten Respekt für ihn als Führungskraft. Und was er jetzt sagte – dass er für Jimmy einspringen und sich bis zu ihrer erfolgreichen Umsetzung um diese Vereinbarung kümmern würde –, erhöhte meinen Respekt für ihn noch.

Je weiter wir vorankamen, umso tiefer ging die Analyse.

Jedes Unternehmen behielt eine Beratungsfirma, um die Ertrags- und Kostensynergien für Project Emerald auszuloten: Bain für Dell und McKinsey für EMC. Ende August setzten wir eine Besprechung an, aus Gründen der Geheimhaltung in einem abgelegenen Hotel, einem »Hyatt Regency« irgendwo in der Wildnis des nördlichen New Jersey, für uns und EMC sowie eine Handvoll Banker und Anwälte, um die Ergebnisse der Berater zu überprüfen.

Am Abend davor aßen Joe Tucci, Bill Green, Harry You, Egon und ich gemeinsam in einem nahe gelegenen Restaurant, einem aufpolierten alten Eisenbahnwaggon. Das ernsthafte Geschäft war am nächsten Tag dran, heute Abend war die Atmosphäre an unserem Tisch freundschaftlich und heiter. Vielleicht war das der Umstand, der *die* Idee ans Licht kommen ließ.

Ich weiß noch, wie wir alle über das eine und das andere lachten, so auch über die Vorstellung, in eine Bank zu gehen, sich irgendeinem Kreditberater gegenüberzusetzen und zu sagen: Ich möchte gern 50 Milliarden Dollar aufnehmen – was ziemlich genau der Punkt war, an dem wir uns gerade befanden, und es kam uns urkomisch vor. Doch plötzlich machte Egon ein ernstes Gesicht und reckte den Zeigefinger in die Luft.

»Also sagt die Bank: Okay, wie wollen Sie das zurückzahlen?«, sagte er. »Und wir so: ‚Na ja, genau genommen haben wir dafür mehrere Möglichkeiten.‘«

Wir alle verstummten und lauschten.

»Eine davon ist, dass wir unser sogenanntes ISG-Geschäft haben, also die Kombination der Datenspeicherung von EMC, die es schon seit über 30 Jahren gibt, und des Servergeschäfts von Dell, das weltweit führend ist. Und dann haben wir dieses PC-Business, das eine Menge Cashflow generiert. Und dann«, fuhr er fort, »haben wir noch dieses Ding namens VMware. Auch wenn wir eine Tracking-Aktie ausgeben, haben wir doch 81 Prozent der tatsächlichen Stammaktien von VMware in unserer Bilanz. Sie werden an der New York Stock Exchange gehandelt und sind ungefähr 40 Milliarden Dollar wert. Aber weil wir nach der Fusion diese 81 Prozent von VMware in unserer Bilanz hätten, wäre unser Eigenkapital im Unternehmen viel größer, als es ohne die Einbeziehung von VMware wäre. Also, Herr Banker oder Frau Bankerin, wir haben eigentlich eine Menge Möglichkeiten, den Kredit zurückzuzahlen.«

Egon lächelte. »Und das Schöne daran ist, dass wir diesen teuren Mezzanine-Kredit von Temasek eigentlich gar nicht brauchen.«

Trügt mich meine Erinnerung oder haben Joe, Bill, Harry und ich spontan applaudiert? Jedenfalls weiß ich mit Sicherheit, dass wir jetzt alle lächelten.

Wir kontaktierten die Beratungsdienste der Rating-Agenturen, um unseren Finanzierungsvorschlag zu besprechen und um eine unverbindliche Bewertung unserer Finanz- und Kapitalstruktur zu bitten. Unsere endgültige Struktur beinhaltete jetzt die Prorogation einiger der bestehenden Schuldtitel mit Anlagequalität von EMC; aber was das

Wichtigste war: Aufgrund von Egons wasserdichtem Argument bezüglich VMware konnten wir für die Mehrheit der neu aufzunehmenden Kredite Tranchen-Ratings mit Anlagequalität bekommen.

Das war ein Durchbruch. Der Markt für Schuldtitel mit Anlagequalität ist viel tiefer – auf ihn zugreifen zu können, ermöglichte uns, die Summe zu erhöhen und die Kosten für verfügbares neues Schuldkapital so weit zu senken, dass wir keine teuren Vorzugsaktien von Temasek mehr aufbringen mussten, um die Transaktion zu finanzieren. Jetzt sahen wir einen Weg zum Sieg sich vor uns öffnen …

… mit einem weiteren entscheidenden Hindernis.

Am Morgen des Mittwoch, 2. September, gingen Egon und ich in die Anwaltskanzlei von Skadden Arps am Times Square zum wohl größten Meeting meines Berufslebens. Jetzt hieß es alles oder nichts, heute würde der EMC-Vorstand mich und mein Unternehmen genau unter die Lupe nehmen und entscheiden, ob wir würdig waren, ihre Firma aufzukaufen – und, kein Druck, ob ich würdig war, den ganzen Haufen zu führen.

Es beruhigte meine Nerven beträchtlich, dass wir einen Freund an unserer Seite hatten: Jamie Dimon.

Ein großer Besprechungsraum, voll mit EMC-Vorstandsmitgliedern, Führungskräften, Bankern und Juristen, eine Videokamera und Mikrofone, um alle einzuschließen, die nicht vor Ort sein konnten: Ein paar Dutzend Leute warteten darauf zu hören, was ich zu sagen hatte. Ich stellte mir das Ganze wie ein Bewerbungsgespräch vor – ich war zuversichtlich, mir aber gleichzeitig auch durchaus bewusst, dass eine Menge auf dem Spiel stand.

Der Vorstand hatte viele Fragen.

Sie wollten unsere Pläne verstehen und wissen, was sich alles verändern würde. Sie wollten wissen, wie wir das Ökosystem von VMware unabhängig halten würden. Sie wollten wissen, wie wir das philanthropische und gemeinnützige Engagement weiterführen wollten, das einen Kernwert der Kultur von EMC bildete. Ich lieferte ihnen eine meiner besten Präsentationen.

Ich erklärte, dass wir als Privatunternehmen mit langfristigem Fokus effektiver agieren konnten. Ich erwähnte den Kommentar, den ich vor ein paar Monaten für das *Wall Street Journal* geschrieben und in dem ich erklärt hatte, wie sich der Börsenrückzug für uns auszahlte. In dem Artikel hatte ich gesagt, dass die Privatisierung die Begeisterung unserer Mitarbeiter entfacht hatte, die jetzt die Freiheit hatten, sich zunächst auf das Innovieren für die Kunden zu konzentrieren, und zwar auf eine Art, die nicht immer möglich gewesen war, als wir uns noch bemüht hatten, die Quartalsanforderungen der Wall Street zu erfüllen.

Indem ich auf die Schwierigkeiten hinwies, vor die Southeast Management uns gestellt hatte, und die ganz ähnlichen Probleme erwähnte, die Elliott Management nach wie vor EMC bereitete, erinnerte ich den Vorstand daran, dass eine Privatisierung ein Unternehmen auch von dem Druck aktivistischer Investoren befreite.

Ich erläuterte unsere Pläne für die Mitarbeiterbindung und das Wachstum. Ich sagte, dass wir beabsichtigten, den Großteil unserer Geschäftsführer zu halten, weil es bei unserer Kombination hauptsächlich um Wachstum und Umsatzsynergien gehe – und ich erinnerte den Vorstand daran, dass HP viele Stellen gestrichen hatte. Die überwiegende Mehrheit der sehr talentierten Leute bei EMC, VMware und Pivotal würden unsere Teams ergänzen, sagte ich dem Vorstand.

Ich bekräftigte mein und unser Engagement für Boston und Massachusetts: Wie ich Jack schon erzählt hatte, hatte ich die Absicht, eine Wohnung in Boston zu nehmen. Ich versprach, dass wir die hervorragende Arbeit fortsetzen würden, die EMC durch die Verbindung zu den umliegenden Gemeinden begonnen hatte, zum Beispiel die Partnerschaft mit dem Staat, um Wissenschafts-, Technologie-, Programmier- und Mathematikunterricht sowie Inspiration an die K-12-Schulen zu bringen; Millionenspenden an lokale Wohltätigkeitseinrichtungen und Tausende Stunden freiwilliger Arbeit, um Umweltschutz und Katastrophenhilfe zu unterstützen. Ich versprach, dass wir die starke Unternehmenskultur würdigen, schützen und feiern würden. Ich sagte, ich hätte tiefen Respekt gegenüber dem, was Joe und sein Team geschaffen hatten und wie sie es geschaffen hatten, und dass wir es lediglich ausweiten, aber nicht verändern wollten.

Als das Meeting ungefähr eine Stunde gedauert hatte, herrschte vorübergehende Stille. Eins der Vorstandsmitglieder unterbrach sie mit einer Frage. »Diese Fusion würde Ihre Aufgabe deutlich vergrößern und Ihre Aufgabe ist bereits sehr groß«, sagte er. »Wir fragen uns alle, inwieweit Sie sich um das alles kümmern können.«

»Wissen Sie, dieses Geschäft trägt meinen Namen; es ist mein Leben«, sagte ich. Dann lächelte ich. »Aber diejenigen von Ihnen, die Kinder haben, werden es verstehen. Meine Zwillinge sind erwachsen, sie gehen jetzt beide aufs College – ich habe eine Menge freie Zeit zur Verfügung.«

Es gab Gelächter. Doch nachdem wieder Ruhe eingekehrt war, warf ein anderes Vorstandsmitglied mir einen ernsten Blick zu. »Haben Sie das Geld?«, fragte er. »Wir reden über eine Menge Geld.«

Ehe ich etwas sagen konnte, meldete sich Jamie zu Wort. »Ja«, sagte er. »Sie haben das Geld.«

Diesmal war das Gelächter sogar noch lauter. Dann erneut Stille, während das Format und die Glaubwürdigkeit des Mannes, der dies gesagt hatte, ihre Wirkung entfalteten. Es war ein Moment, den ich nie vergessen werde, und etwas, wofür ich Jamie immer dankbar sein werde.

Nach dem Meeting rief ich jeden der Top-Manager von EMC und VMware an und bat sie um die Zusage, bei dem neuen Unternehmen zu bleiben. Jeder Einzelne von ihnen sagte ja.

Wir kamen der Sache näher. Und allmählich wurde es sehr real.

Ich kehrte zurück nach Austin und ging dann am Samstag, dem 5. September, auf eine einwöchige Geschäftsreise zu einigen unserer Standorte in Asien. Die erste Station war Bangalore. Mein Vater begleitete mich, wie er es gelegentlich tat. Das gab uns eine schöne Gelegenheit, etwas Zeit miteinander zu verbringen; er konnte sich ein paar Sehenswürdigkeiten anschauen und er genoss es, hinter mir herzulaufen und mich in Aktion zu sehen. Wenn man ihn fragte, wer er sei, sagte er voller Stolz: »Ich bin der Gründer des Gründers.«

Von Bangalore ging es weiter nach Schanghai, dann nach Tokio. Dann flog Dad zurück nach Houston und ich traf mich am Wochenende mit Susan in einem abgeschiedenen kleinen Resort mitten in der Wildnis von Südutah, wo wir gern wandern gehen.

Vielleicht lag es auch am Jetlag, aber die bevorstehende, rasch herannahende und nur noch rund einen Monat entfernte größte Technologie-Akquisition aller Zeiten ließ mich mitten in der Nacht mit Herzklopfen aufwachen, wobei mir der Kopf schwirrte von Dingen, die ich noch tun musste, und der Frage, wie ich das alles schaffen sollte. Die Wahrheit ist, dass ich im tiefsten Inneren nicht sicher war, dass es funktionieren würde. Es gab so viele Details zu klären, Details, von denen nur wenige wussten, weshalb ich kein größeres Team darauf ansetzen konnte. Ich neige nicht zur Panik, aber – ohne dass ich je etwas Vergleichbares erlebt hätte – dies könnte meine Version einer Panikattacke gewesen sein. Ich schrieb mir allerhand auf, starrte eine Zeit lang hinauf in die Sterne und konnte dann endlich wieder einschlafen.

Am Montagmorgen, dem 12. Oktober 2015, machten wir eine große Ankündigung: Im Rahmen einer geschäftlichen Übereinkunft, die doppelt so groß war wie die bisherige reine Technologie-Transaktion (die 33-Milliarden-Dollar-Akquisition von Compaq durch HP im Jahr 2002), waren Dell Inc. und EMC zu einem Unternehmen mit über 150 000 Beschäftigten geworden, das künftig Dell Technologies heißen und von mir geleitet werden würde. Wir hatten es tatsächlich geschafft und ein 67-Milliarden-Dollar-Unternehmen mit einem Eigenkapital von 4,5 Milliarden Dollar (plus dem gesamten Eigenkapital von Dell Inc.) gekauft. Unsere Kreditfinanzierung war erfolgreicher gewesen, als wir es uns erträumt hatten. Es war, als wären wir mit einem Motorrad über ein Seil gefahren, das quer über die Niagarafälle gespannt war.

Sofort setzte der Gegenwind ein.

Unsere Konkurrenten sagten: Oh, die werden Jahre brauchen, um das alles auf die Reihe zu kriegen; das wird nicht funktionieren; sie haben jede Menge Schwierigkeiten; kaufen Sie lieber bei uns.

Meg Whitman marschierte dabei ganz vorne mit, wie sie es zuvor bei unserem Börsenrückzug getan hatte. In einer E-Mail an »alle Beschäftigten des Unternehmens Hewlett-Packard« bezeichnete sie die Fusion als »gut für Hewlett Packard Enterprise und eine Chance für uns, den Augenblick zu nutzen«.

Gut für HP, aber schlecht für Dell, behauptete Meg:

Um den 50-Milliarden-Dollar-Kredit abzubezahlen, den das neue kombinierte Unternehmen jetzt in der Bilanz stehen hat, muss Dell alljährlich rund 2,5 Milliarden Dollar nur allein an Zinsen bezahlen. Das sind 2,5 Milliarden, die sie von der F&E und anderen geschäftswichtigen Aktivitäten abziehen werden, und das wird sich auf ihre Kundenleistungen auswirken.

Meg schien ja verdammt viel über unsere Kapitalverteilung zu wissen! (In Wirklichkeit bereitete unsere kreative und effiziente Kapitalstruktur den Boden für einen starken Cashflow und eine beschleunigte Schuldenrückzahlung.) Doch unsere angeblich exzessive Kreditlast war keineswegs ihr einziger Kritikpunkt. Da war auch noch die problematische Kombination unserer beiden Unternehmen:

> Die Integration von EMC und Dell, die zusammengenommen über 75 Milliarden Dollar Umsatz und fast 200 000 Mitarbeiter haben, ist keine Kleinigkeit. Das wird ein gewaltiges Unterfangen sein und eine enorme Ablenkung für die Beschäftigten und das Management, denn hier kommen zwei ganz unterschiedliche Kulturen zusammen, die Führung wechselt und eine völlig neue Strategie wird entwickelt.

Doch das war immer noch nicht alles. »Zwei Portfolios zusammenzuführen«, behauptete Meg,

> erfordert ein beträchtliches Maß an Produktrationalisierung, was einschneidend für ihre Geschäftsaktivität sein und Verwirrung bei den Kunden stiften wird … Die Kunden werden einfach nicht wissen, ob die Produkte, die sie heute von einem der beiden Unternehmen kaufen, in 18 Monaten noch Support bekommen.

Wurde da aus dem Glashaus mit Steinen geworfen? Wie ein Kommentator schrieb: »Wenn sich irgendjemand mit so einem Durcheinander auskennt, dann ist es HP.« Diese riesige Akquisition von Compaq – die zugegebenermaßen lange vor Megs Führung erfolgt war – hatte nie viel gebracht außer der Demontage eines vormals bedeutsamen Unternehmens und einer Stärkung unserer Position am PC-Markt.

Und dann war da noch das Softwareunternehmen Autonomy, das HP gekauft hatte – ein Unternehmen, das zu akquirieren wir auch mal kurz erwogen, aber wieder verworfen hatten, weil es mit elf Milliarden Dollar vollkommen überteuert schien. Offenbar hatte der HP-Vorstand das genauso gesehen, denn er warf Léo Apotheker raus, weil er gesagt hatte, er plane, es aufzukaufen. Und dann, nur einen Monat, nachdem sie von Apotheker übernommen hatte, erwarb Meg Whitman Autonomy trotzdem zum zuvor vereinbarten Preis – was sich als peinliches Fiasko für Hewlett-Packard (und eine Acht-Milliarden-Dollar-Abschreibung) erwies, als sich herausstellte, dass Autonomy seine Bilanzen frisiert hatte.

Ich mag Meg und respektiere sie, aber was sie jetzt machte, war nichts anderes als Zweifel und Unsicherheiten zu säen im aussichtslosen Bemühen, ihre kolossale Niederlage wettzumachen, nämlich die Akquisition von EMC durch HP fallenzulassen. Es waren zwar keine Zweifel und Unsicherheiten auf dem ätzenden Niveau von Carl Icahn, aber trotzdem Zweifel und Unsicherheiten. Zu ihrer Verteidigung ist zu sagen, dass viele CEOs so etwas von Zeit zu Zeit machen: Ich habe es womöglich auch ein-, zweimal getan. Sie versuchte bloß, die Medien bei Laune zu halten und ihre Truppen zu sammeln. Doch sie spaltete ihr Unternehmen in zwei Teile in dem Moment, als sie zugab, dass sie in Wirklichkeit uns den Sieg im IT-Infrastruktur-Geschäft überlassen hatte.

Wir gaben die Fusion im Oktober bekannt, doch aufgrund eines langen, umständlichen Genehmigungsprozesses – alle wichtigen Behörden der Länder, in denen beide Unternehmen Geschäfte machten, mussten erklären, dass die Kombination keine Kartellrechtsverletzung darstellte – sollte sie erst elf Monate später, im September 2016 in Kraft treten.

Dazu eine Anekdote. Im August 2016 hatte jedes einzelne Land der Welt, das uns die Genehmigung für die Fusion erteilen musste – über 20 waren es – seinen Segen gegeben. Außer einem: China. Die Volksrepublik hatte binnen der festgelegten 180-tägigen Bewilligungsperiode kein grünes Licht erteilt und damit eine weitere 180-tägige Periode eingeleitet, in der weitere Analysen vorgenommen werden mussten. Weitere sechs Monate Verzögerung wären ein Schaden für unser Geschäft und für unsere Mitarbeiter gewesen, daher wies ich Rich Rothberg, unseren damaligen Chefjustitiar, an, nach Peking zu reisen, mir jede Woche Bericht zu erstatten und alles in seiner Macht Stehende zu tun, um der MOFCOM, der chinesischen Kartellbehörde, sämtliche benötigten Informationen zur Verfügung zu stellen, damit sie zu einer raschen Entscheidung kam.

Nach einer Woche rief Rich an und sagte, er habe nichts davon gehört, wann die Behörde entscheiden werde. Dasselbe nach Woche zwei. Als er in Woche drei mit derselben Nachricht anrief, sagte ich ihm, wir müssten deutlicher werden und der MOFCOM erklären, er werde China nicht ohne die erteilte Zustimmung verlassen, egal wie lange es dauerte. Rich nahm meine Anweisung mit rund 20-sekündigem Schweigen auf, während dessen er zweifellos darüber nachdachte, wie es wäre, die kommenden Monate in Peking zu verbringen und Thanksgiving, Weihnachten und Silvester mit unseren chinesischen Dell-Mitarbeitern zu feiern. Er erwiderte, er glaube nicht, dass die MOFCOM oder die chinesische Regierung sich um seinen Verbleib kümmerten oder sich davon beeinflussen ließen, während sie sich Zeit nahmen, über unser Schicksal zu entscheiden. Ohne mich von Richs mangelndem Vertrauen in die Macht eines Einzelnen abschrecken zu lassen, antwortete ich, es sei meiner Meinung nach auch von Bedeutung für unser Führungsteam und ein Zeichen dafür, wie wichtig es für das Unternehmen sei, wenn er unserem Team seinen Entschluss ankündige, so lange in China zu bleiben, bis die Genehmigung erteilt werde.

Erneut 20 Sekunden Stille – dann sagte Rich, er sei sicher, das, was er in China mache (hauptsächlich in einem Konferenzraum in unserer Dell-Niederlassung zu warten), könne ebenso wirkungsvoll in Austin getan werden. Diesmal schwieg ich, und nach weiteren 20 Sekunden (während denen Rich bestimmt über die Weisheit des »Vorschlags« seines Chefs sinnierte) äußerte er, er glaube tatsächlich, dass es sinnvoll sei, wenn er in Peking bleibe, und das sei ein starkes Signal gegenüber der chinesischen Regierung, dass wir alles Erforderliche taten, um eine zeitnahe Entscheidung zu erwirken. Ich weiß nicht, ob dieser Entschluss eine Rolle spielte oder nicht, aber zum Glück für Rich (und das Unternehmen) erteilte die MOFCOM ihre Einwilligung innerhalb der nächsten zehn Tage, und Rich kam Anfang September nach Hause, rechtzeitig vor den Feiertagen.

Während des gesamten Genehmigungsprozesses wussten wir, dass unsere Mitbewerber versuchten, Sand ins Getriebe zu streuen. Wir wussten, sie würden zur Kartellabteilung des Justizministeriums gehen und sagen: »Wissen Sie, Dell wird VMware kaufen, und damit entziehen sie VMware dem Zugriff sämtlicher Mitbewerber, deshalb müssen Sie das untersuchen.« Eins der ersten Dinge, die ich tun musste, war also, die CEOs all unserer Konkurrenten persönlich anzurufen – die Leiter von Cisco, IBM, NetApp, Lenovo und vielen andere, und ja, auch Meg Whitman –, um ihnen zu versichern, dass VMware unabhängig bleiben werde.

Damit hatte ich wirklich alle Hände voll zu tun.

Um es positiver auszudrücken, der langwierige Genehmigungsprozess gab uns mehr Zeit für die Arbeit an der sehr großen und sehr wichtigen Arbeit, Dell und EMC zu verschmelzen. Denn tatsächlich lag Meg mit ihrem zweiten Punkt – dass die Integration zweier riesiger Firmen mit jeweils eigener Unternehmenskultur eine beachtliche Leistung ist – gar nicht so weit daneben. Doch sie hatte diese Herausforderung so negativ wie möglich dargestellt, während ich sie als ungeheure Chance begriff.

Und vor allem als Markenchance. Eine der großen frühen Fragen war: Wie nannten wir das neue Unternehmen?

Das war eine Frage, die weder einfach noch intuitiv beantwortet werden konnte. Deshalb wandten wir einen erprobten Dell-Prozess an, mit dem sich jede Entscheidung, egal wie komplex, innerhalb von 30 bis 40 Tagen treffen lässt. Der Prozess besteht aus zwei Schritten: Fakten und Alternativen sowie Entscheidungen und Zusagen.

Unternehmen verstricken sich oft in großen, komplizierten Entscheidungen, die entweder nie getroffen werden oder vier, fünf oder zehn Monate dauern. Bei uns heißt es: Legen wir mal die echten Fakten auf den Tisch – keine Meinungen, Fakten. Gleichzeitig fragen wir: Welche legitimen Alternativen gibt es? Keine verrückten Sachen, die man nie tun würde, sondern nur die wirklich berechtigten Alternativen. Dann befasst man sich nicht lange, nur ein paar Wochen, intensiv mit jeder dieser Alternativen.

Danach kommt das Entscheiden und Zusagen, wobei es – wenig überraschend – heißt: Okay, wir treffen eine Entscheidung und machen sie verbindlich. Die Wahl beruht nicht auf Befindlichkeiten oder Gefühlen. Es ist ein sehr fakten- und zahlenorientierter Prozess. Wir haben eine Kultur der Wahrheitssuche und schon vor langer Zeit gelernt, dass Fakten und Zahlen unsere Freunde sind.

Bei der Sache mit dem Markennamen war die erste Frage: Welche Alternativen gibt es? Nun, man konnte das Unternehmen einfach Dell nennen. Man konnte es EMC nennen. Man konnte es DellEMC nennen. Man konnte es Dell-EMC-VMware nennen. Es gab noch ein paar weitere: Dell Labs oder Dell Laboratories.

Eine der Alternativen war die Schöpfung einer ganz neuen Marke. Doch wir schlussfolgerten, dass dies Hunderte Millionen kosten und sehr lange dauern würde, während wir mit Dell doch bereits eine der anerkanntesten Marken der Welt hatten. EMC war nicht ganz so bekannt in der Branche, bei einer bestimmten Art Kunden jedoch beliebt und hoch geschätzt. All diese Firmen mit den großen Gebäuden mit ihren Logos darauf – sie wussten, was sich in ihren Rechenzentren befand. Also schufen wir DellEMC als Marke für das Infrastruktur-Geschäft und als Mutterunternehmen Dell Technologies.

Aber noch wichtiger als die Benennung des neuen Unternehmens war es, ein vollständig integriertes und reibungslos funktionierendes Team zu schaffen. Zu diesem Zweck ging ich für den Rest des Jahres 2015 und in den ersten neun Monaten von 2016 auf eine große Charmeoffensive und tat alles, was ich konnte, damit möglichst viele EMC-Führungsebenen nicht nur zufrieden mit der Kombination waren, sondern begeistert davon.

Eine der ersten Herausforderungen bestand darin, jegliche Darstellung der Fusion als Akquisition zu vermeiden – besser noch auszumerzen.

Ich betrachte diese Dinge immer gern mit den Augen des Kunden und des Mitarbeiters, auch als Beschäftigter bekannt. Wenn man Kunde ist, will man von Akquisitionen nichts hören. Carl Icahn macht Akquisitionen. Es gibt diese Übernahmen, bei denen ganze Vorstände und Geschäftsführungen abgesägt werden, um schnellen Profit aus einem Unternehmen zu holen. Eine »Kombination« klingt viel besser als ein »Aufkauf«. Eine »Fusion« klingt ähnlich wie eine »Kombination«. Man kann »Fusion« sagen.

Doch wenn man Mitarbeiter ist, und vielleicht gerade, wenn man Mitarbeiter ist, hat es etwas sehr Merkwürdiges zu fusionieren. Wenn man in einer Firma anfängt, trifft man eine positive Entscheidung, dieser Firma beizutreten, und die Firma trifft eine positive Entscheidung, einen einzustellen. Bei einer Übernahme oder Fusion ist das nicht der Fall. Das Unternehmen wurde von einem anderen gekauft oder damit kombiniert und nun arbeitet man für diese neue Firma. Sie haben keine positive Entscheidung getroffen, für die neue Organisation zu arbeiten, und diese hat auch keine positive Entscheidung über Ihre Einstellung getroffen. Das ist eine völlig andere Beziehung und es ist sehr schwierig, sie den Menschen schmackhaft zu machen.

Was, wenn es andersherum gewesen wäre? Ich dachte lange darüber nach. Wir sitzen hier in Round Rock, Texas, und machen unsere Arbeit, und dann kauft irgendein Unternehmen uns auf. Nun, zunächst mal wäre die neue Hauptniederlassung nicht mehr in Round Rock, sondern irgendwo anders. Und ich wäre vielleicht dort oder auch nicht und vielleicht wären dort völlig andere Menschen. Es wäre auf jeden Fall anders.

Und so scheute ich in diesem Jahr keine Mühen, um so viele EMC-Mitarbeiter wie möglich auf die herzlichste nur vorstellbare Weise willkommen zu heißen. Natürlich hatten sie einen finanziellen Anreiz zu bleiben, aber der ist nicht so stark wie die emotionale Verbindung, das Gefühl: Okay, ich kenne die Leute, die an der Führung dieses Unternehmens beteiligt sind, und ich vertraue ihnen, und ich glaube an das, was wir machen, und was wir machen, ist wichtig.

Ich unternahm alles Mögliche. Ich lud Leute zum Abendessen ein. Ich lud Leute zu mir nach Hause ein. Ich wollte Beziehungen aufbauen und ihre Perspektiven und Einblicke kennenlernen. Aus unserem vorherigen Bündnis kannte ich einige der Geschäftsführer von EMC, zum Beispiel Bill Scannell (der schon 1986 in der Firma angefangen hatte) und Howard Elias, und während des letzten Jahres hatte ich noch viele weitere kennengelernt. Es war ein fantastisches, sehr begabtes Führungsteam. Ich vernetzte mich auf LinkedIn mit jedem, der einen einigermaßen wichtigen Posten bei EMC und VMware und Pivotal hatte. Keiner rechnete damit: »Sie haben eine LinkedIn-Anfrage von Michael Dell.« Ich will meine persönliche Bedeutsamkeit nicht aufbauschen, aber die Leute finden es spannend, direkt vom CEO kontaktiert zu werden, egal, wer das ist. Wenn jemand mir zurückschrieb, sagte ich: »Willkommen im Team! Wir freuen uns so und haben viel Gutes von Ihnen gehört« – vorausgesetzt, das stimmte. Und: »Ich kann es kaum erwarten, mit Ihnen zusammenzuarbeiten!«

Ich suchte auch so viele EMC-Büros auf, wie ich nur konnte, und schickte im Vorfeld immer eine Nachricht: »Ich möchte mich gern mit möglichst vielen Spitzenleuten persönlich treffen.« Ich war nicht unaufrichtig dabei. Ich sagte niemandem, ich hätte Gutes über ihn gehört, wenn ich gar nichts Gutes über ihn gehört hatte, aber meine Kampagne war zweckgerichtet. Ich realisierte, dass diese Menschen sich nicht gezielt entschieden hatten, für unsere Firma zu arbeiten; vielleicht wussten sie gar nichts über unsere Firma außer dem, was sie aufgeschnappt hatten. Es war also beinahe so, als würde ich jeden Einzelnen von ihnen noch mal neu einstellen. Ich kam ihnen auf mehr als halbem Wege entgegen, um zu sagen: »Hey, ich habe tolle Sachen über Sie gehört und ich will Sie wirklich im Team haben. Ich möchte Ihnen versichern, dass Sie eine wichtige Position im Unternehmen haben – ein entscheidender Grund für unser Zusammengehen ist die Arbeit, die Sie machen.« Und: »Dieses neue Produkt ist wirklich toll; ich möchte mehr darüber erfahren, halten Sie mich bitte auf dem Laufenden und bitte nehmen Sie jederzeit Kontakt zu mir auf, wenn ich Ihnen irgendwie helfen kann.« Ich wollte auch ihre Vorstellungen von den besten Chancen hören, die vor uns lagen. Mein Tenor bei all diesen Gesprächen war: »Wir stecken da gemeinsam drin.«

Doch meine Kampagne war auch zielgerichtet. Wir hatten von Anfang an gewusst, dass die Fusion einige Redundanzen erzeugen würde: Wir wollten nicht, dass alle blieben. In einigen Fällen gab es sich überlappende Positionen und es mussten ein paar schwere Entscheidungen getroffen werden. Das war nicht der entscheidende Plan des Zusammenschlusses, aber es musste getan werden.

Wie entscheidet man, wer geht und wer bleibt? Wir begannen mit Strategie, Struktur, Menschen. Was ist die Strategie? Was ist die beste Struktur zu ihrer Umsetzung? Und dann, wer passt am besten zu der Struktur, mit der die Strategie umgesetzt wird? Bei der Betrachtung der Menschen in beiden Organisationen entdeckten wir eine unglaubliche Fülle an Talenten – für fast jede Position hatten wir drei oder vier, manchmal sogar fünf qualifizierte Kandidaten. Wenn man zwei Unternehmensgiganten zusammenführt, ist es unvermeidlich, dass man mehr gute Leute als gute Jobs hat.

Auf der einen Seite gab uns das die Chance, das Talentniveau in der gesamten Organisation noch mal ordentlich anzuheben. Auf der anderen Seite sorgte es für ein paar schwere Momente.

Es gab eine Spitzenposition – ich sage nicht, welche –, die bei Dell wie bei EMC jeweils mit extrem kompetenten und einnehmenden Personen besetzt war. Der von Dell war erst vor Kurzem hinzugekommen, der von EMC war schon lange dabei. Jeder von ihnen hätte künftig herausragende Arbeit leisten können. Aber die bittere Wahrheit war, dass der Dell-Mitarbeiter, der erst kürzlich eingestiegen war, sich in der Position befand, in eine Rolle hineinzuwachsen, in der er nur die kombinierte Organisation kannte, und damit den fusionierten Unternehmen eine Perspektive verschaffen konnte, die es in einem alteingesessenen Unternehmen nicht gab.

Ich sagte dem EMC-Mann ohne Umschweife, dass es keine Stelle für ihn geben würde. Ich dankte ihm für die großartige Arbeit, die er geleistet hatte, und sagte, ich wüsste, dass er uns weiterhin durch die Vervollständigung der Fusion helfen würde. Ich sagte ihm, wir hätten eine großzügige Abfindungsregelung für ihn getroffen.

Er sagte: »Gut, ich denke darüber nach.«

Dann kam er wieder und stellte einen Plan vor, wonach der andere Mitarbeiter weiterhin seine Position für DellEMC innehatte und er selbst sie für Dell Technologies ausübte – was ihn zum Spitzenmann des Mutterunternehmens in dieser Position machen würde. Zum Über-Mitarbeiter, wenn man so will.

»Also«, sagte ich, »das ist nicht ganz das, was mir vorschwebte.« Es brauchte mehrere Besprechungen, ihn davon zu überzeugen, dass es tatsächlich keine Arbeit mehr für ihn gab. Er war wirklich ein netter Kerl und die Entscheidung war für uns beide schwer – für ihn natürlich schwerer. Er war enttäuscht von dem Ergebnis, aber nicht von der Abfindung.

Aus diesem manchmal holprigen Prozess gingen wir als großartiges Team hervor, das aus den besten Mitarbeitern des ganzen Unternehmens besteht. Wir waren und sind weiterhin sehr auf die Ausgewogenheit der Belegschaft bedacht, damit sie wirklich unsere kollektiven Stärken als Unternehmen widerspiegelt. Nach fünf Jahren ist die gegenseitige Befruchtung so ausgeprägt, dass fast niemand mehr sagt: »Ich komme ursprünglich von Dell«, oder: »Ich komme ursprünglich von EMC.« Falls doch, erinnern wir sie sanft daran: »Nein, nein, das ist jetzt alles ein Unternehmen – wir sind Dell Technologies.«

Ich war absolut glücklich, weiterhin ein Privatunternehmen zu bleiben. (Oder, um genau zu sein, aufgrund der Tracking-Aktien ein Börsenunternehmen zu bleiben, das privat geführt wurde.) Die Fusion hatte funktioniert und sie funktionierte weiter: Genau wie vorhergesehen waren die beiden Firmen gemeinsam größer als die Summe unserer Teile. Die Zusammenlegung des Server-Geschäfts von Dell und des Datenspeicherungs-Geschäfts von EMC hatte ein gigantisches neues Infrastruktur-Geschäft hervorgebracht, das überaus erfolgreich war. Als wir mit EMC zusammengingen, lag unser Umsatz bei 73 Milliarden Dollar; in den Jahren 2017 und 2018 kamen fast 20 Milliarden an neuen Umsätzen hinzu, weit mehr als jeder erwartet hatte, uns eingeschlossen. Im ersten Quartal 2018 stieg der Umsatz mit unserem weltweiten Server-Geschäft auf über 50 Prozent und übernahm den Spitzenplatz von HP, dem langjährigen Marktführer in diesem Bereich. Wir übernahmen auch wieder die Führung in Sachen PC Versandhandel für die Vereinigten Staaten. (Falls der PC wirklich tot war, dann war er ein ziemlich lebendiger Leichnam!)

Und die 81 Prozent Beteiligung an VMware, die mit der Übereinkunft einhergingen, waren eine Goldgrube, die über die Mitte 2018 endenden zwölf Monate hinweg 8,1 Milliarden Dollar Umsatz und 3,3 Milliarden Dollar freien Cashflow generierte – ganz zu schweigen von den zusätzlichen neun Milliarden Dollar, die wir aus der Sonderausschüttung von VMware in Höhe von elf Milliarden Dollar Anfang Juli erhielten. VMware lief sehr, sehr gut, und ein Gutteil des Erfolgs hatte damit zu tun, dass Dell Technologies Komplettlösungen bot, basierend auf unserem Server-, Datenspeicherungs- und PC-Geschäft. Und die Tracking-Aktie, die seit ihrer Ausgabe um 115 Prozent gestiegen war, spiegelte diesen Erfolg wider.

Bis Mitte 2018 hatten wir einen Großteil des Kredits zurückgezahlt, den wir für die Durchführung der Fusion aufgenommen hatten. Es war an der Zeit, unsere Kapitalstruktur zu vereinfachen, unseren wirtschaftlichen Anteil an VMware zu erhöhen und die Interessen aller Aktionäre miteinander abzustimmen, sowohl der privaten (hauptsächlich Silver Lake und ich) als auch der öffentlichen (Besitzer der Tracking-Aktien, auch als Class-V- oder DVMT-Aktien bekannt).

Es war Zeit, den Tracker zu eliminieren und alle Aktionäre zusammenzuführen.

Aber wie?

Unser Vorstand bildete ein unabhängiges Sonderkomitee – Anklänge an 2012 –, um alle Alternativen auszuloten. Sollten wir einfach VMware komplett aufkaufen? VMware gefiel diese Idee nicht besonders: Sie waren sehr stolz auf ihre Identität als unabhängiges Softwareunternehmen und hatten kein Bedürfnis danach, diese Unabhängigkeit zu verlieren.*

---

* Zum Zeitpunkt des Verfassens dieser Zeilen hat Dell Technologies seinen Aktionären einen Spin-off seines Kapitalanteils an VMware in Höhe von rund 81 Prozent angekündigt. Der historische Kontext dahinter ist, dass wir bei der Fusion von EMC, VMware und Dell Technologies im September 2016 ein Ziel von einer Milliarde Dollar Jahresumsatzsynergien für VMware festgelegt hatten. Da dies über 15 Prozent der Umsätze von VMware dargestellt hätte, wurde es seinerzeit für ein schwieriges Ziel gehalten. Doch wie sich herausstellte, übertrafen wir es bei Weitem und erreichten während des Steuerjahrs 2020 Jahresumsatzsynergien von fast 3,4 Milliarden Dollar – was über 31 Prozent des Umsatzes von VMware und fast sein gesamtes Wachstum ausmachte.

Um die Bedeutsamkeit dieses Schrittes zu erläutern: Jeder Anteil an Dell Technologies profitiert derzeit von einem proportionalen Anteil des 81-prozentigen Kapitaleigentums an VMware von Dell Technologies. Unter den Spin-off-Bedingungen erhält jeder Aktionär diesen

Der beste Weg – und hier hatten wir die weise Beratung von Gregg Lemkau, Leiter Investment Banking bei Goldman Sachs – schien letztlich darin zu bestehen, die Tracking-Aktien gegen Cash und Stammaktien des Mutterunternehmens aufzukaufen. Den Tracker zu kaufen konnte eine große Vereinfachung darstellen – aber um die DVMT-Aktionäre einwandfrei zu entschädigen, musste das Komitee einen Wert für Dell Tech-

Eigentumsanteil an VMware separat in Form eines proportionalen Anteils an VMware-Aktien. Dann steht es dem Aktionär frei, beide Aktien zu behalten oder eine davon oder beide zu verkaufen.

Die Geschäftsführung von Dell Technologies glaubt, dass der Spin-off sowohl den Aktionären von Dell Technologies als auch von VMware zugutekommt, weil die Kapitalstrukturen beider Firmen vereinfacht werden und die strategische Flexibilität sich verbessert. Die vorherige Kapitalstruktur der Firmen war kompliziert: Ein VMware-Aktionär verstand, dass Dell Technologies effektiv der Mehrheitseigner von VMware war. Das war nicht vorteilhaft für den Markt, der Pure Player bevorzugt. Der Spin-off wird sowohl Dell Technologies als auch VMware zu Pure Playern machen und gleichzeitig die strategische und kommerzielle Partnerschaft aufrechterhalten, die von beiderseitigem Vorteil ist. Dieser Schritt gibt VMware auch mehr Flexibilität für aktienorientierte Akquisitionen und andere Initiativen.

Wenn die Transaktion abgeschlossen ist, schüttet VMware eine Sonderdividende von 11,5 bis 12 Milliarden Dollar an alle VMware-Aktionäre aus, einschließlich Dell Technologies. Aufgrund des derzeitigen Anteils von Dell Technologies an VMware in Höhe von 80,6 Prozent wird Dell Technologies ungefähr 9,3 bis 9,7 Milliarden Dollar erhalten und beabsichtigt, den Nettoerlös für die Kreditablösung einzusetzen, was dem Unternehmen eine gute Position für Anlagequalitäts-Ratings verschafft.

Die Transaktion soll im vierten Quartal des Kalenderjahrs 2021 abgewickelt sein, abhängig von bestimmten Umständen, darunter der Erhalt einer positiven Stellungnahme der IRS und der Einschätzung, dass die Transaktion für die Aktionäre von Dell Technologies generell steuerfrei in Bezug auf die US-amerikanische Einkommensteuer sein wird.

Mit einer noch stärkeren Kapitalstruktur ist Dell Technologies gut aufgestellt, um weiterhin Gewinne zu erwirtschaften durch den Aufschwung der Ausgaben für Infrastruktur und PCs, durch neue Cloud-Operating-Modelle, die das Wachstum von Serviceleistungen ankurbeln, während die Rechenleistung in den Hintergrund tritt, und durch längerfristige digitale Umwandlungsinitiativen der Kunden. Mit einer starken kommerziellen Vereinbarung kann Dell Technologies weiterhin eng mit VMware zusammenarbeiten, um Innovationen voranzutreiben und Markteinführungssynergien zu wahren, während durch ein offenes Ökosystem neue Wachstumschancen geschaffen werden. Technologie steht im Mittelpunkt der weltweiten Erholung von Covid-19 und Dell Technologies legt den Schwerpunkt auf:

- den weiteren Ausbau der Marktführerschaft durch eine wachsende Technologie-Infrastruktur und Marktaktivitäten,
- die Ausdehnung in neue Wachstumsbereiche von Hybrid Cloud, Edge, 5G, Telekommunikation und Datenorganisation sowie
- die Bereitstellung eines modernen Kundenerlebnisses in einer standortunabhängigen Wirtschaft, einschließlich der raschen Einführung von Cloud- und Verbrauchermodellen im Rahmen der APEX-Initiative.

nologies festlegen. Und letztlich würde es einer Abstimmung zugunsten der Transaktion von den Inhabern der Tracking-Aktien bedürfen.

Die Finanzmedien verfolgten unsere Vorgehensweise mit einigem Interesse: Die Story einer der größten Technologie-Fusionen aller Zeiten lässt man sich nicht einfach durch die Lappen gehen. Und dann richtete sich die Aufmerksamkeit rasch auf einen anderen sehr interessanten Beteiligten: den Mann, den ich mir früher mal als The Joker vorgestellt hatte.

Am 2. Juli 2018 kündigten wir – Silver Lake und Dell Technologies – unseren Plan an, die Tracking-Aktien aufzukaufen. Die Finanzpresse bezeichnete ihn als übermäßig kompliziert, doch uns kam er ganz einfach vor: Wir schlugen vor, Inhaber der Klasse-V-Aktien abzufinden, indem sie die Wahl zwischen Bargeld oder Klasse-C-Stammaktien von Dell Technologies hatten. Nach der Transaktion würde die Klasse-C-Stammaktie an der New York Stock Exchange gehandelt, was bedeutete, dass Dell erneut zu einem börsennotierten Unternehmen würde.

Gemäß diesem Plan würden die Inhaber von Tracking-Aktien entweder 109 Dollar in bar oder 1,3665 Anteile von Dell-Klasse-C-Aktien für jede ihre DVMT-Aktien erhalten. Die Tracking-Aktie hatte beim letzten Börsenschluss vor der Ankündigung bei 84,58 Dollar notiert, wer sich also für eine Barauszahlung entschied, erhielt einen 29-prozentigen Aufschlag auf seine Aktien, mehr als doppelt so viel, wie der Tracker bei der Erstausgabe wert gewesen war. Der Wert der Abfindung für jene, die sich für Klasse-C-Aktien entschieden, würde von ihrem Kurs abhängen, sobald der Handel damit begonnen hatte. Ein Glücksspiel? Sicher. Aber eine sehr gute Wette. Und eine Alternative, die jedem Aktionär freistand, der diese Wette eingehen wollte.

Und natürlich hielt das Carl Icahn nicht davon ab, trotzdem Ärger zu machen.

Vielleicht hatte es Carl gewurmt, dass er 2013 den Kampf um die Übernahme von Dell verloren hatte, aber es hatte ihn nicht groß entmutigt. Er war wie ein Zombie, den man nicht töten kann. Er machte einfach immer weiter und tat, wofür er bekannt war: große Anteile an Unternehmen aufkaufen, bei denen er Blut witterte, und er versuchte,

Kapital aus diesen Firmen zu schlagen, egal ob es ihnen nutzte oder schadete. Er gewann den einen Kampf und verlor den anderen, genoss das Spiel und all die Aufmerksamkeit, die es ihm einbrachte, machte im Allgemeinen Gewinn und vergrößerte sein enormes Vermögen, nur so zum Vergnügen – das schien nicht viel zu sein.

War es Icahns Versuch einer Vergeltung, dass er sich erneut gegen uns wandte? Ich sage immer wieder, dass ich mich nicht an Spekulationen beteilige, besonders wenn es um die Motive anderer geht. Wahrscheinlicher ist, dass der Pokerspieler in Carl einfach wieder eine Chance zum Zocken erkannte.

Sein erster Schritt 2018 entsprach genau seinem erprobten Drehbuch und war ein Echo seines ersten Schrittes 2013: Erneut begann er, eine Menge von unseren Aktien aufzukaufen, im Frühjahr zunächst bescheiden (und still), doch bis er seine Position Mitte August preisgab, hatte er bereits einen Anteil von 1,2 Prozent an DVMT zusammengetragen. Im Oktober war er mit 9,3 Prozent der größte Tracking-Aktionär. Erneut beabsichtigte er, erheblichen Ärger zu machen. Wie zuvor gab er vor, die Stimme der armen, benachteiligten Aktionäre zu sein, die wir mit einem beleidigend niedrigen Angebot über den Tisch zu ziehen versuchten (wie er behauptete).

Im Rahmen eines äußerst bunten Zulassungsantrags bei der SEC am 15. Oktober (Icahn kannte nun mal keine anderen Vorgehensweisen!) bezichtigte Carl Silver Lake und mich in einem wütenden, weitschweifigen Brief, der die Fakten verdrehte und das Glas nicht nur als halb leer, sondern sogar als kaum angefeuchtet bezeichnete, die EMC-Fusion aus einem Gefühl der totalen Unzulänglichkeit von Dell Inc. heraus ausgeheckt zu haben:

> Ich glaube, vor einigen Jahren erkannten Dell und Silver Lake, dass Dell Technologies [sic] lediglich ein stark gefördertes Hardwareunternehmen war, das vor großen Herausforderungen stand und niemals das Wachstum und den Erfolg von Apple und Microsoft erleben würde. Deshalb gaben sie sich große Mühe, EMC Corporation aufzukaufen, ein besser aufgestelltes hybrides Hardware- und Softwareunternehmen, dessen Kronjuwel seine 82-prozentige Beteiligung an VMware, Inc. war.

Aus Icahns Sicht der Dinge hatten Silver Lake und ich – ruchlos! – konspiriert, um die Tracking-Aktie zu schaffen und sie den EMC-Aktionären mit der Absicht anzudrehen, ihren Wert durch »rare Taktiken … die an jene Machiavellis erinnern, der vor Jahrhunderten [!] die regierenden Borgias beriet«, und sie dann zum Schnäppchenkurs zurückzukaufen. Icahns Meinung nach wollte Dell Technologies nicht einfach die Kapitalstruktur vereinfachen und angemessen von unserem Erfolg profitieren; nein, wir *mussten unbedingt* diese Tracking-Aktie zurückbekommen:

> Die Kombination aus starker Förderung und der zyklischen Beschaffenheit von Dells Geschäft bedeutet, es ist möglich, dass Dells Cashflow durch irgendwelche Marktrückgänge ernsthaft beeinträchtigt wird, und das macht es so wichtig für ihn, die Kontrolle über den stabileren, wiederkehrenden Cashflow von VMware zu erlangen … Wir glauben, dass Dell für die Rückzahlung seiner Kredite einen dringenderen Bedarf am Cashflow von VMware hat, als Sie dem Management zugeschrieben hätten.

Bei den gegenwärtigen Kursen betrug der Unterschied zwischen den Tracking-Aktien und den öffentlich gehandelten VMW-Aktien – der Rabatt – rund elf Milliarden Dollar. Nach Icahns Berechnungen bedeutete unser Angebot an die DVMT-Aktionäre, dass wir elf Milliarden Dollar abgreifen wollten. »Begehen Sie keinen Fehler«, schrieb er,

> wenn der gegenwärtige »opportunistische« Deal gelingt, bedeuten 100 Prozent des Abschlags, ungefähr elf Milliarden Dollar, einen wirtschaftlichen Glücksfall hauptsächlich für Michael Dell und seine Partner von Silver Lake. Für mich ist klar, dass Dell und Silver Lake Machiavellis Rat wortgetreu gefolgt sind: *Besser, man wird respektiert als geliebt, aber noch besser, man wird gefürchtet als respektiert.*

Schon wieder Machiavelli! Carl schloss gern besonders schwungvoll und auch diesmal enttäuschte er nicht. Im letzten Absatz schrieb er:

> Ich bin fest davon überzeugt, dass Dell und Silver Lake elf Milliarden Dollar abgreifen wollen, die rechtmäßig uns gehören, den DVMT-Aktionären. **Als solcher werde ich alles in meiner Macht Stehende tun, um diese geplante DVMT-Fusion AUFZUHALTEN. Meiner Meinung nach ist Frieden besser als Krieg, aber Sie können sicher sein, dass ich eine gute Auseinandersetzung aus den richtigen Gründen trotzdem zu schätzen weiß, und in der gegenwärtigen Situation halte ich einen raschen Friedensschluss für wenig wahrscheinlich. Bleiben Sie dran!**

Völlig falsch natürlich, aber erwartungsgemäß war die Finanzpresse begeistert. Sie druckten mit Photoshop bearbeitete Bilder von Icahn und mir, wie wir einander mit Boxhandschuhen gegenüberstanden! Und es war nicht nur Dell gegen Icahn. Auch andere wichtige Besitzer der Tracking-Aktien stellten sich auf Carls Seite: P. Schoenfeld Asset Management (PSAM), Black Rock Inc., Paul Singer von Elliott, Canyon Partners, Mason Capital. Das konnte monatelang für gute Auflagen sorgen …

Und dann, zweifellos zur Enttäuschung der Schaulustigen, Kommentatoren und Aufrührer allerorten, verlief die Sache irgendwie im Sande.

Das Ganze dauerte nur einen Monat. Letztlich war Icahns Angriff gegen uns bloß ein blasses Echo von 2013. Am 1. November reichte er Klage gegen uns ein, so wie Carl es immer tat, die besagte, dass Dell es abgelehnt habe, den DVMT-Aktionären finanzielle Informationen im Hinblick auf unsere geplante Akquisition der Tracking-Aktien zukommen zu lassen. Er bezichtigte uns, den Aktionären einen Börsengang – und eine Zwangsumwandlung ihrer Aktien in unsere neu gelisteten Aktien – angedroht zu haben, wenn wir nicht genügend Stimmanteile für eine Akquisition erhielten.

Erwogen wir einen Börsengang von Dell Technologies anstelle eines Tracking-Aktien-Buyouts? Ja, das taten wir, und wir besprachen diese Möglichkeit sogar mit etlichen Banken, die uns erst auf diese Idee gebracht hatten – aber das war unser Plan B. Die weit einfachere Option war es, einfach unser Angebot zu erhöhen, und genau das taten wir auch am 15. November, als wir unser Gebot auf 14 Milliarden Dollar oder 120 Dollar pro Aktie erhöhten. Wir willigten auch in andere Veränderungen ein, darunter, dass die Klasse-C-Aktionäre das Recht erhielten, einen unabhängigen Leiter zu wählen.

Und die Tracking-Aktionäre ließen sich darauf ein, einfach so. Elliott, Canyon Partners, Mason Capital und andere – insgesamt die Inhaber von rund 17 Prozent der DVMT-Aktien – entschieden sich alle, unser Angebot anzunehmen, was Icahn dumm dastehen ließ. Am 15. November zog er seine Klage zurück, wobei er sich zunächst selbst das Verdienst anrechnete, dass er uns zu einer Erhöhung unseres Angebots gebracht habe – »Vornehmlich aufgrund unseres Widerstands hat Dell heute die Vereinbarung nachgebessert, indem er die Summe, die von den DVMT-Aktionären abgeleitet werden soll, von über elf Milliarden auf acht Milliarden Dollar verringert« –, und schloss dann auf seine typisch verdrießliche Art:

> Obwohl wir glauben, dass eine viel bessere Einigung hätte erzielt werden können, waren wir – wie Sie sich vorstellen können – leider nicht zu den Verhandlungen eingeladen, weder von Dell noch von Goldman [Sachs, unserer Investmentbank bei diesem Deal]. In Verbindung mit dem überarbeiteten Angebot scheint es, dass Aktionäre, die 17 Prozent des Aktienvolumens repräsentieren, sich entschieden haben, die Seiten zu wechseln und Dell zu unterstützen. Infolgedessen und aufgrund der Unterstützung, die Dell bereits hatte, haben wir entschieden, dass ein Abstimmungskrieg nicht zu gewinnen wäre, und den Entschluss gefasst, unsere Delaware-Klage zurückzuziehen und unseren Stimmrechts-Wettstreit zu beenden.

Und so schlich sich meine Möchtegern-Nemesis einfach davon – hasta la vista, Carl; vielleicht essen wir irgendwann mal wieder miteinander zu Abend! –, und der Weg war bereitet, dass Dell Technologies zur bestmöglichen Version seiner selbst werden konnte. Wie der Technik-CEO Dan Serpico damals sagte: »Das wird all die Unsicherheiten und das ganze Gelärme beenden und es Dell und seinem Partner ermöglichen, sich auf die wichtigsten Dinge zu konzentrieren, zum Beispiel die Kunden mit großartigen Lösungen dort abzuholen, wo sie sind, einen guten Vertriebsweg zu schaffen, gute Anreize zu bieten und in zukünftige Technologien zu investieren.«

Amen.

Am 11. Dezember stimmten bei einer Sondersitzung in Round Rock 61 Prozent der DVMT-Aktionäre für den Austausch ihrer Tracking-Aktien gegen Klasse-C-Aktien von Dell Technologies. Und am 28. Dezember 2018 wurde es offiziell: Wir waren wieder ein Börsenunternehmen – wenn auch ein völlig anderes als je zuvor.

»Mit dieser Abstimmung vereinfachen wir die Kapitalstruktur von Dell Technologies und bringen die Interessen unserer Investoren in Einklang«, sagte ich der Presse. »Das stärkt unsere strategische Position und lässt uns weiterhin für Innovation, langfristige Visionen und integrierte Lösungen in allen Bereichen einschließlich der Cloud sorgen. Wir haben Dell Technologies geschaffen, um zum vertrauenswürdigsten Partner unserer Kunden bei ihrer digitalen Transformation zu werden.«

(Und noch ein paar Abschiedstatsachen über Carl Icahn: Am Tag unseres Börsenrückzugs, dem 29. Oktober 2013, stand die Aktie von Icahn Enterprises bei 100,53 Dollar; am 28. Dezember 2018, dem Tag, als DELL wieder gehandelt wurde, lag Icahns Börsenkurs bei 57,73 Dollar. Zum Vergleich: Am 29. Oktober 2013 stand der S&P 500 bei 1771,95 Dollar; am 28. Dezember 2018 war er auf 2485,94 Dollar gestiegen. Trotz all seines Getöses lag Carl meilenweit hinter dem S&P 500 zurück.)

14

Zettabytes und Moonshots

Im Juli 2017 – genau fünf Jahre nach der *Fortune*-Brainstorming-Konferenz, bei der wir uns erstmals begegnet waren – saßen Egon Durban und ich in Aspen auf der Bühne und wurden vom CEO des Magazins Alan Murray interviewt. Bei der Konferenz 2012 hatten Egon und ich unabhängig voneinander gesagt, dass der öffentliche Markt viele Technologieunternehmen unterbewerte – dann trafen wir uns hinter der Bühne und unsere Einhelligkeit führte dazu, dass wir Dell Inc. gemeinsam von der Börse nahmen und später an der EMC-Fusion arbeiteten. Nun sollten wir beide vor Publikum die Unternehmenstransformation erklären.

Alan schien es nicht recht zu verstehen. Spielte er nur den Advocatus Diaboli oder war er wirklich verwirrt? »Wir wissen doch alle, was das alte Dell war, oder?«, sagte er. »Wir kriegten den Katalog, wir bestellten den Computer, er kam in einem Karton. Kapiert. Das neue Dell ist da ein bisschen schwieriger in den Kopf zu kriegen. Ich meine, ihr macht ein bisschen von allem. Ihr macht Hardware, ihr macht Software, ihr macht Internet der Dinge, ihr macht Daten, ihr macht Cyber, ihr macht Networking – gebt uns mal die Kurzfassung. Was ist die Unique Market Proposition von Dell?«

»Wir betrachten uns als essenzielles Infrastrukturunternehmen«, sagte ich. Ich erklärte, dass unsere Kunden mit irgendeiner Form von vier verschiedenen Transformationen konfrontiert waren. Die digitale Transformation war eine besonders große – und jedes Unternehmen auf der Welt musste sich allmählich damit auseinandersetzen. Und das war direkt mit der zweiten Transformation verknüpft, sagte ich: der Explosion von intelligenten und vernetzten Knotenpunkten und all dem Datenmaterial und dem Internet der Dinge und der maschinellen Intelligenz und der KI – das war für zahlreiche Unternehmen eine wirklich große Sache, erklärte ich Alan.

»Dann ist da noch die IT-Transformation«, sagte ich. »Wie kann man automatisieren und modernisieren und ein eher cloudartiges Modell einführen? Das erfordert natürlich eine Transformation der Beschäftigten – wie sorgt man dafür, dass alle Mitarbeiter über die richtigen Tools verfügen? Und schließlich, wie sorgt man für Sicherheit?«

Alan hörte aufmerksam zu, sah aber immer noch ratlos aus.

Der Zusammenschluss mit EMC, VMware und Pivotal hatte uns ermöglicht, so sagte ich ihm, dieses neue Unternehmen zu schaffen, Dell Technologies, das zum Marktführer der Infrastruktur-IT geworden war. Ich sagte, wir hätten außerdem eine hervorragende Position bei vielen der neuen Richtungen, in die die Branche sich entwickelte – das softwaredefinierte Datenzentrum und die hyperkonvergente Infrastruktur, wo alle einstmals hardwaredefinierten IT-Funktionen virtualisiert werden. Dass wir mehr missionsentscheidende Daten speicherten als irgendjemand sonst auf der Welt, mehr Server bereitstellten als irgendjemand sonst auf der Welt, in Abstimmung mit VMware und Pivotal daran arbeiteten, alle Anforderungen unserer Kunden in der großen neuen Datenwelt zu erfüllen.

Alan hielt dagegen. »Es gibt eine Menge Leute, die sagen, dass diese Vorgehensweise von ‚Wir machen alles' ihre Fallstricke hat«, sagte er. »Dass es von Vorteil ist, einen Schwerpunkt zu haben, zu sagen: ‚Wir werden das Unternehmen sein, das diese eine Sache besser macht als alle anderen.' Warum lehnen Sie diesen Ansatz ab?«

»Nun, jeder hat das Recht auf seine Meinung«, erwiderte ich. »Ich kann Ihnen nur sagen, dass wir in unserem ersten Quartal eine Milliarde Dollar mehr Umsatz hatten als erwartet. Wir gehen zu einem Kunden und sagen: ‚Sie kaufen zehn Dinge. Sie kaufen sechs oder sieben von uns – warum kaufen Sie nicht alle zehn bei uns?' Und der Anteil an Kunden, die einwilligen, ist bemerkenswert hoch. Keiner unserer Mitbewerber hat diese einzigartigen Kapazitäten oder die Bandbreite, die wir haben.«

Während ich diese Worte schreibe, ist der Prozentsatz an Kunden, die einwilligen, höher als je zuvor – und das ist toll für uns. In dem Steuerjahr, das für uns am 31. Januar 2021 zu Ende ging, verzeichneten wir selbst mitten in einer globalen Pandemie unsere bisher höchsten Umsätze, die höchsten Gewinne und den höchsten Cashflow. Wenn man es nachverfolgt hat: Unser Kapitalwert ist in den acht Jahren seit der Ankündigung der Privatisierung um über 625 Prozent gestiegen, unser Unternehmenswert auf über 100 Milliarden Dollar. Nicht schlecht für ein Geschäft, das 2013 für tot gehalten wurde. Doch ebenso spannend wie das Wachstum und der Erfolg unseres Unternehmens sind für mich die atemberaubenden Möglichkeiten der Technologie: Das, was ich als kambrische Explosion in der Welt von Big Data bezeichne.

Vor 540 Millionen Jahren, während der ersten geologischen Periode des Paläozoikums, auch als Kambrium bekannt, explodierte plötzlich das Leben auf der Erde, das zuvor auf Einzeller beschränkt gewesen war, in biologische Vielfalt. Niemand weiß genau, was passiert war.

Greifbarer ist für uns die ähnlich dramatische, technologiegetriebene Datenexplosion, die Mitte der fünfziger Jahre begann und bis heute bei ständiger Beschleunigung anhält. Ein Bericht der UC Berkeley schätzte 2003, dass im Jahr 2002 etwa fünf Exabyte an Daten erzeugt wurden – fünf Mal 1000 hoch sechs oder fünf Milliarden Milliarden –, ungefähr doppelt so viel wie 2000. Bis 2017, dem Jahr, in dem Egon und ich versuchten, Alan Murray die Tiefe und Breite der neuen technologischen Reichweite von Dell zu erklären, war die Größe der globalen Datasphere (die Menge der in einem Jahr erzeugten, erfassten und kopierten Daten) um das 5000-Fache gestiegen auf 26 *Zettabyte* – 26 Billionen Gigabyte oder 26 Milliarden Billionen Bytes. Im Jahr darauf stieg die Zahl auf 33 Zettabyte. Bis 2020 hatte sie 59 Zettabyte erreicht, 2024 sollen es 149 sein.

Das sind fast unvorstellbar große Zahlen. Was bedeuten sie wirklich?

An jenem Tag in Aspen erklärte ich Alan Murray, was sie im Hinblick auf unser Geschäft bedeuteten – wie einzigartig wir aufgestellt waren, um alle Datenanforderungen unserer Kunden in den vielfältigsten Modalitäten zu erfüllen. Doch ich stelle fest, dass ich immer wieder darüber nachdenke, wie diese kambrische Explosion eine vierte Industrielle Revolution ausgelöst hat und wie aufregend das ist.

Bei der ersten Industriellen Revolution wurde die Produktion durch Wasser und Dampf mechanisiert. Bei der zweiten sorgte elektrischer Strom für Massenproduktion. Bei der dritten, die Mitte des 20. Jahrhunderts einsetzte, automatisierten Elektronik und Informationstechnologie die Produktion. Und die vierte Industrielle Revolution, in der wir uns nun befinden, baut auf der dritten auf, aber mit einer Explosion neuer Technologien, die die Grenzen zwischen dem Physischen, dem Digitalen und dem Biologischen sprengen.

Diese vierte Revolution verschmilzt auch die Geschäfts- und die technologische Welt miteinander. Im Gespräch mit Geschäftsleuten beschreibe ich das so, dass die Vorherrschaft der Technologie nicht mehr in der IT-Abteilung liegt; das ganze Unternehmen ist Technologie. Ich rede dabei von allen Unternehmen. Wenn man Autos oder medizinische Geräte oder überhaupt irgendein Produkt herstellt und neue Kunden haben will, ist die Technologie der Dreh- und Angelpunkt bei allem, was man tut. Es ist ein völlig anderes Spiel als vor 20 oder 30 Jahren und fast jede Firma auf der Welt ist gerade dabei, sich über das alles klar zu werden.

Früher kosteten Computer zig Millionen Dollar und man musste einen speziellen Schutzanzug tragen, um in diesen Raum zu gehen, zu dem nur bestimmte Leute Zutritt hatten, und es war laut und lärmig da drinnen. Dann sank der Preis von zig Millionen auf 3000 Dollar – da kam ich dann ins Spiel – und schließlich auf 300 Dollar, und heute kosten Computer nur noch ein paar Cent und sind überall drin. Wir alle laufen ständig mit drei oder vier tragbaren Datenzentren durch die Gegend. Und die Zahl steigt immer weiter.

In Großbritannien gibt es eine Firma namens Arm Holdings, die etwas entwickelt hat, das ARM-Prozessor genannt wird. Das ist ein Mikroprozessor, den sie in Lizenz herstellen, und der befindet sich so ziemlich in jedem Gerät, jedem Dingsbums und jedem Smartphone, das man sich vorstellen kann. Weltweit gibt es heute über 180 Milliarden ARM-basierte Chips. Rechnen Sie mal nach: Es gibt sieben Milliarden Menschen auf der Welt, aber natürlich sind nur vier oder fünf Milliarden davon angeschlossen (bis jetzt). Das sind eine Menge Prozessoren pro Person. Und diese Prozessoren werden immer leistungsstärker, es werden ständig weitere vernetzt – und jetzt, wo 5G und KI kommen, erweist sich all die vorherige Technologie, die wir für so fortgeschritten gehalten haben, nur als Vorgeplänkel dessen, was im Anmarsch ist.

5G ist besonders faszinierend – von der Vernetzung von Menschen hin zur Vernetzung von Dingen (wie im Internet der Dinge oder IdD). Es geht nicht darum, schnellere Telefonverbindungen herzustellen, sondern darum, die ganze Welt intelligent und vernetzt zu machen. Personal Computer mit ihrer Interaktion zwischen Nutzer und Maschine werden auch zukünftig von Bedeutung sein, aber ein viel größerer Teil der Zukunft werden Maschinen sein, die untereinander kommunizieren. Alles im IdD – intelligente autonome Fahrzeuge und intelligente Straßen, Gebäude, Städte, Fabriken, Krankenhäuser und vieles, vieles mehr – werden nahezu unvorstellbar große Datenmengen erzeugen.

Alle Organisationen müssen diese Daten in einen Wettbewerbsvorteil verwandeln und kontinuierlich alles verbessern, was sie tun. Doch die Analyse von Daten in der jetzt erzeugten Größenordnung kann nicht von Menschen erledigt werden: Sie kann nur effektiv durch künstliche Intelligenz und maschinelles Lernen erfolgen. Die Analyse durch KI und ML wird neue Erkenntnisse hervorbringen und für dramatische Verbesserungen in jedem Bereich sorgen, vom Handel über die Gesundheitsvorsorge und die Bildung bis zum Finanzbereich – und sogar der Regierung.

Das nächste Jahrzehnt der Informationsrevolution, katalysiert von KI und Big Data, wird jede Branche und jeden Aspekt unseres Lebens betreffen. Das Internet hat bereits große Veränderungen und Fortschritte mit sich gebracht, doch die KI und die Datenrevolution sind noch größer und diese Veränderungen werden noch schneller eintreten, als die meisten Menschen erwarten.

Gleichzeitig ist es zwingend erforderlich, dass die KI unsere Menschlichkeit und Wertvorstellungen widerspiegelt. Für uns als Unternehmen bedeutet das Gewinne und Zielsetzung, nicht Gewinn um jeden Preis.

Das schlägt sich in unseren Zielen für 2030 nieder, auf die ich in Kürze noch näher eingehen werde.

Die computerisierte Welt breitet sich in die physische Welt aus. Der Ort ihrer Begegnung wird als Edge bezeichnet. Dort passiert gerade eine Menge. Und bald wird es noch viel mehr sein.

Während zurzeit 60 Prozent der Weltbevölkerung digital verknüpft sind, eine enorme Menge, die wir für selbstverständlich nehmen, werden es im Jahr 2030 90 Prozent sein. 5G ist die Plattform für den Aufbau einer intelligenten neuen Welt: ein digitales Nervensystem. 5G wird softwaredefiniert sein und die Multicloud-Welt ermöglichen, wozu Edge-Clouds, Telekommunikations-Clouds, private und öffentliche Clouds gehören.

Eine Ansammlung zusammenarbeitender Clouds ist die digitale Zukunft. Und so stecken wir erhebliche Ressourcen in den Aufbau der Dell Technologies Cloud. Und Dell Technologies ist Innovationsführer in allen oben genannten Bereichen und mehr mit einer Investition von über vier Milliarden Dollar jährlich in F&E: Wir haben über 32 000 bestätigte und beantragte Patente.

All das macht mich ganz schwindlig vor Aufregung.

Nicht nur, weil ich Technologie toll finde – sondern weil ich es toll finde, dass Technologie die Welt besser macht. Natürlich ist die Technologie selbst gewissermaßen neutral. Sie kann Gutes und Schlechtes bewirken, aber so wie ich es sehe, sind da überwiegend gute Menschen, die Gutes wollen.

Vielleicht stimmen Sie dem nicht zu.

Vielleicht haben Sie zu viele Filme gesehen, in denen böse Computer die Macht übernehmen oder die Kofferbombe eine Stadt zerstört oder die Menschen implantierte Chips haben, die sie veranlassen, auf Befehl eines bösen Schurken zu handeln. Hollywood hat es immer verstanden, uns Furcht vor technischen Innovationen einzujagen – aber wir wollen nicht die ganze Schuld auf Hollywood schieben. Seit Anbeginn der Zeiten haben Geschichtenerzähler es geschafft, den Menschen Angst vor dem Neuen zu machen. Wahrscheinlich machten schon seit der Entdeckung des Feuers Gerüchte die Runde, was für schreckliche Dinge es anrichten konnte – obwohl das Feuer tatsächlich von Anfang an der Menschheit einen großen Dienst erwiesen hat.

Die Technologie ist wie das Feuer. Sie kann uns wärmen; sie kann uns den Weg erhellen. Für sprichwörtlich jedes Problem auf der Welt gibt es eine technologische Lösung. Nehmen wir die medizinische Versorgung. Es gibt zahllose Beispiele dafür, wie die Technologie die Entdeckung neuer Medikamente, die Diagnostik und die Behandlung voranbringt. Die Todesfälle von Müttern bei der Geburt ihrer Kinder oder von Malariakranken sind während der letzten Jahrzehnte radikal zurückgegangen. Technologie hat viel mit der zunehmenden Alphabetisierungsrate und der Verringerung von Armut auf aller Welt im selben Zeitraum zu tun. Im Jahr 1999 lebten noch 1,7 Milliarden Menschen in extremer Armut; heute sind es ungefähr 700 Millionen. Während der letzten 20 Jahre wurde eine Milliarde Menschen aus dem Zustand extremer Armut befreit. Die Verfügbarkeit von sauberem Trinkwasser und einer grundlegenden Bildung ist dramatisch gestiegen, ebenso wie das BIP von Entwicklungsländern. Und wo medizinische Versorgung und Alphabetisierung voranschreiten, gedeiht auch die Wirtschaft.

Nun gibt es dabei ein lästiges Problem. Mit dem Gedeihen der Wirtschaft wird diese auch zunehmend spezialisiert. Und bei zunehmender Spezialisierung wachsen die Einkommensunterschiede. Während die Technologie sich in der fortschreitenden Wirtschaft stark ausbreitet, finden kluge Menschen heraus, wie sie innovieren können. Vielleicht entwickeln sie Algorithmen für die KI, vielleicht machen sie das Verkehrswesen autonom oder nutzen Netzwerkeffekte und digitale Informationen, um eine Branche zu verbessern oder Hirn-Maschinen-Schnittstellen zu schaffen. Das kann nicht jeder. Und wenn man wirklich gut darin ist, kann man eine Menge Geld verdienen. So wie Bezos, Gates, Musk, Zuckerberg, Brin und Page – all jene Persönlichkeiten, die herausfanden, wie man etwas besser machen kann als andere, haben es geschafft und wurden letztlich sehr reich. (Und ja, ich auch.) Dies ist das Zeitalter der Spezialisierung. Und es wird in Zukunft wohl noch ausgeprägter sein, weil sich die Wirtschaft noch stärker weiterentwickeln und spezialisieren wird.

Ich habe dafür keine brillante Lösung. Aber ich glaube aus tiefstem Herzen und mit meinem Verstand daran, dass die Technologie uns helfen wird, Lösungen zu entwickeln, die der gesamten Menschheit von Nutzen sind.

Als jemand, der sehr viel in der Welt herumkommt, ist mir absolut bewusst, dass nicht nur überall unglaubliche Fortschritte gemacht werden, sondern dass auch nach wie vor sehr viele Menschen in Armut und Verzweiflung leben.

Selbst während ich diese Gedanken aufschreibe, stecken wir mitten in der größten Gesundheitskrise unserer Generation. Die Corona-Pandemie hat Ungleichheiten hervorgehoben und die Verwerfungslinien in unserer Gesellschaft deutlich gemacht. Man hat fast keine Chancen auf Erfolg, selbst in einer Meritokratie, wenn man keine guten Schulen oder Krankenversicherungen zur Verfügung hat, sich keine nahrhaften Mahlzeiten leisten kann, um seine körperliche Sicherheit fürchtet oder wenn einem Breitbandverbindungen oder Geräte fehlen, um Hausaufgaben zu machen oder an der Wirtschaft teilzunehmen.

Ich bin kein Experte für öffentliche Politik und werde auch nicht so tun, als wäre ich einer, aber ich glaube, dass mehr getan werden kann und muss, um das Gleichgewicht herzustellen. Immer wieder wird mir bewusst, was für ein Lottogewinn es war, einfach hier in den Vereinigten Staaten geboren worden zu sein und in Houston, Texas, auf eine Schule gegangen zu sein, die zufälligerweise einen tollen Mathelehrer und ein Teletext-Terminal hatte. Ich könnte irgendwo an Millionen Orten auf der Welt geboren worden sein, wo die Leute tagtäglich um die Lebensgrundlagen kämpfen müssen. Zum Glück haben meine Vorfahren es damals aus Lettland und Polen herausgeschafft. Ich habe mich gut geschlagen, aber das alles wäre niemals passiert, wenn ich nicht von Anfang an Glück gehabt hätte, und immer wieder merke ich, dass ich so viel helfen will, wie ich nur kann.

Von Anfang an hatte unsere Stiftung MSDF sich ihrer eigenen Transformation verschrieben: das Leben von Kindern zu verändern, die in den Staaten, in Indien und Südafrika in Armut leben, indem wir ihre Bildung, ihre Gesundheit und die wirtschaftliche Stabilität ihrer Familien verbessern. Unser Ziel ist es, den Menschen Chancen zu bieten, damit sie ihre eigene Zukunft gestalten können. Kinder sind unsere Zukunft und Susan und ich sind überzeugt, dass einige der größten Führungskräfte und Weltbürger von morgen Kinder sind, denen wir heute helfen können.

Anfangs habe ich die Stiftung durch den Verkauf von Anteilen an Dell Inc. unterstützt; in jüngerer Zeit habe ich erfolgreiche Investments beigesteuert, die ich bei MSD Capital gemacht habe (Investments, die umso erfolgreicher wurden durch Gregg Lemkau, der Anfang 2021 von Goldman Sachs kam, um CEO unserer Familien-Investmentfirma zu werden). Zurzeit hat die Stiftung eine Kapitalausstattung von rund 1,7 Milliarden Dollar, die angelegt sind und eine Rendite erbringen. Der gesamte Abfluss der Stiftung, hauptsächlich in Form von Stipendien und verbessert durch technische Hilfsprojekte und Impact Investing, überschreitet 1,9 Milliarden Dollar. (Impact Investing ist eine Finanzierung der Expansion von neuen gewinnorientierten Unternehmen, die für die Armen benötigte Produkte oder Dienstleistungen anbieten. Manchmal verlieren wir Geld, manchmal decken wir unser Kapital und manchmal erzielen wir einen Gewinn – den wir dann in andere wohltätige Projekte stecken.) Im Laufe der Jahre haben Susan und ich 2,5 Milliarden Dollar zu der Stiftung beigesteuert und wir planen, den allergrößten Teil des Vermögens, das ich erwirtschaften konnte, während unserer Lebenszeit in philantropische Zwecke zu stecken.

Ich erwarte auch, Susans leuchtendem Beispiel zu folgen und in den kommenden Jahren viel mehr Zeit in die Wohltätigkeit zu investieren. Doch mit der brillanten Janet Mountain, die ein hervorragendes Team führt, hat die Michael and Susan Dell Foundation bereits große Schritte getan.

Helfen bedeutet viel mehr, als einen Scheck auszustellen. Es bedeutet, die Probleme der Arbeit auf Gemeinschaftsebene zu verstehen, und deshalb haben wir lokale Teams in regionalen Büros eingerichtet, um diese Probleme an der Wurzel zu packen.

Zum Beispiel erkannten wir das Problem von Highschool-Abgängern aus einkommensschwachen Familien, die zwar gute Noten hatten, aber nicht Klassenbeste waren und deshalb nicht aufs College gehen konnten, um dort einen Abschluss zu erwerben. Eine unserer ersten

Initiativen war das Dell Scholars Program in den Vereinigten Staaten, um sowohl die finanziellen als auch die psychosozialen Bedürfnisse von Schülern mit diesem Profil zu erfüllen, von denen viele die Ersten in ihrer Familie sind, die aufs College gehen.

Wir glauben auch daran, ehrgeizige Ziele zu stecken. Obwohl anfangs nur 18 Prozent dieser Studenten (von dem kleinen Bruchteil jener, die es tatsächlich aufs College schafften) bis zum Abschluss durchhielten, setzten wir uns das Ziel einer Abschlussquote von 85 Prozent – mehr als das Vierfache des nationalen Durchschnitts! Unser 15-Jahres-Durchschnitt beträgt 80 Prozent und nun haben wir Tausende von ehemaligen Dell-Stipendiaten in den gesamten USA, die einen Abschluss und einen guten Arbeitsplatz haben.

Und es gibt immer noch Luft nach oben. EANZ – erfreut, aber nie zufrieden!

Wir folgten dieser Initiative mit dem Dell Young Leaders Program in Südafrika, das ähnlich ist, aber zugeschnitten auf die besonderen Bedürfnisse junger Menschen in diesem Land, einschließlich besonderer Unterstützung, um sicherzustellen, dass die Collegeabsolventen erfolgreich in ihr erstes Arbeitsverhältnis wechseln.

Während der letzten 20 Jahre sind die Erkenntnisse aus diesen Programmen in ein ganzes Spektrum von Unterstützungen für viele verschiedene Non-Profit-Organisationen eingeflossen, die einkommensschwache Universitätsstudenten fördern. Im Ergebnis ist eins unserer aktuellen Ziele, mehr als 350 000 einkommensschwachen Studenten weltweit zu ihren Universitätsabschlüssen zu verhelfen.

Eine weitere Initiative begann mit einem Problem, das wir bei Familien in den urbanen Slums von Indien erkannten: Es gab keine verantwortungsvollen Finanzdienstleister für die Armen, die, wenn sie in finanzielle Not gerieten, gezwungen waren, sich Geld zu exorbitanten Zinssätzen von Kredithaien zu leihen. Ein einziger großer finanzieller Schlag (Krankenhauskosten, witterungsabhängiger Jobverlust et cetera) konnte eine Familie wieder in verzweifelte Armut zurückfallen lassen. Doch gleichzeitig war Südasien eines der größten Mikrofinanzzentren der Welt – in ländlichen Regionen. Wir wollten dabei helfen, die Mikrofinanzierung in die indischen Städte zu bringen.

Anfangs versuchten wir, den Entrepreneuren Zuschüsse zur Verfügung zu stellen, aber unser Gründungsteam vor Ort in den Städten Indiens erkannte rasch, dass Startkapital statt Zuschusskapital notwendig war, um die Entrepreneure in den urbanen Kern zu bringen und die Rentabilität eines neuen Modells zu testen. Daher machten wir eine 15-tägige Reise, um Mikrofinanz-Entrepreneure in Indiens größten Städten durch Investitionen von Kapital und Krediten zu unterstützen, was letztlich verantwortungsbewusste Mikrodarlehen für Millionen indischer Familien ermöglichte. Die Bemühungen der Stiftung halfen nicht nur, die finanzielle Rentabilität des Modells zu beweisen, sondern spielten auch eine vitale Rolle für das Wachstum der urbanen Mikrofinanz, die heute mehr als 50 Prozent des gesamten Mikrofinanzgeschäfts in Indien ausmacht. Dann erkannten wir die Chance, diese Arbeit auf spezialisierte Kredite für Einzelpersonen und Kleinunternehmer zu erweitern, und heute arbeiten wir weiter auf unser Ziel hin, alljährlich die finanzielle Stabilität von über drei Millionen einkommensschwachen Familien weltweit zu stärken, indem wir den Zugang zu verantwortungsbewussten Finanzdienstleistern ermöglichen.

Ein drittes Beispiel: In unserem Bestreben, Familien gute Ausbildungsoptionen zu bieten, unterstützten wir Tausende von Projekten in K-12-Schulen [vom Kindergarten bis zum Abitur]. Doch schnell wurde deutlich, dass die Tools, die unseren Bildungseinrichtungen zur Verfügung standen, nicht mit jenen Schritt halten konnten, deren sich das Business bediente. Das drängendste Beispiel: Lehrer und Verwaltungskräfte ertranken in Schülerdaten, konnten sich jedoch keinen umfassenden Echtzeit-Überblick über individuelle Lernende verschaffen, der sie rasch hätte erkennen lassen, wenn ein Schüler Hilfe benötigte. Der erste Schritt in Richtung dessen, was wir als Full-picture Learning bezeichnen, ist die *Dateninteroperabilität:* der nahtlose, sichere und kontrollierte Austausch von Daten zwischen Bildungs-Tools und -Anwendungen.

Nachdem wir fünf Jahre lang mit den Bezirken an dieser Herausforderung gearbeitet hatten, führten wir 2011 die Ed-Fi Alliance und den Ed-Fi-Datenstandard ein, um bessere schulische Leistungen im K-12-Bereich zu ermöglichen. Die Ed-Fi Alliance ist ein nicht gewinnorientiertes Tochterunternehmen, das jedem Schulbezirk in den Vereinigten Staaten zur Dateninteroperabilität verhelfen soll. Die Technologie baut auf dem Ed-Fi-Datenstandard auf, einer Kombination aus Open-Source-Datenstruktur und Werkzeugen, die auf kontrollierte und sichere Weise die Bildungsdatenanwendungen miteinander verbinden, die von den Schulen bereits verwendet werden. Diese kostenlose Toolsuite verschafft Bildungseinrichtungen, Lernenden und Eltern umfassende Echtzeit-Einblicke in die Stärken der Schüler und das, was wir nicht als Schwächen, sondern als Wachstumschancen verstehen.

Während diese Zeilen entstehen, werden fast zwei Millionen Lehrer und über 33 Millionen Lernende in den Vereinigten Staaten von Organisationen repräsentiert, die die Ed-Fi-Toolsuite verwenden. Diese Tools ermöglichen es Bezirken, Staaten und Charterschul-Verwaltungsorganisationen, Herausforderungen wie chronisches Schulschwänzen, Leistungslücken in bestimmten Fächern sowie mangelndes Eltern- und Schülerengagement zu bewältigen. Zusätzlich können wir diese Erfahrung zugrunde legen, um der südafrikanischen Regierung bei der Entwicklung einer Suite von Schulbezirks-Übersichts-Tools zu helfen, die jetzt fast alle Lernenden und Schulen in Südafrika unterstützen. Zusammen sind diese Initiativen nur ein Teil unseres Engagements zur Unterstützung von über 500 000 Klassenräumen weltweit pro Jahr mit hochwertigen Tools, Technologien und Ressourcen.

Inzwischen setzten wir bei Dell Technologies auf der anderen Seite der Stadt unsere Bemühungen fort, jeden in den exponentiellen technologischen Prozess der kommenden Jahrzehnte einzubinden – insbesondere, indem wir STEM-Unterricht [Science, Technology, Engineering, Mathematics] weltweit für benachteiligte Kinder beiderlei Geschlechts anboten. In Zusammenarbeit mit dem äthiopischen Bildungsministerium versorgen wir beispielsweise über 1000 Schulen mit mehr als 24 000 Dell-Computern, während unser Non-Profit-Partnerunternehmen Camara Education den Schulleitern und Lehrern Unterricht in Informations- und Kommunikationstechnologie erteilt, die dann den Kindern zeigen, wie die Geräte benutzt werden – und zweifellos bald von den Lernenden ausgestochen werden, die besonders schnell begreifen. Wie Sie sich vorstellen können, liegt mir diese Initiative sehr am

Herzen: Es gab mal einen Jungen im Bezirk Meyerland von Houston, Texas, dem es ganz ähnlich erging.

Susan und ich sind nach wie vor begeistert von all den Möglichkeiten, etwas zurückzugeben, sei es durch Initiativen der Stiftung oder der Firma. Diese Kinder sind unsere Zukunft, in ihrer Hand liegt es, alle möglichen Änderungen zum Besseren zu bewirken, und sie können uns neue und erfolgreiche Möglichkeiten aufzeigen, den Kreislauf der Einkommensungleichheit zu durchbrechen. Mit unsere größte Freude ist es, mit diesen Schülern und Familien zu sprechen – ihre Stärke ist ansteckend und inspirierend. Es steht außer Frage, dass die Probleme real sind, die Herausforderungen gewaltig und dass noch sehr viel zu tun ist. Aber diese Arbeit ist lohnend. Und das ist erst der Anfang.

Wir wollen auch, dass unsere Werte in unserem Unternehmen widergespiegelt werden. Ein profitables Geschäft zu führen, war immer ausschlaggebend für mich: Profit bedeutet nicht nur meinen persönlichen Erfolg; er umfasst auch den Erfolg der vielen Menschen, die mit mir zusammenarbeiten und ohne die all jene wunderbaren Dinge nicht geschehen wären, die wir in den letzten 37 Jahren erreichen konnten. Und der Erfolg eines Unternehmens, so wie ich ihn sehe, bedeutet weitaus mehr als nur Geld zu verdienen für seine Beschäftigten und Aktionäre. Ich glaube, wir können gut dastehen, indem wir Gutes für andere tun.

Dell war immer bemüht, der Welt einen Nutzen zu verschaffen – eine starke Kraft für das Gute zu sein in der technologischen Gegenwart und Zukunft, die mich mit so viel Hoffnung erfüllt. Es fing damit an, hochwertige Lösungen zu einem erschwinglichen Preis zu schaffen. Von Anfang an haben wir mitgeholfen, die Technologie zu demokratisieren, mehr Macht in die Hände der Menschen zu legen als je zuvor. Diese Mission wird fortgesetzt, zusammen mit all den anderen neuen Modalitäten, die ich beschrieben habe: Wir sind ständig bemüht, bei allem, was wir produzieren, die Besten zu sein, und im Rahmen dieses Prozesses tragen wir zum menschlichen Fortschritt in globalem Maßstab bei, indem wir unglaublich spannende, sich neu entwickelnde Technologien weit verbreiten.

Wir sind außerdem ständig bemüht, darin die Besten zu sein, *wie* wir tun, was wir tun. Von Anfang an habe ich gedacht, na schön, wir produzieren all diese Geräte, sie tun ihren Dienst, und dann hören die Leute auf, sie zu benutzen. Und was dann? Sie landen im Keller oder in der Garage oder werden bei Unternehmen in Schränken gestapelt und dann wandern sie irgendwann in den Müllcontainer. Und auf allen steht mein Name. Nicht gut! Also haben wir von Beginn an über Recycling und Rücknahmeprogramme für all die Materialien nachgedacht, die in diese Produkte einfließen. Wir erzeugen wir den kleinstmöglichen Umwelt-Fußabdruck bei dem, was wir herstellen?

Eine solche Denkweise ist ganz normal, wenn man in Austin lebt, dessen landschaftliche Schönheit das Umweltbewusstsein fördert. Damals in unserer Anfangszeit, als wir nur 150 Mitarbeiter waren anstelle von 150 000, ging ich immer zu unseren Beschäftigten und sagte: »Lasst uns mal überlegen, wie wir sauberere, ökologischere Materialien verwenden können und weniger Energie verbrauchen und umweltfreundlichere Verpackungen gestalten.«

Denkt nur mal an Asbest, sagte ich meinen Angestellten. Vor langer Zeit saßen Unternehmen, die Asbest in ihren Produkten verwendeten, nicht einfach herum und sagten: »Hey, das Zeug ist richtig übel; daran werden viele Menschen sterben; lasst uns mal rausfinden, wie wir eine Menge davon verwenden können.« Ich denke, sie wussten es einfach nicht. Deshalb stellten wir uns von Anfang an immer die Frage: »Was tun wir unwissentlich, was möglicherweise gefährlich sein könnte?« Nicht weil es ein Gesetz gab oder irgendeine Kontrollinstanz auftauchen könnte, sondern weil es sich einfach richtig anfühlte.

Und das fanden wir mit unseren Ingenieuren heraus: Wenn wir ihnen sagten, dass wir die Umweltbelastung durch unsere Produkte minimieren wollten, ohne dass sie mehr kosteten, hielten sie das für die coolste Herausforderung aller Zeiten. Sie zeigten sich der Situation absolut gewachsen.

Der Situation gewachsen zu sein ist das, worum es bei uns geht. Wir haben 2019 *Progress Made Real* herausgebracht, einen 40-seitigen Leitplan über unsere Ziele für 2030 in vier ehrgeizigen Kategorien: Nachhaltigkeit verbessern, Inklusion kultivieren, Leben verändern und Ethik und Datenschutz gewährleisten. »Wir wissen, dass die Welt heutzutage vor Herausforderungen steht, die kompliziert und vielschichtig sind und manchmal unüberwindlich scheinen«, heißt es darin. »Der Status quo bringt uns aber nicht jene Welt, die wir 2030 brauchen.«

Progress Made Real ist nicht einfach eine dieser vielen Hochglanz-Firmenbroschüren. Es ist eine lebensnahe Chronik dessen, wie wir Herausforderungen gemeistert haben und weiterhin meistern werden. Uns neue und ehrgeizige Aufgaben stellen. Unsere Ziele sind hochfliegend, aber oft haben wir sie fristgemäß oder vorzeitig erreicht oder übertroffen.

Unser Moonshot-Ziel für eine bessere Nachhaltigkeit: Bis 2030 werden wir für jedes Produkt, das ein Kunde kauft, ein gleichwertiges Produkt wiederverwenden oder recyceln. Bei jedem einzelnen Artikel, den wir herstellen, denken wir darüber nach, wie er so gestaltet werden kann, dass er auseinandergenommen und alle Teile wiederverwendet werden können. Wir haben sogar einen Schmuckdesigner, der Ringe, Ketten und Ohrringe aus dem Gold herstellt, das in den gedruckten Leiterplatten steckt. Bis 2030 ist unser Ziel, dass 100 Prozent unseres Verpackungsmaterials aus recycelten oder erneuerbaren Materialien bestehen. Über die Hälfte unserer Produktbestandteile werden aus recycelten oder erneuerbaren Materialien bestehen.

Das ist als Kreislaufwirtschaft bekannt und es ist erreichbar. Im Jahr 2018 – zwei Jahre früher – erreichten wir unser Ziel für 2020, zwei Millionen Pfund gebrauchte Elektronikartikel rückzugewinnen. Am Earth Day 2019 erreichten wir unser 2020er-Ziel, 100 Millionen Pfund nachhaltiger Materialien in unseren Produkten zu verwenden, einschließlich recycelter Kunststoffe. Materialien sind eine entscheidende Quelle der Innovation: Das Recycling von Plastik und anderen Materialien aus alten Computern in neue Teile und die Identifikation von Möglichkeiten, Abfallmaterialien – zum Beispiel Ocean-Bound Plastics – als Ressourcen zu verwenden, die wieder in die Wirtschaft eingebracht werden können. Die Beschleunigung des Wandels hin zur Kreislaufwirtschaft ist von Nutzen für uns, unsere Zulieferer, unsere Kunden und die Welt.

Und je mehr wir als Team die Welt in all ihrer Vielfalt widerspiegeln, umso stärker sind wir und werden wir sein. Es ist nie zu spät für Diversität, aber Tatsache ist, dass sie bei Dell in die DNA eingeschrieben ist.

Neulich erhielt ich einen reizenden Brief von einer Frau, die gerade in den Ruhestand gegangen ist, nachdem sie fast 30 Jahre bei uns gearbeitet hat. Sie hatte die Anzeige aufbewahrt, auf die sie in den frühen neunziger Jahren geantwortet hatte: Im zweiten Absatz hieß es, es spielt keine Rolle, woher Sie kommen oder wie Sie aussehen. Das hatte sie angesprochen und deshalb hatte sie sich für die Stelle beworben.

Ich prahle nicht gern, aber ich glaube nicht, dass damals schon viele andere Technologie-Unternehmen so gearbeitet haben.

Wir haben eine Menge Dinge getan, ohne dass jemand uns dazu auffordern musste. Wir haben nie erlebt, dass vor unseren Niederlassungen demonstriert wurde mit Schildern, auf denen stand, wir sollten das Richtige tun.

Wir sagen und tun heute immer noch dasselbe, aber wir arbeiten mehr als je zuvor auf Diversität, Inklusion und Gleichberechtigung hin. Unser Moonshot-Ziel für 2030 ist, dass 50 Prozent unserer Beschäftigten weltweit und 40 Prozent unserer Führungskräfte weltweit Frauen sind. Wir planen auch, dass bis dahin 25 Prozent unserer Mitarbeiter in den USA und 15 Prozent unserer Führungskräfte in den USA schwarze und hispanische/lateinamerikanische Minderheiten sind. Alle unsere Beschäftigten (einschließlich der Führungsebene) werden an jährlichen Weiterbildungen zu unbewussten Vorurteilen, Rassismus, Schikanen, Mikroaggressionen und Privilegien teilnehmen. 50 Prozent der Teilnehmer an unseren Sozial- und Bildungsinitiativen werden Mädchen, Frauen oder unterrepräsentierte Gruppen sein.

Wir werden diese Ziele erreichen. Und nicht, um gut dazustehen, sondern wegen der frischen Perspektiven und Ideen, die all diese großartigen Leute, die wir noch nicht kennengelernt haben, in unser Unternehmen einbringen werden.

Es gibt noch viel, viel mehr.

Wir haben unsere jährlichen betrieblichen Treibhausgasemissionen seit 2010 um 38 Prozent reduziert, und wir beabsichtigen, unsere Emissionen von 2019 während der nächsten zehn Jahre zu halbieren.

Wir werden bis 2030 in allen Dell-Produktionsstandorten 75 Prozent der Elektrizität aus erneuerbaren Quellen verwenden – und 100 Prozent bis 2040.

Wir werden weiterhin – als Bedingung für eine geschäftliche Zusammenarbeit mit uns – auf ethischen Vorgehensweisen bestehen, auf Respekt und Würde für jeden Einzelnen der Hunderttausenden von Mitarbeitern, die unsere Produkte herstellen. Das heißt, dass wir sichere und gesunde Arbeitsplätze bei unserer gesamten Lieferkette nicht nur erwarten, sondern einfordern, ebenso wie die Einhaltung und Verbesserung der Branchenstandards, wie sie im Verhaltenskodex der Responsible Business Alliance festgeschrieben sind, deren Gründungsmitglied wir sind.

Wir werden weiterhin nach unserer Überzeugung handeln, dass die Technologie die Macht besitzt, die größten sozialen Probleme der Welt zu lösen. Wir werden weiter neue Wege der Zusammenarbeit mit dem öffentlichen Sektor ausloten, um diese Themen anzugehen – so wie in Indien, wo wir ein Bündnis mit dem Gesundheits- und Familienministerium und unserem Partner Tata Trusts geschlossen haben, um Digital LifeCare zu entwickeln, das Dell-Technologie nutzt, um Vorsorgeuntersuchungen nicht übertragbarer Krankheiten auf Landesebene zu ermöglichen.

Dieses letzte Jahr war wie kein anderes der 37 Jahre, die dieses Unternehmen zu führen ich das Privileg hatte. In der Pandemie stehen wir alle einer Krise gegenüber, für die es kein Drehbuch gibt. Aber bei Dell herrschte immer eine Kultur des Optimismus – eine Überzeugung, dass Technologie menschliches Potenzial verstärkt, wobei Menschen im Mittelpunkt dessen stehen, was wir tun.

Als Corona kam, erlebte man unterschiedliche Auswirkungen für unterschiedliche Geschäftsbereiche: die digital kompetenten schlugen sich tendenziell besser als die anderen. Und als Unternehmen, das während der letzten 15 Jahre intensiv in unsere digitale Transformation investiert hatte, fanden wir uns in einer einzigartig resilienten Position wieder. Bei Dell Technologies sagten wir im März allen, sie sollten nach Möglichkeit von zu Hause aus arbeiten. Das funktionierte überraschend gut – als wir 100 000 Personen ins Homeoffice schicken mussten, passierte das übers Wochenende. Vielleicht hätten wir gar nicht überrascht sein sollen. Wir hatten Tools, Prozesse und die Art von Geschäft, die es den Leuten von Natur aus ermöglichten, aus der Distanz zu arbeiten, und wir hatten eine flexible Arbeitskultur, die schon 2009 begonnen hatte. Alles ging weiter; genau genommen stieg unsere Produktivität sogar. Und das war gut so, denn zufällig erhöhte die Pandemie die Nachfrage für all unsere Produkte, sowohl die physischen als auch die digitalen.

Obwohl Covid-19 große menschliche Tragödien und wirtschaftliche Verheerungen mit sich brachte, gab es auch andere Aspekte: zum einen die weltweite Verringerung von Treibhausgasen. Und dann war da die Entdeckung, wie viel Arbeit tatsächlich fortgesetzt werden konnte, als alles online ging.

Oft standen wir vor der Frage, wie wir den Geschäftsangelegenheiten eines Kunden gerecht werden konnten, einem bestimmten Problem, das er lösen wollte, mit den richtigen Fachleuten. Nehmen wir einen hypothetischen Kunden in Australien. In der Vergangenheit hätten wir intern einen Guru gefunden und ihn oder sie hinfliegen lassen. Nun, das sind vier Tage Reisezeit: eine Menge Zeit und eine Menge Geld.

Dagegen ist das Reisen mit Zoom Airlines ungeheuer effizient und wir haben festgestellt, dass alle unsere Kunden mit dieser Art von Arbeit glücklich zu sein scheinen. Ich denke, man kann diese erhebliche Veränderung von Arbeitsmethoden als Vorgeschmack der Zukunft betrachten.

Ich glaube nicht, dass wir wieder dorthin zurückkehren, wo wir vorher waren.

Nach wie vor sind Fragen offen. Wie bildet man beispielsweise neue Mitarbeiter aus? Es hat Effizienzvorteile, das aus der Ferne zu tun, aber damit sind auch Verluste verbunden. Wie soll man in einer Welt der Videoarbeit die Ideen reproduzieren, die entstehen, wenn Leute einander zufällig im Flur oder am Wasserspender begegnen? Wir haben intensiv daran gearbeitet, Antworten darauf zu finden.

Ein positiver Aspekt von Online-Meetings, den wir entdeckt haben, ist, dass es viel mehr Beteiligung gibt als im physischen Kontext: Zum einen können mehr Personen eingebunden werden. Nehmen wir mal einen hypothetischen Kunden, der mit acht Leuten für zwei Tage mit Meetings, Abendessen und so weiter nach Round Rock kommt. Online kann dieser Kunde 30 oder 40 seiner Mitarbeiter beteiligen statt acht – und einen ebenso hohen Grad an Engagement erzielen. Das sehen wir auch intern: Wenn die Leute aus der Entfernung arbeiten müssen, ist ihr Wunsch nach Verbundenheit größer.

Während der Pandemie hat Dell Technologies beachtliche technische Ressourcen wie Supercomputer zur Verfügung gestellt, das ist eine enorme Zahl miteinander verbundener Server, um das Virus zu erforschen und die Entwicklung von Medikamenten und Behandlungen zu beschleunigen. Wenn in Zukunft jemand fragt: »Wie habt ihr die Pandemie besiegt?«, wird Technologie ein großer Teil der Lösung sein, da bin ich sicher. Ich glaube, wir werden auf diese Phase trotz all ihrer Schwierigkeiten als eine Zeit der massiven Beschleunigung von digitalen Prozessen und – ja – Transformationen zurückblicken.

Ich weiß nicht, warum die Leute nicht neugieriger sind und warum Neugier nicht stärker als wichtige Führungseigenschaft betrachtet wird.

Ein Journalist fragte mich mal, ob ich mich als Kind je gelangweilt hätte. Ich musste nur eine Sekunde darüber nachdenken: Hatte ich nie, nicht mal eine Minute lang, weil ich so neugierig war. Jeden Morgen erwachte ich voller Spannung wegen all der neuen Dinge, die es zu lernen gab.

Heute geht es mir immer noch so. Veränderung, wahre Transformation, ist ein Rennen ohne Ziellinie. Und das heißt, es gibt noch so vieles für mich – für uns alle – zu lernen.

Wie cool ist das denn!

Danksagung

Ich habe in meinem Leben einen schnellen Start erwischt und oft erlebt, dass die Leute etwas von mir wollten. Als Reaktion lernte ich frühzeitig, mich nicht persönlich zu öffnen: Es war viel sauberer und klarer, fand ich, überwiegend über Geschäftliches zu sprechen. Seltsamerweise ist das eine der Motivationen hinter diesen zweiten Memoiren über mein Leben und meine Geschäftskarriere.

Mein erstes Buch, *Direct from Dell* aus dem Jahr 1998, war solide Arbeit, aber entsprechend meiner damaligen Persönlichkeit achtete ich darauf, meine innersten Gefühle und Gedanken zurückzuhalten. Seither ist viel passiert, in meinem Leben und auch in dem Unternehmen, das zu führen ich seit den Anfängen in meinem Wohnheimzimmer an der University of Texas 1984 das Privileg habe. Nach der monumentalen Transformation der Firma einschließlich Privatisierung, Zusammenschluss mit EMC und VMware und erneutem Börsengang waren viele Freunde und Kollegen der Meinung, es sei an der Zeit, dass ich die ganze Geschichte erzähle – oder vielmehr die ganzen und miteinander verknüpften *Geschichten* meiner eigenen Entwicklung als Mensch und jener des Unternehmens, das meinen Namen trägt. In diesem neuen Buch wollte ich so freimütig wie möglich über alles schreiben, was ich während der vielen Hochs und Tiefs bei dem großen Abenteuer eines Unternehmensaufbaus gedacht und empfunden habe. Echte Offenherzigkeit ist furchteinflößend. Sie macht verletzlich – was ich 1998 bereits wusste, wofür ich aber nicht bereit war. In den Jahren seither habe ich gelernt, dass große Stärke darin liegt, die Verletzlichkeit zu verstehen, die allen Menschen eigen ist. Wie dieses Buch hervorhebt, habe ich auch gelernt, dass es keine gerade Linie zum Erfolg gibt, obwohl es von außen manchmal so aussehen mag. All das wollte ich erzählen, ebenso wie viele andere der Lektionen im Geschäfts- und im Privatleben, die ich unterdessen gelernt habe.

Seit Anfang 2019 war Jim Kaplan rund zwei Jahre lang mein hingebungsvoller und sorgfältiger Mitarbeiter, der kunstvoll eine Reihe von Interviews und Beobachtungen meines Verhaltens in verschiedenen großen und kleinen Besprechungen in eine wunderbar geschriebene Geschichte verwandelte. Jim sprach auch mit ein paar Dutzend Personen, die alle auf die eine oder andere Weise zum Erfolg von Dell beigetragen und maßgeblich zu diesem Buch beigesteuert haben. Seine beständige Aufmerksamkeit für das Detail, sein unablässiges Ergründen von komplexen technischen und finanziellen Themen, die er verstehen musste, um sie dann so klar wie möglich unseren Lesern erklären zu können – und, was wichtig war, immer mit meiner Stimme –, waren von großer Bedeutung. Jim hat auch immer darauf gedrängt, dass ich so offen sein solle, wie ich seines Wissens sein wollte. Ich bin gut darin, mich abzuschotten: Das ist eine Fähigkeit, die mir in geschäftlicher Hinsicht oft gute Dienste erwiesen, mich aber im Privatleben ab und zu ausgebremst hat. Als ich tiefer in meinem Gedächtnis grub, setzte ich oft (und in kathartischer Weise) eine Flut von Dingen frei, an die ich seit Jahren nicht mehr gedacht hatte.

Doch die Selbsterkenntnis ist eher ein Nebenprodukt als ein Ziel für sich selbst. Letztlich ist dieses Buch für all unsere Stakeholder. Für unsere Kunden, die uns inspirieren, indem sie auf so viele Arten den menschlichen Fortschritt ermöglichen, und die ihre künftigen Herausforderungen mit uns teilen, was uns motiviert, weiter in ihrem Sinne zu innovieren. Für unsere Geschäftspartner, die unsere Bemühungen und unsere Reichweite zu vervielfachen helfen. Für unsere Aktionäre, die darauf vertrauen, dass wir gute Sachwalter ihres Kapitals sind. Und für die Gemeinden, in denen wir unseren Tätigkeiten nachgehen und deren Unterstützung und Partnerschaft maßgeblich sind.

Meine persönliche Geschichte und die des Unternehmens sind seit 37 Jahren vollständig miteinander verflochten. So sehr wie meine eigene ist dieses Buch auch die Geschichte der über 150 000 derzeitigen und früheren leidenschaftlichen, talentierten und engagierten Kollegen, mit denen zu arbeiten ich die Ehre habe oder hatte und die mir auf meinem

Weg eine unvorstellbare Hilfe waren. Allein kann ich nicht viel ausrichten, aber als Team sind wir unaufhaltsam.

Es gibt zu viele Mitarbeiter, Vorstandsmitglieder und Berater, um sie alle namentlich zu nennen, doch einige derzeitige und frühere waren absolut bedeutsam – und manchmal Auslöser von Wendepunkten – für die Entwicklung und den Erfolg der Firma. Ich möchte einen besonderen Dank aussprechen an Kaye Banda, Paul Bell, Marc Benioff, Jim Breyer, Jeremy Burton, Don Carty, Janet Clark, Don Collis, Laura Conigliaro, Jamie Dimon, Dave Dorman, Ken Duberstein, Egon Durban, Steve Felice, Glenn Fuhrman, Bill Gates, Brian Gladden, Bill Green, Tom Green, Kelley Guest, Marius Haas, Eric Harslem, Glenn Henry, Paul Hirschbiel, Bobby Inman, Joel Kocher, Sallie Krawcheck, Ellen Kullman, Mike Lambert, Susan Larson, Tom Luce, Kate Ludeman, Klaus Luft, Manny Maceda, Claudine Malone, Alex Mandl, Joe Marengi, Paul Maritz, Bill McDermott, Paul McKinnon, Tom Meredith, Mort Meyerson, Shantanu Narayan, Sam Nunn, Ro Parra, Simon Patterson, Ross Perot Jr., Karen Quintos, Rory Read, Kevin Rollins, Steve Rosenblum, Julie Sackett, Rick Salwen, John Swainson, Mary Alice Taylor, Mort Topfer, Larry Tu, Joe Tucci, Suresh Vaswani, Lynn Vojvodich, Lee Walker, Chuck Whitten und Harry You.

Besonders schmerzliche Dankbarkeit empfinde ich für jene, die uns verlassen haben: den verstorbenen Jay Bell, Andy Grove, Andrew Harris, Michael Jordan, George Kozmetsky, Jimmy Lee, John Medica und Michael Miles.

Und ich möchte all den aktuellen Führungskräften von Dell Technologics danken, einschließlich Jeff Boudreau, Kevin Brown, Sam Burd, John Byrne, Michael Collins, Mike Cote, Steve Crowe, Rola Dagher, Mike DeMarzo, Allison Dew, Stephanie Durante, Howard Elias, Jenn Felch, Sam Grocott, John Haynes, Aongus Hegerty, Dennis Hoffman, David Kennedy, Adrian McDonald, Yvonne McGill, Maya McReynolds, Amit Midha, Steve Price, Brian Reaves, Rich Rothberg, Jennifer Saavedra, Bill Scannell, Doug Schmidt, Tom Sweet, Gerri Tunnell und vielen anderen.

Pat Gelsinger, der so maßgeblich war für den Aufstieg von VMware und die ersten Jahre der fusionierten Dell-EMC – und der jetzt, mit poetischer Gerechtigkeit, zu Intel zurückgekehrt ist –, verdient eine besondere Erwähnung.

Ich muss Jeff Clarke hervorheben. Er trat 1987 in die Firma ein und kommt dem am nächsten, was ich unter einem Mitgründer verstehe. Als brillanter Programmierer wie auch hervorragender Unternehmensstratege besitzt er eine einzigartige Kombination von Talenten; als Chief Operating Officer und Vice Chairman war und ist er entscheidend für den Unternehmenserfolg. Jeff ist nicht nur ein toller Mitarbeiter, sondern auch ein toller Freund.

Und es ist wichtig, dass ich Gregg Lemkau danke, Marc Lisker, John Phelan, Rob Platek und all meinen Partnern bei MSD Capital und MSD Partners, die am Aufbau einer bedeutsamen alternativen Kapitalinvestitionsfirma beteiligt sind.

Doch vor allem möchte ich meiner Familie danken – und besonders meiner Mutter. Nachdem ich es geschafft hatte, ihr die ursprüngliche Überzeugung auszureden, dass ich Arzt werden müsse (tut mir leid, Mama!), hat sie mich auf jedem Schritt des Weges begleitet, immer positiv, immer meine Bedürfnisse erkennend. Mein Vater schreibt meinen Erfolg ihr zu, was mindestens zur Hälfte stimmt. Meine Eltern lehrten meine Brüder und mich, dass wir alles schaffen konnten; sie nährten unsere Neugier und unseren Lernwillen. Sie brachten uns auch den Unterschied zwischen richtig und falsch bei und vor allem, dass wir alle Menschen respektieren und aufeinander Acht geben sollten. Ich hatte großes Glück, so wunderbare Eltern zu haben.

Ich wollte immer ein guter Ehemann und Vater sein. Als ich Susan das erste Mal begegnete, war ich hingerissen, und sie zu heiraten war die beste Entscheidung meines Lebens. Ich liebe sie mit jedem Tag mehr. Sie hat mich zu einem besseren Menschen gemacht und inspiriert mich bei allem, was ich mache. Sie ist meine beste Freundin, meine Vertraute und meine Partnerin in allen Bereichen. Sie hat auch fast jeden Moment in diesem Buch mit mir gelebt und war behilflich beim Feinschliff des Manuskripts. Gemeinsam sind wir sehr stolz auf jedes unserer Kinder, Kira, Alexa, Zachary und Juliette, die alle ihren eigenen erfolgreichen Weg in der Welt gehen.

Und ich möchte meinen beiden Brüdern danken, Steven und Adam, die immer für mich da waren und die ich sehr liebe.

Wie ich in diesem Buch sage, bin ich so dankbar, in den Vereinigten Staaten geboren worden zu sein, wo ich tolle Schulen besuchen konnte – und wo ich durch großes Glück die frühesten Tage des Mikroprozessor-Zeitalters erlebte und voller intensiver Neugier dem entgegensah, was noch kommen würde.

Ich muss der brillanten Janet Mountain und dem fantastischen Team der Michael and Susan Dell Foundation danken, die unseren familiären Wohltätigkeitsambitionen mit tollen Ergebnissen zum Leben verholfen haben.

Meine tiefe Dankbarkeit gebührt all unseren Mitbewerbern im Laufe der Jahre. Sie waren eine Quelle ergiebiger Motivation und Inspiration (sie auszustechen), besonders wenn sie uns öffentlich anzweifelten. Ich habe aus ihren Erfolgen und wahrscheinlich noch mehr aus ihren Misserfolgen gelernt, die mir viel darüber beigebracht haben, was man wie nicht tun sollte.

Vielen Dank an meine exzellente Literaturagentin Pilar Queen und meine fantastischen Lektoren Adrian Zackheim und Trish Daly sowie an das gesamte Team bei Portfolio.

Und last but not least möchte ich auch unseren Lesern danken und hoffe, dass diese Geschichte andere auf irgendeine Weise inspiriert.

Über den Autor

Michael Dell ist Chairman und Chief Executive Officer von Dell Technologies. Er ist außerdem Ehrenmitglied des Stiftungsrats des Weltwirtschaftsforums und Mitglied des Exekutivausschusses des International Business Council. Dell und seine Frau gründeten 1999 die Michael & Susan Dell Foundation.

ANHANG

Woran ich glaube

Die folgenden willkürlich angeordneten Prinzipien, Eigenschaften, Ideale und Lektionen haben mir und unserem Unternehmen zum Erfolg verholfen:

1. Neugier. Habe ich Neugier schon erwähnt? Sie ist so wichtig, dass ich es noch mal sage: Lernen Sie ständig. Sperren Sie die Ohren weit auf, um zuzuhören, zu lernen und immer neugierig zu sein. Um offen zu sein für Doppelbödigkeit. Gestalten Sie Ihr Unternehmen beim Kunden beginnend.

2. Verwenden Sie Fakten und Zahlen, um Entscheidungen zu treffen. Seien Sie objektiv und bescheiden und bereit, Ihre Meinung zu ändern, falls die Fakten und Zahlen das erforderlich machen. Die wissenschaftliche Methode funktioniert im Geschäftsleben.

3. Engagement, Antrieb, Durchhaltevermögen, Entschlossenheit, Beharrlichkeit, unbeugsamen Willen – diese Eigenschaften müssen Sie haben.

4. Versuchen Sie nie, der Schlauste im Raum zu sein. Umgeben Sie sich mit Menschen, die Sie herausfordern, die Ihnen etwas beibringen, die Sie inspirieren und das Beste aus Ihnen herausholen.

Und lernen Sie, die verschiedenen Talente anderer zu erkennen und zu würdigen.

5. Vertrauenswürdigkeit, Moral und Integrität sind von höchster Bedeutung. Ohne diese Werte können Sie auf Dauer nicht erfolgreich sein. Märkte sind langfristig effizient. Wenn ich ein Versprechen mache und es nicht einhalte oder ein schlechtes Produkt oder eine mangelhafte Dienstleistung liefere, wird keiner erneut bei mir kaufen wollen.

6. Die Veränderungsquote steigt immer weiter. Sie wird sich in Zukunft nicht verlangsamen.

7. Sie müssen sich verändern oder untergehen. Es gibt nur die Schnellen und die Toten. Organisationen müssen sich ständig neu erfinden und dafür alle Faktoren verstehen und vorhersehen, einschließlich und insbesondere der Technologie, die in Zukunft Einfluss auf sie haben wird.

8. Ideen sind ein Wirtschaftsgut. Ihre Umsetzung nicht. Das Entwickeln toller Ideen oder Strategien ist notwendig, reicht aber für den Erfolg nicht aus. Sie müssen sie auch umsetzen. Das erfordert ein detailliertes, diszipliniertes Vorgehen und Verständnis.

9. Nicht Spieler gewinnen Meisterschaften, sondern Teams. Stellen Sie das Team immer über den Spieler.

10. Leben heißt, einen Schlag einstecken, zu Boden gehen, wieder aufstehen und weiterkämpfen! (Siehe Nummer 3.)

11. Vergeuden Sie niemals eine gute Krise – und wenn es keine Krise gibt, schaffen Sie eine (um Wandel und Fortschritt zu motivieren). Während einer Krise – oder zu jedem anderen Zeitpunkt – konzentrieren Sie sich auf das, was Sie kontrollieren können.

Krisen schaffen oft neue Chancen. Statt sich in Ihren Problemen zu suhlen, suchen Sie nach der Chance.

12. Seien Sie kein Opfer, niemals. Die Opferrolle ist für Verlierer. Selbstbestimmtheit erfordert die Fokussierung auf das, was Sie kontrollieren und voranbringen können.

13. Selbstvertrauen statt Arroganz. Bescheidenheit statt Egoismus.

14. Jeder wird mal wütend. Aber bleiben Sie nicht in der Wut. Wut ist kontraproduktiv. Lassen Sie sich stattdessen vom Wunsch motivieren, anderen zu helfen, und … Liebe, Familie, Vaterland, Mitgefühl und Überlegenheit.

15. Seien Sie erfreut, aber niemals zufrieden (wie wir bei Dell sagen). Das bedeutet ständige Verbesserung – die Japaner nennen es Kaizen. Das heißt, an einem Rennen ohne Ziellinie teilzunehmen. Feiern und würdigen Sie das Geleistete, aber schauen Sie immer nach vorn auf das nächste große Ziel oder die nächste Chance.

16. Erfolg ist ein furchtbarer Lehrer (siehe Nummer 3 und 10.) Rückschläge und Misserfolge machen Sie im Laufe der Zeit stärker – wenn Sie daraus etwas lernen.

17. Seien Sie bereit, Risiken einzugehen, zu experimentieren und Dinge zu testen. Mit erhöhter Veränderungsrate bahnen kleine Experimente den Weg zum Erfolg.

18. Bescheidenheit, Offenheit, Fairness und Authentizität (siehe Nummer 13).

19. Erweisen Sie anderen Respekt und behandeln Sie sie so, wie Sie selbst behandelt werden möchten.

20. Optimismus … natürlich! Wenn Sie Wege finden, Ihren Optimismus zu stärken, macht Sie das viel glücklicher.

21. Suchen Sie nach Zweck und Leidenschaft in Ihrem Leben, indem Sie Teil von etwas werden, das größer ist als Sie selbst.